MANUAL DE
DIREITO ADMINISTRATIVO

№ 055

A599m   Anjos, Luís Henrique Martins dos
          Manual de Direito Administrativo / Luís Henrique Martins
dos Anjos; Walter Jone dos Anjos. — Porto Alegre: Livraria do
Advogado, 2001.
          380p.; 16 x 23cm.

          ISBN 85-7348-173-0

          1. Direito Administrativo.   I. Anjos, Walter Jone dos.
II. Título.

CDU 35

       Índice para o catálogo sistemático:

Direito Administrativo

(Bibliotecária responsável: Marta Roberto, CRB-10/652)

Luís Henrique Martins dos Anjos
Walter Jone dos Anjos

Manual de
DIREITO ADMINISTRATIVO

livraria
DO ADVOGADO
editora

Porto Alegre 2001

© Luís Henrique Martins dos Anjos,
Walter Jone dos Anjos, 2001

Revisão de
Rosane Marques Borba

Projeto gráfico e diagramação de
Livraria do Advogado editora

Direitos desta edição reservados por
Livraria do Advogado Ltda.
Rua Riachuelo, 1338
90010-273 Porto Alegre RS
Fone/fax 0800-51-7522
info@doadvogado.com.br
www.doadvogado.com.br

Impresso no Brasil / Printed in Brazil

A Celeste e Cármem
companheiras de todas as horas.

Agradecemos a todos os mestres e alunos que colaboraram com nossas reflexões e dedicamos a eles esta obra. Dedicamos também nosso trabalho às Administrações Públicas que buscam efetivamente a concretização daqueles valores humanos que se consubstanciam no interesse público.

Sumário

Introdução 21

PARTE GERAL

Capítulo 1. O Sistema Jurídico 25
    1.1. Noção e requisitos essenciais 25
    1.2. Conceito e concepções 26
    1.3. Síntese sobre a evolução 28
    1.4. Elementos para uma conclusão 30

Capítulo 2. O Direito Administrativo 32
    2.1. Estado de Direito e Direito Administrativo 32
    2.2. Conceito 41
    2.3. Fontes 42
    2.4. Relações com as demais disciplinas jurídicas 44
    2.5. Sistemas administrativos 46

Capítulo 3. A Administração Pública 48
    3.1. Administração e Estado 48
    3.2. Noção, sentidos e aspectos 49
    3.3. Visão estática e dinâmica 50
    3.4. Natureza e finalidade 50
    3.5. Relação jurídico-administrativa 51

Capítulo 4. Os Princípios da Administração Pública 53
    4.1. Noção e espécies 53
    4.2. Princípio da Legalidade 54
    4.3. Princípio da Impessoalidade 55
    4.4. Princípio da Moralidade 55
    4.5. Princípio da Publicidade 56
    4.6. Princípio da Eficiência 59
    4.7. Princípio da Supremacia do Interesse Público 61
    4.8. Princípio da Indisponibilidade do Interesse Público 61
    4.9. Princípio da Finalidade 61
    4.10. Princípio da Presunção de Legitimidade 62
    4.11. Princípio da Autotutela 63
    4.12. Princípio da Hierarquia 64
    4.13. Princípio da Continuidade 64
    4.14. Princípio da Razoabilidade 65
    4.15. Princípio da Proporcionalidade 66
    4.16. Princípio da Boa-fé Objetiva 68

4.17. Princípio da Economicidade 69
4.18. Princípio da Igualdade 70
4.19. Princípio da Motivação 70
4.20. Outros Princípios 71

Capítulo 5. Organização Administrativa 72
5.1. Pessoas Administrativas e Órgãos Públicos 72
5.2. Espécies de Pessoas Administrativas 72
5.3. Pessoas da Administração Direta 75
5.4. Autarquia 76
5.5. Fundações Públicas 77
   5.5.1. Fundação de Direito Público (Fundação Autárquica) 78
   5.5.2. Fundação de Direito Privado (Fundação instituída e mantida pelo
       Poder Público) 78
5.6. Empresa Pública 79
5.7. Sociedade de Economia Mista 79
5.8. Princípios Fundamentais da Organização Administrativa 80
   5.8.1. Planejamento 81
   5.8.2. Coordenação 81
   5.8.3. Descentralização 82
   5.8.4. Delegação de Competência 82
   5.8.5. Controle 82

Capítulo 6. O Domínio Público 83
6.1. Introdução 83
   6.1.1. Evolução Histórica 83
   6.1.2. Bens do Domínio Público 84
   6.1.3. Conceito de Bens Públicos 85
   6.1.4. Entidades Paraestatais 85
   6.1.5. Classificação 85
   6.1.6. Natureza Jurídica e Regime Jurídico 86
   6.1.7. Bens Comuns do Povo (ou de Domínio Público) 87
   6.1.8. Bens de Uso Especial (ou do Patrimônio Administrativo) 87
   6.1.9. Bens Dominicais 88
6.2. Aquisição 88
   6.2.1. Instrumentos Jurídicos 88
   6.2.1.1. Versão Amigável 89
   6.2.1.2. Versão Compulsória 89
   6.2.1.3. Doação 89
   6.2.1.4. Procedimento Aquisitivo 90
   6.2.2. Por Desapropriação 90
   6.2.2.1. Forma Originária 90
   6.2.2.2. Reforma Agrária 90
   6.2.2.3. Posse Legítima 91
   6.2.2.4. A Questão do Comodato 91
   6.2.2.5. Mandado de Segurança 91
   6.2.2.6. Desapropriação Indireta 92
   6.2.3. Arrematação ou Adjudicação 92
   6.2.4. Por Força de Lei 92
   6.2.4.1. Loteamento e Desmembramento 92
   6.2.4.2. Registro e Objetivo das Áreas Públicas 93
   6.2.4.3. Irregulares e Clandestinos 93

6.2.4.4. Tese do Concurso Voluntário 93
6.2.4.5. Arruamento 94
6.2.4.6. Doação. Inalienabilidade 95
6.2.4.7. Inalienabilidade e Inalterabilidade (Bens Reservados) 95
6.3. A Administração dos Bens Públicos 96
6.3.1. Introdução 96
6.3.1.1. O Poder de Administrar 96
6.3.1.2. O Exercício 97
6.3.1.3. Mera Administração 97
6.3.1.4. Iniciativa 97
6.3.2. Utilização de Bem por Terceiros 97
6.3.2.1. Institutos e Modalidades 97
6.3.2.2. A Concessão de Uso 97
6.3.2.2.1. Noção 97
6.3.2.2.2. Operacionalidade 97
6.3.2.2.3. Requisitos 98
6.3.2.2.4. Desafetação 98
6.3.2.3. A Concessão de Direito Real de Uso 98
6.3.2.3.1. Noção 98
6.3.2.3.2. Previsão Legal 98
6.3.2.3.3. Peculiaridades (Condições) 98
6.3.2.3.4. Cláusula de Reversão 98
6.3.2.4. A Cessão de Uso 98
6.3.2.4.1. Noção 98
6.3.2.4.2. Requisitos 99
6.3.2.4.3. A Questão do Comodato 99
6.3.2.4.4. Responsabilização 99
6.3.2.4.5. Jurisprudência 99
6.3.2.5. A Permissão de Uso 100
6.3.2.5.1. Noção 100
6.3.2.5.2. Condições 100
6.3.2.6. A Autorização de Uso 101
6.3.2.6.1. Noção 101
6.3.2.6.2. Motivação (Condição) 101
6.3.2.6.3. Recomendação (Vedação) 101
6.4. A Alienação de Bem Público 101
6.4.1. Introdução 101
6.4.2. Pressupostos (ou Requisitos) 101
6.4.3. Na Doação 102
6.4.4. Na Investidura 102
6.4.5. Enfiteuse ou Aforamento 102
6.4.6. Legitimação de Posse 102
6.5. Observações Finais 102
6.5.1. Bens Públicos em Espécie 103
6.5.2. Bens do Município 103
6.5.2.1. Bens Pertencentes ao Município 103
6.5.2.2. Bens a Serem Atribuídos ao Município 104

Capítulo 7. Os Poderes Administrativos 105
7.1. Definição e natureza 105
7.2. Vinculação e Discricionariedade dos Poderes 105
7.3. Poderes Hierárquico e Disciplinar 107

7.4. Poder Regulamentar 108
7.5. O Poder de Polícia 109
    7.5.1. Introdução 109
        7.5.1.1. O surgimento do poder de polícia 109
        7.5.1.2. Evolução do termo 110
        7.5.1.3. Crítica e contestação à noção 111
    7.5.2. Conceito e Classificação 112
        7.5.2.1. Conceito 112
        7.5.2.2. Distinções 113
        7.5.2.3. Outras classificações 113
    7.5.3. Razão e Fundamento 114
        7.5.3.1. Revelação 114
        7.5.3.2. Acolhimento na Legislação 114
    7.5.4. Regime jurídico 115
    7.5.5. Campo de atuação e limites 116
    7.5.6. Atributos do poder de polícia 117
    7.5.7. Formas ou meios de atuação 118
    7.5.8. Extensão excepcional do poder de polícia 120
7.6. Abuso de Poder 120
    7.6.1. Definição 120
    7.6.2. Desvio de finalidade 121
    7.6.3. Excesso de poder 121
    7.6.4. Excesso de execução (ou abuso de poder em sentido estrito) 122
    7.6.5. Omissão administrativa 122
    7.6.6. Defesa contra o abuso de poder 123

Capítulo 8. O Ato Administrativo 124
8.1. Fatos e Atos da Administração Pública 124
8.2. Elementos do ato administrativo 125
    8.2.1. Definições 125
        8.2.1.1. Competência ou Sujeito 125
        8.2.1.2. Forma 126
        8.2.1.3. Objeto e Conteúdo 126
        8.2.1.4. Motivação 126
        8.2.1.5. Finalidade 127
    8.2.2. Vinculação e Discricionariedade 127
    8.2.3. Mérito Administrativo 129
8.3. Atributos ou Características 131
    8.3.1. Presunção de Legalidade, Legitimidade ou Veracidade 131
    8.3.2. Obrigatoriedade, Imperatividade ou Coercibilidade 131
    8.3.3. Executoriedade ou Auto-Executoriedade 132
    8.3.4. Tipicidade 133
8.4. Classificação 134
8.5. Espécies 136
    8.5.1. Em razão do conteúdo 137
    8.5.2. Em razão da forma 141
8.6 Desfazimento do Ato Administrativo 142
    8.6.1. Extinção dos Atos Administrativos 143
    8.6.2. Vícios dos Atos Administrativos 143
    8.6.3. Revogação dos Atos Administrativos 145
    8.6.4. Revisão dos atos pela Administração e pelo Judiciário 145

PARTE ESPECIAL

Capítulo 9. A Licitação 149
  9.1. Histórico 149
    9.1.1. O Surgimento 149
    9.1.2. A Consolidação 149
    9.1.3. Décadas de 70 e 80 149
    9.1.4. A Lei nº 8.666, de 21.06.1993 150
    9.1.5. Alterações Posteriores 150
  9.2. Noção Geral 151
    9.2.1. Visão geral sobre o sistema 151
    9.2.2. Finalidades 151
    9.2.3. Conceitos 151
    9.2.4. Questões Polêmicas 152
  9.3. Princípios da Licitação 152
    9.3.1. Igualdade ou Isonomia 152
    9.3.2. Vinculação ao instrumento convocatório 152
    9.3.3. Procedimento formal 153
    9.3.4. Publicidade 153
    9.3.5. Sigilo na apresentação da proposta 154
    9.3.6. Julgamento objetivo 154
    9.3.7. Adjudicação compulsória ao vencedor 154
  9.4. Normas Gerais e a Constituição Federal 154
    9.4.1. Previsão 154
    9.4.2. Normas Gerais 155
  9.5. Objetos 157
    9.5.1. Compras 157
    9.5.2. Serviços 159
    9.5.3. Obras 160
    9.5.4. Previsões comuns para serviços e obras 160
    9.5.5. Alienações 162
    9.5.6. Concessão e Permissão de Serviço Público 163
  9.6. Modalidades e Tipos de Licitação 164
    9.6.1. Modalidades 164
    9.6.2. Tipos 166
  9.7. Procedimento em Geral 169
    9.7.1. Fase Interna 169
    9.7.1.1. Elaboração do edital ou carta-convite 169
    9.7.1.2. Impugnações do instrumento convocatório 169
    9.7.2. Fase Externa 170
    9.7.3. Publicação e prazos do edital e da carta-convite 170
    9.7.4. Documentação 170
    9.7.5. Habilitação 171
    9.7.6. Propostas 171
    9.7.7. Julgamento 172
    9.7.7.1. Considerações Gerais 172
    9.7.7.2. Desclassificação das Propostas 172
    9.7.7.3. Classificação das Propostas 173
    9.7.7.4. Julgamento Propriamente Dito 173
    9.7.5. Homologação e Adjudicação 174
    9.7.6. Revogação e Anulação da Licitação 175

9.7.6.1. Distinções 175
9.7.6.2. Necessidade de Motivação 175
9.8. O procedimento do Convite 175
9.8.1. Introdução 175
9.8.2. Noções Gerais 176
9.8.3. Conceito Legal 176
9.8.4. Da Habilitação 177
9.8.5. Ramo de atividade do licitante e a pertinência com o objeto 178
9.8.6. Alterações 179
9.8.6.1. Exibição do convite ao público 179
9.8.6.2. Participação de interessados não-convidados 179
9.8.6.3. Praça com mais de três possíveis interessados 179
9.8.6.4. Limitações do mercado ou desinteresse dos convidados 180
9.8.6.4.1. O que é limitação de mercado, como caracterizá-la? 180
9.8.6.4.2. Manifesto desinteresse dos convidados 180
9.8.6.4.3. Publicação do convite na Imprensa 180
9.8.6.4.4. Justificativa nos autos do processo 181
9.8.6.4.5. Ausência de justificativa 181
9.8.6.4.6. Três propostas válidas 181
9.8.6.4.7. Faixa de valores 182
9.8.7. Prazo 183
9.9. Autorização para não-realização de Licitação 183
9.9.1. Dispensa 183
9.9.2. Inexigibilidade 188
9.10. Defesa dos Licitantes 189
9.10.1. Considerações Gerais 189
9.10.2. Via Administrativa (Direito de Petição) 189
9.10.2 1. Recurso Administrativo 189
9.10.2.2. Representação 189
9.10.2.3. Pedido de reconsideração 189
9.10.2.4. Defesa Prévia 190
9.10.2.5. Contagem dos prazos e vencimentos 190
9.10.2.6. Conteúdo das decisões recursais 190
9.10.3. Via Judicial 190
9.10.3.1. Considerações gerais 190
9.10.3.2. Ações utilizáveis 190

Capítulo 10. Os Contratos Administrativos 191
10.1. Direito das Obrigações 191
10.1.1. Conceito de obrigação 191
10.1.2. Fontes das obrigações 191
10.1.3. O contrato como categoria geral 192
10.2. Contrato Privado e Público 193
10.2.1. Contrato de direito privado adotado pelo Estado 193
10.2.2. Advento do contrato administrativo (*Leading Case* - Francês) 194
10.3. Contrato Administrativo 195
10.3.1. Noção geral sobre contrato 195
10.3.2. Conceito 196
10.3.3. Peculiaridades 197
10.3.4. Alterações e rescisão unilaterais 197
10.3.5. Equilíbrio financeiro 198

10.3.6. Reajustamento de preços e tarifas (correção monetária e recomposição de preços) 199
10.3.7. Exceção de contrato não cumprido 200
10.3.8. Controle do contrato 200
10.3.9. Aplicação de penalidades contratuais 201
10.3.10. Teoria da Imprevisão 201
10.3.11. O fato do Príncipe 202
10.3.12. Interpretação do contrato administrativo 202
10.3.13. Contrato privado utilizado pela Administração 203
10.4. Contrato de empresas estatais 204
10.4.1. Constituição Federal e os contratos das empresas estatais 204
10.4.2. Contratos das empresas estatais que prestam serviços públicos e os contratos das que exploram atividade econômica 205
10.5. Disciplina e Formalização dos Contratos Públicos 206
10.5.1. Normas constitucionais de competência 206
10.5.2. Normas gerais sobre os contratos públicos 206
10.5.3. Normas procedimentais 207
10.5.4. Formalização do contrato público 207
10.5.5. Cláusulas necessárias ou essenciais 208
10.5.6. Garantias para a execução contratual 209
10.5.7. Dispensa do termo contratual 210
10.6. Duração e prorrogação dos contratos públicos 210
10.6.1. Generalidades 210
10.6.2. Contratos de execução continuada 211
10.6.3. Projetos contidos no Plano Plurianual (art. 57, I) 211
10.6.4. Serviços contínuos (Inciso II) 212
10.7. Execução do Contrato Público 212
10.7.1. Acompanhamento da execução 212
10.7.2. Recebimento do objeto contratual 214
10.7.3. Responsabilidades contratuais 215
10.7.4. Alteração do contrato 215
10.7.5. Prorrogação e renovações contratuais 216
10.8. Inexecução do contrato público 216
10.8.1. Inexecução por inadimplemento do contratado 216
10.8.2. Inexecução por inadimplemento da Administração 218
10.9. Extinção do contrato público 218
10.9.1. Extinções normais: conclusão do objeto contratual e término do prazo . . 218
10.9.2. Extinções anormais: rescisão e anulação do contrato público 219

Capítulo 11. Os Serviços Públicos 222
11.1. Generalidades 222
11.1.1. Noção 222
11.1.2. Conceito 222
11.1.3. Instituição, regulamentação, execução e controle 223
11.2. Classificação 225
11.2.1. À entidade a quem foram atribuídos 225
11.2.2. À essencialidade 225
11.2.3. Aos usuários 225
11.2.4. A obrigatoriedade da utilização 225
11.2.5. A forma de execução 226
11.3. Princípios 226
11.3.1. Permanência 226

11.3.2. Generalidade 226
11.3.3. Eficiência 227
11.3.4. Modicidade 227
11.3.5. Cortesia 227
11.4. Direitos e Deveres 227
11.4.1. Remuneração 227
11.4.2. Direitos dos Usuários 228
11.4.3. Deveres dos Usuários 228
11.4.4. Suspensão 229
11.4.5. Sujeição ao Código do Consumidor 229
11.5. A Execução dos Serviços Públicos 230
11.5.1. Introdução 230
11.5.2. Centralizada 230
11.5.3. Descentralizada 230
11.5.4. Pessoas Públicas 231
11.5.4.1. Criação, Instituição, Funcionamento e Extinção 231
11.5.4.2. Controle e Tutela 232
11.5.4.3. Responsabilidade 233
11.5.4.4. Estrutura 233
11.5.4.5. Privilégios 233
11.5.4.6. Atos e Contratos 234
11.5.4.7. Patrimônio 234
11.5.5. Pessoas Governamentais 234
11.5.5.1. Fundação 235
11.5.5.2. Empresa Pública 235
11.5.5.3. Sociedade de Economia Mista 236
11.5.6. Pessoas Privadas 236
11.5.7. Autorização 236
11.5.8. Convênios e Consórcios 237
11.5.8.1. Convênios 237
11.5.8.2. Consórcio 239
11.5.9. Contrato de Gestão 239
11.6. Organização dos Serviços Públicos Locais 239
11.6.1. Serviços Municipais 239
11.6.2. Prestação de Serviços Municipais 240
11.6.3. Concessão de Serviços Municipais 241
11.6.4. Permissão e Autorização de Serviços Municipais 242
11.6.5. Serviços e Poder de Polícia Municipal 242
11.6.6. O Poder de Polícia Administrativa 243
11.6.6.1. A Competência 243
11.6.6.2. Conceituação 243
11.6.6.3. Fundamento e Exercício 244
11.6.6.4. Penalidades 244
11.6.6.5. Previsão Legal 245
11.6.6.6. Convênios e Consórcios 245
11.7. Concessão de Serviço Público no Brasil 245
11.7.1. Introdução 245
11.7.2. Caracterização do serviço público 246
11.7.3. Princípios diretores 246
11.7.4. Tipologia 247
11.7.5. Formas de prestação 248

11.7.6. Concepção atual 248
11.7.7. A lei da concessão e permissão (Lei nº 8.987/95) 249
11.7.7.1. Conceito legal e características 249
11.7.7.2. Precedida de obra pública 250
11.7.7.3. Outros tipos 250
11.7.7.4. Aplicabilidade da Lei nº 8.987/95 250
11.7.7.5. Motivação da outorga de concessão ou permissão 251
11.7.7.6. Serviço adequado 251
11.7.7.7. Direitos e deveres dos usuários 252
11.7.7.8. Política tarifária 252
11.7.7.9. Da licitação 253
11.7.7.10. Do contrato de concessão 253
11.7.7.11. Da intervenção 253
11.7.7.12. Da extinção da concessão 253
11.7.8. Permissão e autorização de serviço público 254
11.7.9. Arrendamento e franquia 255

Capítulo 12. Os Agentes Públicos 257
12.1. Terminologia atual 257
12.2. Agentes Públicos 258
12.2.1. Agentes Políticos 258
12.2.2. Servidores Públicos 259
12.2.3. Particulares colaboradores 261
12.3. Cargo, Emprego e Função 261
12.4. Regime Jurídico do Servidor Público 263
12.4.1. Introdução 263
12.4.2. Acessibilidade a cargos, empregos e funções 264
12.4.3. Ingresso 264
12.5. Direitos e Deveres 266
12.5.1. Introdução 266
12.5.2. Sistema Remuneratório 267
12.5.2.1. Remuneração ou Vencimento 268
12.5.2.2. Subsídio 269
12.5.2.3. Teto Remuneratório 271
12.5.3. Direito de Greve e Sindicalização 272
12.5.4. Acúmulo de Cargos 273
12.5.5. Estabilidade, reintegração, disponibilidade e aproveitamento 274
12.5.6. Mandato Eletivo de Servidor 276
12.5.7. Direitos Sociais 276
12.5.8. Escola de Governo 276
12.6. Provimento 277
12.7. Vacância 278
12.8. Perda de cargo, emprego ou função 279
12.9. Aposentadoria e "O novo regime de previdência" 280
12.9.1. Introdução 280
12.9.2. Aposentadoria 280
12.9.3. O Novo Regime de Previdência 281
12.9.3.1. Novo regime para ocupantes de cargos efetivos 282
12.9.3.2. Aposentadoria dos cargos em comissão, de funções temporárias e dos celetistas 285
12.9.3.3. Regime de previdência complementar 286

12.9.3.4. Acumulação de proventos ou de proventos com outra retribuição na inatividade 286
12.9.3.5. Acumulação de proventos com remuneração, subsídio ou salário . . . 287
12.9.4. Regras de transição 288
12.9.4.1. Situação de quem já preencheu todos os requisitos para aposentar-se no regime anterior 288
12.9.4.2. Situação de quem já é aposentado 289
12.9.4.3. Situação de quem tenha ingressado em cargo efetivo até a data da publicação da EC 20/98 289
12.10. Responsabilidade 290
12.10.1. Responsabilidade Civil 291
12.10.2. Responsabilidade Administrativa 291
12.10.3. Responsabilidade Penal 292
12.10.4. Comunicabilidade das Instâncias 292

Capítulo 13. O Processo Administrativo 294
13.1. Processo e Procedimento 294
13.2. Princípios 295
13.2.1. Legalidade estrita 296
13.2.2. Oficialidade 296
13.2.3. Informalismo 297
13.2.4. Verdade material 297
13.2.5. Garantia de defesa 297
13.2.6. Prescritibilidade Administrativa 298
13.3. Fases 299
13.3.1. Instauração 299
13.3.2. Instrução 299
13.3.3. Defesa 300
13.3.4. Relatório 300
13.3.5. Julgamento 300
13.4. Modalidades 301
13.4.1. Processo de expediente 302
13.4.2. Processo de outorga 302
13.4.3. Processo de controle 303
13.4.4. Processo punitivo 303
13.5. Processo Administrativo Disciplinar 304
13.5.1. Noção 304
13.5.2. Pena de demissão 305
13.5.3. Instauração 305
13.5.4. Instrução 305
13.5.5. Ampla Defesa 305
13.5.6. Julgamento 306
13.5.7. Controle de legalidade 306
13.6. Meios Sumários 307
13.6.1. Sindicância 307
13.6.2. Verdade sabida 307
13.6.3. Termo de declarações 308
13.7. Processo Administrativo Tributário 308
13.7.1. Processos de determinação e exigência de crédito tributário 309
13.7.2. Processo de consulta 309

Capítulo 14. A Intervenção na Propriedade Privada e a Atuação no Domínio Econômico 310
14.1. Introdução 310
    14.1.1. Noções Gerais 310
    14.1.2. Propriedade Privada e Domínio Econômico 311
    14.1.3. O Bem-Estar Social 312
    14.1.4. Competências para a Intervenção 313
    14.1.5. Meios de Intervenção e de Atuação 314
14.2. A intervenção na Propriedade Privada 314
    14.2.1. Conceito 314
    14.2.2. Desapropriação (Expropriação) 315
      14.2.2.1. Conceito e natureza 315
      14.2.2.2. Pressupostos Constitucionais 315
      14.2.2.3. Sujeitos e Objeto 317
      14.2.2.4. Classificação 319
      14.2.2.5. Prévia indenização 320
      14.2.2.6. Retrocessão 323
      14.2.2.7. Síntese 324
    14.2.3. Servidão Administrativa 324
      14.2.3.1. Conceito e Fundamento 324
      14.2.3.2. Dessemelhanças (Institutos Afins) 325
      14.2.3.3. Instituição 326
      14.2.3.4. Indenização 326
      14.2.3.5. Síntese 326
    14.2.4. Ocupação Provisória (Temporária) 327
      14.2.4.1. Noção 327
      14.2.4.2. Fundamento 327
      14.2.4.3. Amparo Legal 327
      14.2.4.4. Síntese 328
    14.2.5. Requisição Administrativa 328
      14.2.5.1. Noção 328
      14.2.5.2. Fundamento 328
      14.2.5.3. Civis e Militares 328
      14.2.5.4. Bens e Serviços 329
      14.2.5.5. Competência 329
      14.2.5.6. Síntese 329
    14.2.6. Limitação Administrativa 329
      14.2.6.1. Noção 329
      14.2.6.2. Natureza Jurídica 330
      14.2.6.3. Indenização 330
      14.2.6.4. Previsão pelo Ordenamento Jurídico 330
      14.2.6.5. Fonte de Direito Subjetivo 331
      14.2.6.6. Institutos Afins (Dessemelhanças) 332
      14.2.6.7. Síntese 333
    14.2.7. Tombamento 333
14.3. Atuação no Domínio Econômico 334
    14.3.1. Restrição Constitucional 334
    14.3.2. Atuação Supletiva 334
    14.3.3. Monopólio 334
      14.3.3.1. Noção 334
      14.3.3.2. Sentido Econômico 335

14.3.3.3. Normas Constitucionais 335
14.3.4. Repressão ao Abuso do Poder Econômico 335
14.3.4.1. Noção 335
14.3.4.2. Modalidades de Abuso 336
14.3.4.4. Legislação Atinente 336
14.3.5. Controle do Abastecimento 337
14.3.5.1. Noção 337
14.3.5.2. Leis Delegadas 337
14.3.6. Controle (ou Tabelamento) de Preços 337
14.3.6.1. Noções 337
14.3.6.2. Competência 338
14.3.7. Criação de Empresas Paraestatais 338
14.3.8. Fiscalização 338
14.3.9. Planejamento 339

Capítulo 15. A Responsabilidade Extracontratual do Estado por Atos Administrativos 340
15.1. Noção 340
15.2. A Irresponsabilidade do Estado 341
15.2.1. No Direito Comparado 341
15.2.2. No Direito Brasileiro 342
15.3. Responsabilidade Civilista do Estado 344
15.3.1. Fundamentação Subjetiva no Direito Civil 344
15.3.2. O Reconhecimento pela Jurisprudência 345
15.4. Responsabilidade Publicista do Estado 347
15.4.1. Responsabilidade Subjetiva Publicista 348
15.4.1.1. Fundamento no Direito Público 348
15.4.1.2. A Jurisprudência da Culpa no Direito Público 350
15.4.2. Responsabilidade Objetiva Publicista 352
15.4.2.1. Fundamentos da Responsabilidade sem Culpa 352
15.4.2.2. A Jurisprudência da Responsabilidade sem Culpa 354
15.5. Fundamento único do dever de indenizar do Estado 355

Capítulo 16. O Controle da Administração Pública 357
16.1. Definição 357
16.2. Mecanismos de controle 358
16.3. Controle Administrativo 358
16.3.1. De Ofício 359
16.3.2. Por Imposição de Lei 359
16.3.3. Por Provocação 360
16.3.3.1. O Recurso Administrativo 360
16.3.3.2. Petição Constitucional 361
16.3.3.3. Pedido de Reconsideração 361
16.4. Controle Legislativo 361
16.4.1. Preliminares 361
16.4.2. Função Fiscalizadora 362
16.4.3. Mecanismos de Controle 362
16.5. Controle Jurisdicional 364
16.5.1. Preliminares 364
16.5.2. Atos Vinculados e Discricionários 364
16.5.3. Direitos Individuais (lesão ou ameaça de) 365
16.5.4. Direitos Coletivos ou Difusos 365
16.6. Controle Popular 365

16.6.1. Preliminares 365
16.6.2. Direito de Petição e de Informações 365
16.6.3. Denúncias ao Tribunal de Contas e ao Ministério Público 365
16.6.4. Ação Popular 366
16.6.5. Tribuna Popular 366
16.6.6. Perspectiva 366
16.7. Da fiscalização contábil, financeira e orçamentária 367
16.7.1. Noção 367
16.7.2. Modalidades 367
16.7.3. No âmbito do Estado do Rio Grande do Sul 368
16.8. Prescritibilidade Administrativa 368
16.9. Dos crimes de responsabilidade - agentes políticos 369
16.9.1. No âmbito Federal 370
16.9.2. No âmbito Estadual 370
16.9.3. No âmbito Municipal 371
16.9.4. Fundamento legal 371
16.10. O Controle da Constitucionalidade 371
16.10.1. Preliminares 371
16.10.2. Controle Político 371
16.10.3. Controle Jurisdicional 372
16.10.4. Instrumentos 372
16.10.4.1. Caso *in concreto* na via difusa 372
16.10.4.2. Ação Direta 372

Bibliografia 375

Introdução

A presente obra tem por finalidade expor, de maneira didática, a matéria concernente à disciplina de Direito Administrativo. Partindo da experiência do magistério superior e da advocacia pública, dividiu-se a matéria a ser analisada em duas partes, a saber, uma geral e outra especial.

O intuito é procurar uma melhor sistematização dos conteúdos programáticos que devem estar contidos no estudo do Direito Administrativo, procurando apontar, para além da doutrina já consolidada, reflexões que auxiliem no avanço da ciência do Direito e da *praxis* da Administração Pública. Assim, compreende a parte geral do Direito Administrativo aquelas matérias e institutos que possuem um maior grau de amplitude, servindo de base para o estudo dos demais conteúdos, como os capítulos referentes ao Sistema Jurídico, ao Direito Administrativo, à Administração Pública, aos Princípios, à Organização Administrativa, aos Bens Públicos, aos Poderes Administrativos e aos Atos Administrativos. Já a parte especial visa a tratar de pontos que atingem um maior detalhamento e por conseguinte implicam um aprofundamento mais específico de conteúdos, que é o caso dos capítulos referentes às Licitações, aos Contratos Administrativos, aos Serviços Públicos, aos Servidores Públicos, ao Processo Administrativo, à Intervenção na Propriedade Privada e Atuação no Domínio Econômico, à Responsabilidade do Estado e ao Controle da Administração Pública.

Tal separação não é principiológica, e sim atende a critério de oportunidade e conveniência didática dos autores. Assim, por exemplo, poderiam tanto a matéria de controle da administração como de responsabilidade do estado ser tratadas em uma parte geral, bem como o capítulo referente ao domínio público ficar para parte especial. Contudo, entendemos correta nossa opção, pois pela experiência adquirida no magistério regular dos Cursos Universitários, bem como dos cursos técnicos de treinamento ou preparatório para concursos, ficou demonstrado que os alunos assimilam com maior desenvoltura os temas da responsabilidade do estado e do controle da administração pública após já terem estudado todos os demais pontos. Já o estudo do domínio público na parte geral serve para dar o equilíbrio necessário que um estudo geral deve proporcionar no que se refere ao trinômio pessoas-bens-atos que é proporcionado pelo estudo da parte geral do direito civil e que inegavelmente tem como seu correspondente no direito público justamente o direito administrativo.

Porto Alegre, dezembro de 2000.

Os Autores

PARTE GERAL

Capítulo 1

O Sistema Jurídico

1.1. NOÇÃO E REQUISITOS ESSENCIAIS

Cumpre-nos examinar a concepção de sistema, em especial de sistema jurídico, na medida em que esta visualização do direito é chave para análise e solução dos desafios atuais. Inicialmente, vamos realizar uma abordagem preliminar e empírica sobre a noção de sistema. Vejamos, quando falamos em sistema solar, pensamos no conjunto de planetas ordenados. Agora, como proceder para, por exemplo, termos um sistema da classe (da sala de aula). Os elementos são os alunos, professor, mesas, cadeiras, quadro, etc. Esse sistema deverá estabelecer uma ordem para aquele conjunto de elementos, porém isto não é tudo.

O sistema possui diferentes elementos que devem compor uma unidade, assim a turma é uma como o ordenamento jurídico deve ser, mas comporta micro ou subsistemas, bem como toda turma possui grupos internos com características próprias sem se perder o sentido daquela unidade da turma. Os elementos do sistema devem estar ordenados com coerência, por isso em caso de conflito esse será aparente, pois deverá haver uma solução sistêmica que garanta essa coerência. Logo, não há coerência em dispormos as cadeiras de costa para o quadro, salvo se formos fazer uma projeção na parede inversa. O sistema deverá comportar todos os alunos e demais elementos, pois visa a ser completo, assim a cada ingresso de um elemento metassistêmico (de fora do sistema) este deverá evoluir para abranger essa nova realidade. No caso empírico em exame, se chegar um novo aluno na turma que não estava previsto na lista de chamada inicial, o nosso sistema deverá evoluir para adequar-se ao novo dado da realidade.

Os requisitos são, a saber, conjunto, ordem, unidade (micro ou subsistemas), coerência (conflito aparente), completude (destinado, fim, pretensão de ser completo). Destaca-se que há outros requisitos

Manual de
DIREITO ADMINISTRATIVO

mais específicos, conforme a concepção ou enfoque de sistema que se aborda, v. g., o requisito da mobilidade para o sistema interno da escola sistemática alemã.[1]

1.2. CONCEITO E CONCEPÇÕES

A palavra conceitual chave para sistema é "conjunto", e não ordem como se poderia pensar num primeiro instante. No século XI - ou na Idade Média de uma maneira geral -, trabalhava-se com a idéia de ordem, inclusive havia várias delas, cada uma baseada num direito particular, todavia inexistia o conceito de sistema[2] e de Europa, enquanto conjunto dos povos daquele continente.

O termo "sistema" é originário do grego *systema* que significa o conjunto de elementos inter-relacionados de forma ordenada, unitária, coerente com fins a completude em que estes elementos tanto podem ser conceitos ou seres reais, ou ambos (no nosso caso normas jurídicas).[3] Já a palavra "sistemática" como adjetivo significa a metódica que observa um sistema. Porém, o termo também vem sendo empregado como substantivo, em sentido igual ao de sistema, portanto naquele sentido de conjunto de normas, preceitos e institutos relativos a determinado assunto ou matéria. Assim, o verbo *sistematizar* significa reunir um conjunto de dados de modo ordenado, unitário, coerente e com a pretensão de ser completo.[4]

Cumpre, agora, analisarmos determinadas concepções de sistema,[5] a saber, sistema externo, interno, fechado, aberto e autopoiético. As duas primeiras concepções são na verdade enfoques de uma mesma realidade, não havendo contraposição entre elas e devem ser tratadas conjuntamente como abordagens que se somam. Assim, em uma visão inicial, podemos entender o sistema externo[6] como a estrutura superior da ciência (*terminus ad quem*), mas que influencia o conteúdo da ciência na medida em que sua função básica seria separar e generalizar os elementos do sistema (normas), formando conceitos de gênero os

---

[1] CANARIS, Claus-Wilhelm. *Pensamento Sistemático e Conceito de Sistema na Ciência do Direito*, trad. António Menezes Cordeiro. Lisboa, Fundação Calouste Gulbenkian, 1989, p. 127-148.

[2] Equivocadamente denominado da época do "não-direito", pois o fenômeno que existiu foi o do particularismo jurídico.

[3] MACEDO, Sílvio. "Sistema", in *Enciclopédia Saraiva do Direito*, v. 69. SP, Saraiva, 1982, p. 191-194. Ver também p. 341.

[4] BONAVIDES, Paulo. *Curso de Direito Constitucional*. São Paulo, Malheiros, 1997, p. 88-90.

[5] Idem, p. 91-107.

[6] LOSANO, Mario. *Sistema e Struttura nel diritto*, vol. primo. Torino, G. Giappichelli, 1968, p. 115, 116, 137 e 138.

quais são os de maior grau de abstração.[7] Já o sistema interno daria à estrutura inferior (*terminus a quo*),[8] o conteúdo da ciência que também influencia a sua estrutura superior, sendo aquela lógica mínima de aplicação e realização do direito.[9] Assim, aplicando essas concepções ao estudo das grandes "Famílias do Direito", enquanto o sistema externo está ligado à estruturação das fontes do direito e da organização dos entes que as produzem, o sistema interno significa o *modus operandi* de aplicação dessas fontes. Logo, enquanto no sistema romano-germânico interpretam-se as fontes, tendo-se como primeira referência a lei, no Sistema da *Commom Law* comparam-se as fontes, tendo-se como primeira referência os precedentes.[10] Por isso, na experiência inglesa, não se cita uma lei para solução de um conflito, mas se refere ao modo que a sentença aplicou dita lei. Por outro lado, na experiência brasileira, não se usam as súmulas dos nossos Tribunais através da comparação de precedentes, mas, ao invés, as interpretamos.[11]

De outra banda, passaremos a abordar as concepções que estão relacionadas com o modo de ver a evolução do sistema e, portanto, da própria ciência, sendo então compreensões que se excluem, pois se deve adotar uma delas. O sistema fechado seria aquele que não se influencia por outros sistemas científicos para fins da sua evolução, onde as mudanças ocorrem através de grandes rupturas de paradigmas. No âmbito jurídico em que temos como fonte principal a lei, seria o entendimento que para haver evolução do sistema jurídico somente através das mudanças dos Códigos e Constituições, por exemplo. Já o sistema aberto seria aquele que, no momento de sua evolução, é influenciado pela realidade circundante e demais sistemas de outras áreas do conhecimento. Nessa visão, as mudanças no sistema jurídico ocorrem, regra geral, de modo mais gradual sem necessitar sempre da alteração legislativa.

Por sua vez, o sistema autopoiético[12] seria mais que uma composição entre as concepções fechada e aberta de sistema. Essa con-

---

[7] LARENZ, Karl. *Metodologia da Ciência do Direito*. Trad. de José Lamego. Lisboa, Fundação Calouste Gulbenkian, 1989, p. 531-536.

[8] LOSANO (1968), *loc. cit.*

[9] LARENZ (1989), *loc. cit.*

[10] DAVID, René. *Os Grandes Sistemas do Direito Contemporâneo*. São Paulo, Martins Fontes, 1993, p. 67-139 e 303-405. STRECK, Lenio Luiz. *Súmulas no Direito Brasileiro: Eficácia, Poder e Função*. Porto Alegre, Livraria do Advogado Editora, 1998, p. 35-71.

[11] STRECK (1998), p. 109-131.

[12] Origem da teoria: MATURANA, Humberto e Francisco Varela. *De Máquinas y Seres Vivos*. Santiago, Universitária, 1973. e, *Autopoietic Systems*. Illinois, Urbana, 1975. Primeira adoção da teoria autopoiética no campo das ciências sociais: LUHMANN, Niklas. *Soziale Systeme*, Frankfurt, Suhrkamp, 1984. Ver posição mais recente do autor em *L'unité du systéme juridique*, in *Archives de Philosophie du Droit*, vol. 31, p. 163-188.

cepção é uma superação daquela contradição, pois o sistema seria por um lado fechado, porque enquanto ciência deve o sistema ter autonomia frente às demais, e por outro é aberto, pois deve evoluir conforme as necessidades que o meio circundante oferece. Assim, o sistema evolui, mas auto-referenciado, a partir de seus critérios, autoproduzindo-se, daí autopoiético, sendo um sistema que se reproduz de forma fechada, mas esta cognitivamente aberta.[13]

1.3. SÍNTESE SOBRE A EVOLUÇÃO

Dizer que o direito constitui-se num sistema é idéia facilmente aceita hodiernamente, sobretudo após ter o pensamento jurídico do século XX, enfatizando e explorando a noção de ordenamento jurídico. Dilthey, já no século passado, usava o termo *sistema* em sua obra sobre as ciências do espírito, empregando-o para designar as realidades, dentre as quais o direito, que compõem a sociedade.[14] Mais recentemente, a noção de estrutura veio reforçar a idéia de sistematicidade do Direito, que os juristas já vinham utilizando, quando em outras áreas de investigação se passou a cuidar de uma genérica teoria dos sistemas.

Nem sempre se pensa, por outro lado, suficientemente no fato de que também o saber jurídico é sistemático, destacando-se a distinção que há entre as sistematicidades do Direito como objeto e a da ciência do Direito como organização de conhecimentos. Associado a isto, a atribuição de um viés sistemático do Direito, equivalendo a mera logicidade, racionalidade, implica, não mais das vezes, ignorar o cunho histórico dos fenômenos jurídicos.[15]

A sistematicidade do Direito dá-se na história e tem uma história própria. A qualidade de sistema ligou-se ao objeto do Direito como resultado de determinadas fases da experiência e praxes jurídicas e do seu pensar respectivo, em conexão com padrões históricos bem definidos. Na pandectista, por exemplo, o sistema vinculava-se a idéia de uma conexão entre os institutos, por sua vez proveniente

---

[13] TEUBNER, Gunther. *O direito como sistema autopoiético*. Lisboa, Fundação Calouste Gulbenkian, 1993, p. 53-125.

[14] BOBBIO, Norberto. *Teoria della scienza giuridica*. Torino, G. Giapichelli, 1950, p. 85-89.

[15] SALDANHA, Nelson. "Historiografia Jurídica e Concepção do Direito", *in Estudos Universitários*, UFPE, Recife, v. 15, n. 1-2, 1975. Ver também do mesmo autor: "Sistema Jurídico", *in Enciclopédia Saraiva do Direito*, v. 69. São Paulo, Saraiva, 1982, p. 238 a 243; e *O Problema da História na Ciência Jurídica Contemporânea*. Porto Alegre, Osvaldo Vergara, 1978.

de uma convergência de regras, tudo obra da elaboração da dogmática em um sistema fechado.[16]

O desafio que nos está lançado, para além do debate entre os jusnaturalismos e os juspositivismos, é, perante os problemas novos, superar o dilema entre a intensificação de um metadiscurso metodológico irreal e inaplicável a questões concretas, logo indiferente ao direito, por um lado, e a prática de um formalismo ou um positivismo de recurso, por outro. Em qualquer dos casos, as soluções são ora inadequadas ora assentes em fundamentações aparentes, escapando ao controle da Ciência do Direito.[17]

A Teoria Analítica do Direito (Jurisprudência analítica), propagada principalmente por Hart,[18] tem origem na transferência cultural, operada do mundo anglo-saxônico para o continente europeu, decorrente do condicionalismo político-econômico do segundo pósguerra. Esse modo de pensar analítico é de um positivismo agravado com o jusracionalismo de recurso, implicando uma posição empírica, mas racionalista e antimetafísica. Cultivando a clareza conceitual, preocupa-se com a linguagem; adstringe-se a lógica; recusa intromissões morais e proclama a excelência da crítica ética às soluções preconizadas pelo Direito. Tudo isso somando-se a proximidade com o normativismo kelseniano.[19]

Perante o nosso dilema da Ciência do Direito, a Jurisprudência Analítica optou decididamente pelo positivismo, e com isto abriu as portas ao irrealismo metodológico, pois no desenvolvimento das suas elaborações muito foi produzido e que podemos nos socorrer, todavia não há quaisquer soluções para as grandes questões atuais do Direito: lacunas, conceitos indeterminados, cláusulas gerais, anomias, contradições entre os princípios e as normas injustas.[20]

A moderna teoria da Tópica Jurídica (Jurisprudência Problemática) relança o pensamento aristotélico,[21] através da obra do alemão Viehweg,[22] para quem o Direito é uma técnica de resolução de pro-

---

[16] WIEACKER, Franz. *História do Direito Privado Moderno*. Trad. de António Manuel Botelho Hespanha. Lisboa, Fundação Calouste Gulbenkian, 1980, p. 491-524, em especial p. 494-497.

[17] MENEZES CORDEIRO, António Manuel da Rocha e. *Introdução à edição portuguesa de Pensamento Sistemático e Conceito de Sistema na Ciência do Direito de Claus-Wilhelm Canaris*. Lisboa, Fundação Calouste Gulbenkian, 1989, p. XXVIII.

[18] Esta teoria vem de uma tradição que remonta até HOBBES. Ver: HART, Herbert L. A. *O Conceito de Direito*. Trad. de A. Ribeiro Mendes. Lisboa, Fundação Calouste Gulbenkian, 1986.

[19] MENEZES CORDEIRO (1989), *loc. cit.*

[20] Idem, ibidem.

[21] ARISTÓTELES. "Tópicos", trad. Leonel Vallandro e Gerd Bornheim *in Os Pensadores*. São Paulo, Abril Cultural, 1978.

[22] VIEHWEG, Theodor. *Topica y jurisprudencia*. Trad. de Luis Diez-Picazo. Madrid, Taurus, 1964.

blemas, em que apenas aparentemente o Direito comportaria uma estrutura sistemática. Destaca-se que os argumentos críticos de Viehweg[23] dirigiam-se tão-somente a um tipo de sistema: o axiomático-dedutivo.

Contudo, o fenômeno que se verificou foi o da vulgarização da tópica a qual não levou em consideração a ressalva destacada acima e passou-se a empregar indistintamente o termo grego *topoi*, onde com maior propriedade deveria antes dizer "princípios" e até "normas". Assim, redobrou-se a crítica ao pensamento sistemático, reforçando-se a "fogueira" do irrealismo metodológico. Como a Teoria analítica, a Jurisprudência Problemática contribui para novas sínteses metodológicas, mas a vulgarização da tópica deve ser combatida em nome da mais elementar precisão e seriedade de linguagem.[24]

1.4. ELEMENTOS PARA UMA CONCLUSÃO

As perspectivas metodológicas da atualidade estão a nos exigir um discurso sistemático renovado, centrado no inter-relacionamento das regras com os fatos, que aproxime o empirismo do normativo, sintetizando duas idéias fundamentais: a natureza cultural do Direito e a necessidade de dotar as decisões jurídicas de uma estruturação científica. Nesse sentido, configura-se uma terceira via, para aqueles que não vêem contradição entre problema e sistema,[25] convictos de que este não supera aquele, pelo tudo que já foi dito, e mais, pela simples razão de não se poder compreender o sistema com abstração de todos os problemas que lhe deram causa.[26]

Salienta-se que aqui se busca somar esforços na reafirmação de um norte, qual seja, a construção da ciência jurídica compatível e estimuladora de uma sociedade pluralista, democrática e economicamente auto-sustentada em harmonia com o meio ambiente. Para tanto, o paradigma adotado é de um sistema jurídico cognitivamente aberto, na perspectiva da *autopoiesis* relativa,[27] em sua visualização

---

[23] Ver, especialmente, coletânea do autor contendo artigos mais recentes: *Topica y filosofia del derecho*. Trad. de Jorge M. Seña. Gedisa, Barcelona, 1991.

[24] MENEZES CORDEIRO (1989), *loc. cit.*

[25] STRECK, Lenio Luiz. *Hermenêutica Jurídica e(m) Crise*. 2ª ed. Porto Alegre, Livraria do Advogado Editora, 2000, p. 92-94.

[26] REALE, Miguel. *O direito como experiência*. São Paulo, Saraiva, 1992. Ver, nesse sentido, as aproximações realizadas entre estruturalismo e funcionalismo como decorrência desse entrelaçar do empírico com o normativo: BOBBIO, Noberto. *Dalla Struttura alla Funzione - Nuovi studi di teoria del diritto*. Milano, Edizioni di Comunità, 1977.

[27] TEUBNER (1993) p. 129-199, e sobre o papel das cláusulas gerais em um sistema autopoiético relativo, ver. p. 230-244.

externa, e com mobilidade[28] entre os seus diversos microssistemas, no seu enfoque interno, concebendo a relação entre o Direito Público e o Direito Privado enquanto campos escalonados de interesses, conforme o maior ou menor grau de publicização ou privatização das relações.[29]

Nesse caminho, identificamos a Constituição no centro do sistema,[30] regulando os direitos e garantias mínimas de interesse público e de interesse privado, tendo o Código Civil, adequado a este paradigma, função de destaque no centro da esfera privada, servindo de concretização da constituição, mas não mais como centro de unidade do Direito. Assim, nossa modesta contribuição é o de associar à idéia de *autopoiesis* de sistema apresentada por Teubner, à visualização analítica do sistema externo, enquanto *terminus ad quem*, naquela função didática, empregado por Losano. Da mesma forma, devemos identificar a *mobilidade* sistemática demonstrada por Canaris com o sistema interno, enquanto *terminus ad quo*.[31]

---

[28] CANARIS (1989), p. 127-148.

[29] RAISER, Ludwig. *O futuro do direito privado*. Trad. de Lucinda Maria Ragugnetti, *in* Rev. da PGE/RS, n.25, Porto Alegre, 1979.

[30] BONAVIDES (1997), p. 107-119.

[31] A concepção por nós adotada vem analisada com mais vagar em nosso "Sistema Jurídico Externo Aberto e a Influência dos Fatores Metajurídicos - Na Perspectiva da Autopoiética Relativa", monografia apresentada em disciplina do Mestrado em Direito da UFRGS, *in Biblioteca de Direito da UFRGS*, 1994.

Capítulo 2

O Direito Administrativo

2.1. ESTADO DE DIREITO E DIREITO ADMINISTRATIVO

Para uma melhor compreensão sobre a evolução do Direito Administrativo, é mister focar a análise com maior precisão sobre o seu objeto, precisando as mudanças nele ocorridas, tendo como pano de fundo a construção do Estado de Direito.[32] A partir do estudo da evolução[33] do Direito Administrativo desde o seu nascimento, em conjunto com o Estado de Direito, até os dias atuais, verifica-se que o seu conteúdo tem variado no tempo (de época para época) e no espaço (de cultura para cultura, de país para país) e que vários têm sido os critérios adotados para sua conceituação.

O momento sociopolítico-econômico anterior ao surgimento[34] do Estado de Direito e dentre outras conseqüências do Direito Administrativo é aquele em que podemos sintetizar na expressão Estado de Polícia. Esse possui como figura política central o Absolutismo das Monarquias imperiais cujo poder político era ilimitado, tendo como força econômica o mercantilismo, baseado no colonialismo que produziram para as coroas européias o acúmulo de riquezas necessárias para a implantação da centralização do poder, pondo fim na descentralização política e jurídica do feudalismo, no fragmentaris-

---

[32] NOVAIS, (J.) Reis. *O Estado de Direito*. Coimbra, Coimbra, 1987(8). FORSTHOFF, Ernest. *Stato di Diritto in Transformazione*. Milano, Giuffrè, 1973. CANOTILHO, J. J. Gomes. *Direito Constitucional*. Coimbra, Almedina, 1993, p. 348 a 395. SILVA, José Afonso da. *Curso de Direito Constitucional Positivo*, São Paulo, RT, 1991, p. 99 a 108. FERREIRA FILHO, Manoel Gonçalves. "O Estado de Direito, o Judiciário e a Nova Constituição", *RDA*, São Paulo, v. 160, p. 63-76, abr./jun. 1985, e, "O Estado no Limiar do Novo Século", *RDA*, São Paulo, v. 217, p. 81-90, jul./set. 1999. BONAVIDES, Paulo. *Do Estado Liberal ao Estado Social*, 6ª ed. São Paulo, Malheiros, 1996.

[33] FORSTHOFF, Ernest. *Tratado de Derecho Administrativo*. Madri, Instituto de Estudios Políticos, 1958, p. 35 a 119.

[34] WOLFF, Hans Julius. *Introduccion Historica al Derecho Romano*, Santiago de Compostela, Porto, 1953, p. 61, 142 e 183. O autor aponta regras que seriam equivalentes ao nosso Direito Administrativo na época da República e do Império da antiga Roma, mas destaca que essas normas não eram consideradas jurídicas, estando, portanto, fora do Direito.

mo da economia controlada pelos senhores feudais e que também desagradava a burguesia que se iniciava a configurar como classe social. Esta financiou a concentração do Poder na mão do Soberano, operando o surgimento do Estado Nacional que é a primeira versão da moderna visão de Estado. Por outro lado, manteve esse regime os privilégios da nobreza e clero que eram sustentados pelos impostos pagos pelos demais integrantes da sociedade (na França era o chamado terceiro estado). Nesse momento, não podemos identificar direitos dos cidadãos, mas sim privilégios que eram concedidos por castas (estamentos) sociais conforme a vontade do Soberano. Destaca-se que como subproduto do grande desenvolvimento econômico desse momento nós temos toda a exploração ocorrida nas chamadas colônias acarretando inclusive o genocídio de vários povos nativos daquelas regiões.[35]

Nesse período, não podemos identificar o Direito Administrativo como disciplina autônoma como conhecemos atualmente, contudo distingue-se o objeto do direito de interesse do Estado daquele do interesse dos particulares através da utilização da Teoria do Interesse elaborada por Ulpiano como consta no Digesto. Esta teoria foi desenvolvida na Antiguidade romana e retomada até o fim do Absolutismo[36] em outros termos para atender a política absolutista. Nesse contexto, a teoria prevê que Direito Público é aquele que se relaciona com o Estado, e Direito Privado é aquele que se relaciona com o particular. Lembre-se que antes do surgimento do Estado de Direito, a vontade do monarca absolutista era a norma entre o particular e o Estado (*O Estado sou Eu*). Assim, o objeto do Direito Público nesse momento será aquelas relações em que o Estado, através da vontade do Monarca, manifestar o seu interesse. Afirma Hobbes: *Auctoritas, non veritas, facit legem.*[37]

Destaca-se, num momento seguinte, o Iluminismo,[38] que é um movimento de combate político ao Absolutismo que desembocou juridicamente nas noções de Poder Constituinte e Superioridade da Constituição, enquanto limitadores do Poder do Estado, através do estabelecimento de direitos fundamentais dos cidadãos, da separação de poderes, do devido processo legal, dentre outros princípios

---

[35] No que se refere a América Latina, ver: *As Veias Abertas da América Latina.*

[36] WOLFF (1953), p. 228 e 232-234. WIEACKER (1980), p. 97-161, 225-238, 250-278. Os autores demonstram o processo de recepção do Direito Romano pelo Estado Nacional (Absolutismo) através do longo período da chamada Idade Média.

[37] COUTO E SILVA, Almiro do. "Os indivíduos e o Estado na realização de tarefas públicas", *in Revista de Direito Administrativo*, v. 209, 1997, p. 52.

[38] Sobre a continuidade da evolução do Direito neste período: WIEACKER (1980), p. 279-315, 353-365.

limitadores da ação do Poder Público.[39] Esse é o momento de configuração do Estado de Direito, onde a ação do Estado encontra-se limitada pelo sistema jurídico o qual reconhece e garante um campo de liberdade dos cidadãos em que ganha destaque os direitos e garantias fundamentais.[40] Simboliza mundialmente essa conquista a Revolução Francesa através da Declaração dos Direitos do Homem e do Cidadão de 1789, mesmo que esse processo tenha se iniciado muito antes pela Magna Carta inglesa, a partir de 1215,[41] e que culminou em 1688 com a Revolução Gloriosa, a qual implicou a aceitação pela monarquia das cláusulas dos Direitos do Cidadão redigidas pelo Parlamento, bem como pela independência das colônias americanas do Reino Unido da Grã-Bretanha, a partir da Declaração de Virgínia de 12 de abril e da Declaração da Independência dos EUA de 04 de julho, ambas de 1776. Esses fatos ilustram que o processo histórico de evolução do Estado de Direito comporta peculiaridades que variam em muito para cada nação.

Parte da doutrina[42] qualifica esta primeira configuração do Estado de Direito como sendo Liberal no sentido de associar-se ao estabelecimento jurídico da chamada primeira geração ou dimensão dos direitos fundamentais que estão vinculados com o estatuto da Liberdade, onde se encontram os direitos individuais das liberdades públicas e dos direitos políticos. Podemos apontar sinteticamente como conteúdo jurídico dessa forma de Estado de Direito o Princípio da Legalidade em seu conteúdo idêntico tanto para o Poder Público como para a esfera privada.[43] Também temos os Princípios da Segurança Jurídica,[44] da Democracia Representativa[45] e da Igualdade Formal.[46] Aqui nós

---

[39] Ver BONAVIDES, Paulo. *Curso de Direito Constitucional*. São Paulo, Malheiros, 1993.

[40] Idem, ibidem. Ver também SILVA, José Afonso da. *Curso de Direito Constitucional Positivo*, RT, São Paulo, 1991.

[41] Deve-se entender essa data como um ponto inicial da construção do Estado Liberal de Direito inglês, passando após por uma série de documentos limitadores do Poder Estatal aprovados pelo parlamento que visavam a implementar muito do que já havia sido previsto na Magna Carta, como a Petição de Direitos de 1628 (*Petition of Rights*), o *Habeas Corpus Act* de 1679, a Declaração de Direitos de 1688 (*Bill of Rights*) e culminando com o Ato de Sucessão no Trono de 1707 (*Act of Settlement*).

[42] A favor da utilização do qualificativo, além dos autores brasileiros já citados, NOVAES, *Contributo para o Estado de Direito*. Contra a utilização da qualificação temos FORSTHOFF, Ernest. *Stato di Diritto in Transformazione*. Milano, Giuffrè, 1973.

[43] Tanto as pessoas públicas como as privadas podem fazer tudo aquilo que a lei não proibir. Ver item 4.2.

[44] A lei ou qualquer ato do Poder Público não podem contrariar o direito adquirido, o ato jurídico perfeito e a coisa julgada, assim temos como regra geral a irretroatividade dos atos do poder público.

[45] Os cidadãos exercem seus direitos políticos através de representantes eleitos pelo voto.

[46] Ou seja, a simples previsão de que todos são iguais perante a lei.

estamos na presença do chamado Estado "mínimo", pois apenas envolvia-se com questões de segurança pública, justiça, deixando tudo o mais para a sociedade civil regular através do mercado, daí a noção de liberalismo político e econômico. Nesse contexto é que nós temos a configuração do Direito Administrativo enquanto disciplina autônoma do Direito e portanto identificada como um direito de proteção do cidadão frente à ação do Estado. Por outro lado, inegável que como subproduto dessa fase fica por conta do chamado neocolonialismo.

No Estado Liberal de Direito (ou Estado de Direito Liberal), a experiência desenvolvida pela Corte Administrativa francesa nos trouxe um critério inovador que grande influência propagou no direito de vários países, inclusive no Brasil. É a Teoria da Subordinação pela qual o Direito Administrativo é o conjunto de normas em que o Estado aparece investido com um papel específico que os particulares não possuem, qual seja, uma nota de autoridade. Critica a anterior teoria, porque, por exemplo, no Direito de Família há interesse público, mas não é Direito Público, logo é um critério insuficiente. Assim, desse segundo critério, decorre o ato de autoridade na qual a regra jurídica é de subordinação, logo de Direito Administrativo, e o ato de gestão na qual a regra jurídica é de coordenação, logo de Direito Privado. Tal distinção serviu para, no Sistema Francês,[47] determinar se a competência sobre determinadas demandas eram da Jurisdição Administrativa ou seriam matéria comum de competência do Poder Judiciário francês. Assim, nesse contexto, temos como objeto do Direito Administrativo os assim definidos como atos de autoridade ou de império.[48]

O momento sociopolítico-econômico seguinte vem a ser conseqüência das Revoluções industriais que geraram uma nova classe social que, como único bem que possuem, vem a ser a venda da sua força de trabalho, ou seja, o proletariado ou classe operária. Assim, a burguesia liberal passou a sofrer grandes pressões político-econômicas advindo dos movimentos sociais dos trabalhadores organizados que lutavam contra a exploração que sofriam. Basta citar como exemplo que a jornada média do operário era de 16 horas, se gastasse mais 1 hora de deslocamento entre sua casa e o local de trabalho, para ir e vir, restaria no máximo 7 horas para todas as demais atividade de sua "vida" ou, melhor dizendo, sobrevivência. Deu suporte

---

[47] Ver item 2.5.

[48] COUTO E SILVA, Almiro do. "Os indivíduos e o Estado na realização de tarefas públicas", *in Revista de Direito Administrativo*, v. 209, 1997, p. 53. Ver item. 8.4.

teórico a esses movimentos sociais o pensamento socialista[49] chamado de utópico de Saint-Simon, Fourier, Owen, dentre outros, e depois com maior repercussão o socialismo científico de Marx e Engels,[50] tendo como documento que representa um marco desse período o Manifesto Comunista de 1848. Outra corrente desse pensamento que visava à superação do Estado Liberal, consubstancia-se nas encíclicas papais a começar pela de Leão XIII em 1891 (*Rerum Novarum*), a saber, o pensamento social-democrata cristão.

A resposta[51] dada pelo Estado de Direito a esses movimentos foi através do reconhecimento do que veio a ser consagrado como a segunda geração ou dimensão dos direitos fundamentais, a saber, os direitos sociais e econômicos, vinculados, portanto, ao estatuto da Igualdade. Por isso, grande parte da doutrina[52] vem qualificar essa fase como a do Estado Social de Direito (ou Estado de Direito Social), tendo como texto jurídico de maior influência mundial a Carta Constitucional alemã de Weimar de 1919. Contudo, no mínimo, dois documentos jurídicos anteriores contribuíram para consolidação dessa nova ordem constitucional do Estado: a constituição francesa de 1848, na qual, pela primeira vez, uma norma constitucional fez referência ao direito do trabalho, e a constituição mexicana de 1917, que foi aquela que juridicamente maiores avanços sobre direitos sociais e econômicos positivou.

Assim, o Estado de Direito, com esse novo conteúdo social, deixa de ser mínimo, pois passa a intervir na ordem econômica e social, prestando benefícios sociais através dos serviços públicos e dispondo regras sobre o âmbito econômico, que não é mais regulando livremente apenas pelo mercado.[53] Essa configuração do Estado possui como conteúdo jurídico, além dos já apontados direitos de segunda geração decorrentes da intervenção do Estado na ordem

---

[49] MARQUES, J. Luiz. *O Socialismo*. Porto Alegre, Editora da Universidade/UFRGS, 1991.

[50] MANDEL, Ernest. *Introdução ao Marxismo*. Tradução de Mariano Soares. Porto Alegre, Movimento, 1982.

[51] Outra resposta foi dada pela Revolução Russa de 1917, que, baseada na doutrina marxista-leninista (O russo Lênin somou suas teses socialistas às dos alemães Marx e Engels), começou a constituir, através da Declaração dos Direitos do Povo Trabalhador e Explorado e da Constituição Soviética, ambas de 1918, uma nova concepção da sociedade, de Estado e do Direito, em que se buscava libertar o homem de qualquer forma de opressão. Em 1936 se adotou uma nova Constituição Soviética que incorporou juridicamente o pensamento estalinista (Estalin foi o líder do Partido Cumunista Russo que assumiu sua direção após a morte de Lênin) que deu um rumo despótico ao regime estabelecido, sendo assim a burocratização do regime soviético um subproduto dessa alternativa.

[52] CANOTILHO, J. J. Gomes. *Direito Constitucional*. Coimbra, Almedina, 1993, p. 390 a 395. Ver nota de rodapé.

[53] A intervenção do Estado na ordem social e econômica nesta fase é inicial e singela comparada com os tempos atuais, bem como se dava apenas na órbita interna de cada nação.

econômica e social interna, o Princípio da Legalidade com uma dupla caracterização,[54] o Princípio da Igualdade material,[55] bem como mantidos os demais direitos e princípios já consagrados desde o início do Estado de Direito. Tal afirmação é de fundamental compreensão para se poder distinguir a natureza do Estado Social de Direito do subproduto por ele gerado que veio a se constituir num Estado Social[56] que substituiu os direitos de primeira geração pelos de segunda, ou seja, a pretexto de dar igualdade, retirou a liberdade, gerando os regimes fascista e nazista em várias nações do planeta.

Com o início da formação do Estado Social de Direito no final do século XIX, tornou-se insuficiente o que se tinha como objeto do Direito Administrativo. Nesse contexto, surge a Teoria do Serviço Público,[57] que podemos visualizar nas obras dos franceses Léon Duguit, Jèze Bonnard, sendo construção da jurisprudência administrativa do Conselho de Estado da França.[58] Assim, é objeto do Direito Administrativo toda relação decorrente da prestação de serviço público realizada direta ou indiretamente pelo Estado.[59] Critica a teoria anterior da subordinação, porque ela fundava a distinção em que o Estado possuía poderes que o particular não os tinha. Porém, com a evolução do Estado Liberal para o Estado Social, ou seja, a partir do momento em que o Estado passa a intervir na ordem econômica e social, desenvolvendo um braço prestador de benefícios e não mais só coercitivo, conclui-se que o Estado, quando está prestando benefícios ou atuando comercialmente, a relação não é de subordinação, mas continua sendo de Direito Público, ao menos em alguns aspectos.[60]

---

[54] Uma caracterização para o direito privado já observada. A outra específica para o direito público, a qual nos interessa, em que o Estado só pode agir quando expressamente autorizado por lei. Ver item. 4.2.

[55] Devem ser tratados os iguais do mesmo modo e os diferentes de modo diverso, na medida inversa das suas diferenças, portanto autorizando o surgimento das chamadas regras de proteção que concretizam os direitos sociais e econômicos. Ver item.

[56] Exemplo do que ocorreu no Brasil com o Estado Novo a partir de 1937.

[57] Tem-se como marco o caso do *arrêt Blanco* de 1873. Ver item.

[58] CHAPUS, René. *Droit administratif général*, Tome 1. Paris, Montchrestien, 5e éd., 1990, p. 1 a 5. Ver item.

[59] COUTO E SILVA, Almiro do. "Os indivíduos e o Estado na realização de tarefas públicas", *in Revista de Direito Administrativo*, v. 209, 1997, p. 54-56.

[60] Exemplo da influência dessa teoria em nosso sistema foi a aceitação do Mandado de Segurança contra pessoas de direito privado desde que estivessem prestando serviço público em substituição à ação do Estado, ou melhor, é o Estado atuando através da pessoa privada. Inicialmente, os Tribunais brasileiros não aceitavam essa posição, muito devido à doutrina de Hely, que não reconhecia esse critério, trabalhando apenas com a distinção entre atos de império e atos de gestão. Atualmente, o art. 5º, LXIX, da CF consagra amplamente o critério do serviço público nesse tema. Ver item.

Passa a ser objeto do Direito Administrativo toda a atividade que se conceitue como serviço público.[61]

Uma maior intensidade e complexidade da intervenção do Estado na ordem econômica e social nós identificamos após as grandes guerras mundiais, que justamente foram o resultado do modelo de liberalismo político e econômico levado a um grau máximo e em nível internacional. Com a derrota dos Estados Sociais totalitários, foi reacesa a chama democrática, mas em uma dimensão mais ampla que apenas os direitos políticos representativos. Com a contínua massificação das relações sociais e econômicas, era imprescindível o surgimento de uma nova categoria de direitos que passaram a constituir a terceira geração ou dimensão dos direitos fundamentais, vinculados ao estatuto da Fraternidade. São os chamados direitos difusos, assim entendidos aqueles transindividuais ou metaindividuais por serem pela sua própria natureza indivisíveis, sendo titulares pessoas indeterminadas e ligadas por circunstâncias de fato, no sentido de que o exercício do direito difuso se dá por todos os seus titulares ou por nenhum, a exemplo dos direitos ao meio ambiente,[62] ao patrimônio histórico-artístico-paisagístico,[63] a probidade administrativa,[64] dentre outros;[65] logo, todos possuem esses direitos respeitados ou ninguém os possui.[66]

Passa a se configurar o Estado Democrático de Direito[67] (Estado de Direito Democrático[68] ou Estado Social e Democrático de Direito[69]) no qual o termo *democrático* ganha o maior grau de amplitude referindo-se à garantia de todo e qualquer tipo de direitos fundamentais, mantendo como seu conteúdo jurídico os Direitos e Princí-

---

[61] Ver item.

[62] Ver arts. 5º, LXXIII, 24,VI, VIII, 23, VI, 225 da CF e Leis Federais nºs 4.717/65, 6.902/81, 6.938/81, 7.347/85, 7.802/89, 8.974/95.

[63] Ver arts. 5º, LXXIII, 24, VII da CF e Leis Federais nºs 4.717/65 e 7.347/85.

[64] Ver arts. 5º, LXXIII, 15, V, 37, § 4º, da CF e Leis Federais nºs 4.717/65, 7.347/85 e 8.429/92.

[65] Alguns dos direitos do consumidor, como o da propaganda adequada (não enganosa). Ver art. 81, parágrafo único, I, do CDC, art. 1º da Lei 7.347/85 e art. 129, III, § 1º da CF.

[66] É de se questionar qual seria o subproduto que se está gerando neste contexto? O chamado neoliberalismo traz como conseqüência do que propugna, a nosso ver, a substituição dos direitos de segunda geração em nome de garantir-se os direitos de terceira. Como contraponto a essa investida de âmbito internacional já há autores brasileiros que, baseados também no direito comparado, demonstram a existência dos direitos de quarta geração que para nós serve mais como reforço no sentido da manutenção de um Estado de Direito que preserve todas as três gerações de direitos fundamentais como um complexo jurídico-político indissociável. Ver Paulo Bonavides, *Curso de Direito Constitucional*. São Paulo, Malheiros, 1997.

[67] Constituição brasileira de 1988, art. 1º.

[68] Constituição portuguesa de 1976 depois da revisão de 1982, arts. 2º e 9º, *b*.

[69] Constituição espanhola de 1978, art. 1º.

pios já consagrados no seio dessa evolução do Estado de Direito,[70] acrescidos dos seguintes aspectos: à democracia representativa soma-se a democracia direta, participativa e pluralista,[71] o Princípio da Separação dos Poderes passa a ter uma dimensão positiva,[72] tornam-se efetivos os Princípios da Razoabilidade,[73] da Proporcionalidade,[74] da Boa-Fé objetiva.[75]

Nesse contexto, surge na Alemanha a Nova Teoria do Sujeito de Hans Julius Wolff.[76] A partir da mesma realidade da evolução do Estado Social de Direito, o Poder Público passou a criar entidades regidas pelo Direito Privado; logo, nem sempre a prestação de serviço público associa-se ao Direito Público. Assim, quando o Estado intervém numa relação jurídica através de normas extravagantes à legislação privada, estaremos diante do Direito Administrativo. A crítica a esta teoria é que ela não diz o que é uma norma de Direito Administrativo. Logo, será objeto do Direito Administrativo aquele conteúdo do direito aplicável à Administração Pública que a legislação extravagante retirar do âmbito do Direito Privado.

Nota-se que nenhuma das teorias são satisfatórias isoladamente. E justamente por isso devemos aplicar conjuntamente a teoria da

---

[70] STRECK, ob. cit., p. 33-52. OHLWEILER, Leonel. *Direito Administrativo em perspectiva*. Porto Alegre, Livraria do Advogado Editora, 2000, p. 109-120.

[71] O sentido novo de democracia direta está intimamente ligado aos novos avanços tecnológicos, como na área da informática, que permite que o exercício direto do poder pelo cidadão deixe de ter como exemplo as sociedades escravagistas da antiguidade ou contemporaneamente os cântões suíços de baixa densidade demográfica, onde o povo deliberava através de assembléias gerais. Assim, o adjetivo de pluralista significa um regime que aceita as várias ideologias existentes, buscando um equilíbrio entre os interesses conflitantes da sociedade; o adjetivo *participativo* está vinculado ao exercício direto de parcela do Poder por parte do cidadão a qual, nos termos da CF, não foi delegada para exercício do Estado, v. g., arts. 5º , LXXIII, 10, 11, 14, I, II e III, 49, XV, 61, § 2º, 31, §3º,74, § 4º, 194, VII, 216, § 1º. A lista não é exaustiva, podendo inclusive os Poderes Instituídos estabelecer formalmente ou aceitar a prática política participativa dos cidadãos na gestão da coisa pública, a exemplo do que ocorre há uma década no Município de Porto Alegre, capital do gaúchos, através do chamado Orçamento Participativo. Ver COUTO E SILVA, Almiro do, "Parecer apresentado ao Sr. Prefeito do Município de Porto Alegre Tarso Genro", *in Revista da Procuradoria-Geral do Município de Porto Alegre*, v. 8, n. 9, agosto de 1996, p. 62-70.

[72] A dimensão negativa surgiu por ocasião do Estado Liberal, tendo por fim dividir, controlar e limitar o poder. Já o novo conteúdo no sentido positivo significa "a separação como constitucionalização, ordenação e organização do Poder do Estado tendente a decisões funcionalmente eficazes e materialmente justas." Significa também a "responsabilidade pelo exercício de um poder." (cf. Konrad Hesse, Stern, dentre outros, *apud* CANOTILHO, ob. cit., p. 365.).

[73] Ver item 4.14.

[74] Ver item 4.15.

[75] Ver item 4.16.

[76] WOLFF, Hans Julius e BACHOFF, Otto. *Verwaltungsrecht*. München, C. H. Beck, v. I, 1974, v. II, 1976.

Manual de
DIREITO ADMINISTRATIVO

subordinação, a teoria do serviço público e a nova teoria do sujeito.[77] O Direito Administrativo preocupa-se em delimitar o estatuto dos órgãos públicos administrativos do Estado, das estruturas dos serviços públicos e os mecanismos dos procedimentos referentes a suas atividades. Assim, o Direito Administrativo é o que rege as relações jurídicas que nascem da ação da Administração, fixa as suas prerrogativas e obrigações, rege as garantias outorgadas aos particulares contra o arbítrio.[78]

A autonomia do Direito Administrativo deriva do seu objeto e método, sendo esse corpo próprio de princípios e regras que derrogam a aplicação do direito comum. Os conflitos a que visa resolver também são presentes no direito privado (contrato, responsabilidade), mas para tanto adota concepções próprias, não utilizadas no direito privado (utilidade pública, potestade pública), logo apresenta soluções diversas. Podemos apresentar o seguinte esquema como resumo:

Tipo de Estado	Conteúdo jurídico do Estado	Teorias	Objeto do Direito Administrativo
Estado de Polícia ou Estado Nacional	- Direitos (privilégios) por castas sociais. - Princípio da vontade do soberano.	Teoria do Interesse	Não há Direito Administrativo como disciplina autônoma, sendo que o objeto do Direito Público são aquelas relações em que o Soberano demonstrou seu interesse.
Estado Liberal de Direito	- Estatuto da Liberdade (1ª geração dos direitos fundamentais) - Princípios da Legalidade, da Separação dos Poderes negativa, da Igualdade formal, da Democracia representativa e da Segurança Jurídica.	Teoria da Subordinação	Surge o Direito Administrativo como disciplina autônoma, enquanto limitação ao Poder Público, sendo o seu objeto apenas os atos de império ou de autoridade.
Estado Social de Direito	- Estatutos da Liberdade e da Igualdade (1ª e 2ª gerações dos direitos fundamentais) - Princípios da Estrita Legalidade, da Separação dos Poderes negativa, da Igualdade formal e material, da Democracia representativa, da Intervenção do Estado na ordem econômica e social, e da Segurança Jurídica.	Teoria do Serviço Público	O Direito Administrativo amplia o seu objeto para abranger também aqueles atos de prestação de benefícios para a sociedade que são os serviços públicos.

---

[77] COUTO E SILVA, Almiro do. "Os indivíduos e o Estado na realização de tarefas públicas", *in Revista de Direito Administrativo*, v. 209, 1997, p. 57-59, especialmente a nota 45.

[78] RIVERO, Jean. *Curso de direito administrativo comparado* (apostila), tradução de Odete Medauar, São Paulo, 1984, p. 32 e 34, *apud* DI PIETRO, Maria Sylvia Zanella. *Direito Administrativo*. São Paulo, Atlas, 1994, p. 39.

Estado Democrático de Direito	- Estatutos da Liberdade, da Igualdade e da Fraternidade (1ª, 2ª e 3ª gerações dos direitos fundamentais) - Princípios da Estrita Legalidade, da Separação dos Poderes negativa e positiva, da Igualdade Formal e Material, da Democracia representativa e direta, da Intervenção do Estado na ordem econômica e social, da Segurança Jurídica, da Razoabilidade, da Proporcionalidade e da Boa-fé objetiva.	Nova Teoria do Sujeito	O objeto do Direito Administrativo é aquele conteúdo do direito aplicável à Administração Pública que a legislação extravagante retirar do âmbito do Direito Privado.

2.2. CONCEITO

Já pela análise sucinta que fizemos da evolução do Direito Administrativo podemos perceber que teremos uma grande diversidade de conceitos adotados pela doutrina na medida em que essa adote um ou outro critério quanto ao objeto do Direito Administrativo. Outros critérios são utilizados pelos autores nacionais além daqueles decorrentes das teorias da Subordinação, do Serviço Público e do Sujeito.

Pelo Critério do Poder Executivo, o direito administrativo seria para regular as atividades daquele Poder. Note-se que o Poder Executivo pode exercer outras funções do Estado que estão fora do Direito Administrativo, como a normativa,[79] bem como os outros Poderes do Estado exercem função administrativa que fazem parte do objeto do Direito Administrativo.[80] O Critério das Relações Jurídicas implica o direito administrativo ser o regente das relações entre a Administração e os administrados. Contudo, outras disciplinas regulam aspectos dessas relações, tais como o constitucional, o processual, o tributário e, por outro lado, o direito administrativo também trata de relações jurídicas internas à Administração, nas quais não participam os administrados. Já o Critério Teleológico adota como referência de seu conceito o entendimento de que o direito administrativo disciplina a atividade do Estado para o cumprimento de seus fins de utilidade pública. Critério Negativo ou Residual decorre da simples constatação de que possuindo o Estado três atividades, estando definidas a legislação e a jurisdição, o restante seria

---

[79] Por exemplo, edição de Medida Provisória pelo Presidente da República (art. 62, CF).

[80] O Judiciário e o Legislativo, quando realizam concurso público, licitações e contratações de fornecimento ou prestação de serviços, estão exercendo atividades reguladas pelo Direito Administrativo.

Manual de
DIREITO ADMINISTRATIVO

objeto do direito administrativo. O critério da distinção entre atividade jurídica e social do Estado define o direito administrativo como o regente daquele tipo de atividade jurídica concreta não contenciosa, bem como os órgãos do Estado que a exercem. O Critério da Administração Pública define o direito administrativo como o ramo do direito relativo à Administração Pública, ficando assim a questão remetida para o conceito do que venha a ser Administração Pública. Ainda, os autores que trabalham com os critérios da distinção entre atividade jurídica e social do Estado, e o da Administração Pública partem da combinação dos aspectos objetivos e subjetivos.

Barros Júnior[81] combina os critérios objetivo e subjetivo e conclui que "abrangerá pois, o Direito Administrativo, entre nós, todas as funções exercidas pelas autoridades administrativas de qualquer natureza que sejam; e mais: as atividades, que, pela sua natureza e forma de efetivação, possam ser consideradas como tipicamente administrativas". Hely[82] concorda com um critério tipicamente brasileiro e conceitua como um "conjunto harmônico de princípios jurídicos que regem os órgãos, os agentes e as atividades públicas tendentes a realizar concreta, direta e imediatamente os fins desejados pelo Estado." Di Pietro[83] elabora conceito descritivo que abrange a Administração Pública em sentido objetivo e subjetivo, a saber: "é o ramo do direito público que tem por objeto os órgãos, agentes e pessoas jurídicas administrativas que integram a Administração Pública, a atividade jurídica não contenciosa que exerce e os bens de que se utiliza para a consecução de seus fins, de natureza política".

Assim, combinando os critérios analisados, o Direito Administrativo é o sistema de princípios e regras jurídicas que presidem a organização e funcionamento dos serviços públicos e que regem os órgãos, os agentes e as atividades públicas tendentes a realizar concreta, direta e imediatamente os fins desejados pelo Estado.

2.3. FONTES

As Fontes do Direito Administrativo são as mesmas do direito comum ou em geral com pequenas peculiaridades.[84] Lei é a fonte

---

[81] BARROS JR, Carlos Schmidt de. *Introdução ao Direito Administrativo*, 1954, p. 85.

[82] Dir. Administrativo Brasileiro, 1996, p. 29.

[83] Dir. Administrativo, item 1.8.8.

[84] Ver CIRNE LIMA, Ruy. *Princípios de Direito Administrativo*. São Paulo, Revista dos Tribunais, 1982, p. 36 a 42. O autor distingue fontes primárias, que são aquelas "que se bastam a si próprias" para produzirem o direito, das fontes derivadas, que são "as que a outras devem sua eficácia" na produção do direito, as quais são justamente as fontes primárias.

primária a partir da Constituição e seus princípios, abrangendo os demais atos normativos infraconstitucionais. Doutrina é elemento construtivo da ciência jurídica, buscando formar um sistema teórico aplicável ao direito positivo, distinguindo o interesse público do interesse privado, influenciando a elaboração da legislação e das decisões judiciais. As obras teóricas são a concretização da Doutrina. Jurisprudência é formada pela reiteração dos julgamentos judiciais, tendo um caráter mais pragmático de solução dos conflitos. Costume em direito administrativo decorre da prática administrativa reiterada de conhecimento geral e público. A praxe administrativa sedimenta na consciência dos administradores e administrados uma orientação jurídica que passa a suprir a lei, sendo elemento informativo para doutrina e jurisprudência. Princípios Gerais de Direito são aquelas proposições fundamentais que embasam todo o direito, encontrando-se como pressupostos de onde derivam as regras jurídicas.[85]

A importância das demais fontes[86] que não a lei são ressaltadas no Direito Administrativo em face da inexistência de uma codificação do direito administrativo brasileiro, ou seja, de uma sistematização da fonte primária do direito em uma única lei. Hely[87] nos traz três posições relativamente à necessidade dessa codificação: contra a codificação, a favor de uma codificação parcial e a favor de uma codificação total. Conclui o autor que a última posição pela codificação total dá maior segurança e facilidade na observância e aplicação das normas administrativas. Exemplo disso nós teríamos no Código Administrativo Português,[88] contudo, sendo um país de dimensão territorial bem inferior à do Brasil e principalmente por se tratar de um Estado cuja forma é unitária, a elaboração e implementação do Código foi bastante facilitada em comparação à realidade da federação brasileira. Portanto, ao se propugnar atualmente em uma codificação do Direito Administrativo brasileiro, não se pode dar margem para se extirpar o caráter federativo de nossa nação.[89]

---

[85] Celso Antônio Bandeira de Mello não se cansa de advertir que o desrespeito de um princípio é mais grave que a inobservância de qualquer regra jurídica. Ver *Curso...*, ob. cit.

[86] PONDÉ, Lafayette. "A doutrina e a jurisprudência na elaboração do Direito Administrativo", *in Estudos de Direito Administrativo*. Belo Horizonte, Del Rey, 1995, p. 11 a 21.

[87] MEIRELLES, Hely Lopes. *Direito Administrativo Brasileiro*. São Paulo, Malheiros, 1996, p 37. Nesse mesmo sentido ver: GASPARINI, Diógenes. *Curso de Direito Administrativo*. São Paulo, Saraiva, 1995, p. 19 e 20.

[88] Instituído em Portugal a partir do Decreto-Lei nº 27.424, de 31 de dezembro de 1936.

[89] Alerta-se que na política legislativa majoritária da União, especialmente desse final dos anos 90, tem sido no sentido de diminuir a força (política, jurídica e financeira) dos demais entes federativos, bastando analisar as propostas (algumas já convertidas em norma jurídica) das chamadas Reforma Administrativa (Emenda Constitucional nº 19), Reforma da Previdência (Emenda Constitucional nº 20), Reforma Tributária.

Manual de
DIREITO ADMINISTRATIVO

2.4. RELAÇÕES COM AS DEMAIS DISCIPLINAS JURÍDICAS

As relações que passaremos a expor não possuem caráter exaustivo, pelo contrário, são exemplificativas, tendo por fito demonstrar que mesmo que seja necessário o estudo didático do direito por disciplinas autônomas umas das outras, o direito não pode ser visto compartimentado, devendo, sempre que possível, relacionarmos as matérias, pois em sua essência o direito é uno enquanto sistema científico.

Direito Constitucional. O Direito Administrativo possui estreita afinidade e relacionamento com o Direito Constitucional, pois ambos tratam do Estado. O Direito Administrativo é ramo do Direito Público, tais como o Constitucional e o Tributário, mas com este último é paralelo, enquanto com o Constitucional está intimamente relacionado, sendo por ele influenciado, pois o Direito Constitucional estabelece princípios e diretrizes básicos da organização social e estatal, enquanto o Direito Administrativo terá que levar em suas regras aqueles princípios.

Direito Internacional Público. O Direito Administrativo possui afinidade com o Direito Internacional Público, já que os diplomatas e os demais servidores que integram essas representações fazem parte da Administração Pública, exercendo também função administrativa, inclusive através de tratados entre os Estados para prestação ou regulamentação de serviços públicos, tais como telecomunicações, transportes marítimos e aéreos, etc.

Direito Tributário e Direito Financeiro. Esses ramos do direito realizam a consecução dos seus fins por meio de atos e procedimentos administrativos, sendo o direito tributário para instituir e arrecadar tributos, enquanto o direito financeiro para realização da receita pública e efetivação da despesa pública.

Direito Municipal.[90] Assim como o Direito Administrativo, o Direito Municipal também regula a organização governamental, apenas especificando temas pertinentes às peculiaridades comunais, utilizando-se necessariamente de Princípios do Direito Administrativo e facultativamente de algumas regras, conforme a repartição de competência estabelecida na CF.

Direitos Processual Civil e Penal. A Administração Pública exerce sua função de julgamento (jurisdição administrativa),[91] utilizando-se

---

[90] Ver sobre a autonomia do Direito Municipal: MEIRELLES, Hely Lopes. *Direito Municipal Brasileiro.* São Paulo, Malheiros, 1993.

[91] Entenda-se aqui "jurisdição" administrativa no seu sentido amplo de julgamento que jamais terá o condão de retirar a apreciação de qualquer lesão de direito da apreciação do Poder Judiciário que é o único que efetivamente exerce a jurisdição com o condão de definitividade. Ver art. 5º, XXXV, da CF.

de vários princípios e regras do direito processual civil e penal conforme a matéria administrativa. Por outro lado, os processos civis e penais servem-se de normas administrativas para o bom andamento dos feitos, sobretudo o processo penal na fase do inquérito policial e o processo civil no que se refere ao inquérito civil promovido pelo Ministério Público. Ainda, o Estado para cobrar seus créditos ou para sofrer a cobrança de seus débitos utiliza-se do direito processual civil que estabelece procedimentos específicos.[92] Já quanto ao processo administrativo disciplinar é inevitável a inter-relação com o direito processual penal.[93]

Direito Penal. Vários são os tipos penais[94] que se utilizam de conceitos elaborados pelo Direito Administrativo o qual inclusive complementa a tipicidade das chamadas normas penais em branco através de regulamentos administrativos. O Direito Administrativo se guia no momento da aplicação de penas disciplinares por princípios e regras construídos pelo Direito Penal o que não serve para se confundir a infração penal com a infração administrativa as quais possuem fundamentos diversos.

Direito Eleitoral.[95] Os aspectos formais dos atos eleitorais, a organização e fiscalização da propaganda político-partidária, da votação e apuração dos pleitos seguem princípios e regras do Direito Administrativo, sendo que a autonomia da disciplina eleitoral se justifica, porque os seus princípios específicos referem-se ao conteúdo (matéria) dos atos eleitorais.

Direito Econômico.[96] O Conselho Administrativo de Defesa Econômica - CADE[97] é uma autarquia federal, ente com jurisdição administrativa em todo território nacional, com personalidade própria, que tem a finalidade de zelar pelo cumprimento das regras de direito econômico por parte dos agentes do mercado. Para tanto, utiliza-se de atos e procedimentos do direito administrativo.

---

[92] Sobre execução fiscal (cobrança dos créditos da Fazenda Pública), ver Lei Federal nº 6.830/80. Sobre a execução contra a Fazenda Pública (débitos da Fazenda Pública), ver art. 100 da CF e arts. 730 e 731 do CPC.

[93] Exemplo da comunicabilidade dos efeitos da sentença penal envolvendo agente público sobre o respectivo processo disciplinar. Ver item.

[94] Ver arts. 260 a 326 do CP (são exemplos as seguintes expressões: serviço púbico, transporte público, utilidade pública, saúde pública, paz pública, fé pública, papel, selo ou sinal público, cargo, emprego ou função pública, verba ou renda pública, patrimônio público, salvo o conceito de funcionário público que o art. 327 do CP expressamente adota de modo mais abrangente que a sua definição no Direito Administrativo, ver item).

[95] Sobre a autonomia do Direito Eleitoral, ver RIBEIRO, Fávila. *Direito Eleitoral.* Rio de Janeiro, Forense, 1986, p. 12.

[96] Sobre a autonomia do Direito Econômico, ver: SAVY, Robert. *Direito Público Econômico.* Lisboa, Editorial Notícias, 1977, p. 11 a 14.

[97] Lei Federal nº 8.884/94 e alterações posteriores.

Direito do Trabalho e da Seguridade Social.[98] A relação das disciplinas é paralela, pois onde incidem as normas do direito administrativo é porque não incidiram as do trabalho e da previdência, contudo parte da Administração Pública[99] utiliza-se, nas suas relações de pessoal, não o direito administrativo, mas sim o direito trabalhista e previdenciário[100] dos trabalhadores em geral. Por outro lado, a fiscalização do cumprimento das normas trabalhistas e previdenciárias dá-se por procedimentos administrativos de competência dos servidores públicos lotados no Ministério do Trabalho e Previdência Social, que é órgão administrativo do Poder Executivo da União, estando vinculado a ele o Instituto Nacional de Seguridade Social que é ente autárquico também responsável por procedimentos administrativos em matéria de previdência social.

Direito Civil e Comercial. Aqui também temos uma relação paralela. A Administração Pública utiliza-se, por exceção, das fórmulas jurídicas do Direito Privado justamente quando não há norma jurídica de Direito Público ou quando essa expressamente remete para aquela. Exemplo da primeira situação é a utilização de contrato de locação civil, sendo a Administração Pública inquilina. Na segunda hipótese, exemplo maior nos dá a própria Constituição em seu art. 173, que autoriza a exploração direta de atividade econômica pelo Estado em casos excepcionais de necessidade ou da segurança nacional ou de relevante interesse coletivo, atuando aí através do direito civil ou comercial.[101]

2.5. SISTEMAS ADMINISTRATIVOS[102]

Trata o presente tópico da análise de como o Estado de Direito ao organizar-se definiu a fórmula para a correção dos seus atos administrativos praticados inadequadamente ou ilegalmente. Ato inadequado no sentido de que mesmo respeitando a lei ele encontra-se desconforme com o juízo de oportunidade e conveniência da administração pública, devendo portanto ser revogado. Ato ilegal aqui deve ser apanhado no sentido mais amplo de ilegalidade a qual

---

[98] A seguridade social abrange a previdência social, a assistência social e a saúde. Ver art. 194 da CF.

[99] Trata-se das pessoas jurídicas de direito privado criadas pelo Poder Público. Ver item.

[100] Regime previdenciário do INSS.

[101] O Estado, ao ser autorizado por lei específica, cria empresa pública na forma do direito civil ou comercial ou sociedade de economia mista através de lei comercial das sociedades anônimas (Lei nº 6.404/76).

[102] Hely, ob. cit., p. 48 a 54.

implica o desrespeito não só da lei em sentido estrito, como também dos princípios regentes da disciplina e principalmente da maior das ilegalidades em sentido amplo que é o desrespeito da lei maior, ou seja, a inconstitucionalidade.[103]

Temos, analisando os sistemas administrativos difundidos nas principais nações do planeta, dois sistemas vigentes conforme a preponderância na realização do controle da Administração por órgãos do Poder Executivo ou do Poder Judiciário. Sistema Francês ou de Jurisdição dupla (Sistema do Contencioso Administrativo) é aquele em que existe uma Jurisdição especial para exame dos atos da Administração paralelamente à Jurisdição Comum a qual se encontra submetida às demais pessoas da sociedade e excepcionalmente à Administração Pública.[104] Portanto, existe duas Jurisdição uma inserida nas competências do Poder Judiciário (Justiça Comum) e outra que faz parte da estrutura do Poder Executivo. Sistema Inglês ou de Jurisdição única (Sistema Judiciário) é aquele em que toda e qualquer demanda em que esteja envolvida a Administração Pública pode ser resolvida no âmbito do Poder Judiciário e em grau de definitividade da mesma maneira que os litígios envolvendo apenas pessoas privadas. No Brasil vige esse sistema consagrado em nossa constituição no art. 5º, XXXV como direito fundamental do cidadão, consignando que nenhuma lesão ou ameaça de direito pode ser retirada da apreciação do Poder Judiciário.

O chamado sistema misto, que se tenta qualificar o sistema brasileiro, no sentido de ser aquele em que se aceitam ambas as formas de controle da Administração Pública, é equívoco, pois a definição por um ou outro sistema é uma questão de preponderância de um critério sobre o outro. Assim, o sistema judiciário adotado pelo Estado Democrático de Direito Brasileiro aceita o contencioso administrativo, porém sem o grau de definitividade que somente existe no âmbito do controle realizado pelo Poder Judiciário.

---

[103] Ver item 16.10.

[104] Atualmente são exemplos de demandas que são de interesse da Administração Pública e que por exceção estão a cargo da Justiça Comum francesa vem a ser aqueles decorrentes da atuação do Estado com caráter privado, de representação penal e as que se referem à propriedade privada.

Capítulo 3

A Administração Pública

3.1. ADMINISTRAÇÃO E ESTADO

O estudo da Administração Pública parte do conceito de Estado, sobre o qual repousa toda a organização e o funcionamento dos serviços prestados aos administrados.[105] O Estado é composto de quatro elementos, a saber, população, território, soberania e finalidade.[106] Para o Direito, o Estado é uma pessoa jurídica de direito público (internacional ou externo), fundada em uma constituição. A vontade estatal se manifesta através dos Poderes de Estado instituídos (Executivo, Legislativo e Judiciário), os quais, em sua totalidade, significam, em sentido formal, o Governo que, em sentido material, compreende o conjunto das funções estatais.

Desta forma, a função administrativa encontra-se como atividade desempenhada pelos três Poderes; logo, a Administração Pública não é exclusividade do Poder Executivo, como pode equivocadamente parecer. Na verdade, a teoria da separação dos Poderes traz no seu bojo a necessidade da existência de freios e contrapesos entre os Poderes, assim cada Poder tem a sua função preponderante, ao lado da qual terá outras funções que lhe são atribuídas, fruto da necessidade do equilíbrio apregoado pela expressão de "freios e contrapesos".

O Poder Executivo exerce preponderantemente a função administrativa a qual é objeto da Administração Pública, contudo é inegável que deve ser atribuída também ao Executivo uma função normativa de regulamentação da nossa fonte primária, a lei, e até

---

[105] Hely, *Dir. Adm. Bras.*, ob. cit., 1996, p. 55.

[106] DALLARI, Dalmo de Abreu. *Elementos de Teoria Geral do Estado*. São Paulo, Saraiva, 1989, p. 60, 61 e 87 a 92. Note-se que a clássica definição do Estado com três elementos (povo, território e governo) encontra-se superada não só cientificamente como também pelo próprio direito positivo brasileiro ao serem estabelecidos no art. 3º da CF os objetivos da República Federativa do Brasil.

mesmo elaborá-la e editá-la[107] em caso de urgência e relevante interesse público efetivamente comprovado, sob pena de o Estado ficar impossibilitado de agir diante das situações onde a sociedade mais espera e depende da ação estatal. Também o Poder Executivo exerce uma função julgadora a qual evidentemente não terá caráter definitivo, a exemplo do que ocorre nos julgamentos realizados pelos Delegados da Receita Federal e dos chamados Conselhos de Contribuintes. Por outro lado, os Poderes Legislativo e Judiciário, além de suas funções preponderantes, exercem a atividade de Administração Pública, por exemplo, no momento em que contratam fornecedores, quando realizam concurso público, ou seja, quando administram os recursos materiais e de pessoal que movimentam a estrutura do Legislativo e do Judiciário estamos igualmente diante da função administrativa.

3.2. NOÇÃO, SENTIDOS E ASPECTOS

Destaca-se, de início, que a Administração Pública em sentido estrito é que revelará o autêntico objeto do Direito Administrativo, sendo que a função política e os órgãos de Governo, que fazem parte do sentido amplo de Administração Pública, são mais objeto do Direito Constitucional. Assim, cumpra abordarmos, nos sentidos amplo e estrito, dois aspectos da noção de Administração Pública[108] ("dois lados da mesma moeda"), a saber, o objetivo ou material (conteúdo e função) e subjetivo ou formal (pessoas e órgãos).

O aspecto objetivo ou material de Administração Pública, em sentido amplo, abrange a função política que traça as diretrizes governamentais e a função administrativa que as executa. Já, em sentido estrito, distingue-se de Governo que abrange as três funções estatais, enquanto nesse aspecto mais específico a Administração trata tão-somente de uma delas, ou seja, a própria função administrativa, esteja ela sendo exercida em qualquer dos Poderes instituídos.

No aspecto subjetivo ou formal, em sentido amplo, nós temos compreendido tanto os órgãos governamentais (supremos, constitucionais), aos quais incumbe traçar os planos de ação, dirigir, como

---

[107] Seria o caso da Medida Provisória prevista no art. 62 da CF, contudo sua aplicação excessiva transborda, a nosso ver, sua finalidade constitucional, devendo o Supremo Tribunal Federal rever sua orientação inicial e passar a limitar a utilização das "MPs" por parte do Chefe do Executivo da União.

[108] Nesse sentido ver: Di Pietro, *Dir. Adm.*, ob. cit., 1994, p. 49 a 56; Hely, *Dir. Adm. Bras.*, ob. cit., 1996, p. 57 a 61; CARVALHO FILHO, José dos Santos. *Manual de Direito Administrativo*. RJ, Lumen Juris, 1999, p. 6 e 7.

também os órgãos administrativos (subordinados, dependentes), aos quais incumbe executar. Por sua vez, o sentido estrito de Administração, em seu aspecto subjetivo ou formal, compreende apenas as pessoas jurídicas, órgãos e agentes públicos que exercem a função administrativa.

3.3. VISÃO ESTÁTICA E DINÂMICA

Em uma visão estática, porque procura analisar a Administração Pública quanto ao comando, ou seja quanto ao centro de tomada de decisão, chamamos, respectivamente, Centralizada aquela em que há um núcleo de comando de decisão, um único ente, e Descentralizada aquela em que há vários núcleos de comando, mais de um ente, mesmo havendo uma coordenação geral que envolva todos os entes.

Já numa visão dinâmica, porque observa a Administração Pública quanto à forma de atuação, designamos de Direta aquela em que a Federação (União, Estados, DF e Municípios) exerce sua atividade por meios próprios, diretamente pelo ente federativo. Administração Pública Indireta é aquela em que a Federação (União, Estados, DF e Municípios) exerce sua atividade por intermédio de outra entidade por ela criada, logo indiretamente.[109]

A Administração Pública Direta ou Centralizada é composta pelas entidades de Direito Público Interno (União, Estados, Distrito Federal e Municípios), abrangendo os órgãos do Poder Executivo, Legislativo ou Judiciário. Administração Pública Indireta ou Descentralizada é composta pelas autarquias, empresas públicas, sociedades de economia mista, fundações públicas ou instituídas e mantidas pelo Poder Público.

3.4. NATUREZA E FINALIDADE

A natureza jurídica da Administração Pública "é de ser um *múnus público* para quem exerce, isto é, a de um encargo de defesa, conservação e aprimoramento dos bens, serviços e interesses da coletividade."[110] Decorre daí o respeito à legalidade e à moralidade administrativa nas quais encontra-se a vontade do titular dos inte-

---

[109] Hely destaca que em verdade neste caso também seria uma atuação direta da Administração através de seus recursos, procurando distinguir da execução indireta através da chamada terceirização, *in Dir. Adm. Bras.*, 1992, p. 630, nota 8.

[110] Hely, *Dir. Adm. Bras.*, ob.cit., 1996, p. 80.

resses administrativos que são positivados juridicamente primeiro pelo Poder Constituinte, depois pelos Poderes Instituídos.

Quanto à finalidade da Administração Pública, podemos resumir, como faz Hely,[111] indicando "o bem comum da coletividade administrada" para ser a sua expressão definidora. E mais: "Os fins da Administração se consubstanciam na defesa do interesse público, assim entendidas aquelas aspirações ou vantagens licitamente almejadas por toda a comunidade administrada, ou por uma parte expressiva de seus membros."

A importância dessas definições nos dá o mestre Cirne Lima,[112] pois sendo a natureza da administração um encargo público voltado para consecução dos seus fins, é justamente esse fim, e não a vontade pessoal do administrador, que deve dominar todas as formas de administração pública.

3.5. RELAÇÃO JURÍDICO-ADMINISTRATIVA

A relação de administração, que é relativa ao regime jurídico da Administração Pública, pode dar-se através da relação de Direito Civil, Comercial, Trabalho, designado pela doutrina de Direito Comum, pois é o comumente utilizado pela sociedade, ou por uma especial relação que é a relação de Direito Administrativo também denominada de relação jurídico-administrativa.[113] A relação de direito civil, comercial ou trabalho ocorre no âmbito do regime jurídico (sistema) de direito privado que tem como fundamento básico a autonomia da vontade,[114] onde os atores jurídicos desse regime agem livremente, desde que não proibido por lei. Portanto, a Administração Pública quando se utiliza dessa relação jurídica para agir jamais estará integralmente livre para atuar como o particular, pois a Administração sempre está vinculada aos seus Princípios expressos ou imanentes na nossa ordem constitucional. Já a relação jurídico-administrativa está presente no contexto do regime jurídico (sistema) de Direito Público, no qual os seus agentes jurídicos, além de obedecer aos citados Princípios, como o da Legalidade estrita que implica somente poderem atuar quando expressamente autorizados pela lei, devem cumprir as regras especiais do Direito Administrativo.

---

[111] Idem, p. 81.

[112] CIRNE LIMA, Ruy. *Princípios de Direito Administrativo*. São Paulo, Revista dos Tribunais, 1982, p. 22.

[113] Idem, p. 51 a 55.

[114] Várias regras do direito civil, comercial e do trabalho fazem exceção ao fundamento da autonomia da vontade, mas a regra geral permanece.

O grande jurista francês Rivero[115] ensinou as bases para distinguirmos as normas do direito administrativo das normas do direito privado, *in verbis*:

> "D'une part, les règles du droit administratif se différencient des règles du droit privé en ce qu'elles confèrent aux organes publics des pouvoirs qui ne sauraient exister dans les rapports entre particuliers: c'est l'ensemble des prérogatives de puissance publique.
> Mais à l'opposé, le droit administratif impose souvent, à l'administration, des obligations beaucoup plus strictes que celles que le droit privè fait peser sur les particuliers."

A partir dessa lição, temos dois conceitos fundantes da noção de relação jurídico-administrativa que aparentemente são contrapostas, mas que aplicadas em conjunto e dialeticamente encontram sua coerência em relação à finalidade e à natureza da Administração Pública, a saber, prerrogativas e restrições. Di Pietro[116] resume bem o tema ao afirmar que: "O conjunto das prerrogativas e restrições a que está sujeita a Administração e que não se encontram nas relações entre particulares constitui o regime jurídico administrativo."

As prerrogativas à disposição do Poder Público e que inexistem para os particulares são aquelas essenciais ao Estado para satisfação dos interesses coletivos. Desta forma, a Administração Pública possui mecanismo que somente a ela estão disponíveis para dar consecução aos serviços públicos, inclusive limitando a ação dos particulares quando necessário ao benefício do bem comum, assegurando assim a autoridade da Administração para alcançar a finalidade da Administração Pública.

Já as restrições que especialmente sujeitam o Poder Público são aquelas necessárias a dar efetividade e proteção aos direitos do cidadão frente ao Estado. A atuação do Estado, subordinada às especiais restrições não presentes nas relações de direito privado, sujeita a atividade administrativa a fins e princípios determinados, servindo para garantir os direitos de liberdade, igualdade e fraternidade dos cidadãos, sob pena de serem considerados tais atos como desvio de poder, gerando a sua nulidade e a responsabilização de quem os praticou. Essas maiores limitações e responsabilidades estão diretamente ligadas à natureza da Administração Pública de ser um *múnus público*.

---

[115] RIVERO, Jean. *Droit Administratif*. Paris, Dalloz, 7ª éd., 1975, p. 35.

[116] *Dir. Adm*, 1994, ob. cit., p. 60.

Capítulo 4

Os Princípios da Administração Pública

4.1. NOÇÃO E ESPÉCIES

Os princípios de uma determinada disciplina são aquelas noções fundantes do objeto dela. São proposições básicas as quais informam e direcionam os demais conteúdos e fórmulas da disciplina. Assim, compreendendo os Princípios também como normas jurídicas, esses exercem, além da função fundamentadora da ordem jurídica, também as funções interpretativas das demais fontes do direito, bem como a função supletiva para o devido preenchimento normativo dos vazios regulatórios do sistema jurídico. Desse modo, os Princípios diferenciam-se das demais normas jurídicas que podemos chamar de regras jurídicas por vários critérios que são resultados de distintos estudos. Dentro dos limites dessa análise, vamos destacar a abordagem de Dworkin. O autor demonstra que enquanto os princípios implicam uma relação de peso, ponderação ou balanceamento, as regras implicam uma relação de tudo ou nada. Portanto, as regras quando aplicadas afastam totalmente as demais. Já a aplicação de um Princípio não gera a desobediência ao outro princípio afastado que o é apenas em parte, mas jamais excluído do sistema.[117]

No caso do Direito Administrativo, tendo como referência o texto constitucional, devemos reconhecer duas formas de positivação dos Princípios do Direito Administrativo. Uma foi a expressa menção no art. 37 da CF de que determinadas locuções seriam princípios da Administração Pública, a saber, Legalidade, Impessoalidade, Moralidade, Publicidade e Eficiência, sendo este último princípio inovação da Emenda Constitucional nº 19/98.

---

[117] DWORKIN, Ronald. *Taking Rights Seriously*. Cambridge, Harvard University Press, 1977, p. 22-31 e 71-80. ALEXY, Robert. *Teoria de los Derechos Fundamentales*. Madri, Centro de Estudios Constitucionales, 1993, pp 81-172. CANOTILHO (1993), p. 166-168. BONAVIDES, ob. cit. GRAU, Eros Roberto. *A Ordem Econômica na Constituição de 1988: interpretação e crítica*. São Paulo, RT, 1991, p. 108-115. STRECK, ob. cit., p. 92-94.

Outro modo de positivação de princípios do Direito Administrativo decorrem do reconhecimento doutrinário e jurisprudencial de que a partir de outras normas constitucionais identificam-se outras locuções que, embora não ditas expressamente como princípios da Administração Pública, são admitidas como princípios implícitos, reconhecidos ou inerentes. Aqui a doutrina aponta uma relação não uniforme de princípios. Nós adotamos os seguintes princípios: da Supremacia do Interesse Público, da Indisponibilidade, da Finalidade, da Presunção de Legitimidade, da Autotutela, da Hierarquia, da Continuidade, da Razoabilidade, da Proporcionalidade, da Boa-fé objetiva, da Economicidade, da Igualdade, da Motivação.

4.2. PRINCÍPIO DA LEGALIDADE

Este princípio não é específico do Direito Administrativo, repercutindo em várias disciplinas jurídicas com determinas peculiaridades. Agora, a principal distinção que encontramos dentro da conceituação desse princípio vem a ser o seu duplo conteúdo, um no Direito Privado e o outro no Direito Público.

No Direito Privado, tendo como pano de fundo a autonomia da vontade, a incidência da principiologia da legalidade implica que as pessoas podem fazer tudo aquilo que a lei não proíba (art. 5º, II, da CF). Durante o Período do Estado Liberal de Direito, em que nós estávamos diante de um Estado mínimo, esse mesmo conteúdo da Legalidade era aplicado ao Poder Público que também podia se pautar em suas atividades fazendo tudo aquilo que a lei não vedasse. Isso significou um grande avanço, no sentido do respeito da liberdade dos cidadãos que passaram a só serem limitados pela ação estatal pela vontade geral que se manisfesta através da lei. Desta forma, assim como os demais membros da sociedade, o Estado passa a se vincular à legalidade por uma relação negativa.

Surge a partir do Estado Social, em decorrência da ampliação das funções do Estado a partir da sua intervenção no domínio social e econômico, uma nova incidência do Princípio da Legalidade específica para o âmbito do Direito Público, que podemos denominar de estrita legalidade. Assim, o Estado só pode agir quando expressamente autorizado por lei. Esse é o conteúdo do Princípio da Legalidade para a Administração Pública (art. 37 da CF). Assim, a vinculação negativa à lei foi substituída no que se refere à Administração Pública por uma vinculação positiva.

4.3. PRINCÍPIO DA IMPESSOALIDADE

O princípio da impessoalidade possui uma dupla incidência, uma em relação aos administrados e a outra quanto à própria Administração.

O primeiro aspecto está vinculado ao princípio da isonomia, da igualdade (art. 5º, *caput*, da CF) de tratamento que deve o Estado dispensar em relação aos administrados, atuando de forma impessoal, sem dar preferências subjetivas a este ou àquele, por exemplo, no momento da contratação de recursos materiais ou humanos. Para tanto, existem, para dar concretude a esse aspecto do princípio, as regras da prévia licitação para contratar como o Poder Público (art. 37, XXI, da CF), inclusive para conceder a prestação de serviço público para o particular explorar (art. 175 da CF). Da mesma forma, insere-se como concretização do princípio da impessoalidade quanto aos administrados a regra do prévio concurso público de provas e títulos para selecionar e admitir os recursos humanos do Estado (art. 37, II, da CF).

O outro aspecto do princípio dispõe que toda a atividade da Administração Pública é realizada pelo Ente Público, e não por este ou aquele agente público. Logo, os atos do Poder Público são praticados não pela pessoalidade deste ou daquele administrador, e sim pela autoria da Administração Pública objetivamente considerada. Evidentemente que o aspecto subjetivo da prática desses atos existe, mas pode apenas ser identificado pela pessoa jurídica administrativa ou seus órgãos que as praticaram, bem como pela gestão cujos atos estão vinculados, desde que não desrespeitado o disposto no §1º do art. 37 da CF.

Hely[118] trata a impessoalidade não com o conteúdo aqui analisado, mas como sinônimo do Princípio da Finalidade. Já Celso Antônio[119] aborda a Finalidade como um princípio autônomo implícito no ordenamento e, portanto distinto do Princípio da Impessoalidade.

4.4. PRINCÍPIO DA MORALIDADE

Entenda-se este princípio enquanto moralidade administrativa, e não a compreensão pessoal das relações privadas de cada indivíduo que venha a ter para si de que determinados valores são morais e outros imorais. Aqui estamos diante da moralidade administrativa ou probidade administrativa prevista no art. 37, *caput*, e § 4º, da CF.

---

[118] *Dir. Adm. Bras.*, ob. cit., 1996, p. 85.

[119] *Curso*, ob. cit., 1998, p. 64 e 70. Ver item.

Imoralidade administrativa não deixa de ser, em sentido amplo, uma das formas de ilegalidade, ou seja, a ilegalidade quanto aos fins previstos na norma, logo desvio de poder. Também em sentido amplo a imoralidade ou a improbidade administrativas são causadas por atos dos agentes públicos que desrespeitam todo e qualquer princípio da Administração Pública, seja expresso ou implícito.[120]

O princípio está ligado à idéia do "Bom Administrador". Assim, na visão tradicional o seu conteúdo é subjetivo, pois associado à ética administrativa. Há uma evolução no seu conteúdo, visando a uma objetivação[121] do princípio, significando além de um administrador honesto também um administrador eficiente, o que podemos demonstrar através de exemplos. Assim, são situações objetivas ensejadoras do reconhecimento da imoralidade administrativa a aquisição de máquinas de escrever manuais, quando já há uma rede de informática instalada no órgão, ou no caso de um conjunto habitacional vinculado ao Sistema Financeiro da Habitação (SFH), onde o Poder Público mantém determinados moradores, por serem idosos e sem fonte de renda adequada, apenas com uma permissão remunerada de uso, tendo que fazer um repasse de verbas a maior para a Caixa Econômica Federal, enquanto havia outros imóveis do Poder Público não vinculados ao SFH, em que tais moradores poderiam ter garantido o seu direito à habitação. Notem que são exemplos singelos que ocorrem no dia-a-dia do administrador público e que mesmo respeitados alguns princípios como o da legalidade e do interesse público, não foi cumprida objetivamente a moralidade administrativa. Naturalmente que existem tantos outros exemplos de maior gravidade onde é desrespeitada a moralidade administrativa, contudo nessas outras hipóteses normalmente também se estará ferindo outros princípios, inclusive gerando paralelamente a responsabilidade civil e penal. Portanto, improbidade ou imoralidade não são apenas resultados de atos desonestos, abrangendo também aqueles atos frutos da inabilidade, inaptidão ou despreparo para administrar de um modo geral.

4.5. PRINCÍPIO DA PUBLICIDADE

O art. 37 da CF também prevê o Princípio da Publicidade que vem a ser aquele que determina a maior possível divulgação dos atos

---

[120] OSÓRIO, Fábio Medina. *Improbidade Administrativa*. Porto Alegre, Síntese, 1998, p. 61.

[121] Tal objetivação não afasta a necessidade da comprovação do dolo ou culpa na conduta dos agentes para aplicação das sanções previstas na Lei 8.429/92.

realizados pela Administração Pública. Essa publicidade possui duas significações.

Uma é no sentido de que os atos praticados pela Administração são de acesso ao público, devendo ser publicados nos termos que a legislação específica regular. Poderá ser através da publicação de avisos sobre determinados atos na impressa particular e oficial,[122] ou a publicação através da afixação de cópia do ato em local previamente determinado como sendo para divulgação dos atos da Administração. Ainda se poderá ter no mínimo como o ato publicado no próprio corpo onde tenha sido materializado, documentado o ato praticado, seja num expediente administrativo ou em um termo, assim, o cidadão interessado terá acesso ao ato público através de vista desse corpo ou de certidão sobre o ato.

O segundo significado do Princípio, expresso no § 1º do art. 37 da CF, indica uma diretriz no sentido de que a Administração Pública deve fazer propaganda sobre as suas atividades realizadas através de atos, programas, obras, serviços e campanhas que tenham caráter educativo, informativo, ou de orientação social. Contudo, como deve ser em relação a todos os princípios, a aplicação de um não pode ensejar o desrespeito de outro, portanto esse sentido da publicidade dos órgãos públicos deve ser impessoal, na qual não pode constar nomes, símbolos ou imagens que caracterizem promoção pessoal de autoridades ou servidores públicos. Tal compreensão não implica a vedação da divulgação da gestão que é responsável pelas atividades da Administração, desde que essa expressão esteja relacionada com a plataforma do Governo eleito, e não com a personalidade do político eleito.[123]

Outros dispositivos constitucionais reforçam o Princípio da Publicidade, os quais vêm positivados no art. 5º, incisos, XIV, XXXIII, 1ª parte, XXXIV, LXIX, LXX, LXXII, LXXIII, da CF. O inciso XIV prevê o direito fundamental de acesso à informação enquanto uma liberdade pública a ser exercida perante todas as pessoas particulares e também frente à Administração Pública, estabelecendo também a garantia constitucional de sigilo da fonte quando necessário ao exercício profissional. Já a 1ª parte do inciso XXXIII trata do direito

---

[122] A União e os Estados possuem como órgãos próprios de divulgação os Diários Oficiais, sendo que os Municípios podem ter os seus diários, como em Porto Alegre, ou utilizarem-se do Estado.

[123] Sobre a utilização da expressão "Administração Popular" na publicidade do Município de Porto Alegre, ver COUTO E SILVA, Almiro do, Parecer apresentado ao Sr. Prefeito do Município de Porto Alegre Tarso Genro, in *Revista da Procuradoria-Geral do Município de Porto Alegre*, v. 8, n. 9, agosto de 1996, p. 61 a 84.

à informação por interesse particular, coletivo ou geral para ser exercido especificamente frente ao Poder Público.

Os demais incisos contêm instrumentos que servem, não exclusivamente, para dar efetividade ao Princípio da Publicidade. O inciso XXXIV prevê dois instrumentos administrativos de uso gratuito: a) o direito de petição[124] pelo qual o interessado requer na via administrativa que o Poder Público atenda ao direito pleiteado, b) o direito de obtenção de certidões[125] das repartições públicas. Os incisos LXIX e LXX estabelecem o remédio constitucional do mandado de segurança[126] individual e coletivo, respectivamente, os quais podem ser usados para dar efetividade ao Princípio da Publicidade, quando não esteja em questão o direito à informação, mas sim, por exemplo, para impedir o andamento de processo licitatório em que não foi cumprida corretamente a divulgação do seu edital, podendo ter sido impetrado por alguma empresa interessada no objeto da licitação (individual), ou pela associação que represente as empresas do ramo (coletivo). O inciso LXXII institui pela primeira vez em nosso sistema jurídico o remédio constitucional do *habeas data*[127] o qual serve especificamente para dar proteção ao direito de informação,[128] seja para ter acesso a ela, seja para corrigi-las. O inciso LXXIII prevê o remédio constitucional da ação popular,[129] que também pode ser utilizado por qualquer cidadão para anular ato da Administração que desrespeite o Princípio da Publicidade.

Por sua vez, são restrições constitucionais ao Princípio da Publicidade os dispositivos previstos nos incisos XXXIII, 2ª parte, e LX do art. 5º da CF. Tais situações são exceções à regra geral e como tal devem ser interpretadas e aplicadas, ou seja, de forma restritiva. Assim, na primeira hipótese, a Administração Pública está autorizada a manter sigilo de informações imprescindíveis à segurança da sociedade e do Estado, bem como não esta autorizada a prestar informações particulares de determinadas pessoas para terceiros. Na segunda exceção, a Constituição autoriza que a legislação infracons-

---

[124] A maior parte da doutrina nacional considera o direito de petição como um dos remédios constitucionais os quais visam a dar efetividade aos direitos fundamentais, contudo entendemos que pela sua natureza administrativa, caso a Administração permaneça desrespeitando o direito pleiteado, somente através de um outro instrumento (o qual será verdadeiramente um remédio constitucional - ver item) que será necessariamente judicial é que haverá a verdadeira garantia de efetividade do direito.

[125] Ver Lei Federal nº 9.051, de 18 de maio de 1995.

[126] Ver Leis Federais nᵒˢ 1.533, de 31 de dezembro de 1951 e 4.348, de 26 de junho de 1964.

[127] O inciso LXXVII do art. 5º da CF dispõe sobre a gratuidade dessa ação, o qual foi regulamentado pela Lei Federal nº 9.265, de 12 de fevereiro de 1996.

[128] Ver Lei Federal nº 9.507, de 12 de novembro de 1997.

[129] Ver Lei Federal nº 4.717, de 29 junho de 1965.

titucional estabeleça restrições à publicidade de atos processuais, seja administrativos ou judiciais, quando visar à defesa da intimidade ou do interesse social.

4.6. PRINCÍPIO DA EFICIÊNCIA

A Emenda Constitucional nº 19/98 deu nova redação ao *caput* do art. 37 da CF e acrescentou expressamente mais um princípio da Administração Pública, a saber, o princípio da eficiência. A doutrina já iniciou sua tarefa de esclarecer qual seria o conteúdo do novo princípio positivado expressamente na CF. Vejamos algumas passagens:

"Com a inclusão, pretendeu o Governo conferir aos usuários dos diversos serviços prestados pela Administração ou por seus delegados e estabelecer obrigações efetivas aos prestadores. Não é difícil perceber que a inserção desse princípio revela o descontentamento da sociedade diante de sua impotência para lutar contra a deficiente prestação de tantos serviços públicos, que incontáveis prejuízos já causou aos usuários.
(...)
Vale a pena observar, entretanto, que o princípio da eficiência não alcança apenas os serviços públicos prestados diretamente à coletividade. Ao contrário, deve ser observado também em relação aos serviços administrativos internos das pessoas federativas e das pessoas a elas vinculada. Significa que a Administração deve recorrer à moderna tecnologia e aos métodos hoje adotados para obter a qualidade total da execução das atividades a seu cargo, criando, inclusive, novo organograma em que se destaquem as funções gerenciais e a competência dos agentes que devem exercê-las."[130]

"O princípio da eficiência impõe ao agente público um modo de atuar que produza resultados favoráveis à consecução dos fins que cabem ao Estado alcançar.
(...)
Vale dizer que a eficiência é princípio que se soma aos demais princípios impostos à Administração, não podendo sobrepor-se a nenhum deles, especialmente ao da legalidade, sob pena de

---

[130] CARVALHO FILHO, José dos Santos. *Manual de Direito Administrativo*. Rio de Janeiro, Lumen Juris, 1999, p. 15.

sérios riscos à segurança jurídica e ao próprio Estado de Direito."[131]

A nosso ver, tal princípio já estava incluso implicitamente em nossa ordem constitucional, estando expresso na legislação ordinária desde o Decreto-Lei nº 200/67, ao menos no que se refere aos arts. 13, 25, incisos V e VIII, 26, inciso III, e 100. Note-se que de longa data é sabido que se exige que a Administração Pública alcance os seus fins com o menor custo possível. Eficiência é uma diretriz consagrada antes da própria Constituição de 1988 e pela mesma foi recepcionada e ampliada também antes da Emenda Constitucional nº 19, no sentido de que a máquina administrativa seja dinâmica e ágil como contraponto a inerente burocracia existente em toda estrutura administrativa fruto de outros Princípios como Legalidade, Motivação, Hierarquia, Tutela, bem como indicando a utilização de recursos nem maiores nem menores do que o necessário para o Poder Público realizar suas funções, através de uma atividade planejada e coordenada em que se busque sempre a qualificação do serviço público.

Assim, a inclusão pura e simples da palavra "eficiência"[132] no *caput* do art. 37 da CF não pode autorizar a outras conclusões[133] além daquelas que já se tinha no âmbito do direito administrativo,[134] apenas que o poder constituinte reformador demonstrou a insatisfação da sociedade pela prática ineficiente da Administração Pública nas diferentes esferas da Federação (União, Distrito Federal, Estados e Municípios). Por outro lado, é verdade que na esteira da Emenda Constitucional 19 outros dispositivos foram inseridos no texto constitucional que se articulam com o Princípio da Eficiência, a saber, art. 37, § 8º, estando vinculado aos temas sobre contratos de gestão, agências autônomas e organizações sociais prestadoras de serviço público. Nesse sentido, deve ser citada a recente Lei Complementar 101/2000, que dispõe sobre a Responsabilidade Fiscal a qual busca detalhar mais ainda o comportamento da Administração para ser eficiente, realizando despesas públicas mais equilibradas com a sua arrecadação.

---

[131] Di Pietro, *Dir. Adm.*, ob. cit., p. 73 e 74, 1998.

[132] Ver sobre o princípio no direito de nosso país co-irmão, a Argentina, que vivencia quase as mesmas injunções políticas, econômicas e sociais: DROMI, Roberto. *Derecho Administrativo*. Buenos Aires, Ediciones Ciudad Argentina, 1997, 28 e 29.

[133] HARGER, Marcelo. "Reflexões iniciais sobre o Princípio da Eficiência", *in RDA* v. 217, p. 151-161.

[134] MEIRELES, Hely Lopes. *Dir. Adm. Bras...*, ob. cit., 1996, p. 90 e 91.

4.7. PRINCÍPIO DA SUPREMACIA DO INTERESSE PÚBLICO

A função administrativa tem como objetivo a realização do bem comum e para tanto no desempenho de suas atividades a Administração Pública, por vezes, defronta-se com um conflito entre o interesse particular e o interesse público, devendo esse último prevalecer justamente para que seja possível alcançar seus fins.

O Princípio da Supremacia do Interesse Público sobre o interesse privado constitui-se no maior exemplo da existência dos chamados princípios implícitos da Administração Pública o qual portanto não encontra um dispositivo específico que lhe dê positividade em nosso ordenamento jurídico, mas, por outro lado, são inúmeras as regras jurídicas que derivam desse princípio, tais como todas aquelas que permitem ao Poder Público impor aos administrados atos unilaterais. Inclusive, essa diretriz da supremacia do interesse público constitui-se, antes de tudo, um Princípio Geral de Direito inerente a qualquer sociedade,[135] conseqüentemente esse princípio também deve ser respeitado no exercício da função normativa e da função jurisdicional.

4.8. PRINCÍPIO DA INDISPONIBILIDADE DO INTERESSE PÚBLICO

Sendo o interesse público superior, também temos a sua indisponibilidade, significando que o administrador não pode dispor dos interesses públicos, seja em relação aos seus bens, poderes, contratos, etc., pois a Administração Pública atua em nome da coletividade. Daí decorrem as regras relativas à inalienabilidade dos bens públicos, à característica dos poderes administrativos de serem um poder-dever, e não uma mera faculdade para utilização da Administração, à realização de licitação antes de serem firmados os contratos públicos. O interesse público indisponível é outro exemplo de um princípio implícito.

4.9. PRINCÍPIO DA FINALIDADE

Da mesma forma que a indisponibilidade do interesse público, também o Princípio da Finalidade insere-se no contexto da supremacia do interesse público, sendo princípio implícito da Administração

---

[135] Mello, Celso Antônio Bandeira de. *Curso...*, ob. cit., 1998, p. 55.

Pública.[136] Se a lei estabelece o interesse público a ser protegido, do mesmo modo prevê a finalidade pública ser atingida. Assim, a Administração, ao exercer os seus poderes que lhe são atribuídos no contexto da supremacia do interesse público e que devem ser praticados diante da indisponibilidade do mesmo, está obrigada nessa atuação a se pautar pela finalidade específica expressa na lei a qual justifica o exercício de um determinado poder como o de desapropriar um bem particular para construção de algum equipamento público como uma avenida ou uma escola.

Já, se o administrador realizar essa desapropriação para fins de perseguição política do proprietário do bem desapropriando, estará ferindo o princípio da finalidade, pois não encontra abrigo na lei aquela finalidade, caracterizando-se o desvio de finalidade que também implica o desrespeito da legalidade, pois o fim é o da lei.[137] Portanto, o exercício de um poder com desvio do seu fim, é da mesma forma o vício do desvio de poder. Por fim, o Princípio da Finalidade impõe à Administração Pública o dever de sempre buscar realizar a finalidade prevista na norma sem atingir outros fins nela não contidos.

4.10. PRINCÍPIO DA PRESUNÇÃO DE LEGITIMIDADE

Estamos diante de uma diretriz inerente ao Direito Administrativo, uma vez que o Poder Público deve obediência à lei, aceita-se como sendo legais e verdadeiros todos os seus atos até que se prove o contrário. São designações desse mesmo princípio a Presunção de Legalidade ou a Presunção de Veracidade.

Tal presunção é do tipo *juris tantum*, portanto relativa, pois admite prova em contrário, tendo como efeito a inversão do ônus da prova, cabendo aos administrados provarem que determinados atos praticados pela Administração não verdadeiros ou que são ilegais. Essa inversão do ônus da prova pode ser afetada por outras diretrizes específicas de determinadas matérias como por exemplo no que se refere à Responsabilidade do Estado em que a prova da não-ocorrência do dever de indenizar será, seguidamente, atribuída ao Estado.

---

[136] Há autores que tratam como um único princípio a finalidade, a supremacia e a indisponibilidade do interesse público que nós preferimos destacar para melhor visualização didática de suas conseqüências. Ver: DI PIETRO, Maria Sylvia Zanella. *Dir. Adm.*, ob., cit., 1998, p. 62 e 63.

[137] Mello, Celso Antônio Bandeira de. *Curso...*, ob. cit., 1998, p. 64 e 65.

4.11. PRINCÍPIO DA AUTOTUTELA

Como contraponto à presunção de legitimidade dos atos do Poder Público,[138] temos o Princípio da Autotutela da Administração Pública pela qual essa pode rever unilateralmente os atos por ela praticados, seja por entender ilegais, cabendo assim sua anulação, seja por entender inconvenientes ou inoportunos, sendo o caso de revogação.[139] Tão reconhecido é esse princípio como implícito à Administração Pública que já existem de longa data duas súmulas do Supremo Tribunal Federal que afirmam tal conduta, a saber:

Súmula nº 346 "A Administração Pública pode declarar a nulidade dos seus próprios atos.";

Súmula nº 473 "A administração pode anular seus próprios atos quando eivados de vícios que os tornam ilegais, porque deles não se originam direitos; ou revogá-los, por motivo de conveniência ou oportunidade, respeitados os direitos adquiridos e ressalvada, em todos os casos, a apreciação judicial.".

Por sua vez, a característica de unilateralidade decorre de que a Administração para proceder à revisão de seus atos não necessita da concordância da outra parte envolvida, nem precisa recorrer ao Poder Judiciário para impor tal revisão, possuindo assim a chamada auto-executoriedade ou execução imediata.[140]

Da mesma forma, deve o Estado, por força desse princípio, zelar pelo seu patrimônio utilizando-se da ação de polícia administrativa, independentemente de ordem judicial, para "impedir quaisquer atos que ponham risco à conservação desses bens."[141]

Esse princípio que impõe o dever de a Administração realizar o controle de seus próprios atos não afasta o Princípio Constitucional de que nenhuma lesão a direitos pode ser excluída da apreciação do Poder Judiciário. Assim, como vimos,[142] o sistema administrativo brasileiro é de jurisdição una, implicando que será o controle judicial[143] da atividade da Administração Pública que dará a última palavra sobre as revisões dos atos praticados pela Administração Pública.

---

[138] Destaca-se que não só os atos administrativos possuem essa presunção. Também os atos normativos e jurisdicionais têm legitimidade até prova em contrário.

[139] Ver item 8.6.

[140] Ver item 8.3.3.

[141] DI PIETRO, Maria Sylvia Zanella. *Dir. Adm.*, ob.,cit., 1998, p. 66.

[142] Ver item 2.5.

[143] Ver item 16.5.

4.12. PRINCÍPIO DA HIERARQUIA

A hierarquia é princípio inerente à Administração Pública, sendo decorrência da natureza da função administrativa a qual implica a estruturação das pessoas e órgãos públicos através de relações de coordenação e subordinação. No que concerne aos poderes estatais, a existência de tal princípio somente no âmbito da Administração Pública faz com que haja superiores com poderes de rever atos, de avocar e delegar tarefas, bem como de punir sempre em relação aos subordinados. Tais conseqüências não se encontram nas funções legislativas e jurisdicionais justamente pela ausência do princípio da hierarquia.

4.13. PRINCÍPIO DA CONTINUIDADE

Esse outro princípio implícito do Direito Administrativo significa que a Administração Pública é contínua, sendo impossível a sua paralisação. Assim, independentemente da alternância de facções políticas no Poder, os atos e processos administrativos realizados por uma gestão permanecem em relação à próxima até que venham a ser revistos nos termos do princípio da autotutela que vigora independente da alternância de gestões governamentais. Portanto, os serviços públicos[144] não podem ser interrompidos. A simples mudança de direção política da Administração Pública não pode significar, por exemplo, a rescisão dos contratos firmados pela gestão anterior. Diferentemente se dá nos casos de ilegalidade ou inconstitucionalidade em que esses vícios devem ser sanados, ou ainda em razão de profundo desequilíbrio econômico-financeiro do contrato.

Por outro lado, quem é contratado pela Administração para prestar serviço público não poderá interromper a execução do objeto contratado em razão de a Administração não cumprir a sua parte no contrato (impossibilidade da *exceptio non adimpleti contractus*), sendo possível a encampação por parte do Poder Concedente (Estado) dos meios pertencentes à concessionária (empresa contratada) necessários para dar continuidade à prestação do serviço público interrompida por ela.

Outro aspecto que decorre do princípio da continuidade é a necessidade de haver a substituição do agente público impedido

---

[144] O serviço público é entendido como toda aquela atividade essencial que deve ser prestada pelo Estado para necessária manutenção e desenvolvimento da coletividade. Sobre concessão do serviço público.

(férias, licença, etc.) de realizar suas funções por outro na medida que aquela determinada função não pode permanecer vaga sob pena de ser ferido o princípio da continuidade da Administração. Ainda há repercussão do princípio da continuidade no que se refere ao impedimento do direito de greve por parte do servidor público. Contudo, o avanço democrático da ordem constitucional brasileira a partir de 1988 garantiu a positivação deste direito, mas através de norma de eficácia limitada, pendente de regulamentação (art. 37, VII, da CF) a qual inexiste até o presente momento.

4.14. PRINCÍPIO DA RAZOABILIDADE

Estamos diante de mais um princípio implícito[145] da Administração Pública o qual se insere no contexto dos princípios da legalidade e da finalidade, atuando como mais um limitador da discricionariedade administrativa. É nesse sentido que a doutrina administrativista brasileira[146] consagra o presente princípio. Pedimos vênia para transcrever parte dos ensinamentos do Mestre Celso Antônio Bandeira de Mello:[147]

> "Enuncia-se com este princípio que a Administração, ao atuar no exercício de discrição, terá de obedecer a critérios aceitáveis do ponto de vista racional, em sintonia com o senso normal de pessoas equilibradas e respeitosas das finalidades que presidiram a outorgas da competência exercida. Vale dizer: pretende-se colocar em claro que não serão apenas inconvenientes, mas também ilegítimas - e portanto jurisdicionalmente invalidáveis as condutas desarrazoadas, bizarras, incoerentes ou praticadas com desconsideração a situações e circunstâncias que seriam atendidas por quem tivesse atributos normais de prudência, sensatez e disposição de acatamento às finalidades da lei atributiva da discrição manejada."

> "Com efeito, o fato da lei conferir ao administrador certa liberdade (margem de discrição) significa que lhe deferiu o encargo de adotar, ante a diversidade de situações a serem enfrentadas, a providência mais adequada a cada qual delas."

---

[145] As Constituições dos Estados do Rio Grande do Sul e de São Paulo consagram expressamente a razoabilidade como Princípio da Administração Pública, respectivamente, em seus arts. 19, nos termos da redação dada pela emenda 7/95, e 111.

[146] MOREIRA NETO, Diogo de Figueiredo. *Curso de Direito Administrativo*. Rio de Janeiro, Forense, 1997, p. 72 e 73. DI PIETRO, Maria Sylvia Zanella. *Dir. Adm.*, ob. cit., 1998, p. 72. FIGUEIREDO, Lúcia Valle. *Curso de Direito Administrativo*. São Paulo, Malheiros, 1995, p. 46.

[147] *Curso de Direito Administrativo*, ob. cit., 1998, p. 66.

Cumpre a nós destacar que esse princípio encontra amparo na jurisprudência de nossa Corte Suprema não apenas no âmbito do Direito Administrativo como também no Direito Constitucional repercutindo em todas as áreas do Direito, encontrando o seu assento constitucional no art. 5º, inciso LIV, da CF que consagra a cláusula do Devido Processo Legal.[148] Para nós, também deve ser reconhecido esse princípio como corolário do Estado Democrático de Direito (art. 1º da CF).

4.15. PRINCÍPIO DA PROPORCIONALIDADE

Dentro do contexto da razoabilidade, destaca-se outro Princípio implícito da Administração Pública chamado de Proporcionalidade justamente para indicar que a conduta do Estado no exercício da função administrativa deve empregar os meios proporcionalmente aos fins, significando que a Administração, na margem dada pela lei para discricionariedade administrativa, não pode sacrificar os interesses dos administrados mais do que o necessário para atingir o fim previsto na lei.[149]

Lembre-se que esse princípio vem sendo construído num âmbito de maior incidência que é o do Direito Constitucional, passando a limitar também a conduta discricionária do legislador e do magistrado em suas respectivas funções específicas.[150] Paulo Bonavides[151]

---

[148] MS 22944, Relator Min. MARCO AURÉLIO, julgado em 19.11.1998; RE 205097, Relator Min. NÉRI DA SILVEIRA, julgado em 03.11.1997; RMS 21045, Relator Min. CELSO DE MELLO, julgado em 29.03.1994; ADI 489, Relator Min. OCTÁVIO GALLOTTI, julgado em 02.05.1996, AGRAG 160337, Relator Min. MARCO AURÉLIO, julgado em 08.09.1994; AGRRE 205535, Relator Min. MARCO AURÉLIO, julgado em 22.05.1998; AGRAG 203186, Relator Min. MARCO AURÉLIO, julgado em 17.04.1998; AGRAG 194188, Relator Min. MARCO AURÉLIO, julgado em 30.03.1998; HC 75648, Relator Min. SEPÚLVEDA PERTENCE, julgado em 11.11.1997; RE 148095, Relator Min. MARCO AURÉLIO, julgado em 03.02.1998; RE 153531, Relator Min. FRANCISCO REZEK, julgado em 03.06.1997; AGRAG 153493, Relator Min. MARCO AURÉLIO, julgado em 25.10.1993; HC 75331, Relator Min. MARCO AURÉLIO, julgado em 02.12.1997; ADI 1326, Relator Min. CARLOS VELLOSO, julgado em 14.08.1997.

[149] CHAPUS, René. *Droit administratif général*, Tome 1. Paris, Montchrestien, 5ª éd., 1990, p. 728-736.

[150] Ver CANOTILHO, J. J. Gomes. *Direito Constitucional*. Coimbra, Almedina, 1993. MIRANDA, Jorge. *Manual de Direito Constitucional*, v. Coimbra, Coimbra Ed., 1981. HC 77003, Relator Min. MARCO AURÉLIO, julgado em 16.06.1998; RE 211043, Relator Min. MARCO AURÉLIO; ADIMC 1753, Relator Min. SEPÚLVEDA PERTENCE ,julgado em 16.04.1998; ADIMC 1813, Relator Min. MARCO AURÉLIO, julgado em 23.04.1998; HC 76060, Relator Min. SEPÚLVEDA PERTENCE, julgado em 31.03.1998.

[151] *Curso de Direito Constitucional*. São Paulo, Malheiros, 1993, p. 314-319.

nos traz os ensinamentos de autores europeus que fundamentam a proporcionalidade no âmbito constitucional:[152]

> "Mas não resulta difícil estabelecer em caráter provisório ou preliminar duas noções de proporcionalidade: uma na acepção lata, e outra na acepção estrita; ambas de Pierre Muller, jurista que expôs numa assembléia da União Suíça de Juristas, celebrada em Zurique nos dias 29 de setembro a 1º de outubro de 1978.
>
> Em sentido amplo, entende Muller que o princípio da proporcionalidade é a regra fundamental a que devem obedecer tanto os que exercem quanto os que padecem o poder.
>
> Numa dimensão menos larga, o princípio se caracteriza pelo fato de presumir a existência de relação adequada entre um ou vários fins determinados e os meios com que são levados a cabo.
>
> Nesta última acepção, entende Muller que há violação do princípio da proporcionalidade, com ocorrência de arbítrio, toda vez que os meios destinados a realizar um fim não são por si mesmos apropriados e ou quando a desproporção entre meios e fim é particularmente evidente, ou seja, manifesta.
>
> Mas Braibant, examinando as bases do princípio e desvendando-lhe a importância acrescentou um terceiro elemento, a saber, a situação de fato, estabelecendo assim a relação triangular fim, meio e situação, para corrigir insuficiências da dualidade antecedente.
>
> A questão de finalidade porém domina cada ordem jurídica, segundo Ermacora, de tal sorte que todos os sistemas de direito obedecem a um mandamento finalístico. O distinto constitucionalista austríaco faz esta afirmação ostensivamente amparado na mesma tese de von Jehring."

Segundo Pierre Muller, a latitude dessa reflexão:

> "É em função do duplo caráter de obrigação e interdição que o princípio da proporcionalidade tem o seu lugar no Direito, regendo todas as esferas jurídicas e compelindo os órgãos do Estado a adaptar em todas as suas atividades os meios de que dispõe aos fins que buscam e aos efeitos de seus atos. A proporção adequada se torna assim condição da legalidade".

Assim, ilegitimidade, seja por inconstitucional, seja por ilegal, da conduta da Administração também ocorre, quando a medida é "excessiva", "injustificável", ou seja, não cabe na moldura da pro-

---

[152] Ernest Forsthoff é contrário a esse enquadramento, justificando a proporcionalidade apenas como princípio do Direito Administrativo.

porcionalidade que encontra também assento constitucional no Devido Processo Legal e no Estado Democrático de Direito.

4.16. PRINCÍPIO DA BOA-FÉ OBJETIVA

A boa-fé[153] ou a proteção da confiança[154] são expressões designativas da mesma compreensão que também é estruturada no âmbito da legalidade e da atuação discricionária da Administração. Trata-se daquele conteúdo ético que deve estar presente nas relações jurídicas, o que vem a ser imprescindível para o Direito alcançar o seu fim de regulador e pacificador das condutas sociais. Desse modo, a boa-fé constitui-se em Princípio Geral de Direito, mas que possui uma repercussão específica no Direito Administrativo com um caráter objetivo.

O enunciado que a boa-fé objetiva traz para nortear as relações jurídicas-administrativas é de que tanto a Administração como os administrados estão impedidos de optar por determinada conduta a qual implique um resultado concreto inesperado pelos dados objetivos que o caso ofereça, mesmo que aquela conduta estivesse amparada inicialmente pela discricionariedade em se tratando da Administração ou pela autonomia da vontade dos administrados. Esse resultado concreto inesperado é que irá ferir a boá-fe ou a proteção da confiança. Confiança aqui entendida como justamente aquela depositada no resultado que se poderia esperar dos dados objetivos da situação. Note-se que não se está querendo valorizar o que a subjetividade do pensamento do administrador ou do administrado esperavam alcançar com aquelas condutas, por isso o princípio é objetivo.

Podemos apresentar um exemplo de fácil compreensão da aplicação do princípio, com aquelas situações em que a Administração está autorizada pela lei para realizar contratação de pessoal diretamente sem o prévio concurso público em face de situações emergenciais e por prazo determinado. Antes da Constituição de 1988, essa prática implicou o reconhecimento por parte do art. 19 do ato das disposições constitucionais transitórias da garantia de estabilidade para aquelas contratados sem concurso por pessoas jurídicas de direito público e que estivessem a pelo menos cinco anos continuados nessa situação.

Assim, a jurisprudência brasileira admite como estando o Estado impedido de não reconhecer essa estabilidade para aqueles pro-

---

[153] ENTERRÍA, Eduardo García de e Tomás-Ramón Fernández. *Curso de Direito Administrativo*. São Paulo, RT, 1991, p. 410.

[154] CORREIA, José Manuel Sérvulo. *Legalidade e Autonomia Contratual nos Contratos Administrativos*. Coimbra, Almedina, 1987, p. 551, 602 e 699.

fessores que ele próprio contratava no início de cada período letivo e "dispensava" ao final, recontratando no início do próximo, assim sucessivamente até completar os cinco anos, em face do princípio da boa-fé objetiva.[155] Essas situações de contratações por prazo determinado reiteradas e sucessivas continuam sendo autorizadas por lei após a Constituição de 1988 com base no art. 37, IX, contudo está impedido o Poder Público de dar como conseqüência dessa situação o não-pagamento de direitos como férias e décimo terceiro salário sob pena de ferir o princípio da boa-fé objetiva.

Exemplo do respeito ao princípio da boa-fé objetiva que está obrigado o administrado em relação à Administração pode ser dado naquela situação em que, estando a Administração autorizada por lei a contratar um fornecedor de algum produto ou serviço diretamente (sem licitação), esse fornecedor tem a liberdade, em razão da autonomia da vontade, de querer ou não contratar com a Administração, mas em oferecendo o seu produto ou serviço através de uma proposta (orçamento, por exemplo) estará esse fornecedor impedido de negar aquela contratação posteriormente em respeito ao princípio da boa-fé objetiva. Assim, a ocorrência do dever de indenizar por parte do Estado ou do particular em razão da responsabilidade pré-negocial ou por culpa *in contrahendo* também é conseqüência da incidência desse princípio.[156]

Essa noção de proteção da confiança objetiva ou boa-fé objetiva é reconhecida como princípio de nossa ordem constitucional instituidora do Estado Democrático de Direito, sendo, portanto, implícito ao Direito Administrativo, estando diretamente ligada ao problema da prescritibilidade da pretensão anulatória dos atos da Administração Pública[157]

4.17. PRINCÍPIO DA ECONOMICIDADE

Trata-se a economicidade de princípio implícito[158] da Administração Pública na medida em que o art. 70 da CF a prevê como

---

[155] RE 158448, Relator Min. MARCO AURÉLIO, julgado em 29.06.1998.

[156] COUTO E SILVA, Almiro do. "Responsabilidade pré-negocial e culpa *in contrahendo* no Direito Administrativo Brasileiro" *in RDA*, v. 170, 1999, p. 163-171.

[157] Idem. "Prescrição Qüinqüenária da Pretensão Anulatória da Administração Pública com relação a seus atos administrativos", *in RDA*, v. 204, 1996, p. 21-31. FIGUEIREDO, Lúcia Valle. *Curso de Direito Administrativo*. São Paulo, Malheiros, 1995, p 152. FREITAS, Juarez. *Estudos de Direito Administrativo*, p. 22-32. Ver item 16.8.

[158] As Constituições dos Estados do Rio Grande do Sul e de São Paulo consagram expressamente a economicidade como Princípio da Administração Pública, respectivamente, em seus arts. 19, nos termos da redação dada pela emenda 7/95, e 111.

parâmetro para fiscalização da função administrativa no que concerne à atividade contábil, financeira, orçamentária, operacional e patrimonial, implicando a "possibilidade material de aplicação nos termos de sua aprovação",[159] buscando-se um equilíbrio entre os ingressos de recursos e os gastos públicos, bem como na chamada relação custo/benefício que deve nortear a realização das despesas públicas.

4.18. PRINCÍPIO DA IGUALDADE

A Administração Pública está obrigada a despender tratamento isonômico em relação aos administrados, estando impedida de privilegiar alguns cidadãos em prejuízo dos demais. Tal diretriz encontra-se reconhecida no âmbito do Direito Administrativo inclusive como conseqüência de um Princípio Geral do Estado de Direito de que todos são iguais perante a lei (art. 5º, *caput*, da CF). Assim, resguardadas aquelas normas de proteção que a própria Constituição autorizou o tratamento diferenciado para concretizar a chamada igualdade material,[160] não podem a Legislação, Jurisdição e, com mais razão ainda, a Administração dar tratamento diferenciado aos cidadãos, seja aos administrados em geral, seja aos servidores públicos. Fruto desse princípio temos uma série de regras de Direito Administrativo, especialmente as que concernem ao concurso público e à licitação como vimos no que pertine à impessoalidade. Assim, a ênfase que nos cabe dar aqui ao princípio da igualdade é justamente o seu sentido material que implica que a Administração Pública esteja apta a prestar ações positivas que concretizam os chamados direitos de proteção.[161]

4.19. PRINCÍPIO DA MOTIVAÇÃO

Outro princípio implícito[162] da Administração Pública o qual exige que todo e qualquer ato administrativo, seja vinculado, seja

---

[159] MARTINS, Ives Gandra. *Comentários à Constituição do Brasil*, v. 4º , t. II. São Paulo, Saraiva, 1997, p. 2 a 7.

[160] Proteção ao trabalhador, ao consumidor, à criança e ao adolescente, ao idoso, etc., conforme respectiva e exemplificativamente os seguintes artigos da CF: 7º, 5º, XXXII, 227, 230.

[161] ALEXY (1993), p. 381-501.

[162] As Constituições dos Estados do Rio Grande do Sul e de São Paulo consagram expressamente a motivação como Princípio da Administração Pública, respectivamente, em seus arts. 19, nos termos da redação dada pela emenda 7/95, e 111.

discricionário, deve trazer os motivos de fato e de direito que o justifiquem na medida em que precede a esse ato uma decisão da autoridade administrativa competente, no contexto dos princípios da legalidade e da finalidade, atuando como mais um limitador da atuação administrativa. É nesse sentido que a doutrina administrativista brasileira[163] consagra o presente princípio.

4.20. OUTROS PRINCÍPIOS

A doutrina não é uniforme ao apontar o catálogo de princípios de Direito Administrativo. Apontam ainda como princípio a Especialidade, o Controle ou Tutela os quais são relativos a Administração Indireta,[164] bem como o do poder-dever que é característica dos poderes administrativos.[165] Já Celso[166] arrola também como princípios o Devido Processo Legal, a Responsabilidade do Estado por atos administrativos e o Controle Judicial os quais nós trataremos como pontos específicos da Parte Geral de nosso Manual, respectivamente nos capítulos 13, 15 e 16. Ainda Diogo de Figueiredo[167] desenvolve interessante e útil análise da principiologia do Direito Administrativo partindo das seguintes categorias as quais todas influenciam a disciplina jurídica da Administração Pública: Princípios Gerais do Direito, Princípios Gerais do Direito Público, Princípios Gerais do Direito Administrativo e os Princípios Setoriais do Direito Administrativo.

---

[163] Nesse sentido: MELLO, Celso Antônio Bandeira de. *Curso de Direito Administrativo*, ob. cit., 1998, p. 69. DI PIETRO, Maria Sylvia Zanella. *Dir. Adm.*, ob. cit., 1998, p. 72. FIGUEIREDO, Lúcia Valle. *Curso de Direito Administrativo*. São Paulo, Malheiros, 1995, p. 46. MOREIRA NETO, Diogo de Figueiredo. *Curso de Direito Administrativo*. Rio de Janeiro, Forense, 1997, p. 67 e 68: entende o autor que a motivação é princípio apenas aplicável aos atos que sejam intrinsecamente decisão, pois o fundamento no art. 5, LV, da CF.

[164] DI PIETRO, Maria Sylvia Zanella. *Dir. Adm.*, ob. cit., 1998, p. 65. CRETELLA JR., José. *Curso de Direito Administrativo*. Rio de Janeiro, Forense, 1991, p. 7 e 8.

[165] CRETELLA JR., José. *Curso*, ob., cit., 1991, p. 8.

[166] MELLO, Celso Antônio Bandeira de. *Curso*, ob. cit., 1998, p. 69.

[167] MOREIRA NETO, Diogo de Figueiredo. *Curso*, 1997, p. 61 e 78.

Capítulo 5

Organização Administrativa

5.1. PESSOAS ADMINISTRATIVAS E ÓRGÃOS PÚBLICOS

Entidade ou ente são palavras que se referem à pessoa jurídica, seja pública ou privada; portanto, entidade ou ente administrativo designa a Pessoa Administrativa que é aquela com personalidade jurídica própria e integra a Administração Pública.[168] São pessoas administrativas os entes federativos que são a União, o Distrito Federal, os Estados, os Municípios e as demais pessoas jurídicas que são criadas por eles que poderão ter a forma de autarquia, fundação, empresa pública ou sociedade de economia mista.

Já órgão público é designativo de uma categoria jurídica despersonalizada, portanto um elemento que não possui personalidade jurídica própria. Incumbe ao órgão público a realização das atividades da entidade da qual faz parte, sendo um centro de competência para o desempenho de funções estatais[169] através de agentes públicos ali lotados no exercício de seus cargos ou empregos públicos. São órgãos públicos, por exemplo, os Ministérios do Poder Executivo da União, as Secretarias dos Poderes Executivos do Distrito Federal, dos Estados e dos Municípios, bem como os diversos setores internos da estrutura dos três Poderes de todos os entes federativos, e também os setores internos as estruturas das demais pessoas jurídicas criadas pelas entidades federadas.

5.2. ESPÉCIES DE PESSOAS ADMINISTRATIVAS

As espécies de pessoas administrativas podem ser agrupadas ou pela natureza de sua personalidade jurídica ou pela sua inserção na estrutura da Administração. Inicialmente as pessoas administra-

---

[168] Nesse sentido, ver: Hely, *Dir. Adm. Bras.*, ob. cit., 1989, p. 57 e 58; e Di Pietro, *Dir. Adm.*, ob. cit., 1998, p. 350.

[169] Nesse sentido, ver: Idem, ibidem.

tivas são de três espécies: a primeira é composta das pessoas jurídicas de direito público que, sendo membro da Federação, adjetivam-se como interno (Ente político), a saber, União, Distrito Federal, Estados e Municípios, justamente porque são criadas por normas constitucionais, surgindo sua personalidade jurídica somente a partir de norma constitucional; a segunda também é composta por pessoas que têm a natureza de direito público, mas que não tendo o *status* de ente federativo só podem ser designadas como pessoas jurídicas de direito público, a saber, autarquia e fundação pública, sendo criadas por lei, surgindo sua personalidade jurídica somente a partir da lei infraconstitucional; a terceira é composta de pessoas jurídicas de direito privado, a saber, fundação instituída e mantida pelo Poder Público, empresa pública e sociedade de economia mista, as quais são autorizadas sua criação por lei, mas somente serão criadas após o Poder Público adotar aquelas medidas que a legislação de direito privado exigir, surgindo a personalidade jurídica seja através do registro civil do estatuto da fundação ou da empresa pública, seja através do registro comercial da empresa pública ou da sociedade de economia mista, tal como qualquer pessoa criada por particulares.

Um segundo agrupamento das pessoas administrativas é feita em duas espécies, sendo a primeira integrante da Administração Pública Direta ou Centralizada e a outra integrante da Administração Pública Indireta ou Descentralizada. São integrantes da administração direta as pessoas jurídicas de direito público membros da Federação (União, Distrito Federal, Estados e Municípios). Essas são as pessoas jurídicas que podem criar a segunda espécie desse agrupamento, ou seja, as pessoas da administração indireta (autarquia, fundação pública, fundação instituída e mantida pelo Poder Público, empresa pública e sociedade de economia mista).

"As novas funções do Estado no mundo moderno têm esgarçado as fronteiras entre o setor público e o setor privado, tanto em um e em outro se têm multiplicado as intervenções administrativas."[170] Dentre outros frutos dessas novas funções estão colocadas as pessoas criadas pelo Poder Público e que por vezes adotam regras do direito privado. Para tanto, passaremos a analisar as espécies de estruturas administrativas que se constituem em pessoas jurídicas da Administração Indireta relativamente autônomas das espécies de estruturas administrativas que se constituem em pessoas jurídicas de direito público interno da Administração Direta e por fim abordaremos os

---

[170] PONDÉ, Lafayette. "Considerações sobre a noção de direito administrativo", *in Estudos de Direito Administrativo*. Belo Horizonte, Del Rey, 1995, p. 65 à 71, especificamente p. 67.

princípios específicos da organização administrativa. Esses conteúdos foram sistematizados no Direito Administrativo brasileiro a partir do Decreto-Lei nº 200, de 25 de fevereiro de 1967. O citado diploma legal federal é de cumprimento obrigatório apenas pelo Governo da União, contudo seus conceitos têm sido utilizados pelas demais esferas da Federação, no seu todo ou em partes, mas sempre atualizados frente às novas normas constitucionais de 1988 e seguintes.

Assim, antes de iniciarmos essa análise das características dessas pessoas da administração direta e indireta, cabe anotar algumas observações quanto a elas.

A finalidade das pessoas da administração indireta visa a analisar o âmbito em que atua cada categoria de entidade, contudo se torna muitas vezes prejudicada essa característica pela expressa previsão da lei de outro tipo de finalidade. Portanto, para o correto enquadramento de determinados exemplos de entes da administração indireta seria através de uma análise das suas atribuições além da formalidade de sua criação, contudo a posição dominante na jurisprudência tem sido a de considerar exclusivamente a expressa previsão da formalidade de criação prevista na lei. Logo, nos termos do art. 37, XIX, da CF, é a lei que cria como Autarquia, como Fundação Pública (autárquica) ou é a lei que autoriza a criação como uma fundação (de direito privado ou fundação instituída e mantida pelo Poder Público), como uma empresa pública, como uma sociedade de economia mista.

A partir daí, saberemos identificar quais as regras jurídicas, de direito público ou de direito privado, que regulam o patrimônio público, isto é, os bens daquele ente. Também servirá para identificar quais as normas jurídicas, celetistas ou estatutárias, que regulam o Pessoal que atua em cada ente, como regra geral.[171] A partir da Emenda Constitucional nº 19/98, as pessoas jurídicas de Direito Público da Administração Direta e Indireta (União, Estados, Distrito Federal, Municípios, suas Autarquias e Fundações de Direito Público) poderão ter no seu corpo de pessoal simultaneamente servidores regidos por estatuto próprio e outros regulados pela CLT. Assim, através de leis específicas, poderão ser criados empregos públicos (celetistas) ou transformados os cargos públicos (estatutários) vagos em empregos públicos.[172] A tendência é que tenhamos previsto constitucionalmente um grupo de carreiras públicas definidas como tipi-

---

[171] Alerta-se que ocorrem movimentações de pessoal entre os entes e órgãos públicos que faz com que certo servidor celetista atue em ente em que a regra é estatutária e vice-versa, contudo essas movimentações de cedidos e adidos não alteram o *regime regra* do servidor nem do ente. Ver também item 12.4.

[172] Ver Lei Federal nº 9.962, de 22.2.2000.

camente estatais as quais obrigatoriamente sejam regidas pos estatuto próprio, enquanto os demais servidores públicos serão regulados pela CLT. Quanto aos atos praticados pelos entes jurídicos, eles poderão ser atos da atividade meio e atos da atividade-fim, significando atividade-meio todas aquelas tarefas de gestão do suporte necessário para que a entidade alcance a realização da finalidade para a qual foi criada, enquanto a atividade-fim é justamente aquelas tarefas de realização direta do objetivo do ente. Por fim, chamam-se privilégios processuais aqueles decorrentes de normas do direito processual civil as quais estabelecem prazos em quádruplo para contestar e em dobro para recorrer a favor das pessoas jurídicas de direito público,[173] desde que a lei não estabeleça prazo especial.[174] Outro privilégio processual diz respeito ao instituto do precatório e o modo especial de se proceder a execução de um crédito perante a Fazenda Pública que é designação que abrange as pessoas jurídicas de direito público.[175]

Passaremos a examinar agora as regras gerais de cada ente da administração pública.

5.3. PESSOAS DA ADMINISTRAÇÃO DIRETA

As pessoas da Administração Direta, que são a União, o Distrito Federal, os Estados e os Municípios, abrangem a função administrativa de todos os Poderes, conforme o *caput* do art. 37 da CF, portanto o art. 4º, I, do Decreto-Lei 200 está desatualizado quando se refere à Administração Direta apenas composta pelas estruturas do Poder Executivo.

1) Criação: são criadas por normas constitucionais.

2) Natureza jurídica: possuem personalidade jurídica de direito público interno.

3) Finalidade: é para exercício de atividade essencialmente estatal, no sentido de ser tarefa que somente ao Poder Público cabe desempenhar, sendo caracterizado como serviço público típico.

4) Patrimônio público: regime de direito público, sendo caracterizado por ser inalienáveis, impenhoráveis e imprescritíveis.

5) Atos: administrativos típicos.

6) Pessoal: estatuto próprio.

7) Privilégios processuais: possuem.

---

[173] Ver art. 188 do CPC e art. 10 da Lei Federal nº 9.469, de 10 de julho de 1997.

[174] É o que faz a Lei da Ação Popular ao prever prazo de 20 dias para contestação do réu que sempre será Ente Estatal (Lei Federal nº 4.717, de 29 de junho de 1965).

[175] Ver arts. 100 da CF e 730 e 731 do CPC.

5.4. AUTARQUIA

A autarquia é uma categoria de entidade integrante da Administração Indireta ou Descentralizada, dotada de personalidade jurídica própria com a mesma natureza que a entidade "mãe", ou seja, que o ente federativo que a criou. O Decreto-Lei 200, arts. 4º, II, *a*, e 5º, I, caracteriza a autarquia como "serviço autônomo, criado por lei, com personalidade jurídica, patrimônio e receita próprios, para executar atividades típicas da Administração Pública, que requeiram, para seu melhor funcionamento, gestão administrativa e financeira descentralizada."

Podem ser criadas Autarquias de natureza especial no campo de atuação das agências de regulação dos serviços públicos. Essa natureza especial implica, além da autonomia administrativa, financeira, patrimonial e de gestão de recursos humanos, as características de autonomia nas decisões técnicas e de mandato fixo de seus dirigentes, nos termos da lei específica que criou a agência (autarquia especial).

1) Criação: são criadas por lei formal e material de nível infraconstitucional.

2) Natureza jurídica: possuem personalidade jurídica de direito público.

3) Finalidade: é para exercício de atividade essencialmente estatal, no sentido de ser tarefa que somente ao Poder Público cabe desempenhar, sendo caracterizado como serviço público típico, tal como a entidade federativa que a criou, sendo que pelos atributos 2 e 3 a autarquia é designada como serviço público personalizado.

4) Patrimônio público: regime de direito público, impenhoráveis e imprescritíveis.

5) Atos: administrativos típicos.

6) Pessoal: estatuto próprio.

7) Privilégios processuais: possuem.

8) Exemplos: na União, Banco Central - BACEN; Instituto Nacional do Seguro Social - INSS, Agência Nacional de Energia Elétrica - ANEEL; no Estado do Rio Grande do Sul, Instituto de Previdência do Estado - IPERGS, Departamento Autônomo de Estradas e Rodagem - DAER, Agência Estadual de Regulação dos Serviços Públicos Delegados - AGERGS; no Município de Porto Alegre, Departamento Municipal de Habitação - DEMHAB, Departamento Municipal de Limpeza Urbana - DMLU, Departamento Municipal de Águas e Esgotos - DMAE.

5.5. FUNDAÇÕES PÚBLICAS

São entidades integrantes da Administração Indireta ou Descentralizada com personalidade jurídica própria e autônomas cuja finalidade está a atuação nos campos social, assistencial, educacional e cultural. Existem dois tipos.[176]

Uma modalidade é a das fundações públicas cuja lei de criação dá natureza jurídica de direito público com as mesmas características da autarquia, apenas que atua no campo social, assistencial ou cultural. Por isso, chamam-se de fundações autárquicas, aplicando-se somente regras de direito administrativo.

Este tipo de fundação ganhou relevo a partir da Constituição Federal de 1988, onde o art. 19 do ADCT enquadrou a Fundação Pública no mesmo âmbito que as demais pessoas jurídicas de direito público, procurando demonstrar claramente que o direito à estabilidade ali regulado somente se aplicaria àqueles servidores que a pelo menos cinco anos continuados prestassem sua atividade em pessoa jurídica de direito público, logo estariam se afastando aquelas fundações instituídas e mantidas pelo Poder Público com natureza de direito privado nos termos do Decreto-Lei nº 200/67.

O segundo tipo é aquele instituído e mantido pelo Ente Federativo, logo com capital público, mas a lei que autorizou a criação mandou aplicar o direito privado para constituição da sua personalidade jurídica que será privada. Aplica-se em parte o direito administrativo e em parte o direito privado. Essa fundação é a que está prevista no Decreto-Lei nº 200/67, arts. 4º, II, *d*, e 5º, IV, com a designação de fundação pública "...dotada de personalidade jurídica de direito privado, sem fins lucrativos, criada em virtude de autorização legislativa, para o desenvolvimento de atividades que não exijam execução por órgão ou entidade de direito público, com autonomia administrativa, patrimônio próprio gerido pelos respectivos órgãos de direção...". Essa mesma passou a ser designada implicitamente pela CF dentro da expressão gênero "fundação mantida pelo Poder Público".

A Emenda Constitucional 19 deu nova redação a diversos artigos, dentre os quais os que tratavam das pessoas da administração indireta suprimindo do corpo principal do texto constitucional a utilização das expressões "fundações públicas" e "fundações insti-

---

[176] Um terceiro tipo seria possível no campo teórico, mas na prática do nosso direito administrativo não temos exemplos do que seriam aquelas fundações que somente foi autorizada a sua instituição por lei pelo Ente Federativo, mas sem capital público, sendo reguladas exclusivamente pelo Direito Privado.

tuídas e mantidas pelo Poder Público", passando a utilizar unicamente a palavra "fundações". Contudo, tal alteração não chega a extinguir as diferenças anteriormente já existentes entre as fundações criadas como autarquias - de direito público, e as autorizadas à instituição pelo direito privado. Nesse sentido, é que o art. 37, XIX, da CF passou a dar uma redação que distingue lei de criação da lei de autorização, o que veio a confirmar a orientação doutrinária e jurisprudencial anteriores à Emenda 19.

Vejamos os esquemas das características de ambos tipos.

5.5.1. Fundação de Direito Público (Fundação Autárquica)

1) Criação: são criadas por lei formal e material de nível infraconstitucional.

2) Natureza jurídica: possuem personalidade jurídica de direito público.

3) Finalidade: atuação no campo social, assistencial, educacional e cultural.

4) Patrimônio público: regime de direito público, inalienáveis, impenhoráveis e imprescritíveis.

5) Atos: administrativos típicos.

6) Pessoal: estatuto próprio.

7) Privilégios processuais: possuem.

8) Exemplos: na União, Fundação Nacional de Saúde - FUNASA, Fundação Nacional do Índio - FUNAI; no Estado do Rio Grande do Sul; no Município de Porto Alegre, Fundação de Assistência Social e Comunitária - FASC.

5.5.2. Fundação de Direito Privado (Fundação instituída e mantida pelo Poder Público)

1) Criação: são autorizadas a criação por lei formal e material de nível infraconstitucional.

2) Natureza jurídica: possuem personalidade jurídica de direito privado.

3) Finalidade: atuação no campo social, assistencial, educacional e cultural, onde não haja necessidade de ente de direito público.

4) Patrimônio público: regime de direito privado, alienáveis, penhoráveis e prescritíveis.

5) Atos: os atos-meio são administrativos típicos, enquanto os atos-fins são não-típicos, no caso, atos civis.

6) Pessoal: celetista.

7) Privilégios processuais: não possuem.

8) Exemplos: na União, a Legião Brasileira de Assistência - LBA[177], quando da sua origem; no Estado do Rio Grande do Sul, Fundação do Bem-Estar do Menor - FEBEM, Fundação Gaúcha do Trabalho e Ação Social - FGTAS; no Município de Porto Alegre, a Fundação de Educação Social e Comunitária - FESC, antes de sua transformação em fundação autárquica em 1994.

5.6. EMPRESA PÚBLICA

A empresa pública, nos termos dos arts. 4°, II, *b*, e 5°, II, do Decreto-Lei n$^{\circ}$ 200, é outra categoria de entidade integrante da Administração Indireta ou Descentralizada, dotada de personalidade jurídica de direito privado, com patrimônio próprio e capital exclusivo do Ente Federativo que a criou, mediante lei autorizativa e demais atos, para a exploração de atividade econômica que o Governo seja levado a exercer por força de contingência administrativa, podendo revestir-se de qualquer das formas admitidas em direito.

1) Criação: são autorizadas por lei a criação, pois para obter personalidade jurídica dependem de outros atos regulados pela Legislação Civil ou Comercial como se fosse um ente particular.

2) Natureza jurídica: personalidade jurídica de direito privado.

3) Patrimônio público: capital exclusivamente público sob regime de bens privados.

4) Finalidade: para exercício de atividade que não é essencialmente estatal, atuando no campo econômico que em regra está reservado ao particular.

5) Atos: os atos-meio são administrativos típicos, enquanto os atos-fins são não-típicos, no caso, atos de comércio ou civis.

6) Pessoal: celetista.

7) Privilégios processuais: não possuem.

8) Exemplos: na União, Caixa Econômica Federal - CEF, Empresa Brasileira de Correios e Telégrafos - ECT; no Município de Porto Alegre, Empresa Pública de Transporte e Circulação - EPTC.

5.7. SOCIEDADE DE ECONOMIA MISTA

A sociedade de economia mista, nos termos dos arts. 4°, II, *c*, e 5°, III, do Decreto-Lei 200, é também categoria de entidade integrante da Administração Indireta ou Descentralizada, dotada de personali-

---

[177] A LBA foi transformada em Fundação Autarquica e após extinta.

dade jurídica de direito privado, criada mediante lei autorizativa e demais atos, para a exploração de atividade econômica, sob a forma de sociedade anônima, cujas ações com direito de voto pertençam em sua maioria ao Ente Federativo que a criou ou à outra entidade da Administração Indireta.

1) Criação: é autorizada por lei a criação, pois para obter personalidade jurídica dependem de outros atos na forma da Lei das Sociedades Anônimas - S/A (Lei Federal nº 6.404, de 15 de dezembro de 1976).

2) Natureza jurídica: personalidade jurídica de direito privado.

3) Finalidade: para exercício de atividade que não é essencialmente estatal, atuando no campo econômico, visando ao lucro, o que em regra está reservado ao particular.

4) Patrimônio público: capital VOTANTE majoritariamente público sob regime de bens privados, logo o controle acionário é do Ente Federativo e/ou de outras entidades da administração indireta.

5) Atos: os atos-meio são administrativos típicos, enquanto os atos-fins são não-típicos, no caso, atos de comércio.

6) Pessoal: celetista.

7) Privilégios processuais: não possuem.

8) Exemplos: na União, Banco do Brasil S.A., Petrobrás S.A.; no Estado do Rio Grande do Sul, Cia. Riograndense de Saneamento - CORSAN, Cia. Estadual de Energia Elétrica - CEEE, Cia. Estadual de Silos e Armazens - CESA, Cia. de Processamento de Dados do Estado do Rio Grande do Sul - PROCERGS, Cia. Riograndense de Mineração - CRM, Cia. Riograndense de Artes Gráficas - CORAG; no Município de Porto Alegre, Cia. de Processamento de Dados do Município de Porto Alegre - PROCEMPA, Cia. Carris Porto-Alegrense - CARRIS.[178]

5.8. PRINCÍPIOS FUNDAMENTAIS DA ORGANIZAÇÃO ADMINISTRATIVA

Os encarregados da elaboração do projeto da Reforma Administrativa Federal, levando em consideração que o fim precípuo do Governo era o estabelecimento das diretrizes para uma reforma em profundidade, a ser desenvolvida por etapas, mas com início imediato, optaram por um projeto que não só consignasse os instrumentos básicos para a aplicação e a concretização da reforma como também os seus princípios fundamentais.

---

[178] Foram privatizadas deixando de ser ente público, ou seja, integrante da Administração Pública, na União, a Telebrás, o Meridional; no Estado do Rio Grande do Sul, a CRT.

E, efetivamente, o resultado dessa elaboração foi o Decreto-Lei nº 200/67, que consagrou em seu artigo 6º os seguintes princípios: Planejamento, Coordenação, Descentralização, Delegação de Competência e Controle.

5.8.1. Planejamento

Planejamento é o estudo e o estabelecimento de diretrizes e metas que deverão orientar a ação governamental, através dos seguintes instrumentos básicos: plano geral de governo; programas setoriais e regionais, de duração plurianual; orçamento-programa anual; programação financeira de desembolso.

A finalidade primeira da Administração é a promoção do bem-estar social que é o bem comum da coletividade, expresso na satisfação de suas necessidades fundamentais.

A CF/88 traduz essa promoção do bem-estar social através da previsão de elaboração e execução de "planos nacionais e regionais de ordenação do território e de desenvolvimento econômico e social" (art. 21 da CF).

Assim os objetivos a serem alcançados com o planejamento são, por um lado, o desenvolvimento econômico-social nacional, que é o permanente aperfeiçoamento dos meios essenciais à sobrevivência dos indivíduos e do Estado, e, por outro, promover a Segurança Nacional que seria a "garantia individual, social e institucional que o Estado assegura a toda a Nação", sendo que na atual Constituição denomina-se, com um novo conteúdo, de Defesa Nacional (CF, arts. 21, III, 89 a 91).

5.8.2. Coordenação

Coordenar é harmonizar, entrosar todas as atividades da administração, submetendo-as ao que foi planejado, evitando duplicidade de atuação ou sua falta, desperdício de recursos, divergência de soluções, entre outras falhas administrativas.

Este princípio é aplicação permanente e abrange todos os níveis da Administração, através das chefias individuais, reuniões, comissões, tal como se sucede na reunião ministerial.

Assim, nenhum assunto poderá ser submetido à decisão presidencial ou a qualquer outra autoridade competente sem antes ter sido previamente coordenado, i.é, sem ter passado pelo crivo de todos os setores nele interessados, através de consultas e entendimentos que propiciem soluções integrais e em sintonia com a política geral e setorial do Governo.

5.8.3. Descentralização

Descentralizar é afastar do centro, juridicamente, é atribuir a outrem poderes da Administração. O detentor desses poderes é o ente membro da federação, pessoa única, que é composto de órgãos despersonalizados que não agem em nome próprio, mas no do ente, logo a descentralização administrativa pressupõe a criação de pessoa jurídica distinta da do ente membro da federação, sendo a prestação de serviço indireta e mediata.

Diversa é a Desconcentração administrativa que significa a repartição de competências e funções entre os vários órgãos despersonalizados, sendo a prestação de serviço direta e imediata.

Outra é a delegação de execução de serviço público precedida ou não de obra pública feita a particular através de licitação sob o regime de concessão ou permissão do serviço público (CF, art. 175) ou através de convênios ou consórcios entre órgãos públicos ou com particulares, respeitada a lei de licitações (CF, art. 23, parágrafo único e art. 241).

Ainda, temos a execução indireta de obras e serviços da Administração, mediante contratos com particulares através de licitação.

Assim, todas essas quatro modalidades são formas, técnicas de Descongestionamento Administrativo que a reforma denominou tãosomente de descentralização, além de prever como princípio autônomo uma quinta forma ou técnica, que é a delegação de competência.

Por fim, quanto à forma, o que distingue a descentralização e a desconcentração da execução indireta, da delegação de serviço e a de competência, é que as duas primeiras realizam-se por lei, enquanto as últimas efetivam-se por atos administrativos.

5.8.4. Delegação de Competência

É instrumento de "descentralização" (melhor seria dizer "descongestionamento") administrativa. É a transferência, autorizada normativamente, facultativa e transitória, de atribuições decisórias da autoridade competente para seu subordinado, mediante ato próprio, indicando com clareza e precisão a autoridade delegante, a autoridade delegada e o objeto da delegação

5.8.5. Controle

É uma das formas, meios pelos quais se exercita o poder hierárquico, inclusive dos entes descentralizados que normalmente não são submetidos a esse poder, visa a que cada entidade da administração indireta alcance seus objetivos e tenha eficácia em sua gestão.

Capítulo 6

O Domínio Público

6.1. INTRODUÇÃO

6.1.1. Evolução Histórica

O direito romano, segundo ministra Maria Sylvia Zanela Di Pietro (*Direito Administrativo*, p. 432), já fazia referência aos bens públicos, pois que constavam da divisão das coisas apresentadas por Caio e Justiniano nas Institutas.

Mencionava-se:

- *res nullius*, como coisas *extra commercium*, nas quais se incluíam as *res communes* (mares, portos, estuários, rios) insuscetíveis de apropriação privada;
- as *res publicae* pertencentes ao Povo (terras, escravos), de propriedade de todos e subtraídas ao comércio jurídico;
- e *res universitatis* (fórum, ruas, praças públicas).

Cita José Cretella Junior (1984;24) que, na Idade Média, "sob o domínio dos bárbaros, repartem-se as terras conquistadas entre o rei e os soldados, deixando-se uma parte aos vencidos (*allodium*). A parte que coube aos soldados combatentes, dada primeiro como prêmio por tempo determinado (*beneficium*), passou depois a vitalícia e, finalmente, a hereditária, originando o *feudo*. Nessa época, os bens públicos eram considerados propriedade do rei e não mais do povo, como anteriormente. Posteriormente, com base nos textos romanos, volta-se a atribuir ao povo a propriedade desses bens, reconhecendo ao rei apenas o exercício do *poder de polícia*".

Assim, na primeira fase (propriedade da Coroa), não houve distinção de regime jurídico nas várias espécies de bens. No entanto, quando se passou a falar em "*poder de polícia*" do rei, são dados os primeiros passos para uma classificação de bens.

Tanto é que, já nos séculos XVII e XVIII, autores consideravam duas categorias, a saber:

Manual de
DIREITO ADMINISTRATIVO

83

1) *as coisas públicas* - afetadas ao uso público, tais como os cursos d'água, rios, estradas, etc.; sobre tais bens o rei não tinha direito de propriedade, apenas direito de guarda ou poder de polícia;

2) *bens integrados no domínio da coroa* - o monarca tinha a propriedade.

Obviamente, com o Estado Moderno e o desenvolvimento da idéia de Estado como pessoa jurídica, este substitui ao príncipe e assume a propriedade dos bens públicos.

6.1.2. Bens do Domínio Público

Acompanhando a Autora supracitada (p. 435), temos que a expressão *"domínio público"* é equívoca, pois admite vários significados.

Vejamos:

1) *no sentido muito amplo* - utilizado para designar o conjunto de bens pertencentes às pessoas jurídicas de direito público interno, políticas e administrativas (União, Estados, Municípios, Distrito Federal, Territórios e Autarquias);

2) *no sentido menos amplo* - utilizado na classificação do direito francês, que designa os bens afetados a um fim público, os quais, no direito brasileiro, compreendem os de uso comum do povo e os de uso especial;

3) *no sentido restrito* - bens do domínio público para designar apenas os destinados ao uso comum do povo (*demanio*, no direito italiano); não considerados, por alguns, como pertencentes ao poder público. Dizia-se que estavam no domínio público - o seu titular seria o povo.

Portanto, a designação de *"bens do domínio público"*, embora imperfeita, é utilizada como forma de contrapor o regime jurídico dos bens de uso comum do povo e de uso especial, submetidos ao direito público, ao regime dos bens do domínio privado do Estado (*"bens dominicais"* ou dominiais), por ser parcialmente público e parcialmente privado.

Em que pese a classificação dada pelo art. 66 do Código Civil abranger as três modalidades de bens, no atinente ao regime jurídico existem apenamente duas. Ora, sabe-se que, em relação aos bens de uso comum e de uso especial, não há dessemelhança no regime jurídico. Ambos estão destinados a fins públicos. Essa destinação pode ser inerente à própria natureza dos bens, tais como: rios, estradas, praças, ruas, ou pode decorrer da vontade do poder público - afetando determinado bem ao uso da Administração Pública para a realização de atividade, em benefício da coletividade, direta ou indiretamente.

Desta maneira, segundo Cretella Junior, supracitado, bens do domínio público são "o conjunto de coisas móveis e imóveis de que é detentora a Administração, afetados quer a seu próprio uso, quer ao uso direto ou indireto da coletividade, submetidos a regime jurídico de direito público derrogatório e exorbitante do direito comum".

Como conseqüência, no regime jurídico de direito público derrogatório e exorbitante do direito comum, não se aplica a essas modalidades de bens os institutos regidos pelo direito privado (- aplicáveis aos *"dominicais"*).

6.1.3. Conceito de Bens Públicos

Hely Lopes Meirelles os conceitua como "abrangendo tudo aquilo que tenha valor econômico ou moral e seja suscetível de proteção jurídica, que pertençam, a qualquer título, às entidades estatais, autárquicas e paraestatais".

Assim, por exemplo, os bens ou próprios municipais, no âmbito local, constituem-se de coisas corpóreas ou incorpóreas; imóveis, móveis e semoventes; créditos, débitos, direitos e ações pertencentes, a qualquer título, ao Município. De igual forma, no referente à União, Estados e Distrito Federal.

6.1.4. Entidades Paraestatais

São também bens públicos, com destinação especial e administração particular. Sua origem, total ou predominante, continuam *"públicas"*, porém, sua administração é privada. Entretanto, sujeitam-se à penhora e à alienação, nos fins estatutários das entidades a que estejam vinculados. No entanto, não os alcança a *"prescritibilidade"*, via usucapião, desde que os referidos bens estejam servindo à entidade da administração indireta, na afetação própria de seus serviços institucionais.

6.1.5. Classificação

O Código Civil (- direito privado cuida de matéria pública: *domínio*), no art. 65, diz: "são públicos os bens do domínio nacional pertencentes à União, aos Estados e aos Municípios. Todos os outros são particulares, seja qual for a pessoa a que pertencerem".

No art. 66, os públicos são classificados: I - *os de uso comum do povo*, tais como mares, rios, estradas, ruas e praças; II - *os de uso*

Manual de
DIREITO ADMINISTRATIVO

85

especial, tais como edifícios ou terrenos aplicados a serviço ou estabelecimento federal, estadual ou municipal; III - *os dominicais*, isto é, os que constituem o patrimônio da União, dos Estados, ou dos Municípios, como objeto de direito pessoal ou real de cada uma dessas entidades.

Por sua vez, o art. 67 prescreve que "os bens de que trata o artigo antecedente só perderão a inalienabilidade, que lhes é peculiar, em casos e forma que a lei prescrever".

Finalmente, o art. 68 admite a utilização de bens públicos: "o uso comum dos bens públicos pode ser gratuito, ou retribuído, conforme as leis da União, dos Estados ou dos Municípios, a cuja administração pertencerem".

6.1.6. Natureza Jurídica e Regime Jurídico

Esclarece, ainda, Maria Sylvia Zanella Di Prieto, que inúmeras controvérsias pairam a respeito da natureza do direito das pessoas públicas sobre os bens de domínio público.

No século XIX, parte da doutrina entendia a inexistência de um direito de propriedade sobre tais bens (propriedade - própria do direito civil).

Proudhon, apegado ao direito romano - propriedade como direito exclusivo - entendia que os bens afetados ao uso de todos não apresentavam essa exclusividade. Para Ducroq, inexistiam os três atributos: uso, fruto e disponibilidade. Justifica-se a tese como reação contra as teorias elaboradas à época das monarquias absolutas - atribuíam à coroa a propriedade de todos os bens públicos. Posteriormente, Ducroq e Berthelemy a retomam, pois consideravam como bens insuscetíveis de propriedade ou, de um modo geral, a negavam (Leon Duguit e Gaston Jèze).

Contemporaneamente, início do século, autores como Maurice Hauriou passam a afirmar a tese da propriedade administrativa sobre o domínio público - propriedade regida pelo direito público.

Realmente, é verificável a existência de pontos de semelhanças e dessemelhanças com a propriedade privada. Desta forma, a Administração exerce sobre os bens públicos o direito de *"usar"* ou de autorizar sua utilização por terceiros; o de *"gozar"*, percebendo frutos, naturais ou civis; o de *"dispor"* de bem, previamente desafetado ou sem destinação pública.

De outra parte, a Administração sofre certas *"restrições"*, impostas ao particular - como transcrição no Registro de Imóveis - e outros próprios de direito público: normas sobre competência, forma, motivo, finalidade, etc. Finalmente, dispõe de *"prerrogativas"* que o particular não tem - poder de polícia exercido sobre seus bens.

Essa tese, segundo Hauriou, em sua essência, não é diferente da propriedade privada, mas pela afetação dos bens lhe imprime características particulares.

Assim, seu regime jurídico informa os princípios da *"inalienabilidade"* (art. 67, CC), *"impenhorabiliade"* (art. 649, I, CPC e 100, CF) e *"imprescribilidade"* (art. 183, § 3º, e parágrafo único do art. 189). Porém, na forma da lei (federal, estadual ou municipal), pode perder a *"inalienabilidade"*, que, eventualmente, ocorrendo o interesse público, devidamente justificado, *"desafetar-lhe-á"* à natureza pública (uso comum, especial ou dominial), autorizando-se a *"alienação"*.

6.1.7. Bens Comuns do Povo (ou de Domínio Público)

Consoante, ainda, o Código Civil, e levando-se em conta "a destinação", são as coisas móveis e imóveis pertencentes ao Poder Público, as quais são usadas por qualquer do povo, sem restrição ou formalidade. É a *"fruição"* própria das pessoas, pois estão abertas e à sua disposição, como o Código indica: mares, rios, praças, ruas e estradas.

O *"domínio público"* é definido "como a forma mais completa na participação de um bem na atividade de administração pública. São os bens de uso comum ou do domínio público, o serviço mesmo prestado ao público pela administração, assim, ruas e praças", como nos ensina Rui Cirne Lima (*Princípios de Direito Administrativo*, 5ª ed. RT/1982, p.77).

Anota Diógenes Gasparini (*Direito Administrativo*, 4ª ed. Saraiva/1995, p. 473): "O uso e o gozo, por certo, há de ser conforme a destinação do bem. Assim, uma praça não pode ser utilizada para se estender um varal e secar roupa, nem uma rua utilizada como campo de bochas ou malhas. Mas não é tudo. O uso deve, ainda, ser normal".

Por fim, são bens *"patrimoniais indisponíveis"* do Poder Público.

6.1.8. Bens de Uso Especial (ou do Patrimônio Administrativo)

São os bens (móveis e imóveis) *"destinados"* à execução dos serviços públicos (isto é, com uso exclusivo do Poder Público). Constitui o universo administrativo como os edifícios públicos, os terrenos aplicados à execução de serviços públicos, os veículos da administração pública, os móveis das repartições administrativas, com "destinação especial", como bens "patrimoniais indisponíveis", por excelência.

No dizer de Ruy Cirne Lima (ob. cit., p. 77): são meramente instrumentos de execução dos serviços públicos, participando não propriamente da administração pública, mas do "aparelho administrativo; antes se aproximam do agente do que da ação por este desenvolvida".

Temos, ainda, como exemplos de bens de uso especial: os imóveis onde estão instaladas as repartições públicas, museus, bibliotecas, veículos oficiais, terras dos selvícolas, cemitérios públicos, aeroportos, mercado e, agora, pela nova Constituição, as terras devolutas ou arrecadadas pelos Estados por ações discriminatórias necessárias à proteção dos ecossistemas naturais.

6.1.9. Bens Dominicais

São aqueles que, a despeito de integrarem o patrimônio público, estão e são destituídos de qualquer destinação geral ou específica. Sem afetação a destinação pública alguma, podem ser utilizados nos serviços da Administração, alienados e ter sua utilização cedida a terceiros, na forma da lei.

São denominados *"bens patrimoniais disponíveis"*. Integram o patrimônio do Município, nos termos do conceito do Código Civil, como objeto de direito real ou pessoal e dele se utiliza como melhor se lhe aprouver, até como produção de *"rendas"*. Exemplo mais comum desses bens dominicais, são os lotes ou terrenos vagos, sem utilização alguma, ditos *"terrenos do patrimônio"*.

Note-se que os bens de uso comum do povo e de uso especial - da mesma forma os dominicais -, repartem-se entre União, Estados, Municípios, Distrito Federal e Territórios. A Constituição Federal de 1988 especifica os bens da União (art. 20) e dos Estados (art. 26). O Decreto-Lei nº 9.760, 5.9.46, dispõe sobre os bens imóveis da União, indica os pertencentes à União (art. 1º). No atinente às águas públicas, o Código de Águas (Decreto nº 24.643, de 10.7.34, também as reparte entre a União, os Estados e os Municípios (art. 29).

6.2. AQUISIÇÃO

6.2.1. Intrumentos Jurídicos

O Poder Público, para atingir seus fins consagrados constitucionalmente, necessita dos mais variados bens de cuja apropriação se vale através dos instrumentos jurídicos postos a sua disposição.

6.2.1.1. Versão Amigável

Pela qual serve-se o Poder Público dos instrumentos de Direito Privado para a sua aquisição, a saber: compra, permuta, dação em pagamento ("entrega de bem que não seja dinheiro para solver dívidas outras").

Essas *"mutações dominiais"* do Poder Público, na versão amigável, não oferecem dificuldades. Entretanto, impõem-se-lhes para sua efetivação, sob pena de *"nulidade"*: avaliação prévia e autorização legislativa. Dado que tais atos vão além do poder de mera administração, pois o Administrador exerce atividade de quem não é proprietário, como consagra a lição do Mestre Cirne Lima (ob. cit., p. 20/21).

Assim, escolhido o bem imóvel, adequada característica, identificado o bem e indicados os recursos financeiros para o seu pagamento, a aquisição far-se-á "diretamente", uma vez que este bem escolhido é que serve à destinação pública específica, ou por "licitação", como determina a lei .

Na aquisição de bens móveis, salvo no caso de permuta e de dação em pagamento, pois nestes já se têm, nos contratos de natureza civil, os "destinatários certos" - com a impossibilidade jurídica de sua realização - imposto é o procedimento licitatório, nos termos da Lei nº 8.666/93 e alterações posteriores.

6.2.1.2. Versão Compulsória

Procedida pela *"desapropriação"* (utilidade pública ou interesse social: Decretos-Leis nºs 3.365, de 21.06.41, e 31.075, de 22.01.71, e a Lei nº 4.132, de 10.09.62), pela *"adjudicação"* em execução de sentença e por destinação de áreas públicas nos *"loteamentos"* (art. 22 da Lei nº 6.766, de 19.12.79), bem como da aquisição por "usucapião" em favor do Poder Público, mediante processo judicial (leis civil e processual).

6.2.1.3. Doação

O Poder Público também pode figurar como "destinatário" de doação de bens. Desde que a mesma não venha com *"encargos"*, o Poder Público não necessitará de autorização legislativa, incorporando o bem no seu patrimônio. No entanto, para receber a doação da parte de particular ou de outro poder público, revela-se prescindível a avaliação prévia em nível municipal.

6.2.1.4. Procedimento Aquisitivo

A *"lei autorizativa"*, os "recursos orçamentários", a "avaliação prévia", a identificação exata dos bens a serem adquiridos e o "procedimento licitatório", conforme o caso, são exigências *sine qua non* para a regularidade do procedimento aquisitivo do bem pela Administração Pública.

Porém, o *"desvio da lei"*, além da nulidade do ato praticado, ensejará para o Prefeito as sanções previstas no Decreto-Lei nº 201/67 (art. 1º, por desvio de verba ou efetivação de despesa ou assunção de compromissos não autorizados em lei), responsabilização por lesão ao patrimônio público, em termos de Ação Popular (Lei nº 4.117, de 29.06.65, arts. 1º e 4º, V) e, ainda, sem prejuízo da *"rejeição de suas contas"* pela Câmara Municipal (art. 31, CF) e ressarcimento ao Município, se resultante prejuízo, com a prática do ato ou contrato contrário às normas vigentes.

6.2.2. Por Desapropriação

6.2.2.1. Forma Originária

Constitui-se em forma originária de aquisição de propriedade. É a transferência compulsória de bem particular para o patrimônio público, nos termos do Decreto-Lei nº 3.365, de 21.06.41 (por *"utilidade pública"*), e na Lei nº 4.132, de 10.12.62 (casos de *"interesse social"*).

A *"imissão de posse"* por liminar é regulada pelo Decreto-Lei nº 1.075, de 22.01.70, em imóveis urbanos residenciais (caso de utilidade pública). O fundamento do instituto expropriatório é constitucional (arts. 5º, XXIV, e 182, § 3º, CF).

6.2.2.2. Reforma Agrária

Podem, constitucionalmente, ser desapropriados bens, patrimônio e direitos patrimoniais, salvo *"imóveis rurais"*. Porém, nem o Município e nem o Estado têm competência para desapropriar bens com finalidade de *"reforma agrária"*. Essa competência é exclusiva da União, em termos de imóveis rurais ou de área especial assim considerados.

Desta forma, para interesse social, o Município não pode desapropriar imóvel rural para promover a *"justa distribuição da propriedade"*, pois essa é de competência privativa da União (art. 184, CF). Porém, pode fazê-lo para condicionar seu uso ao *"bem-estar social"* local. Há possibilidade, também, para instalação de *"distrito industrial"*, ou de atividades correlatas, com projeto aprovado pelo Poder

Público competente (§ 2º, art. 5º, Dec.-Lei nº 3.365/41, com as alterações da Lei nº 6.602, de 07.12.78).

Portanto, nada obsta a desapropriação de imóvel rural para a implantação de escola ou projetos comunitários, agrotécnicos, hortas comunitárias, e de produção e cultivo de bens agrícolas, para satisfação do bem-estar social local.

6.2.2.3. Posse Legítima

A desapropriação de regra é da propriedade. No entanto, é expropriável a posse legítima, como direito encravado na propriedade - sua expressão dinâmica e visível. Não é vedada, no ordenamento jurídico, a desapropriação das benfeitorias, utilidades, o direito à posse, à ocupação e fruição do imóvel.

A expropriação tem por objeto transferir compulsoriamente não apenas bens imóveis, móveis, semoventes ou ações, mas todo e qualquer de direito - BEM, portanto, ou classes de direitos, atributos ou não da propriedade imobiliária, desde que sejam bens *intra commercium* aferíveis pecuniariamente. O instituto resolve qualquer contrato, desde que haja bem apropriável e passível de indenização.

6.2.2.4. A Questão do Comodato

Não há mais de se pretender fórmulas servis de *"civilismo"* quase *"etrusco"* - conformações e instrumentos dilatórios, morosos - para decidir questões jurídicas que envolvem *"fruição"* de bem público para particulares, v.g., pela via inadequada de *"comodato"* ou outros institutos de direito privado.

Diante do que se impõe a utilização de mecanismos mais rápidos e eficientes para a *"retomada da posse do bem cedido"*, em toda a amplitude, à disposição do Poder Público - como a desapropriação. Pois, a justificar e legitimar a medida, estão os princípios fundamentais da: prevalência do interesse público sobre o particular e a indisponibilidade dos bens públicos. Princípios esses que, segundo Celso Antônio Bandeira de Mello (*Elementos de Direito Administrativo*, RT/1980, p. 5, 11 e segs.), constroem todo o sistema de Direito Administrativo.

À Administração Pública, para a concretização de um fim de interesse público, facultam-se meios idôneos para satisfazer esse mesmo interesse público: idôneo e eficaz como o instituto da desapropriação.

6.2.2.5. Mandado de Segurança

Inconsistência jurídica, em matéria expropriatória, é a impetração de medida judicial - via mandado de segurança - para impedir o procedimento expropriatório próprio, como decidem nossos Tribunais (RDA 61/220: "Mandado de Segurança - Desapropriação. Não cabe mandado de segurança preventivo para impedir a imissão de posse em ação expropriatória").

O ato de administrar pertence, exclusivamente, ao Chefe do Executivo Municipal, cuja ação é legitimada na horizontalidade normativa. É cediço, nem mesmo o "Poder Judiciário pode invalidar opções administrativas ou substituir critérios técnicos por outros que repute mais conveniente ou oportunos, pois essa valoração refoge da competência da Justiça e é privativa da Administração" (Hely Lopes Meirelles - *Mandado de Segurança* ... RT, 1989, p. 91).

6.2.2.6. Desapropriação Indireta

Ao decidir pela desapropriação, o Executivo deverá seguir o que prevê a Lei do Plano Plurianual e o Orçamento Anual, para não incidir nas vedações do art. 167, I e II e § 1º , da CF).

No entanto, se o Município ocupa bem particular sem antes declará-lo de utilidade pública para torná-lo objeto de desapropriação, assegura-se "ao proprietário o direito de buscar a indenização". Se não o faz, não se negue que tenha perdido o direito de aliená-lo a terceiro, ao qual se há de conferir a faculdade de pleitear a indenização como sucessor do alienante (Jurisprudência - DJ 07.12.88).

6.2.3. Arrematação ou Adjudicação

Aberta a *"praça"*, pode o Poder Público participar, ofertando o *"lance"*. Ou, sendo o Município o credor, assegura-se-lhe o direito de adjudicar os bens após o praceamento. De qualquer modo, impõe-se a autorização legislativa municipal.

6.2.4. Por Força de Lei

6.2.4.1. Loteamento e Desmembramento

Cabe ao Município autorizar o parcelamento do solo urbano. O que é feito por meio do loteamento e do desmembramento, nos termos da Lei nº 6.766, de 19.12.79, segundo a definição de *"zonas urbanas ou de expansão urbana"*, definidas em lei local.

Além de exigências de ordem urbanísticas, como limitações administrativas, estabelece o artigo 4º da referida lei (I e § 1º) áreas destinadas a sistema de circulação, implantação de equipamento urbano e comunitário, espaços livres de uso público, proporcionais à densidade de ocupação prevista para a "gleba" loteável, num percentual mínimo de 35% de área pública, salvo em loteamentos industriais.

No art. 22, preceituado é que, desde a data do *"registro"* do loteamento, passam a integrar o domínio público municipal as vias e praças, os espaços livres e as áreas destinadas a edifícios públicos e outros equipamentos urbanos, constantes do projeto e do memorial descritivo.

6.2.4.2. Registro e Objetivo das Áreas Públicas

Trata-se, efetivamente, de loteamento *"regular"*. Ou seja, parcelamentos que foram aprovados pelo Município e inscritos no Registro Imobiliário.

De outra parte, o objetivo da lei (35% de área institucional com o loteamento) atém-se a reservar ao Município as áreas destinadas à implantação dos serviços comunitários, equipamentos urbanos, proporcionalmente à densidade de ocupação prevista na gleba loteável.

6.2.4.3. Irregulares e Clandestinos

Os parcelamentos aprovados pela Prefeitura e não levados a registro constituem o que se denomina de *"irregulares"*. Os *"clandestimos"* são os não-aprovados e não-registrados obviamente. A existência de ambos dá-se em razão de a consolidação dos mesmos ter-se dado sob a vigência da legislação anterior (Decreto-Lei nº 58, de 10.12.37, e do Decreto nº 3.079, de 15.09.38).

Sem dúvida, forma um conjunto sólido do patrimônio público. A própria Lei nº 6.766/79 prevê a *"inalterabilidade"* de áreas públicas em parcelamentos *"não aprovados"* (quer dizer: *"clandestimos"*). Veja-se o art. 43: "Ocorrendo a execução de loteamento não aprovado, a destinação de áreas públicas exigidas no inciso I do art. 4º desta lei, não se poderá alterar sem prejuízo da aplicação das sanções administrativas, civis e criminais previstas".

Portanto, há proteção até das *"áreas reservadas"* em loteamento *"clandestimo"* (não aprovados pelo Município). *A fortiori* quando se trata de loteamento *"irregular"* (aprovado pela Prefeitura, mas não inscrito).

6.2.4.4. Tese do Concurso Voluntário

Os artigos 17 e 43 da Lei nº 6.766/79, a despeito da existência do art. 22 - como enfatiza Toshio Mukai (*Direito e Legislação Urbanística no Brasil*, Saraiva, 1988, p. 128) - "aproximam a questão de transferência das áreas públicas para o domínio do Município, da posição da jurisprudência, que construiu a tese do concurso voluntário, segundo o qual aquela transferência se dá independendemente do registro, bastando a intenção de destinar (do loteador) e o *animus* de aceitar da Prefeitura, geralmente expresso pela aprovação do loteamento".

A presente tese é a sufragada tanto pela doutrina como pela jurisprudência. Pontes de Miranda (*Tratado de Direito Privado*, Borsoi, 1971, v. 13, p. 89) pontifica: "Tem-se pretendido que as vias de comunicação e os espaços livres somente se tornem públicos por ato dos interessados, entregando-os à Prefeitura Municipal. De modo nenhum. A aprovação do loteamento faz públicas as vias de comunicação e públicos os espaços livres, com a exigência de serem ultimados pelos loteadores as obras das vias de comunicação e dos espaços livres e da modificação segundo o Decreto-Lei nº 58".

Hely Lopes Meirelles (*in Loteamento fechado e Condomínio deitado* - RDI 14/13 e RT 600/68) assinala: "Superafetação é pretender o Município uma escritura de doação, para subseqüente registro das ruas e praças em seu nome. Nem mesmo se faz mister, a nosso ver, a inscrição do loteamento para que consideremos incorporados no domínio municipal esses bens de uso comum do povo, decorrentes da urbanização de áreas particulares. A inscrição só é exigível para fins de alienação dos lotes, sem qualquer implicação com as áreas de domínio público, não sujeitas às normas civis e às exigências de comercialidade dos bens particulares".

Jurisprudência recente de nossos Tribunais, fundamentalmente do STF, firmada sob a égide da legislação vigente, é invocada a favor da sustentação da *"inalterabilidade"* das áreas públicas em parcelamentos aprovados: "Aprovado o loteamento para urbanização dos loteamentos, as áreas destinadas às vias e logradouros passam automaticamente para o domínio municipal, independentemente de título aquisitivo e transcrição, visto que o efeito jurídico do arruamento é exatamente o de transformar o domínio particular em domínio público, para uso comum do povo" (TJ/PR, ac. un. 1ª C. Cível, 24.09.87 - Ap. 514/87, Rel. Des. Osiris Fontoura: Município de Londrina *x* MP).

6.2.4.5. Arruamento

Há outras decisões no mesmo sentido: "Executado o arruamento, se a municipalidade aceita o plano, opera-se a transmissão do domínio particular para o domínio público" (TJ-SP, RDA 87/218). "Aprovado loteamento pela Prefeitura, as áreas destinadas a vias e logradouros públicos passam automaticamente para o domínio do Município, não podendo ser objeto de ação reivindicatória" (TJ-SP, Ap. 60.212, RT 600/67).

Igualmente, mesmo na legislação anterior: "Loteamento. Aprovado o arruamento, para urbanização de terrenos particulares, as áreas destinadas às vias e logradouros públicos passam automaticamente para o domínio do município, independentemente de título aquisitivo e transmissão, visto que o efeito jurídico do arruamento é, exatamente, o de transformar o domínio particular em domínio público, para uso comum do povo. Não tem o loteador infringente do Dec.-Lei nº 58/1937 mais direitos para o locador a ele obediente" (STF, RTJ 79/991).

6.2.4.6. Doação. Inalienabilidade

Liberalidade de loteador em favor do Município - "Oferta verbal de imóvel para construção de praça em loteamento irregular - Aceitação pela Administração - Desnecessidade de inscrição no Registro para que se dê a transmissão de domínio - Hipótese de concurso voluntário - Ação declaratória de ineficácia do negócio improcedente. Inaplicabilidade do artigo 3º do Dec.-Lei nº 58/37. Oferecendo o loteador terreno de loteamento irregular à Municipalidade, com a simples aceitação manifestada pela Administração opera-se a transmissão do domínio, dispensada, mesmo, a inscrição no Registro de Imóveis para tornar inalienável por qualquer título o imóvel em questão" (TJ-SP, Ap.Cív.103.152-2, julg. 10.09.86, RT 613/95).

Argumenta-se que, a exceção das decisões dos Tribunais de Justiça do Paraná e de São Paulo, as jurisprudências , citadas supra, foram construídas sob a vigência do Decreto-Lei nº 58/37, regramento que não possuía expressa disposição normativa, *ipsis litteris*, idêntica à do art. 22 da Lei nº 6.766/79 (José Nilo de Castro - *Direito Municipal Positivo*, Del Rey/1991, p. 170).

Mesmo *ad argumentandum* tal posicionamento não é admissível, pois infundado é. O Decreto-Lei nº 58/87, bem como seu Regulamento (Decreto nº 3.079/38), dispunham explicitamente que "a inscrição torna inalienáveis, por qualquer título, as vias de comunicação e os espaços livres constantes do memorial e da planta".

6.2.4.7. Inalienabilidade e Inalterabilidade (Bens Reservados)

Desta forma, mesmo com expressa disposição do artigo 3º (Dec.-Lei nº 58/37), prescrevendo, com a inscrição do loteamento no registro imobiliário, a inalienabilidade dos bens reservados, a doutrina, assim como a jurisprudência dos Tribunais reconheceram sempre, e ainda reconhecem, a inalterabilidade das áreas reservadas, desde a simples aprovação do loteamento na Prefeitura. Esse fato jurídico-legal comunica-se ao loteamento a *"reserva"*, só mutavél, na forma da lei municipal, de bens destinados a equipamentos urbanos e a logradouros públicos. Não poderia ser de outra forma, como em verdade não é, e nem pode ser.

A doutrina moderna (a par da lei e da jurisprudência) considera não ser o título de aquisição civil nem a inscrição imobiliária que confere ao *"bem reservado"* o caráter público. É a *"destinação administrativa"*, possibilitando o uso comum de todos, que afeta o bem de dominialidade pública (Hely Lopes Meirelles - *Direito Municipal Brasileiro*, ob. cit., p. 140; igualmente, na mesma linha de direção, Pontes de Miranda, ob. cit., tomo 13, p. 89).

Diante do que, só a reserva é suficiente para se ter a inalterabilidade do bem reservado. Conseqüentemente, inocorrido o registro do loteamento - sobretudo nos Municípios do Interior -, a aquisição das áreas reservadas, sua inalterabilidade e inalienabilidade não se produzirão apenas e tão-somente com a inscrição no registro competente. É que, no Direito Público, principalmente nas relações administrativas entre o particular e a Prefeitura, as exigências meramente *"civis"* , de documentação pública registrária, são afastáveis. Portanto, pela invocação do princípio do *"concurso voluntário"*, na matéria, a simples averbação imobiliária, nas transferências de imóveis entre particulares, peculiariza e qualifica a afetação das áreas reservadas, em conformidade com o plano de loteamento e seu memorial discritivo.

Não fora assim, faltaria aos Municípios a possibilidade de defesa de suas praças, ruas, bens comuns do povo, em decorrência de parcelamentos urbanos não levados a registro por incúria dos loteadores. Igualmente, como preleciona o Min. Cordeiro Guerra (Relator RE nº 84.327/SP - RTJ 79/991): nos loteamentos regulares, "diverso não me parece poder ser nos loteamentos irregulares, sob pena de beneficiar-se o infrator da norma legal, isto é, daquele que aprovando as plantas, destinando áreas do interesse público, não só não leve o projeto aprovado à inscrição, como altere a destinação das áreas públicas, em seu interesse particular".

6.3. A ADMINISTRAÇÃO DOS BENS PÚBLICOS

6.3.1. Introdução

6.3.1.1. O Poder de Administrar

É compreendido no poder de administrar, qual seja, - quem tem o poder de administrar encontra-se em posição subordinada à lei: - a faculdade de utilizar os bens públicos segundo a sua natureza e destinação, guardando-os, conservando-os e melhorando-os, no interesse público.

6.3.1.2. O Exercício

O exercício dessa atribuição está ínsito no fenômeno administração, *"atividade de quem não é proprietário"* (Ruy Cirne Lima, ob. cit., p. 20/21), atividades exercitadas, conforme a lei.

6.3.1.3. Mera Administração

Exemplificativamente, o Prefeito utiliza os bens afetados à administração, no interesse dela; o Presidente da Câmara, os bens utilizados em seus serviços. São poderes, pois, de *"mera administração"* - ao qual faltam os de "onerar, alienar, transigir" - atos esses que carecem de autorização legislativa.

6.3.1.4. Iniciativa

No caso, os projetos de lei no atinente às mutações dominiais municipais são de iniciativa concorrente (do Prefeito e da Câmara de Vereadores). Portanto, os Poderes Executivo e Legislativo.

6.3.2. Utilização de Bem por Terceiros

6.3.2.1. Institutos e Modalidades

O Direito Público prevê a utilização ou as formas administrativas para o uso especial de bens públicos por "terceiros" (particulares ou não).

Compreende os seguintes institutos: concessão de uso, concessão de direito real de uso, cessão de uso, permissão de uso e autorização de uso. Tais modalidades, como categorias jurídicas, devem estar previstas na Lei Orgânica do Município e nas Constituições.

6.3.2.2. A Concessão de Uso

6.3.2.2.1. *Noção*. Entende-se o contrato administrativo pelo qual o Poder Público outorga a utilização exclusiva de um bem de seu domínio a terceiro, para que o explore por sua conta e risco, segundo sua específica destinação e nas condições convencionadas.

6.3.2.2.2. *Operacionalidade*. É realizada *intuito personae*, ou seja, em consideração àquela pessoa qualificada. Opera-se por prazo determinado ou indeterminado. É gratuita ou onerosa, conforme convier ao interesse público municipal, estadual ou federal.

6.3.2.2.3. Requisitos. Efetiva-se validamente por *"contrato".* É precedida de lei autorizativa municipal (ou o que for) específica, bem como de *"licitação",* salvo nos casos de dispensa e inexigibilidade (Ver Lei nº 8.666/93) - concessionário de serviços públicos ou entidades assistenciais e sempre que houver interesse público relevante a justificar a medida .

6.3.2.2.4. Desafetação. Necessidade se o uso recair em bem de uso comum do povo ou especial, integral e exclusivo. Temporária, evidentemente, enquanto durar a concessão. A desafetação alcança os bens indisponíveis do Poder Público na hipótese. A desafetação estará na lei, explícita ou implicitamente.

6.3.2.3. A Concessão de Direito Real de Uso

6.3.2.3.1. Noção. Entende-se o contrato administrativo pelo qual o Poder Público transfere a utilização remunerada ou gratuita de terreno público a terceiros, com direito real resolúvel, para os fins específicos de urbanização, industrialização, edificação, cultivo ou qualquer outra exploração de interesse social.

6.3.2.3.2. Previsão Legal. É o instituto previsto no artigo 7º do Decreto-Lei nº 271/67 (dispõe sobre loteamento urbano), não se aplicando a imóveis construídos e a bens móveis municipais.

6.3.2.3.3. Peculiaridades (Condições). Preconizadas em lei: a - por contrato administrativo; b - precedida de lei autorizativa específica; c - licitação, salvo a dispensa (concessionários de serviços públicos, entidades assistenciais, e sempre que o interesse público justificar a medida); d - incidência sobre terrenos incultos; e - desafetação, se for do patrimônio indisponível ; f - finalidade: urbanização, industrialização, edificação, cultivo da terra ou outra destinação de *"interesse social";* g - prazo certo ou indeterminado; h - com remuneração ou graciosa; i - na forma da lei, poderá ser transferida *inter vivos* ou *causa mortis,* ou sucessão testamentária.

6.3.2.3.4. Cláusula de Reversão. Como direito real, a concessão de uso admite gravame, voltando ao Poder Concedente se o concessionário não lhe der o uso prometido (art. 7º, § 4º , Dec.-Lei 271, 28.02.67). É preferível às alienações de terrenos públicos: venda ou doação.

6.3.2.4. A Cessão de Uso

6.3.2.4.1. Noção. Entende-se o ato unilateral de transferência gratuita de posse de um bem público, a fim de que o cessionário o utilize nas condições estabelecidas no termo respectivo. Instituído pelo art. 64 do Decreto nº 9.760, 05.09.46.

6.3.2.4.2. Requisitos. Abrange bens públicos móveis e imóveis, equipamentos. Dependerá de lei autorizativa específica. Equipara-se ao Comodato - instituto de Direito Privado. Disciplina jurídica: arts. 125 e 126 do Decreto nº 9.760/46, complementado pelo Decreto-Lei nº 178, 16.02.67.

6.3.2.4.3. A Questão do Comodato. Há entendimento dominante, tanto na doutrina como na jurisprudência, de que não pode o Poder Público utilizar o Comodato, pois já possuem o instituto de direito administrativo próprio - a *"cessão de uso"*.

Através da cessão de uso se resguarda o interesse público, exigindo sua supremacia quanto às alterações e rescisões unilaterais, sem ônus, à vista da indisponibilidade dos bens públicos municipais, pois, esta inadmite acordo feito em audiência por Procurador do Prefeito Municipal, reconhecendo, o Município, v.g., legitimidade de posse de terceiros particulares.

6.3.2.4.4. Responsabilização. Concretamente, tem havido casos de Comodato, por longos prazos, celebrados sem utilidade pública alguma, ou de interesse coletivo local. Há, inclusive, hipótese de responsabilização do Prefeito Municipal, por ceder uso gratuito, a entrega de bem público municipal em Comodado a particular, para exploração comercial ou outra finalidade não de interesse comunitário.

É a hipótese exata de violação do artigo 1º, II, do Dec.-Lei nº 201/67. Sem a existência de interesse público, não podem os Municípios ser despojados da guarda e conservação de seus próprios. Essa *praxis* de alguns Prefeitos é ilegítima e discriminatória, onde se peculiariza o interesse particular em detrimento do público. Pois, como é sabido, em bens de domínio público não há como se transigir. Não tem o Prefeito - como Administrador Público - a disponibilidade para transigir sobre bens municipais deste jaez.

6.3.2.4.5. Jurisprudência

Comodato

O TJE-MG condenou ex-Prefeito como incurso no artigo 1º, item II, do Dec.-Lei nº 201/67, por haver firmado Comodato com particular, cedendo-lhe o uso gratuito de bem público (José Nilo Castro - *Direito Municipal Positivo*, Del Rey, 1991, p. 174).

Mera Detenção

Nos bens públicos insuscetíveis de posse por particulares, o poder sobre eles exercido pelo particular, na cessão de uso, v.g., ou outra modalidade unilateral e precária - permissão ou a autorização -, não se erige à condição de ato de posse a legitimar os interditos proibitórios contra o poder cedente.

Lafayette Pondé ensina: "Bem público municipal legalmente inalienável é bem fora do comércio, insuscetível de posse por terceiros. Inadmissibilidade de ação possessória a título de garantir a ocupação"..."Como se vê, não há posse. Não havendo posse, não há como admitir ação possessória, por faltar a esta objetivo. A mera ocupação de terreno público não induz a posse. Nada importa a omissão da Prefeitura: 'não induzem posse os atos de mera permissão ou tolerância '(Código Civil, art. 497). Muito menos quando não pode sequer o ocupante invocar a boa-fé, uma vez que não é dado a ninguém alegar desconhecer a lei, e é por força de lei que os bens públicos são coisa fora do comércio, insusceptível de posse jurídica" (RDA 175/158).

Usucapião

Por sua vez, Orozimbo Nonato (Voto *in* RF 69/546) preleciona: "... o bem dominical não se presta à posse, quer *ad usucapionem* quer *ad intterdictio*, por ausência, num caso e noutro, do requisito *res habilis*. É claro que a posse é condição de qualquer ação possessória, e qualquer ação possessória só existe quando existir, quando for possível, quer pela natureza do direito, quer pela natureza dos fatos praticados, a posse". De conseqüência, onde não pode haver propriedade tampouco pode haver posse - onde não é possível propriedade particular (salvo concessão em regime legal específico). É conhecida a lição de Ihering - "Não pode haver questão de posse nem de proteção de posse das coisas *extra commercium* (Lafayete Pondé, ob. cit., p. 163).

6.3.2.5. A Permissão de Uso

6.3.2.5.1. *Noção.* É ato unilateral, discricionário e precário, gratuito ou oneroso, pelo qual o Poder Público faculta ao terceiro a utilização de determinado bem público, nas condições fixadas pelo permitente com fins de interesse público.

6.3.2.5.2. *Condições.* Far-se-á sempre no interesse público, em termo próprio. Deve haver justificação prévia e o devido interesse público na medida. Não se deve incentivar as permissões de uso de bem público, face à desnecessidade de lei autorizativa para sua edição, bem como de licitação.

A Medida Provisória nº 1.567, 14.01.97, trata da utilização de áreas de domínio da União na realização enventual de eventos de curta duração (art. 21).

6.3.2.6. A Autorização de Uso

6.3.2.6.1. Noção. São, também, atos unilaterais, discricionários e precários, pelos quais o Poder Público consente na prática de determinada atividade incidente sobre bem público.

6.3.2.6.2. Motivação (Condição). Como as permissões, não carecem de leis autorizativas específicas nem de licitação. Incidem sobre quaisquer bens públicos, desde que o uso se destine exclusivamente ao atendimento de interesse público social, prévia e devidamente "motivado", por prazo estabelecido na Lei Orgânica do Município, inferior ao das permissões.

6.3.2.6.3. Recomendação (Vedação). Os bens públicos municipais não devem ser utilizados, sob qualquer das formas examinada, por agentes públicos municipais e seus familiares, assim como por sociedade civil, comercial ou industrial de que sejam proprietários, controladores, diretores e administradores, como previsto é em algumas Leis Orgânicas. Pois que, na lição de Ruy Cirne Lima (ob. cit., p. 22): "... o fim - e não a vontade -, domina todas as formas de administração". Daí, a finalidade pública, na forma da lei, presidirá os atos administrativos desse jaez.

6.4. A ALIENAÇÃO DE BEM PÚBLICO

6.4.1. Introdução

Faz-se a alienação de bens públicos, como transferência de propriedade, remunerada ou gratuita, por venda, permuta, doação, dação em pagamento, investidura e legitimação de posse.

6.4.2. Pressupostos (ou Requisitos)

Depende de: a) avaliação prévia; b) lei autorizativa específica; c) licitação. Esta será inexigível nas hipóteses de permuta, doação, dação em pagamento e investidura, diante do objeto e das pessoas, não há como se exigir o procedimento.

6.4.3. Na Doação

Sabe-se de antemão quem é o donatário. Na permuta, o permutante já é conhecido como proprietário único do objeto permutável com o do Poder Público. Na dação em pagamento - que é a entrega de um bem que não seja dinheiro para solver a dívida -, já se tem como inafastável a relação entre credor-devedor individualizados.

6.4.4. Na Investidura

Definida no art. 17, § 3º, Lei nº 8.666/93 (Licitações).

Incorporação de uma área pública inconstruível ao terreno de um particular lindeiro, conhece-se também o único interessado na área confinante, resultante de alteração do traçado urbano. É área remanescente, e como tal, acede a outra, considerada principal, do proprietário lindeiro.

6.4.5. Enfiteuse ou Aforamento

Velharia que representam estes institutos civilistas, não são recomendados na prática administrativa municipal. O Poder Público já dispõe de institutos próprios, que servem a sua missão constitucional e não desservem a terceiros.

6.4.6. Legitimação de Posse

Prevista na Lei nº 601, 18.09.1850 (Lei de Terras). Legitimação de posses mansas e pacíficas, adquiridas por ocupação primária ou havidas do primeiro ocupante, cultivadas com cultura, efetiva moradia habitual do posseiro ou representante. Constituição de 1967, art. 171 - substituiu o usucapião *pro labore*. Disciplina a matéria a Lei nº 6.383, 07.12.73.

6.5. OBSERVAÇÕES FINAIS

Todos os bens públicos guardam genericamente o mesmo regime jurídico. São impenhoráveis, imprescritíveis e inalienáveis, embora sob certas condições legais, como verificamos, possam perder tais atributos.

De igual forma, no referente ao uso, dependerá do que estabelecer a legislação da entidade a que pertencer. Porém, é conveniente o conhecimento de certos detalhes de alguns desses bens. Na presente oportunidade, apresentam-se referências minimizadas como orientação didática, remetendo a consulta mais profunda na doutrina apontada.

6.5.1. Bens Públicos em Espécie

No direito brasileiro, a especificação dos bens públicos é feita em legislação esparsa.

A Constituição Federal (05.10.88), no artigo 20, menciona os bens da União e, no artigo 26, os do Estado. O Decreto-Lei nº 9.760, de 05.09.46, por sua vez, enumera os bens imóveis da União. O Código de Águas (Decreto nº 24.643, de 10.07.34) classifica as águas em de uso comum e dominicais (art. 1º). O Estatuto da Terra (Lei nº 4.504, de 30.11.64) contém normas sobre as terras públicas na zona rural.

Da mesma forma, subsídios sobre bens públicos são encontrados no Código de Contabilidade Pública da União, aprovado pelo Decreto nº 4.536, de 28.01.22, além do Código Florestal, Código de Minas, Código de Águas Minerais, etc. E, mais recentemente, a Medida Provisória nº 1.567, de 14.02.97, onde são estabelecidas normas sobre bens públicos, conforme esclarece Maria Sylvia Zanella Di Prieto (ob. cit., p. 470).

6.5.2. Bens do Município

Diante do supra-exposto, o conceito de bem, no campo do direito, envolve os bens econômicos - os chamados *"patrimoniais"* e os bens não-econômicos - os chamados *"bens morais"*. Ambos possuem proteção jurídica.

Os bens patrimoniais do Município, como pessoa jurídica de direito público interno, como vimos, são os bens públicos que o Código Civil enumera como bens de uso comum do povo, de uso especial e patrimoniais (art. 66). Assim, abarcam todas as coisas que lhe pertencem, a qualquer título, tais como: imóveis, móveis, semoventes, créditos, débitos, direitos e ações.

Os classificados como de uso comum do povo (os mares, rios, estradas, ruas e praças) e o de uso especial (como os edifícios ou terrenos aplicados aos seus serviços, estão *"afetados"*, não podendo ser objeto de comércio, salvo com a pertinente *"desafetação"*, mediante lei.

Os bens dominicais, por sua vez, objeto de direito pessoal ou real, podem ser arrendados ou alienados pelo Município, pois que têm fins específicos de lhe produzir rendas.

6.5.2.1. Bens Pertencentes ao Município

Os bens que atualmente pertencem ao Município são os que compõem o seu patrimônio.

Manual de
DIREITO ADMINISTRATIVO

103

A Lei Federal nº 4.320, de 17.03.64, estatui normas gerais de direito financeiro para a União, Estados, Municípios e Distrito Federal, determina a *"contabilidade patrimonial"* através de registros analíticos (art. 94). Assim, em decorrrência da lei, fica o Município obrigado ao levantamento geral dos bens móveis e imóveis (art. 96), devendo o balanço patrimonial refletir, anualmente, a real posição dos bens municipais.

O *"inventário"* dos bens é de responsabilidade do órgão encarregado do patrimônio, nele se incluindo os bens referentes à Prefeitura e à Câmara, pois o patrimônio é municipal.

Os bens imóveis devem ser objeto de registro no Cartório respectivo. O *"livro tombo"* deve inventariar todos os bens móveis, os quais precisam ser *"chapeados"*. Os bens de consumo devem ser registrados no almoxarifado. Com esses três elementos se pode conhecer, de plano, os bens que atualmente pertencem ao Município.

Os bens e direitos de valor artístico, estético, histórico, turístico e paisagístico de igual modo merecem a devida atenção e controle.

6.5.2.2. Bens a Serem Atribuídos ao Município

A cada exercício, portanto, o balanço patrimonial do Município deve relacionar os bens que ingressam no seu ativo.

No atinente aos direitos de participação no resultado da exploração de seu solo e subsolo, os quais se inscrevem entre os bens municipais, a Constituição Federal, em seu artigo 20, § 1º, deu tratamento especial ao petróleo, gás natural, recursos hídricos e outros minerais - alguns incluem, nesta disposição, desde a areia e a argila até o ouro e os diamantes -, bem como na *"plataforma continental, mar territorial ou zona econômica exclusiva"*.

Capítulo 7

Os Poderes Administrativos

7.1. DEFINIÇÃO E NATUREZA

O Estado existe para alcançar a realização do bem comum enquanto finalidade da Administração Pública, para tanto é imprescindível que a lei atribua à Administração Pública poderes jurídicos especiais que lhe permitam exercer sua função administrativa e atingir os seus fins. Tais poderes são qualificados como poderes-deveres, no sentido de indicar que a natureza deles é de uso obrigatório, e não de faculdade, pois decorrem da natureza da Administração que é de ser um encargo público. Esses poderes são o Hierárquico, o Disciplinar, o Regulamentar e o Poder de Polícia. Tradicionalmente,[179] também são arrolados como poderes administrativos o Vinculado e o Discricionário, mas em nossa análise optamos em tratá-los como uma qualidade[180] que deverá estar presente nos poderes administrativos conforme a previsão da lei. Essa visualização contemporânea sobre vinculação e discricionariedade será muito útil também no estudo sobre o ato administrativo.

7.2. VINCULAÇÃO E DISCRICIONARIEDADE DOS PODERES

Compreendemos que as qualidades de vinculado ou de discricionários dos poderes administrativos não são absolutos, e sim uma questão de preponderância. O poder administrativo, conforme a sua previsão legal, pode ser instituído como vinculado, quando o modo de se exercer o poder e o ato administrativo decorrente já vêm descritos na lei, ou como discricionário, quando o administrador tem certa liberdade de escolher a oportunidade e a conveniência de exercer ou como exercer o poder e o ato administrativo daí derivado.

---

[179] Nesse sentido, ver: MEIRELLES, *Dir. Adm. Bras.*, ob. cit., 1989, p. 95 a 99.

[180] Nesse sentido, ver: DI PIETRO, *Dir. Adm.*, ob. cit., 1998, p. 74 e 75.

Nesse sentido, GASPARINI descreve a previsão do Poder Vinculado:

"... A lei prescreve se, como e quando deve a Administração Pública agir ou decidir. A vontade da lei só estará satisfeita com esse comportamento, já que não permite à Administração Pública qualquer outro. Esses atos decorrem do exercício de uma atribuição vinculada ou, como prefere boa parte dos autores, do desempenho do Poder Vinculado, em cuja prática a Administração não tem qualquer margem de liberdade. Exemplo dessa atuação encontra-se nas concessões das aposentadorias compulsórias (CF, art. 40, II) e voluntária (CF, art. 40 III). Implementadas as condições - setenta anos de idade, ou, por exemplo, trinta e cinco anos de serviço à Administração Pública só resta outorgar o benefício, no primeiro caso mesmo que não seja solicitada, e no segundo quando solicitada. Assim, vinculação ou atribuição vinculada é a atuação da Administração Pública em que a lei não lhe permite qualquer margem de liberdade para decidir ou agir diante de um caso concreto. Sabe-se que está diante de uma atribuição dessa natureza em razão do enunciado legal, consubstanciado nas expressões: será concedido, será outorgado, ou outra da mesma índole."

Já o Poder Discricionário é caracterizado pelo autor a partir do poder de escolha previsto em lei para exercício da Administração:

"... Assim, cabe à Administração Pública escolher dito comportamento. Essa escolha se faz por critério de conveniência e oportunidade. A hipótese legal incumbe-se de indicar quando é possível essa atuação por meio das expressões: será facultado, poderá o Poder Público, ou outra da mesma natureza. Ante essa competência, a Administração Pública poderá deferir ou não certo pedido feito, que se lhe permite avaliar a solicitação formulada segundo os referidos critérios e o interesse público do momento. Destarte, estará satisfeita a vontade da lei com qualquer decisão e até com a que deferisse o pedido com condições. Esses atos decorrem do exercício da atribuição discricionária ou, como prefere boa parte da doutrina especializada, do desempenho do Poder Discricionário, onde a Administração Pública age com certa dose de liberdade na solução de um caso concreto. ... Pode-se então definir a discricionariedade, ou a atribuição discricionária, como sendo a atuação da Administração Pública em que a lei lhe permite certa margem de liberdade para decidir diante de um caso concreto. Por fim, diga-se que discricionariedade não se confunde com arbitrariedade. Aquela é procedimento legal, não podendo, como ensina Seabra Fagundes, estar acima ou além da lei. Como toda e qualquer atividade administrativa, deve ser exercida com sujeição à lei (RDA, 14:52). Esta, a arbitrária, é atuação ilegal."[181]

Assim, o agente público quando deve atuar fundado em um poder caraterizado como vinculado ou regrado é porque ele está inteiramente preso ao enunciado da lei, em todas as suas especificações[182] as quais não lhe dá margem de escolha, de opções em adotar tal ou qual decisão ou caminho. Existe, por outro lado, um campo na atividade da Administração Pública em que ela pode comportar-se de modo até certo ponto livre ou desvinculado. É a área do chamado poder qualificado como discricionário, que se exerce por motivo de conveniência e de oportunidade. Nessas situações, o agente público pode ser levado a escolher entre dois ou mais critérios a adotar para exercer sua função prevista em lei, tendo em vista o interesse público.

Na atividade administrativa pública, surgem situações em que a Autoridade competente deve optar por uma ou outra dentre as soluções que a lei permite, conforme o que seja mais conveniente e oportuno para a Administração Pública diante do caso concreto, levando em consideração o critério de utilidade da solução adotada para consecução da realização do bem comum. Portanto, o poder discricionário da atividade administrativa não é inteiramente livre, uma vez que se sujeita a limitações impostas pela própria redação do texto legal que autorizou a ação discricionária, subordinada ao princípio da legalidade e aos demais princípios da administração pública, especialmente, aos da razoabilidade, da proporcionalidade, da boa-fé objetiva e da finalidade.

7.3. PODERES HIERÁRQUICO E DISCIPLINAR

Um dos poderes característicos da Administração Pública é o hierárquico, mediante o qual distribuem-se as funções em diferentes níveis da atividade administrativa, da chefia mais alta, cuja atividade principal é o estabelecimento de diretrizes da ação administrativa e governamental, passando por chefias intermediárias até os servidores de maior subordinação, cuja função preponderante é a de executar

---

[181] GASPARINI, Diógenes. *Curso de Direito Administrativo*. São Paulo, Saraiva, 1992, p. 87 e 88.

[182] MEIRELLES (1989), p. 96.

e operacionalizar as decisões e ordens superiores. O Poder hierárquico cria um vínculo de subordinação entre os órgãos superiores e inferiores da função administrativa ou executiva, implicando escalonamento e graduação dos níveis de autoridade e de subordinação. Pelo poder hierárquico há os subordinados e os que subordinam. Trata-se de poder que não é privativo da estrutura do Poder Executivo, havendo também hierarquia nas estruturas administrativas dos Poderes Judiciário e Legislativo, quando esses realizão a função administrativa. Portanto, o correto é afirmar que o Poder Hierárquico é privativo da função administrativa, estando ela sendo exercida por qualquer dos três Poderes do Estado.

Outro poder que dispõe a autoridade administrativa é o Disciplinar, que lhe permite corrigir os atos praticados pelos agentes públicos em desconformidade com o direito e punir os funcionários públicos incidentes em faltas estatutárias em razão do desrespeito aos deveres funcionais desse regime jurídico de pessoal específico.

É o Poder Disciplinar caracterizado como corretivo e interno da administração, que não se confunde com o *jus puniendi* (poder punitivo) do Estado. O poder punitivo do Estado é exercido contra todos os membros da sociedade que desrespeitem as nomas penais incriminadoras, seja pela prática de crime ou de contravenções penais, enquanto o Poder Disciplinar é exercido frente à prática de infrações de serviço, cometidas pelos servidores públicos efetivos o que até também poderá ser objeto do *jus puniendi*.

Observe-se que a relação existente entre o Poder Disciplinar e o Poder Hierárquico implica que toda autoridade que possuir competência disciplinar obrigatoriamente deverá ser um superior hierárquico, agora nem toda autoridade hierárquica terá também o Poder Disciplinar, pois comumente as leis que o instituem o atribuem à chefia mediata, e não à imediata do servidor faltoso.

7.4. PODER REGULAMENTAR

Outro poder da administração pública é o de explicitar as leis ou preencher as suas lacunas, através de regulamentos, regimentos e outros atos normativos, de caráter genérico. É o chamado poder regulamentar da administração, poder em cujo exercício o administrador expede normas gerais destinadas a tornar possível ou mais fácil a execução das leis emanadas da Função Legislativa e suprir as omissões do legislador ou lacunas da legislação, nas matérias da sua competência.

Não se deve confundir o poder regulamentar da função administrativa existente nos três Poderes, com a função normativa que também existe no Poder Executivo, a exemplo das Medidas Provisórias que são editadas pelo Presidente da República com base no art. 62 da CF,[183] e inclusive no Poder Judiciário no que concerne à elaboração dos regimentos internos dos Tribunais. Note-se que a função normativa existente de modo não preponderante nos Poderes Executivo e Judiciário é fruto dos "freios e contrapesos" da Separação dos Poderes.

7.5. O PODER DE POLÍCIA

7.5.1. Introdução

7.5.1.1. O surgimento do poder de polícia

Face ao desempenho de suas funções constitucionais, o Estado é dotado de *"poderes políticos"*, que são exercidos tanto pelo Legislativo, como pelo Judiciário e Executivo, e, de igual forma, de *"poderes administrativos"*, que surgem em decorrência da função de administração, a qual se efetiva em conformidade com exigências do serviço público e dos interesses da Comunidade.

Portanto, enquanto pelos *"poderes políticos"* são identificáveis os Poderes de Estado, exercidos por seus órgãos constitucionais de Governo, os *"administrativos"* difundem-se por toda a Administração e se apresentam como meios de sua atuação. "Aqueles são poderes imanentes e estruturais do Estado; estes são contingentes e instrumentais da administração".[184]

Dentre tais poderes administrativos, destaca-se especialmente, o *"Poder de Polícia Administrativa"*. Exercido sobre todas as atividades e bens afetos ou que possam afetar a coletividade. Nesse aspecto, há competências, exclusivas e concorrentes, nas três esferas estatais, decorrentes da *"descentralização político-administrativa"* do nosso sistema constitucional - Pacto Federativo.

De qualquer modo, "tem competência para policiar a entidade que dispõe do poder de regular a matéria". Assim, os assuntos de interesse nacional ficam sujeitos à regulamentação e ao policiamento da União; as matérias de interesse regional sujeitam-se às normas e

---

[183] DI PIETRO (1994), p. 74-76. A autora sustenta a existência do Poder Normativo da Administração Pública, o que, no nosso ver, é equivocado, pois no âmbito da Administração só podemos falar em regulamento.

[184] MEIRELLES (1998), p. 114.

Manual de
DIREITO ADMINISTRATIVO

109

à polícia estadual; por sua vez, os assuntos de interesse local subordinam-se aos regulamentos edilícios e ao policiamento administrativo municipal.[185]

São exemplificativas as atividades que, simultaneamente, interessam aos três entes públicos, face à extensão do território nacional - a saúde, o trânsito, o transporte, etc. -, quando o poder de regular e de policiar se difunde entre todas as Administrações interessadas, cada uma provendo nos limites de sua competência territorial. Como aponta Hely Lopes Meirelles, a regra "é a exclusividade do policiamento administrativo; a exceção é a concorrência desse policiamento".

Diante dessa linha, é de ser observado que o *"ato de polícia é um simples ato administrativo"*, com suas próprias peculiaridades como se verá oportunamente. Assim sendo, o "ato de polícia subordinar-se ao ordenamento jurídico que rege as demais atividades da Administração, sujeitando-se, inclusive, ao *controle de legalidade* pelo Poder judiciário".

7.5.1.2. Evolução do termo

Odete Medauar esclarece que a palavra *"polícia"* vem do latim *politia* e do grego *politea*. Ligada ao vocábulo *polis*. Significando, na antiguidade, "ordenamento político do Estado ou cidade". Na Idade Média, também era usada no sentido amplo. Sendo que, no século XI, é retirado da noção de polícia o elemento atinente às relações internacionais. Seu exercício é detectado tal como hoje é considerado, no âmbito das comunidades européias e contribuindo para a fixação da raiz nascente da cidade moderna, tais como a licença para construir, alinhamento das construções, fiscalizar profissões na proteção de consumidores e na de polícia sanitária.[186]

As matérias relativas à justiça e à finanças saem do âmbito da *"polícia"*. É a característica já no século XVIII, designando a *"polícia"* a totalidade da atividade pública interna, com a exclusão da justiça e das finanças.

Com o francês DELEMARE e título *"Traité de la police"*, publicado em 1705 e em 1710, são publicados vários repertórios. O momento coincide com o denominado *"Estado de Polícia"* - realizando o Estado intromissão opressiva na vida dos particulares. A partir do que o sentido amplo de *"polícia"* passa a dar lugar à noção de Administração Pública.

---

[185] Idem.

[186] Odete Medauar, *Direito Administrativo Moderno*, RT, 3ª ed., 1999, p. 364.

Então, o sentido de *"polícia"* se restringe, principalmente, sob a influência das idéias da Revolução Francesa, da valorização dos direitos individuais e das concepções de Estado de Direito e Estado Liberal. A *"polícia"* passa a ser vista como uma parte das atividades da Administração Pública, e se destinando a manter a ordem, a tranqüilidade e a salubridade pública. Passa-se, portanto, diante da transformação, a usar o vocábulo *"polícia"* isoladamente para designar essa parte da atividade da Administração. Surge a expressão *"polícia administrativa"* na França, em contraponto à *"polícia judiciária"*.

A expressão *"poder de polícia"*, vigorante no Direito Brasileiro, é a tradução do *police power*. Segundo Caio Tácito, ingressou pela primeira vez na terminologia legal no julgamento da Suprema Corte norte-americana, caso *Brown X Maryland*, de 1827, expressão que significava o poder dos Estados-membros de editar leis limitadoras de direitos, em benefício do interesse público.

No Direito Constitucional Brasileiro, a Constituição de 1821, art. 169, atribui a uma lei a disciplina das funções municipais das Câmaras e a formação de suas posturas policiais. A Lei de 1º outubro de 1818 continha título denominado *"Posturas Municipais"*. Em 1915, Ruy Barbosa, num parecer, utiliza a expressão "poder de polícia". E Aureliano Leal, em 1918, publica *"Polícia e poder de polícia"*. Firmando-se, desta forma, o uso da locação no Direito Pátrio.

7.5.1.3. Crítica e contestação à noção

Odete Medauar observa que, "no século XIX e primórdios do século XX, o poder de polícia era enfocado sob o único prisma de garantir a ordem, a tranqüilidade e a salubridade públicas". Justificando que diante da ampliação das funções estatais, aumentou o campo de atuação do poder de polícia, bem como sua atuação também no campo da ordem econômica e social. Não somente impondo restrições, mas também imposições. Daí o surgimento de "linha doutrinária adversa à preservação da noção de poder de polícia no direito administrativo".[187]

Assim, aponta uma corrente mais suave na troca de título da matéria, tais como: atividade administrativa de limitação, procedimentos ablatórios (Giannini), administração de vigilância. E, mais recentemente: atividade interventora, poder ordenador.

A eliminação da noção de poder de polícia é pregada por outra corrente. Nesta, como maior representante, encontramos o argentino

---

[187] Ob. cit., p. 366.

Manual de
DIREITO ADMINISTRATIVO

Gordillo. Argumenta que, com a ampliação do campo do poder de polícia, perderam-se as características do modelo clássico, tendo em vista sua distribuição por toda atividade estatal, onde se diluiu.

Analisa que, em verdade, essa evolução e expansão decorreu da necessidade e do desenvolvimento geral da vida em sociedade. "Exemplo muito claro está no amplo exercício do poder de polícia no campo da poluição e da proteção do meio ambiente, algo impensável no estágio de desenvolvimento do século XIX e primórdios do século XX". Sendo que o próprio Gordillo, em seu *Tratado de Derecho Administrativo*, tomo II, parte geral, menciona "que essas faculdades de limitar direitos fundamentais, em prol do bem comum, existem; [...] a coação estatal sobre os particulares para a consecução do bem comum continua sendo uma realidade no mundo jurídico".

Prossegue a Autora, observando que o ponto nuclear de quem prega a eliminação da matéria "é a preocupação com um poder de polícia indeterminado, independente de fundamentação legal, baseado no suposto dever geral dos indivíduos ..." a respeito do "*domínio eminente*" do Estado.

Preocupação que perde consistência na solidez da concepção de Estado de Direito, embasado no princípio da legalidade, norteador de toda a administração e na maior valoração dos direitos fundamentais.

Menciona que os próprios autores, pregadores da eliminação, reconhecem essa realidade inquestionável. Tornando, assim, a noção do "*poder de polícia*" a "expressão teórica de um dos modos importantes de atuação administrativa, devendo ser mantida, sobretudo no ordenamento pátrio", como expressa a Constituição Federal de 1988, em seu artigo 145, II; na legislação tributária (CTN, art. 78); na doutrina e na jurisprudência.

7.5.2. Conceito e Classificação

7.5.2.1. Conceito

Retomamos Hely Lopes Meirelles nesse ponto. "*Poder de polícia*" é a faculdade de que dispõe a administração Pública para condicionar e restringir o uso e gozo de bens, atividades e direitos individuais, em benefício da coletividade ou do próprio Estado.[188]

Em decorrência, pode-se afirmar que o "*poder de polícia*" é o mecanismo de frenagem da Administração Pública na contenção de abusos do direito individual. E, através desse mecanismo, contido em toda Administração, o Estado "detém a atividade dos particula-

---

[188] Ob. cit. p. 115.

res que se revelar contrária, nociva ou inconveniente ao bem-estar social, ao desenvolvimento e à segurança nacional".

7.5.2.2. Distinções

Surgem, então, distinções importantes a serem feitas: *"polícia administrativa"* (que aqui está sendo tratada); da *"polícia judiciária"* e da *"polícia de manutenção da ordem pública"*, não abrangentes nestas colocações.

Inicialmente, pode-se dizer que a *"polícia administrativa"* é incidente sobre os *"bens, direitos e atividades"*; de outro lado, as outras duas atuam sobre *"pessoas"*, de forma individualizada ou indiscriminadamente. Como pontifica o Autor uma diferença sob o aspecto orgânico: "A *polícia administrativa* é inerente e se difunde por toda a administração Pública, enquanto as demais são privativas de determinados órgãos (Polícias Civis) ou corporações (Polícias Militares).

Ou, como nos aponta Odete Medauar *"a polícia administrativa ou poder de polícia* restringe o exercício de atividades lícitas, reconhecidas pelo ordenamento como direitos dos particulares, isolados ou em grupos. Diversamente, a *'polícia judiciária'* visa a impedir o exercício de atividade ilícitas, vedadas pelo ordenamento; a polícia judiciária auxilia o Estado e o Poder Judiciário na prevenção e na repressão de delitos; e auxilia o Judiciário no cumprimento de suas sentenças (v. Constituição Federal art. 144, incisos e parágrafos)".[189]

7.5.2.3. Outras classificações

Hely Lopes Meirelles aponta, ainda, a distinção entre *"polícia administrativa geral"* e *"especial"*. A primeira cuida genericamente da segurança, da salubridade e da moralidade públicas. A segunda, de setores específicos da atividade humana, face a bens de interesse coletivos, como a construção, a indústria de alimentos, o comércio de medicamentos, o uso das águas, a exploração de florestas e de minas, para as quais existem restrições próprias e regime jurídico específico.

De igual modo, surge a necessidade da distinção entre o *"poder de polícia originário"* e o *"delegado"*. Aquele nasce com a entidade que o exerce, e este é proveniente de outra, através de transferência legal. O *"originário"* é pleno no seu exercício e consectário, diante do *"delegado"*, que é limitado aos termos da outorga ("delegação"), perante o qual não se compreende a imposição de taxas, já que o poder de tributar é intransferível da entidade estatal que o recebe constitucio-

---

[189] Ob. cit. p. 369.

nalmente. Só a entidade estatal pode taxar e transferir recursos para o "delegado" realizar o policiamento que lhe for atribuído. Porém, na delegação está implícita a faculdade de aplicação de *"sanções"* aos infratores, na forma regulamentada, como atributo de seu exercício.[190]

Transcreve-se a citação de Caio Tácito - "o poder de polícia é, em suma, o conjunto de atribuições concedidas à Administração para disciplinar e restringir em favor do interesse público adequado, direitos e liberdades individuais".

Finalmente, "que todos os publicistas assinalam uniformemente é a faculdade que tem a Administração Pública de ditar e executar medidas restritivas do direito individual em benefício do bem-estar da coletividade e da preservação do próprio Estado. Esse poder é inerente a toda Administração e se reparte entre todas as esferas administrativas da União, dos Estados e dos Municípios". Menciona, também, que essa conceituação doutrinária passou para a legislação brasileira, como se observa no art. 78 do CTN.

7.5.3. Razão e Fundamento

7.5.3.1. Revelação

O *"interesse social"* é a razão preponderante do poder de polícia e na *"supremacia geral"*, exercida pelo Estado em seu território sobre todas as pessoas, bens e atividades, se situa o seu fundamento. Esta supremacia é revelada não só pelos mandamentos constitucionais, mas também pelas normas de ordem pública, "que a cada passo opõem condicionamentos e restrições aos direitos individuais em favor da coletividade incumbindo ao Poder Público o seu policiamento administrativo".[191]

7.5.3.2. Acolhimento na Legislação

É mencionado que encontram-se expressas, na Constituição Federal de 1988, as *limitações às liberdades pessoais* (art. 5º, VI e VIII); ao *direito de propriedade* (art. 5º, XXII e XXIV); ao *exercício de profissões* (art. 5º, XIII); ao *direito de reunião* (art. 5º, XVI); aos *direitos políticos* (art. 15); à *liberdade de comércio* (art. 170 e 173). Identicamente, no Código Civil, onde condicionado é o exercício dos direitos individuais ao seu *"uso normal"*, proibindo o *"abuso"* (art. 160). Além da normalidade do direito de construir, subordinado ao cumprimento

---

[190] Ob. cit., p. 116.

[191] Idem, ibidem.

de regulamentos administrativos se ao direito dos vizinhos (arts. 554, 572 e 578).

Há referência, ainda, a outras Leis, tais como o Código de Águas, o Código de Mineração, o Código Florestal, o Código de Caça e Pesca, do Meio Ambiente, sobre as quais são cominadas restrições, objetivando a proteção dos interesses gerais da Comunidade contra os abusos do direito individual.

Observa, ainda que, a "cada restrição de direito individual - expressa ou implícita em norma legal - corresponde equivalente 'poder de polícia administrativa' à Administração Pública, para torná-la efetiva e fazê-la obedecida. Isto porque esse poder se embasa, como já vimos, no interesse superior da coletividade em relação ao direito do indivíduo que a compõe".

E conclui: "As liberdades admitem limitações e os direitos pedem condicionamento ao bem-estar social. Essas restrições ficam a cargo da polícia administrativa". De qualquer modo, porém, não podem ser anuladas as liberdades públicas ou aniquilados os direitos fundamentais do indivíduo, garantidos na Constituição (direito de propriedade, exercício de profissão ou atividade lícita).

7.5.4. Regime jurídico

Odete Medauar apresenta alguns aspectos importantes do "regime jurídico" do poder de polícia, cuja síntese transcreve-se:[192]

a) é atuação administrativa sujeita ao direito, precipuamente;

b) regida por princípios constitucionais, norteadores da Administração: legalidade, impessoalidade, moralidade, publicidade;

c) atendimento à regra *favor libertatis* ou *pro libertate*, já que o regime de polícia não pode significar proibição geral e absoluta que impeça o exercício efetivo do direito. De igual forma, obriga resolução em favor da liberdade, na dúvida sobre a maior ou menor extensão da medida ou sobre limitativa.

d) autores franceses, espanhóis e alemães empregam o termo "*proporcionalidade*"; autores argentinos e norte-americanos preferem o termo "*razoabilidade*", na afirmação que as medidas de limitação de direitos devam manter congruência com os motivos e fins que os justificam.

e) nem sempre o poder de polícia é decorrente do exercício do poder discricionário. Muitas vezes, a Administração apenas dá cumprimento a dispositivo de lei. Como exemplo, cita o Código de Obras

---

[192] Ob. cit. p. 370.

Manual de
DIREITO ADMINISTRATIVO

e Edificações, onde fiscaliza o seu cumprimento e impõe as respectivas sanções, sem margem de escolha.

f) a limitação deve ser sempre "*motivada*".

g) Menciona José Afonso da Silva (parecer, RDA 132, 1978) para a atenção ao elemento fundamental no exercício do poder de polícia, constante do parágrafo único do art. 78 do CTN: "*o devido processo legal*".

7.5.5. Campo de atuação e limites

É unânime na doutrina que a "*extensão do poder de polícia*", modernamente, é muito amplo. "Abrange desde a proteção à moral e aos bons costumes, a preservação da saúde pública, o controle de publicações, a segurança das construções e dos transporte até a segurança nacional em particular".[193]

Assim, encontram-se nos Estados Modernos as polícias de costumes, sanitária, de construções, das águas, da atmosfera, florestal, de trânsito, dos meios de comunicações e divulgação, das profissões, ambiental, da economia popular e outras tantas atuantes na atividade de particulares. Onde houver interesse relevante coletivo ou do próprio Poder Público, sem dúvida, haverá o poder de polícia administrativa na proteção desses interesses. É a regra ...

Por outro lado, os limites do poder de polícia são "demarcados pelo interesse social em conciliação com os direitos fundamentais do indivíduo assegurados na Constituição da República (art. 5º). Do absolutismo individual evoluímos para o relativismo social. Os Estados Democráticos, como o nosso, inspiram-se nos princípios de liberdade e nos ideais de solidariedade humana. Daí o equilíbrio a ser procurado entre a fruição dos direitos de cada um e os interesses da coletividade, em favor do bem comum. Em nossos dias, predomina a idéia da relatividade dos direitos, porque, como bem adverte Ripert, "o direito do indivíduo não pode ser absoluto, visto que absolutismo é sinônimo de soberania. Não sendo o homem soberano na sociedade, o seu direito é, por conseqüência, simplesmente relativo".[194]

Mais adiante, "Através de restrições impostas às atividades do indivíduo que afetem a coletividade, cada cidadão cede parcelas mínimas de seus direitos à comunidade e o Estado lhe retribui em segurança, ordem, higiene, sossego, moralidade e outros benefícios públicos, propiciadores do conforto individual e do bem-estar geral".

---

[193] Hely Lopes Meirelles, ob. cit. 118.

[194] Idem, ibidem.

Prossegue, ainda, quanto ao *"poder discricionário"*: "Para efetivar essas restrições individuais em favor da coletividade o Estado utiliza-se desse 'poder discricionário' que é o *poder de polícia administrativa*. Esses aspectos são confiados ao prudente critério do administrador público. Mas, se a autoridade ultrapassar o permitido em lei, incidirá em *abuso de poder*, corrigível por via judicial. O ato de polícia, como ato administrativo que é, fica sempre sujeito a invalidação pelo Poder Judiciário, quando praticado com excesso ou desvio de poder".

7.5.6. Atributos do poder de polícia

Cabe ser mencionada a posição tradicional de Hely no sentido de que o poder de polícia administrativa teria atributos específicos e peculiares ao seu exercício e que seriam a *"discricionariedade"*, a *"auto-executoriedade"* e a *"coercibilidade"*.

Entretanto, uma visão mais adequada demonstra que os atributos ou características da coercibilidade e da auto-executoriedade são relativos a todos os atos administrativos como estudaremos no próximo capítulo.

Por outro lado, como já vimos, os atributos da discricionariedade e da vinculação podem estar presentes em qualquer dos Poderes da Administração e conseqüentemente em qualquer tipo de ato administrativo.

Neste caso, temos que a *"discricionariedade'* para a Administração está no direito de escolher, pelos seus critérios de conveniência e oportunidade, em exercer o poder de polícia, seja na aplicação de sanções ou dos meios necessários para atingir o fim colimado que é a proteção do interesse público, respeitando a razoabilidade e a proporcionalidade entre os fins pretendidos e os meios utilizados. Hely[195] cita como exemplo: se a lei possibilita a apreensão de mercadorias deterioradas e sua inutilização pela autoridade sanitária, esta poderá apreender e inutilizar os gêneros imprestáveis à alimentação, a seu juízo, dentro de critérios de razoabilidade. Porém, se a autoridade é incompetente para a prática do ato, ou se o praticou sem prévia comprovação, ou se interditou a venda fora dos casos legais, essa conduta será arbitrária e poderá ser impedida ou invalidada pela Justiça.

Portanto, o ato de polícia, em princípio, é *"discricionário"*, no entanto passará a ser *"vinculado"* se a norma legal estabelecer o modo e a forma de sua realização. Pertine a questão de *"validade"* do ato

---

[195] MEIRELLES, ob. cit., p. 119.

praticado nas condições postas pela lei ou regulamento respectivo. Por fim, não se deve confundir "*discricionariedade*" com "*arbitrariedade*". Pois, como se sabe, o ato discricionário, obedecidos os critérios legais, é legítimo e válido; já o ato "*arbitrário*" é sempre ilegítimo e inválido, conseqüentemente, nulo.

Diogenes Gasparini, por sua vez, diz que a atividade de polícia ora é discricionária, quando a Administração outorga autorização de porte de arma de fogo ("*porte de arma*"), ora é vinculado como ocorre, quando há licenciamento para construção ("*alvará ou licença para construção*"). Assim, "tal atribuição se efetiva por atos administrativos expedidos através do exercício de uma competência às vezes vinculada, às vezes discricionária [...], consoante já decidiu o Tribunal de justiça de São Paulo, ao acentuar que o poder de polícia não é arbitrário ou caprichoso e está sujeito às regras legais ou regulamentares, dentro de cujos limites se exercita (RDA, 111:297). No mesmo sentido veja-se RDA, 113:191. Desse modo, sempre que houver abuso no exercício dessa atividade cabe o controle judicial (RDA, 117.273)".[196]

7.5.7. Formas ou meios de atuação

A polícia administrativa, na sua atuação predominantemente "*preventiva*", age por "*ordens e proibições*", mas, sobretudo, por meio de "*normas limitadoras e sancionadoras*" de conduta ou comportamento na utilização de bens ou no exercício de atividades, pelas "*limitações administrativas*".

Em decorrência, o Poder Público promulga e sanciona leis, e os órgãos executivos editam regulamentos e instruções na fixação das condições e requisitos no uso da propriedade e o exercício de atividades que devam ser policiadas, as quais após as devidas verificações será outorgado o respectivo "*alvará*" de licença ou autorização, seguindo a fiscalização competente.

Como ensina a doutrina, "*alvará*" é o instrumento da licença ou da autorização para a prática do ato. "É o consentimento forma da Administração à pretensão do administrado, quando manifestada na forma legal". O alvará definitivo, portanto vinculante para Administração e diante do direito subjetivo do requerente como é na edificação, consubstancia uma "*licença*". O precário ou discricionário, quando é concedido por liberalidade, sem impedimento legal, como é o porte de arma ou de uso especial de um bem público, expressando uma "*autorização*". "Ambos são meios de atuação do poder de

---

[196] GASPARINI, Diogenes. *Direito Administrativo*, Saraiva, 4ª ed., 1995, p. 112.

polícia, mas com efeitos fundamentalmente diversos". Pois, o *"alvará de autorização"* poderá ser revogado simplesmente, a qualquer tempo, sem indenização. Já o *"alvará de licença"* só admite revogação por interesse público superveniente, justificado e mediante indenização. Ou *"cassação"* face o descumprimento de normas legais na execução; ou *"anulação"* por ilegalidade na expedição. Em todos os casos, exige-se o processo administrativo com defesa do interessado.[197]

Como exemplo de *"licenças"*, podem-se mencionar as licenças de construir, a ambiental, a de localização e a de funcionamento. No referente à *"autorização"*, refere-se ao porte de arma, comércio de fogos, de reunião em logradouros. Como anota Odete Medauar, de regra, são expressas por escrito. Mas, poderá ser de forma implícita, através de comunicação prévia à autoridade, no caso de reunião, sem armas em locais abertos (CF, art. 5º, XVI).

A outra forma de atuação, é a *"fiscalização"* das atividades e bens sujeitos ao controle da Administração. É a verificação da utilização ou da realização em conformidade com o alvará respectivo, diante do projeto de execução, das normas legais e regulamentares pertinentes. Incluindo-se, então, a observação ou vigilância, a inspeção, a vistoria, os exames laboratoriais. O agente fiscalizador poderá então advertir verbalmente o infrator ou lavrar regularmente o *"auto de infração"*, com a consignação da sanção cabível. Devendo se salientar o fechamento do estabelecimento (*"aposição de lacre"*), demolição de obra ou de edificação, apreensão de mercadorias, guinchamento de veículos. Porém, no caso de *"multa"*, como já vimos, sua execução dar-se-á só por via judicial.

Odete Medauar, no atinente às sanções, apresenta sintética classificação:[198]

a) *formais*: cassação de licença, revogação de autorização;

b) *pessoais*: quarentena;

c) *reais*: atuação sobre coisas - apreensão e destruição de gêneros alimentícios deteriorados, apreensão de armas e instrumentos usados na caça e pesca proibidas, guinchamento de veículos;

d) *pecuniárias* - multa única e multa diária;

e) *impedimentos temporários ou definitivos de exercício de atividades*: suspensão de atividades, interdição de atividades, fechamento de estabelecimentos, embargo de obra, demolição de obra e de edificação.

---

[197] Hely Lopes Meirelles, ob. cit., p. 122.

[198] Ob. cit. p. 374.

Manual de
DIREITO ADMINISTRATIVO

7.5.8. Extensão excepcional do poder de polícia

Observa, em sua obra, Odete Medauar que, com "o objetivo de defesa do Estado e das instituições democráticas, a Constituição Federal possibilita a extensão excepcional do poder de polícia, como decorrência da decretação do estado de defesa e do estado de sítio".[199]

No "*estado de defesa*", art. 136, I, CF, possibilitando restrições de direitos de reunião, sigilo de correspondência, de comunicações telegráficas e telefônicas. No "*estado de sítio*", art. 139, III, IV, VI, CF, mais as decorrentes de restrições à liberdade de imprensa, radiodifusão e televisão e restrições à inviolabilidade de domicílio.

E, conforme observa ainda a Autora - nota Araújo Cintra (*Motivo e motivação do ato administrativo*, 1979) - tais atos continuam submetidos ao direito, "*o direito da crise*"; e os direitos fundamentais devem ser respeitados. Pois, a "Constituição Federal usa o vocábulo *restrições* e não abolição; e prevê a formação de Comissão de parlamentares para acompanhar e fiscalizar a execução das medidas (art. 140); prevê, ainda, a responsabilização dos executores e agentes pelos ilícitos cometidos (art. 141)".

7.6. ABUSO DE PODER

7.6.1. Definição

No exercício de qualquer dos poderes administrativos, a Administração Pública está sempre sujeita à lei, cujos limites não lhe é dado ultrapassar. Toda a atividade administrativa é regida pela lei. As manifestações dessa atividade que contrariam a lei são ilegais, portanto o ato exorbitante da lei, ou seja, a atividade administrativa que inicia, aparente ou efetivamente, legal e após transborda a sua previsão, vem a ser chamado genericamente de abuso de poder, que também é uma manifestação ilegal. Desse modo, o abuso do poder em sentido amplo vem a ser aquela ação ou omissão do agente do Poder Público que possui, ao menos inicialmente, contornos de legalidade, efetiva ou aparente, mas que após se verifica ilegal.

A atividade administrativa que se enquadra como abuso de poder distingue-se como modalidade específica de ilegalidade porque, diferentemente do ato simplesmente ilegal que assim já se identifica diretamente, o abuso de poder parte de uma noção inicial de legalidade que somente *a posteriori*, diante do caso concreto, verifica-se

---

[199] Ob. cit. p. 374-375.

(quando a legalidade do ato era aparente) ou torna-se ilegal (quando a legalidade do ato era efetiva, sendo que há três modos como o uso do poder passa da legalidade para ilegalidade os quais seriam as espécies de abuso de poder. Assim, o *abuso do poder* é uma forma de ilegalidade e não seria preciso falar em abuso de poder quando se tem o termo genérico ilegalidade, no qual ele se compreende. Ocorre, porém, que por influência da doutrina francesa, já se firmou, entre nós, a tendência de dar destaque, entre as violações da lei praticadas pelo poder administrativo, aquelas tidas como abusivas pelo seu caráter peculiar de ser uma conduta comissiva ou omissiva que em seu início possui ao menos em parte aspectos de legalidade, mas que geram um grande potencial ofensivo aos direitos do cidadão, seja pelo excesso de poder, pelo desvio de finalidade, pela execução abusiva ou ainda pela omissão administrativa.

7.6.2. Desvio de finalidade

O abuso de poder por desvio de finalidade verifica-se quando a autoridade competente para determinado ato o pratica para alcançar fim diverso do interesse público específico. Desse modo, o ato que resulta do Poder exercido com desvio de finalidade é inteiramente ilegal. Assim, pode haver desvio de finalidade quando o administrador realiza o ato no intuito de atingir interesse particular ou ainda para alcançar interesse público específico diverso do instituído por lei para o exercício desse determinado poder. No primeiro caso, exemplo clássico é o da autoridade competente que, para realizar desapropriação, o faz com o fito de punir seu desafeto político ou para construir determinado equipamento público visando a valorizar imóvel de sua propriedade. Nesse caso o desvio chama-se de *geral*, pois o interesse em mira deixa a esfera do público e passa para o privado. Na segunda hipótese, podemos dar como exemplo quando a Administração realiza a fiscalização do trânsito com o nítido interesse público de aumentar a receita pública, quando a lei que institui esse Poder de Polícia Administrativo no sentido de regular o tráfego, prevenindo a ocorrência de lesões materiais e pessoais, em cujo contexto a multa deve ter caráter pedagógico.

7.6.3. Excesso de poder

O abuso de poder por excesso de poder verifica-se quando a autoridade competente pratica o ato além da autorização legal. Desse modo, somente parte do ato será ilegal. A parte do ato que se manteve no âmbito da autorização legal somente será viciada se possuir uma interdependência com a parcela abusiva que lhe impos-

Manual de
DIREITO ADMINISTRATIVO

121

sibilite a existência e eficácia independente. Caso contrário, a parcela do ato realizada dentro da competência legal permanecerá válida, reputando-se o excesso de poder como não-escrito. Típico exemplo de excesso de poder ocorre quando a Administração firma uma permissão para qual está autorizada por lei, mas prevendo cláusula de exclusividade não prevista em lei. O excesso praticado pela Administração ao prever a cláusula da exclusividade, que é nula, não invalidada a outorga da permissão.

7.6.4. Excesso de execução (ou abuso de poder em sentido estrito)

O abuso de poder por excesso de execução verifica-se quando o ato foi praticado dentro da legalidade, mas no momento de materialização desse ato ocorre um excesso que transborda a previsão do próprio ato administrativo. Assim, a ilegalidade verifica-se na fase de execução, do ato no que diz respeito aos aspectos de concretização do ato. Nesta hipótese, o abuso de poder não é do ato, mas de sua execução o que normalmente implica que a autoridade competente para o ato é uma e o agente que pratica o abuso de poder é outro, sendo que esse excesso de execução não vicia o ato, mas possibilita a indenização por perdas e danos. Para parte da doutrina,[200] o verdadeiro abuso de poder é o previsto nesta hipótese, o que implica não admitir o abuso de poder por omissão. O ato que declara de utilidade pública um imóvel para fins expropriatórios (que se faz por decreto do Chefe do Executivo) autoriza que a Administração penetre no imóvel, que ainda integra o domínio de seu proprietário, para o fim, por exemplo, de desenvolver estudos preliminares, podendo inclusive socorrer-se do auxílio da força policial em caso de oposição. Os agentes da administração que irão materializar o ato são distintos da autoridade que o prolatou e caso esses venham a executar o ato sem as cautelas devidas e acabem se excedendo, caracterizado estará o abuso de poder da espécie e que jamais implicará a nulidade do ato expropriatório, mas ensejará a indenização por perdas e danos (art. 7º do Decreto-Lei nº 3.365/41).

7.6.5. Omissão administrativa

A falta ou retardamento da prática do ato administrativo também caracteriza abuso de poder por parte da autoridade competente da Administração, ensejando tanto a indenização sempre que o interessado no ato demonstre o prejuízo que o atraso ou ausência causou, como em certas hipóteses até a correção judicial substituindo

---

[200] GASPARINI (1995), p. 56-57.

o comportamento omisso da Administração pela ordem judicial nas hipóteses em que a lei que prevê a prática do ato estabelece um prazo ou ainda permite o estabelecimento de um critério judicial para definir um prazo razoável.[201]

7.6.6. Defesa contra o abuso de poder

A autoridade administrativa, dentro dessa concepção, age abusivamente quando procura objetivos outros que não o interesse público especificado em lei ou ainda fora do interesse público como os que se descobrem nos atos de mero favorecimento ou perseguição pessoal. Age abusivamente também quando atua além da sua competência funcional ou executa o ato legal com excesso, bem como quando deixa de praticar o ato em tempo oportuno.

O abuso de poder, como forma de ofensa à lei, destacado do conceito genérico de ilegalidade, é referido pelo texto constitucional em seu art. 5º, quando estabelece as garantias formais (remédios constitucionais) do *habeas corpus* (inciso LXVIII), do mandado de segurança (inciso LXIX) e do direito de representação e de petição (inciso XXXIV, alínea *a*) aos poderes públicos, em defesa de direitos ou contra ilegalidade ou abusos de poder. Porém, o fato de ser o abuso de poder citado expressamente nestes dispositivos não significa que esses sejam os únicos mecanismos de defesa da cidadania contra o abuso de poder, já que tal concepção é inerente ao próprio direito, devem-se utilizar, além da ação indenizatória, todos os demais remédios constitucionais, cada um em seu espectro, a saber, mandado de segurança coletivo (art. 5º, LXX), mandado de injunção (art. 5º, LXXI), *habeas data* (art. 5º, LXXII), ação popular (art. 5º, LXXIII) e ação civil pública (art. 129,III).

---

[201] Nesse sentido: TÁCITO, Cáio. *O Abuso de Poder Administrativo no Brasil*. São Paulo, 1959, p. 11. FAGUNDES, Seabra. *Responsabilidade do Estado - Indenização por retardada decisão administrativa*, RDP 57, p. 7. MEIRELLES (1998), p. 99-100.

Capítulo 8

O Ato Administrativo

8.1. FATOS E ATOS DA ADMINISTRAÇÃO PÚBLICA

Os fatos jurídicos são aqueles que para o perfeito preenchimento do suporte fático da norma basta a ocorrência de determinado evento da natureza independentemente da ação e vontade do homem, portanto fato administrativo será aquele decorrente de um evento da natureza que por si só completará a previsão abstrata da norma de direito administrativo, a exemplo do que ocorre com a incidência de uma norma de prescrição administrativa pela só passagem do tempo ou a vacância do cargo público pelo falecimento de servidor público.

Já o conceito de ato administrativo seria toda manifestação da vontade do Estado, por seus representantes, no exercício regular de suas funções, ou por qualquer pessoa que detenha nas mãos fração de poder reconhecido pelo Estado, que tem por finalidade imediata criar, reconhecer, modificar, resguardar ou extinguir direitos e obrigações sob o regime jurídico-administrativo.[202] Tipicamente é considerado ato administrativo aquele manifestado unilateralmente, contudo é aceita também a designação de ato administrativo bilateral, que são os contratos administrativos os quais também possuem os mesmos atributos e requisitos que passaremos a estudar, acrescidos de uma complexidade jurídica própria e regulados em legislação específica.[203]

Nem todos os atos praticados pela Administração Pública serão administrativos, pois esta também se utiliza do Direito Privado, quando realiza um contrato de locação de um bem particular, sendo o Poder Público o inquilino, ou num contrato trabalhista regido pela CLT em que a Administração é o Empregador. Nestas hipóteses temos atos da Administração, mas não administrativos.

---

[202] Nesse sentido, ver: Hely, *Dir. Adm. Bras.*, ob. cit., 1989, p. 126.

[203] Ver Capítulo 10.

8.2. ELEMENTOS DO ATO ADMINISTRATIVO

8.2.1. Definições

Como modalidade de ato jurídico, o ato administrativo deve apresentar, como requisitos de validade, o agente capaz, o objeto lícito e a forma prescrita ou não proibida em lei os quais ganham aspectos peculiares do Direito Administrativo. A esses, somam-se mais dois requisitos próprios da Administração Pública, que são os motivos e a finalidade.

Os chamados elementos do ato administrativo constituem verdadeiros requisitos, dos quais dependem a validade do ato administrativo, o que pode ser confirmado em nosso direito positivo pela norma que se retira da interpretação *contrario sensu* do parágrafo único do art. 2º da Lei Federal nº 4.717/65 (Ação Popular). São eles: Competência, Forma, Objeto, Motivação e Finalidade.

Na verdade, esses são elementos essenciais do ato administrativo enquanto requisitos de validade, mas ao lado deles identificamos os elementos acidentais que não são requisitos de validade, mas condições para a eficácia do ato, conforme reconhecido pelo direito comparado,[204] a saber, termo, condição e modo ou encargo. Tais elementos acidentais são comuns a todos os atos jurídicos e são conhecidos como modalidades do ato. O termo é o evento futuro e certo da realização do qual depende a eficácia da declaração de vontade da Administração. A condição é o evento futuro e incerto da realização do qual depende a eficácia da declaração de vontade da Administração. O modo ou encargo é a obrigação a que sujeita o beneficiário do ato administrativo e de que depende a eficácia do referido ato.

8.2.1.1. Competência ou Sujeito

O ato jurídico para ser válido exige a capacidade do agente. O ato administrativo exige, além disso, que haja poder funcional (dado por lei e por ela limitado) para praticá-lo. Desse modo, o presente requisito significa a atribuição legal de poderes que autorizam a realização do ato por determinado agente público. Para a exata verificação dos contornos e limites da competência do sujeito, também se devem levar em consideração as atribuições institucionais do órgão ou ente público em que está inserido. Daí que para nós esse requisito comporta dois aspectos, a saber, a competência institucio-

---

[204] LANDI, POTENZA e ITALIA, *Manuale di Diritto Amministrativo*, Milão, Giuffrè, 1999, p. 202-204.

nal (ampla) que é verificada pelas atribuições do órgão (Advocacia-Geral, Ministério, Secretária, Setor, etc.), do ente (União, Município, Autarquia, Sociedade de Economia Mista, etc.) ou do Poder (Executivo, Legislativo e Judiciário) públicos e a competência funcional (específica) que é a do agente público conforme seu cargo, emprego ou função públicos.

8.2.1.2. Forma

É o modo, a solenidade, o revestimento previsto em lei que materializa o ato administrativo que, em regra, deve ser escrito. Porém, verificamos que a lei permite em muitos casos atos orais como as ordens diárias e comuns das chefias, atos-símbolos, como os comandos de trânsito, seja através de mímicas, placas ou eletromecânicos (semáforos), atos eletrônicos através dos processos informatizados.

8.2.1.3. Objeto e Conteúdo

O objeto é tradicionalmente tido pela doutrina brasileira como o elemento do ato administrativo que indica o seu conteúdo. Na verdade, o objeto é a coisa, a atividade ou a relação sobre a qual o conteúdo do ato declara, constitui, condena, ordena ou executa, portanto esse elemento significa sobre o que vai recair a vontade pré-ordenada da Administração,[205] enquanto o conteúdo é o comando do ato, ou seja, essa vontade pré-ordenada. Assim, o conteúdo do ato pode ser de criação, modificação, certificação, opinião, punição, aquisição, resguardo, transferência, modificação, extinção, etc. Portanto, o que é considerado no Direito nacional como um requisito comporta na verdade dois, a saber, objeto e conteúdo.[206]

8.2.1.4. Motivação

Esse elemento constitui-se nas razões e fundamentos de fato e de direito que autorizam a prática do ato. Estando a Administração vinculada à lei positivamente, esta somente pode agir quando expressamente autorizada pelo ordenamento jurídico. Para tanto, a autoridade competente para a prática de determinado ato deverá sempre motivá-lo.

---

[205] Peço vênia para discordar de alguns autores que confundem objeto com objetivo (CARVALHO FILHO, ob. cit., p. 70) e definem o conteúdo como sendo "aquilo para que o ato se preordena ou se destina" (GASPARINI, ob. cit., p. 67). Para nós, essa é a definição da finalidade específica do ato.

[206] Nesse sentido: ZANOBINE, *Corso di diritto amministrativo*, 8ª ed., Milão, 1958, p. 247; LANDI, POTENZA e ITALIA, *Manuale di Diritto Amministrativo*, Milão, Giuffrè, 1999, p. 200-201.

8.2.1.5. Finalidade

Esse elemento deve ser visto sob dois aspectos. Um é geral, que está ligado ao próprio fim da Administração Pública, ou seja, a realização do bem comum. O outro é um objetivo específico do ato previsto pela lei, que é aquele para o qual o ato foi realizado, isto é, a finalidade enquanto elemento específico do ato administrativo trata-se daquilo para o qual a vontade pré-ordenada da Administração se destina. Nesse sentido, o ato administrativo só pode ter como fim o interesse público, seja no sentido amplo ou específico, determinado pela lei. A mudança de finalidade caracteriza desvio de poder, que invalida o ato administrativo por abuso de poder.

8.2.2. Vinculação e Discricionariedade

Cabe o exame, nesse momento, das qualidades da vinculação e discricionariedade sob o enfoque de cada um dos elementos do ato administrativo. Assim, é importante observar as características de vinculação ou de discricionariedade inicialmente quanto aos elementos essenciais do ato administrativo conforme as diferentes concepções.

Em uma visão tradicional, temos uma análise estática que conclui o seguinte: competência, forma e finalidade são sempre elementos vinculados do ato administrativo, na medida em que a autoridade competente e o *modus operandi* necessitam ser sempre estabelecidos por lei, bem como a finalidade deverá ser sempre a mesma, qual seja, a realização do bem comum (interesse público em geral), enquanto os requisitos do objeto e dos motivos serão sempre os únicos que poderão ser vinculados ou discricionários.

O objeto é o elemento do ato administrativo que indica sobre o que recai a vontade do ato. Assim, a lei pode determinar à Administração que a prática de determinado ato incidirá necessariamente sobre aquela coisa, atividade ou relação que vem especificado na lei. Doutro modo, pode a lei dar opção para que a autoridade competente exerça o seu poder de escolha para fixar qual será o objeto que incidirá o comando do ato. Da mesma maneira, a lei, por vezes, estabelece previamente qual o conteúdo ou comando obrigatório de um determinado ato, sendo aí vinculado, outras vezes deixa a lei margem para escolha do administrador qual será esse conteúdo ou comando, sendo portanto discricionário.

Em relação ao requisito motivação, também podem ocorrer duas hipóteses: a lei prevê que determinado ato somente pode ser praticado se ocorrida uma específica situação jurídica ou de fato (motivo) ou, então, deixa ao administrador escolher entre duas al-

Manual de
DIREITO ADMINISTRATIVO

ternativas ou mais (evidentemente não contrárias à lei), cabendo assim à Administração determinar quais as razões de fato ou de direito para a prática do ato. No primeiro caso, o motivo é vinculado, e, no segundo, é discricionário.

Já pelo entendimento mais atual, verifica-se que de um modo geral, todos os atos administrativos são parcialmente vinculados e parcialmente discricionários. O que não se admite é o ato arbitrário, ou seja, o ato alheio à lei e ao interesse público, em que se percebe não a vontade da Administração, mas a vontade pessoal e exorbitante de um determinado agente. Ao examinarmos as várias classificações dos atos administrativos, veremos que podem ser agrupados em *vinculados* e *discricionários*, em razão da menor ou maior liberdade, respectivamente, que tem a Administração Pública para agir e decidir.

Tal concepção cada vez tem ganho mais força na doutrina e na jurisprudência. Porém, a questão ainda é polêmica quanto à identificação de qual vem a ser o aspecto mínimo de vinculação do ato administrativo que nem mesmo a lei pode deixar de prever sob pena de inconstitucional. Pelo entendimento clássico de Meirelles,[207] seria a competência, a forma e a finalidade.

Podemos identificar um avanço nessa posição que já passa admitir que a lei estabeleça a discricionariedade administrativa em outros elementos além do objeto e motivos, como a forma, pela visão de Gasparini. Assim, mesmo não concordando integralmente com a lição do autor, vamos analisá-la especialmente para contraditá-lo no que se refere à visão estática sobre o mínimo de vinculação que deve prever a lei para o ato administrativo. Entende Gasparini que este mínimo é a finalidade e a competência. Então, vejamos:

"... Vinculados são os atos administrativos praticados conforme o único comportamento que a lei prescreve à Administração Pública. ... Embora seja assim, sabe-se que não há ato totalmente vinculado. Em algum de seus aspectos, como, por exemplo, em relação ao momento de sua edição, o ato pode ser discricionário. Discricionários são os atos administrativos praticados pela Administração Pública conforme um dos comportamentos que a lei prescreve. ... Apesar disso, alerte-se que não há ato inteiramente discricionário, dado que todo ato administrativo está vinculado, amarrado à lei, pelo menos no que respeita ao fim (este sempre há de ser público) e à competência (o sujeito competente para praticá-lo é o indicado em lei). São dessa espécie de ato a autori-

---

[207] MEIRELLES, Hely Lopes (1998), p. 133-137.

zação para o porte de arma e a permissão para o uso de bem público. Se o interessado as solicitar, a Administração Pública pode ou não deferi-las, visto que a lei não lhe impõe, como comportamento único, o deferimento da solicitação. Ao contrário disso, faculta-lhe o exame do mérito do pedido."[208]

Mas, na verdade, somente em parte esses elementos essenciais, competência e finalidade, serão sempre vinculados, pois, como veremos, podem ser discricionários, porque muitas vezes a lei assim o estabelece, a finalidade específica dentro do fim público em geral e a autoridade competente específica dentro do ente ou órgão público competente previsto em lei. Logo, para nós, o mínimo de vinculação que a lei deve prever para o ato é o interesse público em geral como finalidade e a atribuição para prática do ato a um poder, ente ou órgão público como competência institucional.

Podemos citar como expoente da doutrina nacional para tal compreensão, ao menos em parte, a monografia de Di Pietro[209] a qual identifica que além do objeto e motivos também a forma e a finalidade, enquanto elementos essenciais do ato, podem ser tanto vinculados como discricionários. Para a autora, portanto, o mínimo de vinculação do ato seria sempre a competência e a finalidade geral do ato.

Assim, finalidade é outro elemento tradicionalmente visto como vinculado porque visualizado no seu sentido geral, porém ao identificarmos esse elemento no aspecto específico verificamos que a lei pode instituir o poder ou ato a ser praticado dando uma margem para o administrador optar por qual finalidade imediata (específica) será atendida, desde que esta esteja sempre abrangida pela finalidade mediata (geral).

Por esta mesma lógica concluímos que a competência também tem dois aspectos, um amplo, no sentido de estar ligado à atribuição institucional (do Poder, do Ente ou do Órgão Públicos) e outra específica, no sentido de estar ligada à atribuição funcional (do Agente Público).

8.2.3. Mérito Administrativo

O mérito administrativo é aquele concernente ao juízo de oportunidade, conveniência, utilidade, necessidade e de eficiência que só à Administração compete fazê-lo, não podendo o Poder Judiciário

---

[208] GASPARINI, Diógenes. *Curso de Direito Administrativo*. São Paulo, Saraiva, 1992, p. 87 e 88.

[209] DI PIETRO, Maria Sylvia Zanella. *Discricionariedade Administrativa na Constituição de 1988*. São Paulo, Atlas, 1991, p. 51-56.

substituí-lo, mas tão-somente anulá-lo por ilegalidade. Esse mérito haverá em todo exercício da discricionariedade administrativa em que a lei prevê um espaço de valoração e escolha para a Administração decidir.

Pela visão tradicional, o mérito administrativo fica adstrito ao juízo de oportunidade e conveniência que define o objeto e os motivos do ato administrativo discricionário. Portanto, a diferença de posicionamento quanto à abrangência do mérito administrativo na verdade não está ligada a sua definição ou efeitos, mas sim à identificação da abrangência que a lei possa dar à discricionariedade nos elementos do ato administrativo. Tanto é assim que podemos reproduzir a lição de Hely[210] quanto às conseqüências do mérito administrativo em relação ao seu exame jurisdicional a qual é aceita por todos:

> "O que convém reter é que o *mérito administrativo* tem sentido próprio e diverso do *mérito processual* e só abrange os elementos não vinculados do ato da Administração, ou seja, aqueles que admitem uma valoração da eficiência, oportunidade, conveniência e justiça. No mais, ainda que se trate de poder discricionário da Administração, o ato pode ser revisto e anulado pelo Judiciário, desde que, sob o rótulo de mérito administrativo, se aninhe qualquer ilegalidade resultante de abuso ou desvio de poder."

Destaque-se, contudo, como fundamental, a diferença de concepção atual do que vem a ser legalidade que nesse contexto é sinônimo de sistema jurídico, o que implica dever o mérito administrativo, assim como o exercício da discricionariedade administrativa, respeito a todos os princípios, os quais fazem parte do exame da legalidade, especialmente quanto à razoabilidade, à proporcionalidade e à boa-fé objetiva.

Agora, respeitados os princípios pela Administração, não compete ao Judiciário realizar outro juízo de conveniência e oportunidade substituindo-se ao administrador, sob pena de desrespeito ao Princípio da Separação dos Poderes (art. 2º da CF). Exemplo peculiar desse entendimento manifesta-se no exame que o Poder Judiciário realiza em matéria de Concurso Público, afirmando o Supremo Tribunal Federal que somente compete ao Judiciário a análise da legalidade do procedimento, não podendo o juiz substituir-se à banca examinadora para realizar outra valoração sobre os critérios de correção seja de prova subjetiva ou objetiva.[211]

---

[210] MEIRELLES, Hely Lopes, ob. cit., p. 136.

[211] RTJ 104/993 e 137/194; RE 140.242-DF, DJU de 21.11.97; RE 268.244-CE, DJU.

8.3. ATRIBUTOS OU CARACTERÍSTICAS

Os chamados atributos ou características do ato administrativo são qualidades que devem ser estudadas ora no plano de validade, ora no plano dos efeitos dos atos jurídicos.

8.3.1. Presunção de Legalidade, Legitimidade ou Veracidade

Os atos do poder administrativo desfrutam de uma legitimidade, que os diferem dos atos individuais. Todo ato administrativo presume-se legítimo, mesmo porque não se poderia conceber, a *priori*, que a administração, como função estatal, agisse ilegitimamente. Mas essa presunção de legitimidade, conferida aos atos da administração, não é absoluta (*juri et de jure*). É, ao contrário, presunção relativa, ou *juris tantum*, presunção que pode ser afastada ou destruída por prova contrária. Desde que se prove que a Administração agiu ilegalmente, ou ilegitimamente, o seu ato não poderá prevalecer. A presunção de legitimidade terá sido revertida e superada pela constatação posterior da ilegitimidade do comportamento administrativo.

8.3.2. Obrigatoriedade, Imperatividade ou Coercibilidade

Os atos administrativos, substancial ou materialmente considerados, se caracterizam pela sua coercibilidade, que resulta de sua natureza imperativa e da possibilidade de serem executados compulsoriamente pela própria administração.

Com efeito, a administração pública exerce um poder superior de mando, ou de império, que deriva da sua posição de domínio sobre os indivíduos. Não há igualdade jurídica senão entre os indivíduos. Entre esses e o poder administrativo não existe essa igualdade, colocada como se acha a administração em plano superior à coletividade humana, cujos interesses lhe compete gerir. Em tais condições, os atos da administração não podem ficar, como acontece com os atos individuais, na dependência da intervenção do Poder Judiciário para serem executados e produzirem na prática os seus efeitos. Os atos da administração, como atos de mando, ou de império, são atos coercitivos ou imperativos e dispõem de força executória própria. Essa força executória, entretanto, só diz respeito aos atos que impõem obrigações de fazer, deixando de existir quando se trata de atos dos quais resulte, para o indivíduo, a obrigação de dar, como aquela cujo objeto será o pagamento de determinada soma de dinheiro. Nessa hipótese, como ocorre com a cobrança de tributos, é indispensável a intervenção do Poder Judiciário.

Dessa forma, vamos exemplificar o atributo da imperatividade do ato administrativo no exercício do Poder de Polícia. Essa obrigatoriedade é "a imposição coativa das medidas adotadas pela Administração".[212] Todo ato de polícia é coativo. Não há ato de polícia facultativo para o particular, pois é a própria Administração que decide e executa as medidas de força necessárias. Justifica, inclusive, o emprego de força física, se houver oposição do infrator, porém, não autoriza a violência desnecessária ou desproporcional a essa resistência. No caso, pode caracterizar o excesso de poder ou o abuso de autoridade, que nulificam o ato praticado. Estas podem provocar ações civis e criminais de reparação do dano e punir os culpados.

8.3.3. Executoriedade ou Auto-Executoriedade

Outra conseqüência dos atos jurídicos é a sua eficácia, quando idôneos ou aptos à produção dos efeitos a que se destinam. Os atos administrativos, uma vez percorridos regularmente os trâmites a que estejam submetidos, ou observadas as normas que os regulamentam, serão atos eficazes, aptos para produzir as suas conseqüências jurídicas próprias. Se, porém, dependerem, para serem executados, de certas condições, ou termos, com a decorrência de fatos, os atos administrativos, conquanto eficazes, não serão ainda exeqüíveis, característica que os atos administrativos também possuem quando perfeitos, isto é, quando independentes de qualquer condição ou termo para que possam ser postos em execução.

A exeqüibilidade, isto é, a possibilidade imediata, é pois, também uma característica dos atos administrativos, característica que, como se viu, não se confunde com a eficácia, embora possa com esta coincidir, nem com a executoriedade, própria dos atos que impõem aos particulares obrigações de fazer ou não fazer.

Assim, a auto-executoriedade é "a faculdade de a Administração decidir e executar diretamente sua decisão por seus próprios meios, sem intervenção do Judiciário".[213] A Administração, por exemplo, no exercício do Poder de Polícia, impõe diretamente as medidas ou sanções necessárias à contenção da atividade anti-social que objetiva obstar. Não há como condicionar os atos de polícia a aprovação prévia. Se atingir a direitos individuais, o prejudicado deverá reclamar, pela via adequada. Veja-se o exemplo citado: se a Prefeitura encontrar um edificação irregular ou de iminente perigo à coletividade, é-lhe facultado embargar a obra e promover sua de-

---

[212] MEIRELLES, ob. cit. p. 121.

[213] Idem, p. 120.

molição diretamente por determinação própria. Posição que conta com o respaldo em decisão do STF (RF 124/438) , bem como nos arts. 287, 934 e 936 do CPC, pois, é sabido que o *"pedido cominatório"* é simples faculdade.

De igual forma, não se deve confundir *"auto-executoriedade"* das sanções de polícia com *"punição sumária e sem defesa"*. Já que estas últimas só podem ser aplicadas (nos casos de interdição de atividade, apreensão ou destruição de coisas) quando urgentes e que ponham em risco a segurança ou a saúde pública ou quando em infração instantânea for surpreendida em *"flagrância"*, através do respectivo *"auto de infração"* regular. Nos demais casos, há exigência de processo administrativo com plena defesa do acusado, na validação da sanção. As multas e demais prestações de ordem pecuniárias devidas só podem ser executadas judicialmente.

8.3.4. Tipicidade

Di Pietro prevê esse atributo como sendo aquele que exige que "o ato administrativo deve corresponder a figuras definidas previamente pela lei como aptas a produzir determinados resultados."[214] A ampla maioria da doutrina não aponta a chamada tipicidade como característica do ato administrativo, pois o conteúdo que este atributo vem destacar nada mais é do que o respeito ao Princípio da Estrita Legalidade a que a Administração Pública está submetida, distintamente do que nas relações jurídicas privadas. Contudo, entendemos que destacar essa característica cumpre um importante papel científico e didático para explicitar a distinção na produção de um ato administrativo de um ato privado.

Estando o Ente Público sujeito à vinculação positiva do Direito, o ato que este venha a praticar sob o regime jurídico-administrativo terá ao menos o seu contorno básico previsto em lei a qual poderá prever o espaço e o limite para conformação discricionária do ato administrativo seja unilateral ou bilitateral (contratos). Assim, não podemos concordar com o posicionamento da autora citada quando distingue a presença desse atributo que somente estaria presente para os atos administrativos unilaterais, mas não existiria para os contratos administrativos.

O fato de a Administração não poder impor o seu contrato ao particular que sempre terá a autonomia de vontade de não contratar com o Poder Público não afeta a presente característica que, como a própria autora frisa, é conseqüência de Princípio fundante de toda a

---

[214] *Dir. Adm.*, ob. cit., 1994, p. 167.

Administração Pública (a Legalidade). Por outro lado, a possibilidade de a lei permitir que a Administração convencione com o particular um contrato inominado que melhor atenda ao interesse público não é prova da não-tipicidade, pois a prática deste contrato administrativo terá uma série de elementos impositivos ao particular que a lei não permite a transação, nos termos da Lei 8.666/93, já para outros a lei deixa margem de opção ao administrador para convencionar com os interessados em contratar com o Poder Público.

8.4. CLASSIFICAÇÃO

Os atos administrativos de modo geral podem ser classificados a partir de diversos critérios os quais não são uniformemente tratados pela doutrina nacional e estrangeira. Para nós, os mais relevantes são aquelas classificações conforme: o regime jurídico ou prerrogativas; a composição da vontade; a declaração de vontade; o poder de ação; a estrutura, os destinatários, os efeitos sobre os destinatários, a abrangência dos efeitos, a natureza dos efeitos.

Quanto às *prerrogativas ou regime jurídico do ato*, classificamos em *Atos Administrativos* e *Atos Privados da Administração Pública*. Na primeira modalidade, temos os tradicionais atos de império ou de autoridade e os benefícios que se constituem nos serviços públicos, ou seja, todos os atos que a Administração Pública pratica sob o regime de direito público e com as prerrogativas que lhe são inerentes. Na segunda, temos os tradicionais atos de gestão nos quais a Administração atua em situação de igualdade com o particular, significando na atualidade aqueles atos praticados pela Administração sob o regime jurídico de direito privado.

Em face da *composição da vontade geradora do ato*, aparecem como *Simples*, quando decorrem da declaração de vontade única, seja por manifestação monocrática ou colegiada, de agente, órgão ou ente público, tal como acontece com a nomeação de um servidor ou a aprovação anual das contas por um Conselho da Administração; *Compostos*, quando decorrem da declaração de vontade, seja por manifestação monocrática ou colegiada, de dois ou mais agentes, órgãos ou entes, cujas vontades se fundem para compor um único ato, sendo vontades homogêneas na medida em que há identidade de conteúdo e de fins, mesmo que uma das vontades seja subordinada a outra, havendo portanto apenas uma vontade autônoma, a exemplo do que ocorre com a ratificação proferida por autoridade superior como condição de eficácia seja da inexigibilidade ou de vários casos de dispensa de licitação autorizadas, nos termos do art. 26 da Lei 8.666/93 ou o decreto formado pela fusão das vontades do Presidente da República e do Ministro de Estado da pasta correspondente em que ambos assinam; e *Complexos*, quando decorrem da declaração de vontade, seja por manifestação monocrática ou colegiada, de dois ou mais agentes, órgãos ou entes, em que cada uma das vontades são heterogêneas e autônomas, havendo um conteúdo próprio para cada manifestação, como se dá para investidura de Ministro do Supremo Tribunal Federal cuja indicação do Presidente da República será aferida pelo Senado Federal e após nomeado pelo Presidente da República nos termos do art. 101, parágrafo único, da CF.

Quanto à *declaração de vontade* que é necessária para a formação do ato administrativo, são *Unilaterais* aqueles em que basta a declaração jurídica de uma só parte para a sua perfectibilização, mesmo que sujeitos a um pedido prévio ou aceitação posterior, sendo exemplos demissão, exoneração, nomeação, licença, autorização, outorga de prêmio, enquanto os *Bilaterais* são aqueles que dependem de um acordo de vontades entre as partes para sua consecussão, tal como ocorre com os contratos, concessões.

Levando em consideração o *poder de ação* reconhecido ao agente, órgão ou ente público, surgem os atos administrativos tipificados como *Vinculados* ou *Discricionários*. Vinculados são aqueles cujos elementos do ato vêm em sua totalidade estabelecidos na disposição normativa primária, cumprindo a quem os pratica simplesmente executá-lo. Discricionários são aqueles atos cuja previsão legal reconhece ao menos em parte certa liberdade de ação para sua prática, podendo recair sobre um ou mais elementos do ato, inclusive para realizá-lo ou não, conforme o juízo de oportunidade, utilidade e conveniência administrativas, respeitada a previsão legal mínima.[215]

Quanto à *aplicação ou estrutura do ato*, dividem-se em *Concretos*, que visam a um único e específico caso, aplicando-se uma vez o ato, e *Abstratos*, que visam a prever hipótese para indeterminados números de casos, aplicando-se reiteradas vezes o ato.

Em relação aos *destinatários dos atos*, podem ser *Individuais*, que são aqueles dirigidos a sujeito(s) especificamente determinado(s), como ocorre com a nomeação ou a exoneração de vários servidores em uma única lista, ou *Gerais*, que são aqueles dirigidos a sujeitos indeterminados incluídos em grupo determinável de pessoas em razão de alguma situação comum, tal como um edital de concurso público ou de licitação (ato geral e concreto), bem como um regula-

---

[215] Ver itens 8.2.2 e 8.2.3.

Manual de
DIREITO ADMINISTRATIVO

mento que prevê o desempenho de atividades em regime de plantão (ato geral e abstrato).

Considerando *os efeitos sobre os destinatários*, identificamos *Atos ampliativos* e *Atos restritivos*, pois os primeiros aumentam a esfera de ação jurídica do destinatário do ato ou o seu patrimônio jurídico, seja em ato interno ou externo, *v. g.*, promoção e concessão respectivamente, enquanto os segundos diminuem a esfera de ação jurídica do destinatário do ato ou o seu patrimônio jurídico, seja em ato interno ou externo, *v. g.*, demissão e multa de trânsito respectivamente.

Em decorrência da *abrangência dos efeitos*, podem ser *Internos* e *Externos*, sendo os primeiros aqueles atos que produzem repercussão jurídica apenas dentro da esfera da Administração Pública, *v. g.*, penas disciplinares, pareceres, enquanto os segundos são aqueles atos que geram efeitos jurídicos também para fora da esfera da Administração, como nas penas decorrentes do exercício do Poder de Polícia administrativa, nas licenças.

Quanto à *natureza dos efeitos*, temos uma clássica divisão tripartida.[216] *Atos-Regra* geram efeitos que criam situações gerais, impessoais, abstratas, modificáveis pela vontade de quem os produziu, sem que se possa opor direito adquirido à permanência destes, *v. g.*, regulamento. *Atos Subjetivos* produzem efeitos que criam situações particulares, pessoais, concretas, imodificáveis pela vontade unilateral, gerando direitos assegurados à persistência do que foi disposto, por exemplo, contrato. *Atos-Condição* produzem efeitos que criam a inclusão de quem os pratica em situações geradas pelos atos-regra, sujeitando-se a eventuais alterações unilaterais, tal como a posse em cargo público.

8.5. ESPÉCIES

Inicialmente, destaque-se que não há uniformidade doutrinária a respeito das espécies de atos administrativos, bem como não podemos aceitar de antemão o seu enquadramento conforme o nome que a Administração resolve dar em cada experiência administrativa, assim, por exemplo, não será um ato tido como licença por que o administrador naquele caso pôs esse título no documento.

---

[216] Classificação de DUGUIT sobre atos jurídicos em geral que foi incorporada no Direito Administrativo brasileiro por MELLO, Oswaldo Aranha Bandeira de. *Princípios Gerais do Direito Administrativo*, t. I. Rio de Janeiro, Forense, 1979, p. 378-391.

Desse modo, partindo das lições distintas dos ilustres juristas Helly Lopes Meireles[217] e Celso Antônio Bandeira de Mello,[218] podemos analisar as espécies dos atos administrativos do seguinte modo. As espécies dos atos podem ser arrolados em dois grandes grupos: primeiro em razão do seu conteúdo, depois como forma de exteriorização da manifestação da Administração.

8.5.1. Em razão do conteúdo

Atos Administrativos Normativos. São aqueles atos que contêm um comando geral da função executiva, visando à correta aplicação da lei. Nessa categoria, temos regulamentos, regimentos e deliberações. *Regulamentos* são normas expedidas pela Administração para explicitar, facilitar ou complementar a compreensão, execução e aplicação das leis. Algumas leis não podem ter eficácia sem um regulamento. Este, no entanto, subordina-se à lei. Esse conteúdo, normalmente, é formalizado através de decretos quando se dirigem a toda a sociedade ou, em situações peculiares, através de portarias. Já formalizam-se essas regulamentações via de regra por instruções, circulares, portarias, súmulas, pareceres normativos, quando a regulamentação visa a orientar a ação interna da Administração. *Regimentos*: são regulamentações internas dos órgãos, entes ou serviços públicos, visando a precisar o modo de sua atuação, tais como os Regimentos dos Conselhos que integram a Administração (Educação, Saúde, Deliberativo de Autarquias e Fundações, etc.). Os atos de órgãos colegiados normalmente ganham a forma de resolução a qual aprova um novo regimento ou suas alterações. Tais regimentos também encontram-se subordinados à lei, no caso, a que instituiu o órgão, ente ou serviço público a que se referem. Lembre-se que os regimentos internos dos Tribunais não podem ser tidos como exemplos de atos administrativos normativos, pois aí, com assento constitucional (art. 96, I, *a*), está o exercício de função normativa primária do Judiciário, enquanto atividade não preponderante ("atípica") como concretização dos freios e contrapesos do Princípio da Separação dos Poderes. *Deliberações* normativas são aquelas decisões gerais de órgãos colegiados não vinculados a um caso individual e que explicitam a aplicação da lei, de regulamentos ou regimentos, podendo adotar a forma de resolução.

Atos Administrativos Decisórios. São aqueles atos atribuídos à função administrativa, mas que implicam um julgamento de mérito

---

[217] MEIRELLES (1998), p. 158 - 175.

[218] MELLO (1995), p. 251 - 255.

de uma pretensão deduzida perante a Administração, sendo ato individual. Abrange essa espécie tanto a decisão monocrática, ou seja, por autoridade individual, quanto a deliberação por órgão colegiado sem ter caráter geral. São as decisões do contencioso administrativo que fazem coisa julgada administrativa, mas são passíveis de revisão judicial quando afrontam o ordenamento jurídico, seja por ilegalidade ou inconstitucionalidade. Adotam a forma de despacho quando proferida por autoridade individual ou resolução quando por órgão colegiado.

Atos ordinatórios (ordenatórios). São os atos que visam a disciplinar o funcionamento da administração e a conduta funcional dos seus agentes. Podem estes atos ser expedidos através das seguintes fórmulas: instruções, circulares, avisos, portarias, ordens de serviço, ofícios, memorandos e despachos.

Atos Negociais. São os atos que contêm uma declaração de vontade do poder público coincidente com a pretensão do particular, visando à concretização de negócios jurídicos públicos, ou à outorga de certas faculdades ao interessado no ato. São eles: admissões, licenças, autorizações, permissões, aprovações, homologações, vistos, dispensas, renúncias e protocolos administrativos. *Admissão* é o ato pelo qual o poder público, atendidos pelo interessado os pressupostos legais, o investe em uma situação jurídica. *Licença* é o ato administrativo vinculado pelo qual o poder público faculta ao desempenho de atividades ou a realização de fatos materiais antes vedados, como para exercício de uma profissão. *Autorização* é o ato pelo qual o poder público, decidindo sobre a conveniência e oportunidade, faculta ao particular o exercício de uma atividade, como para pesquisa e lavra de jazidas. Difere da licença, porque esta é o ato vinculado, e a autorização é ato discricionário. São examinadas a sua oportunidade e a conveniência. *Permissão* é o ato pelo qual a administração faculta ao particular, de modo discricionário e precatório, a execução de serviços públicos[219] (de interesse coletivo) ou o uso de bens públicos, a título gratuito ou remunerado. *Aprovação* é o ato discricionário que implica um juízo de oportunidade e conveniência que significa a manifestação de interesse da Administração. *Homologação* é o ato unilateral pelo qual a Administração Pública reconhece a legalidade de um outro ato ou procedimento administrativo, sendo

---

[219] O art. 40 da Lei 8.987/95 estabelece que o ato de permissão de serviço público será formalizado por contrato de adesão, o que não deve ser entendido como contraditório com a definição tradicionalmente feita pela doutrina de que a permissão é um ato administrativo negocial precário e revogável unilateralmente, pois a lei apenas trata da fórmula para sua exteriorização. Ver Capítulo 11.

nesse sentido vinculado. *Visto* é o ato pelo qual o poder público concorda, previamente, com determinada situação ou atividade a ser realizada na forma da lei, como o visto em passaporte. *Dispensa* é o ato que exime o particular do cumprimento de determinada obrigação. *Renúncia* é o ato pelo qual o poder público extingue unilateralmente um crédito ou um direito próprio, liberando definitivamente a pessoa obrigada perante a administração, sendo incondicionada e irreversível. *Protocolo administrativo* é o ato pelo qual mais de uma parte declara a intenção de realizar, seja por ação ou omissão, determinando empreendimento ou atividade de interesse público, mas atentando para a característica da reciprocidade do ajuste.

Atos Enunciativos. São todos aqueles atos em que a administração realiza sem implicar a constituição de uma situação jurídica nova, mas que podem servir para tal, quando certifica ou atesta um fato, quando justifica ou expõe motivos, quando solicita informações ou opiniões, quando responde a tais indagações, ou ainda quando emite uma opinião sobre determinado assunto sem se vincular ao seu enunciado. São exemplos dessa espécie certidões, atestados, certificados, atas, solicitações e comunicações, respostas às solicitações, requisições, relatórios, apostilas. *Certidões* são cópias de assentamentos, de atos ou fatos registrados em papéis públicos, como livros, processos, etc. *Atestados* são atos pelos quais a administração comprova um fato ou uma situação de que tenha conhecimento, porém sem haver registro a respeito. *Certificados* são atos pelos quais a administração afirma a existência de fato ou situação que tenha registro em papéis públicos, mas sem ser cópia do documento existente. *Atas* são os registros sucintos dos fatos e decisões ocorridos em reuniões, assembléias, etc. *Justificativa. Exposição de Motivos. Mensagens* são os atos pelos quais o Poder Executivo propõe medidas ao Poder Legislativo. *Solicitações* são requerimentos[220] para obtenção de dados ou opiniões técnicas que órgãos ou entes da Administração fazem entre si. Tais solicitações são formalizadas por ofício, memorando ou despacho. *Respostas* a essas solicitações poderão se dar por pareceres, informações, ou ainda através de outros ofícios, memorandos ou despachos, conforme o caso. As comunicações podem ser formalizadas por ofício, memorando ou aviso. *Requisições* são pedidos de atendimento cogente previstos por lei para determinados órgãos ou entes públicos (em geral de natureza jurídica, fiscal e/ou fiscalizadora) exercerem sobre outros. *Relatórios* são a narrativa das

---

[220] Não se deve confundir tais atos internos com o requerimento feito pelo administrado, inclusive o servidor, pleiteando direito seu ou contra ilegalidade, enquanto exercício do Direito de Petição constitucionalmente previsto (art. 5º, XXXIV, *a*, da CF).

atividades concernentes ao cargo ou função que exerce o servidor ou relativamente a projetos, pesquisas, estudos, reuniões ou eventos outros desenvolvidos que são repassados oficialmente ao superior hierárquico. *Apostilas ou averbações* são o registro ou anotação determinado por lei de uma situação já efetivada, como o tempo de serviço de um servidor. Tal ato não gera um direito, mas apenas o reconhece.

Atos Punitivos. São aqueles através dos quais a Administração exerce o Poder de Polícia ou o Disciplinar. A punição decorrente do Poder de Polícia, que é prevista em cada lei que institui o respectivo poder de fiscalização e correção, ocorre por ato punitivo chamado de externo, pois dirigido aos administrados, tais como: multas administrativas (de trânsito, sanitárias, etc.), interdição de atividades, apreensões ou destruições de coisas. Já a punição em razão do Poder Disciplinar se dá por ato punitivo chamado de interno, pois dirigido aos agentes públicos que possuam regime jurídico de direito público, tais como: demissão, cassação de disponibilidade ou de aposentadoria, destituição de função, multa disciplinar, suspensão, advertência ou repreensão. Esses atos podem possuir peculiaridades a serem definidas pela lei de cada regime jurídico de pessoal. De um modo geral, temos as seguintes definições. *Multa Administrativa* é a imposição de uma pena pecuniária ao administrado que viola uma regra, sendo o seu montante determinado em razão da gravidade da infração. *Interdição de atividade* é o ato pelo qual a administração proíbe alguém de exercer uma atividade, para sempre ou por algum tempo. *Destruição de coisas* é o ato pelo qual a administração usa para inutilizar alimentos ou coisas imprestáveis e nocivas ao consumo público ou proibidas por lei, *v. g.*, destruição de drogas encontradas em farmácias sem autorização para fabricação ou de alimentos deteriorados. *Demissão* é a exclusão do servidor dos quadros da Administração Pública. *Cassação de Disponibilidade ou de Aposentadoria* é a imposição da perda do respectivo *status*. *Destituição de Função* é o afastamento do servidor de determinada função gratificada. Lembrese que nem toda a vez que um servidor perca uma função gratificada é por decorrência desta punição, pois pode ser por simples perda de confiança ou de interesse. *Multa Disciplinar* é a sanção pecuniária que consiste no desconto em folha, em uma ou mais vezes, de uma parcela dos vencimentos do servidor punido. *Suspensão* é o afastamento temporário do servidor do exercício das funções do cargo, implicando na perda da parcela dos vencimentos correspondente. *Repreensão* é a admoestação por escrito aplicada ao servidor infrator. *Advertência* é a pena mais branda, significando uma admoestação verbal que não fica registrada nos assentamentos do servidor punido. Destaque-se que a advertência de que qualquer forma for anotada por escrito terá a natureza de repreensão.

8.5.2. Em Razão da Forma

Decretos são atos da competência dos chefes dos Executivos federal, estadual e municipal. Estão em situação inferior à lei, à qual devem subordinar-se. São assinados pelo chefe do Executivo e referenciados pelos ministros ou secretários das respectivas pastas que o seu conteúdo tratar. Dizem-se gerais, quando não possuem caráter pessoal, nesses casos são a forma de atos normativos, como por exemplo, o regulamento do Código Nacional de Trânsito. Chamam-se individuais, quando se referem nominalmente a alguma pessoa, fato ou coisa, a exemplo do decreto declaratório para fins de desapropriação.

Instruções são ordens escritas relativas ao funcionamento de algum serviço público. São expedidas por um superior e destinadas a um inferior hierárquico. Não podem ser contrárias às leis, aos decretos e aos regulamentos. Por serem atos internos, não alcançam os particulares.

Circulares são ordens escritas de caráter uniforme e geral aos funcionários de determinada categoria. Visam a ordenar o serviço público, mas sem estabelecer normas abstratas como as instruções.

Ordens de Serviço são determinações dirigidas aos responsáveis por obras ou serviços, contendo imposições de natureza técnica sobre o modo e forma de sua realização.

Avisos, historicamente, são determinações de um ministro, de um secretário, de um chefe de serviço, sobre assuntos afetos ao seu órgão, tendo também natureza de atos ordinários do serviço. No Império foram muito utilizados, sendo hoje mais utilizados pelos Ministros e Comandos Militares. Atualmente, a maior utilização dos avisos se dá em matéria de licitações, de sua dispensa ou inexigibilidade e de concursos públicos, mas com outra finalidade, qual seja, dar publicidade sobre determinados atos do procedimento. De um modo ou de outro, sempre se caracterizam por serem comunicações sem fecho de cortesia que são afixadas em mural público e/ou divulgadas na imprensa oficial ou particular.

Portarias são determinações em forma de edital, baixadas pelos chefes do Executivo, Legislativo, Judiciário, dirigidas aos seus subordinados. As portarias não obrigam a não ser aqueles que estão sujeitos ao poder de autoridade que as expede. Assim, uma portaria de uma autoridade do Executivo não tem eficácia sobre, nem obriga um funcionário do Judiciário.

Resoluções são os atos que formalizam as deliberações dos órgãos colegiados.

Alvarás são os atos utilizados para a expedição de autorizações e licenças.

Pareceres são manifestações de caráter opinativo de órgãos técnicos da administração, sobre um assunto submetido à sua consideração, para o qual há a necessidade de alguma inovação.

Informações são manifestações de caráter mais de relatório do que opinativo de órgãos técnicos da administração, sobre um assunto submetido à sua consideração, para o qual não há nenhuma necessidade de inovação. Logo, é comum setores da administração solicitarem um parecer a respeito de tema em que já está consolidada a orientação técnica a respeito, assim cabe a resposta a tal solicitação mais uma informação de qual a posição já adotada do que propriamente um parecer.

Despachos: são decisões de encaminhamento que os órgãos ou entes da administração pública adotam, nos casos submetidos à sua apreciação, em papéis, requerimentos, etc. Não se confundem com as decisões propriamente ditas que envolvem o mérito. O despacho não faz coisa julgada administrativa. O conteúdo de um despacho pode envolver alguma espécie de solicitação feita ao administrado ou a outro setor do Poder Público.

Ofícios são a forma de correspondência externa de caráter oficial entre autoridades de órgãos ou entes públicos distintos, bem como destes para com os administrados. Podem ter caráter circular quando dirigidos de forma uniforme e geral a vários destinatários.

Memorandos são a forma de correspondência interna e rotineira entre repartições e/ou funcionários de um mesmo órgão ou ente público. Podem ter caráter circular quando dirigidos de forma uniforme e geral a vários destinatários.

8.6. DESFAZIMENTO DO ATO ADMINISTRATIVO

Os modos de desfazimento do ato administrativo devem ser analisados diferenciadamente quanto ao plano da existência e da validade, bem como suas repercussões sobre o plano dos efeitos. Daí temos atos administrativos inexistentes, nulos, anuláveis, revogáveis e suspensíveis, tudo dependendo do exame das causas, dos motivos determinantes, e dos efeitos projetados no mundo jurídico.

8.6.1. Extinção dos Atos Administrativos

Aqui nós temos hipóteses de desfazimento no plano da existência do próprio ato ou dos seus efeitos.

O Término Natural do ato é aquela extinção pelo seu cumprimento normal que implica o seu exaurimento por alcançar integralmente o seu objetivo, não sendo possível mais cogitar sua existência. Aqui temos a extinção do próprio ato por sua execução material tal como ocorre com a destruição de mercadorias ilícitas ou nocivas e a extinção dos efeitos pelo esgotamento do conteúdo jurídico do ato como na autorização por prazo certo ao atingir o seu termo *ad quem*.

O Desaparecimento do ato é aquela extinção decorrente da perda do objeto ou sujeito da relação jurídica gerada pelo ato. O desaparecimento por perda do objeto é extinção do próprio ato, pois esse objeto também é seu elemento essencial. Assim, é o caso de um alvará de funcionamento (licença) de um estabelecimento que fora expedido e que venha a ser extinto por perda do objeto em face de o estabelecimento ter incendiado. Por ocasião da reabertura do mesmo estabelecimento, isso implicará a prática de novo alvará. O desaparecimento pode se dar em razão da perda do sujeito a que se destinava o ato. Portanto, é aquela extinção dos efeitos do ato pelo desaparecimento do seu destinatário, v. g., a morte do funcionário implica a extinção dos efeitos de sua nomeação.

A Caducidade ocorre quando o ato administrativo praticado não é recepcionado pela nova legislação que o regula, implicando a sua retirada do mundo jurídico e conseqüente perda de eficácia a exemplo da permissão de uso privado de bem público que venha a ser tornado por lei indisponível o que resultará na caducidade da respectiva permissão.

A cassação do ato administrativo ocorre em razão do descumprimento verificado *a posteriori* dos requisitos legais para a manutenção do ato, tal como no caso de cassação de licença ou de aposentadoria.

8.6.2. Vícios dos Atos Administrativos

Os vícios que afetam os atos jurídicos em geral decorrem do não-atendimento na sua prática, dos requisitos exigidos por lei. Conforme a gravidade ou intensidade desses vícios ou defeitos, os atos jurídicos ou são nulos ou anuláveis. Nulos, quando lhes falta qualquer dos requisitos essenciais à sua validade (atos praticados por agente incapaz, ou sem objeto ilícito, ou sem observância de forma especial ou solene, exigida por lei).

Nulos serão ainda os atos que a lei declarar taxativamente como tais e aqueles para cuja formação ou integração falte um elemento essencial de fato, sendo que estes últimos são destacados pela classificação de inexistentes.

Anuláveis são os atos defeituosos apenas quanto à declaração de vontade do agente, em virtude de incapacidade relativa ou de erro, dolo, coação, simulação ou fraude. A nulidade dos atos jurídicos tem caráter absoluto e impede a sua convalidação ou ratificação, enquanto os atos anuláveis podem ser ratificados.

Nulo que seja qualquer ato administrativo, pode a administração pública reconhecer e decretar, ela própria, a sua invalidade através de ato anulatório. Cabe à administração o direito de anular os seus próprios atos, em razão de sua ilegalidade ou ilegitimidade, para isso agindo de ofício ou mediante provação por via de recurso administrativo.

A ilegalidade tanto pode decorrer da ilegalidade do ato como da sua incostitucionalidade. Assim, o ato será ilegítimo não só quando contrário à lei como quando contrária à Constituição, que é a lei maior. Pode o ato fundar-se diretamente na lei e, apesar disso, ser constitucional se a lei em que se apóia é incompatível com alguma regra ou princípio constitucional.

Nessa conformidade é de reconhecer-se à administração o direito de declarar a ilegitimidade ou invalidade dos seus atos por vício de inconstitucionalidade, ainda que para tanto haja de reconhecer a inconstitucionalidade de textos legais.

Esse entendimento, entretanto, não é pacífico, havendo quem dele divirja por achar que a lei, enquanto permanece integrando o ordenamento jurídico, mesmo que contrária ao texto fundamental, deve ser obedecida e aplicada, até que seja declarada inconstitucional pelo Poder Judiciário.

A anulação dos atos administrativos, incidindo sobre situações ilegais, ou ilegítimas, pode ser feita pela própria administração de sua livre iniciativa, quer mediante provocação de terceiros, através de recursos administrativos.

Não tem a administração necessidade, para esse fim, de recorrer ao Poder Judiciário, cuja intervenção, nesse caso, poderá dar-se *a posteriori*, quando requerida essa intervenção por aqueles a quem afetarem os atos anulatórios, no sentido do seu restabelecimento. A jurisprudência do Supremo Tribunal Federal está firmada na tese de que a administração pública pode declarar a nulidade

8.6.3. Revogação dos Atos Administrativos

Distingue-se da anulação a revogação dos atos administrativos, que também pode ser feita pela administração. Enquanto a anulação pressupõe ato inválido, ou nulo, isto é, ato infringente da lei, a revogação, ao contrário, somente pode incidir sobre atos válidos, ou legais. O que motiva a revogação do ato administrativo não é a sua nulidade, mas a sua inconveniência, inutilidade ou inoportunidade.

Sempre que a administração verifique que um ato seu não deve substituir, por inconveniente, inútil ou inoportuno, pode e deve revogá-lo. Isto ocorre mais freqüentemente com os atos normativos da administração, mas pode também ocorrer em relação aos demais atos administrativos.

A revogação, assim, só se dá por motivos de mérito, isto é, por motivos relacionados com o próprio merecimento, valor ou substância dos atos.

8.6.4. Revisão dos atos pela Administração e pelo Judiciário

Como contraponto à presunção de legitimidade dos atos do Poder Público,[221] temos o Princípio da Autotutela da Administração Pública pela qual essa pode rever unilateralmente os atos por ela praticados, seja por entender ilegais, cabendo assim sua anulação, seja por entender inconvenientes ou inoportunos, sendo o caso de revogação.[222] Tão reconhecido é esse princípio como implícito à Administração Pública que já existem de longa data duas súmulas do Supremo Tribunal Federal que afirmam tal conduta, a saber:

Súmula nº 346: "A Administração Pública pode declarar a nulidade dos seus próprios atos.";
Súmula nº 473: "A administração pode anular seus próprios atos quando eivados de vícios que os tornam ilegais, porque deles não se originam direitos; ou revogá-los, por motivo de conveniência ou oportunidade, respeitados os direitos adquiridos e ressalvada, em todos os casos, a apreciação judicial.".

Por sua vez, a característica de unilateralidade decorre de que a Administração para proceder a revisão de seus atos não necessita da concordância da outra parte envolvida, nem precisa recorrer ao Poder Judiciário para impor tal revisão, possuindo assim a chamada auto-executoriedade ou execução imediata.[223]

---

[221] Destaca-se que não só os atos administrativos possuem essa presunção. Também os atos normativos e jurisdicionais têm legitimidade até prova em contrário.

[222] Ver item 4.11.

[223] Ver item 8.3.3.

Da mesma forma, deve o Estado, por força desse princípio, zelar pelo seu patrimônio utilizando-se da ação de polícia administrativa, independentemente de ordem judicial, para "impedir quaisquer atos que ponham risco a conservação desses bens."[224]

Esse princípio que impõe o dever da Administração realizar o controle de seus próprios atos não afasta o Princípio Constitucional de que nenhuma lesão a direitos pode ser excluída da apreciação do Poder Judiciário. Assim, como vimos,[225] o sistema administrativo brasileiro é de jurisdição una, implicando que será o controle judicial[226] da atividade da Administração Pública que dará a última palavra sobre as revisões dos atos praticados pela Administração Pública. Contudo, a revogação do ato que tenha sido praticado nos limites da legalidade frente a um juízo de oportunidade e conveniência da Administração não pode ser substituída pelo juízo do Judiciário, o qual apenas poderá fixar um ressarcimento se presentes os pressupostos do dever de indenizar. Por outro lado, mesmo naquelas hipóteses em que a administração realiza uma revogação ferindo a legalidade, o Judiciário não substituirá o juízo administrativo, mas apenas anulará a revogação.

---

[224] DI PIETRO, Maria Sylvia Zanella. *Dir. Adm.*, ob.,cit., 1998, p. 66.

[225] Ver item 2.5.

[226] Ver item 16.5.

PARTE ESPECIAL

Capítulo 9

A licitação

9.1. HISTÓRICO

9.1.1. O Surgimento

O instituto da licitação existe no Direito Brasileiro há mais de *130 anos*. Foi introduzida, no positivismo normativo da Administração Central, pelo Decreto nº 2.926, de 14.05.1862, que regulamentava as *"arrematações dos serviços"* do Ministério da Agricultura, Comércio e Obras Públicas.

Mais tarde surge a Lei Orçamentária nº 2.221, de 30.12.1910, que, em seu art. 52, fixou as regras no *"processo das concorrências"*. No decorrer dos tempos, ainda, se ocuparam as Leis nºs 3.131, 05.01.1917, art. 97; 3.454, 06.01.1918, art. 170; e 3.991, 05.01.1920, art. 73.

9.1.2. A Consolidação

A consolidação das normas sobre licitações deu-se pelo Decreto nº 4.536, de 28.01.1922, que organizou o Código de Contabilidade da União, nos arts. 49 a 53, assim como, pelo art. 87 do Decreto nº 4.555, de 10.08.1922.

E, após 40 anos de *"codificação federal"*, surge a sua *Sistematização Nacional* pelo Decreto-Lei nº 200, de 25.01.67, arts. 125 a 144 - Reforma Administrativa Federal. Por sua vez, a Lei nº 5.456, de 20.06.68, estendeu-a às Administrações Estaduais e Municipais.

9.1.3. Décadas de 70 e 80

Passa a figurar na *Súmula do Tribunal de Contas da União*, o verbete 158, segundo o que os órgãos da administração direta e entes da indireta, incluídas as de direito privado, *"devem prestar obediência aos ditames básicos da competição licitatória..."*.

Surgem inúmeras normas regulamentadoras sobre a matéria, como o *Decreto-Lei nº 2.300, de 21.11.1986*, atualizado em 1987, tor-

Manual de
DIREITO ADMINISTRATIVO

149

nando-se o Estatuto Pioneiro que se dedicou versar de modo global, com *"normas gerais"* para toda Administração Pública Brasileira e *"normas especiais"* incidentes apenas para Administação Federal.

Em síntese, essa *"evolução normativa"* culmina com a CF de 05.10.88, com *"galas"* de Princípios Constitucionais e referências expressas:

- Diretas: arts. 22, XXVII; 37, XXI; e 175;
- Indiretas: art. 195, § 3º.

9.1.4. A Lei nº 8.666, de 21.06.1993

A Lei nº 8.666/93 completa o *"ciclo"* normativo até o momento. Disciplina o *Instituto das Licitações e os Contratos Públicos*, em 125 artigos inicialmente, a partir das diretrizes da CF/88 que exige a sua prática na *"*...administração pública direta, indireta ou fundacional, de qualquer dos Poderes da União, dos Estados, do Distrito Federal e dos Municípios" (art. 37, *caput* e inciso XXI). Desse modo, esta lei é o Estatuto Geral da matéria, aplicando-se em todas as licitações, inclusive subsidiariamente ("no que couber") àquelas licitações que possuem lei específica. Assim, ao longo desse estudo, sempre que citarmos dispositivo da Lei nº 8.666/93, conforme sua redação vigente, deixaremos de mencionar o número da lei.

9.1.5. Alterações Posteriores

Em face de inúmeros problemas criados com a Lei nº 8.666, de imediato iniciaram-se discussões e apresentação de propostas por parte do Presidente da República, visando à alteração do texto inicial, o qual provocou inúmeras medidas provisórias. Daí resultou a Lei nº 8.883, de 08.06.94. Contudo, permaneceram inúmeras questões a serem adequadas que brotavam da aplicação da legislação licitatória na prática das Administrações Públicas. Assim, seguiram-se mais e mais medidas provisórias até a edição das Leis nºs 9.032, de 28.04.1995, e 9.648, de 27.05.1998. Esse modo de alterações legislativas permaneceu, qual seja, primeiro incluindo alterações através de medidas provisórias e posteriormente tais alterações são convertidas em Lei pela aprovação do Congresso Nacional. Assim, foram introduzidas variadas modificações no Estatuto Geral de Licitações embutidas no artigo 1º da Lei nº 9.853, de 27.10.1999. Recentemente, foi editada, pela primeira vez, a Medida Provisória nº 2.026, de 04.05.2000, que regula uma nova modalidade de licitação denominada de Pregão.

9.2. NOÇÃO GERAL

9.2.1. Visão geral sobre o sistema

Objetiva-se, nesta oportunidade, uma *visão geral* do sistema e o destaque de algumas *questões* julgadas convenientes e oportunas, para uma primeira aproximação do tema.

Em linhas gerais, a Lei nº 8.666/93 (e alterações) manteve a estrutura do Decreto-Lei nº 2.300/86, com o seu aperfeiçoamento em razão das alterações introduzidas, quais sejam: (1) ampliou a aplicação das normas gerais do novo estatuto; (2) melhor caracterizou o dever geral de licitar e as hipóteses de exceção; (3) definições mais objetivas de suas figuras; (4) vinculou a elaboração de Editais e o Julgamento das Propostas; (5) procedimentos especiais para tipos e modalidades de licitação; (6) direito à ampla defesa também nos casos de revogação ou de anulação.

9.2.2. Finalidades

Ao contrário da Empresa Privada, o Poder Público não tem a liberdade, a chamada autonomia de vontade, como princípio, para as suas contratações ou aquisições. O Poder Público está sujeito ao dever de licitar - cotejar, comparar produtos ou ofertas. Este dever se assenta em duas finalidades: uma *econômica*, que significa a maior vantagem para a Administração; a outra *isonômica*, que implica iguais oportunidades aos particulares que oferecem serviços, obras, bens à Administração. Isso significa que todo e qualquer procedimento, regulado pelas Leis de Licitações e o respectivo instrumento convocatório do certame, deve atingir simultaneamente ambas as finalidades; logo, a Administração não deve visar a selecionar apenas a proposta mais vantajosa para si, mas a proposta mais vantajosa para a Administração dentre aquelas que foram tratadas isonomicamente pelo procedimento licitatório.

9.2.3. Conceitos

Por uma visão leiga, a licitação seria o cotejo de ofertas de produtos, equipamentos, bens, serviços, obras que o mercado coloca à disposição para aquisição ou contratação, e que fazemos ou não, para adquirir o que melhor convém em termos de vantagens reais.

Já, por um critério técnico-jurídico, a licitação é o procedimento administrativo, enquanto somatório de vários atos administrativos, onde o antecedente informa e fundamenta o conseqüente, destinado a selecionar a *"melhor proposta"* de fornecimento, a mais vantajosa

Manual de
DIREITO ADMINISTRATIVO

151

para a administração, no qual todos os ofertantes devem ser tratados com absoluto respeito à igualdade, incluindo-se o exame da capacidade jurídica, técnica e econômica aos interessados (art. 37, XXI, CF/88 e art. 3º, *caput*, da Lei).

9.2.4. Questões Polêmicas

Não há pretensão de exaurimento do tema, mas se objetiva a projetar algumas luzes da doutrina e da jurisprudência. Portanto, hoje, não se discute mais se a licitação se vincula ao Direito Administrativo ou ao Direito Financeiro. Outras são as *questões polêmicas*: (1) limite do uso da licitação como instrumento da *terceirização*; (2) viabilização do sistema de *Registro de Preços*; (3) estabelecimento de *Ritos Especiais*; (4) critérios específicos de julgamento, face ao *Regime de Execução* do objeto; e (5) criminalização como *tipos penais* de condutas de agentes públicos, antes apenas considerados *"ilícitos administrativos"*.

9.3. PRINCÍPIOS DA LICITAÇÃO

Inicialmente, destaque-se que todos aqueles Princípios Gerais da Administração Pública, expressos ou implícitos, que já estudamos, aplicam-se também à matéria de licitações. Logo, a previsão feita pelo art. 3º da Lei a respeito da aplicação de alguns Princípios não afasta a incidência dos demais não citados expressamente. Assim, passaremos a analisar algumas diretrizes e suas repercussões específicas sobre o procedimento licitatório.

9.3.1. Igualdade ou Isonomia

Diante do caráter competitivo, todos os licitantes devem ter tratamento igualitário em todas as fases. Esse é inclusive o fundamento maior das licitações com assento constitucional (arts. 37, XXI, da CF e 3º da Lei). As exigências feitas pela licitação devem guardar estrita correlação com o seu objeto sob pena de serem excluídos interessados sem justificativa, violando o princípio.

9.3.2. Vinculação ao instrumento convocatório

A vinculação ao instrumento convocatório (art. 3º da Lei) significa que tanto a Administração como os administrados estão subordinados às regras preestabelecidas no instrumento convocatório, conforme leis, decretos, portarias e outras normas regulamentadoras. O instrumento convocatório é o ato administrativo pelo qual a Administração Pública chama os interessados a participar do certame, sendo espécies principalmente o edital e a carta convite.

O instrumento convocatório ou o edital de licitação em sentido amplo é a *"lei interna da licitação"*,[227] sendo instrumento vinculante para a Administração e para os licitantes, ou seja, implica "...um procedimento vinculado cuja violação acarreta a sua nulidade",[228] conforme art. 41 do Estatuto de Licitações.

9.3.3. Procedimento formal

Não podem, nem a Administração, nem os interessados, dar ares de oficialidade a *"expressões orais"* utilizadas no procedimento, da mesma forma que não é permitida a combinação de procedimentos ou a criação de outros sem lei (art. 4º, parágrafo único, e art. 22, § 8º, da Lei).

9.3.4. Publicidade

O princípio da publicidade (art. 3º) atende o dever de oferecer iguais oportunidades a todos e acesso à fiscalização do cumprimento da legalidade. Assim, os arts. 4º e o 41, § 1º, da Lei, ao prever a competência de qualquer cidadão para acompanhar a licitação e para impugnar o instrumento convocatório, decorrem também da aplicação do princípio da publicidade. Esse princípio implica a divulgação dos editais e convites, oferecendo prazos mínimos razoáveis contados a partir da última publicação do edital resumido (chamado de aviso de licitação) ou da expedição do convite, da divulgação da última alteração do instrumento convocatório ou desde a efetiva disponibilidade do edital ou da carta convite, de todos os seus anexos, prevalecendo sempre a data que ocorrer mais tarde, permitindo esse período para o oferecimento de propostas, previstas na lei (art. 21, *caput*, incisos e parágrafos), a saber:

> - 45 dias para concursos e concorrências cujo objeto seja executado pelo regime de empreitada integral ou quando for do tipo melhor técnica ou técnica e preço;
> - 30 dias para as demais concorrências e tomadas de preços do tipo melhor técnica ou técnica e preço;
> - 15 dias para as demais tomadas de preços;
> - 5 dias úteis para os convites.

---

[227] MEIRELLES (1998), p. 239.

[228] Tribunal de Alçada/São Paulo, *in* RDA, 87/208.

Manual de
DIREITO ADMINISTRATIVO

153

A divulgação de resultados, de igual forma, dá cumprimento ao princípio, possibilitando a apresentação de recursos previstos em lei.

9.3.5. Sigilo na apresentação da proposta

O princípio do sigilo da proposta apresentada pelo licitante visa a resguardar a competitividade (art. 3º, §3º, parte final). É prescrito como *"crime"* a quebra do sigilo ou proporcionar a terceiro o ensejo de devassá-lo (art. 94). Mantido até o prazo fatal para a abertura das propostas.

9.3.6. Julgamento objetivo

A escolha da proposta mais vantajosa para a administração deve ser feita de acordo com critérios objetivos previamente indicados no edital ou carta convite (art. 3º). Não há de se submeter a critérios subjetivos da Comissão de Julgamento, pois haveria quebra da igualdade e da vinculação ao edital. Na licitação, a margem de valorização e de discricionarismo no julgamento é reduzida e limitada pelo critério objetivo que é estabelecido no edital.

9.3.7. Adjudicação compulsória ao vencedor

O vencedor, e só ele, pode ter adjudicado o objeto da licitação. O contrato é obrigatório, embora o interesse público pode recomendar a revogação da licitação. Esta deve ser sempre justificada pelo interesse público, decorrente de fato superveniente (art. 49). Ao contrário, há direito subjetivo ao contrato, por parte do adjucatário.

9.4. NORMAS GERAIS E A CONSTITUIÇÃO FEDERAL

9.4.1. Previsão

A Constituição Federal, neste particular, apresenta duas disposições que devem ser aplicadas conjuntamente, a saber: art. 22, inciso XXVII, e art. 37, inciso XXI.

A Constituição, além de mandar aplicar as normas gerais editadas pela União, estende tal obrigatoriedade a todas as entidades públicas (autarquias fundações, empresas públicas, sociedades de economia mista) dos Três Poderes (Executivo, Legislativo, Judiciário) dos três níveis de Governo (União, Distrito Federal e Estados, Municípios), logo, ressalvadas as hipóteses da lei, nenhum órgão ou ente público pode deixar de licitar.

A Constituição estabelece a competência privativa da União para legislar sobre normas gerais de licitação e contratos administrativos. Conseqüência disto é que se aplicam à matéria as disposições previstas nos §§ 1º a 3º do art. 24 da CF. Tal conclusão não significa incluir o tema no âmbito da competência concorrente, assim o § 4º do citado artigo não incide na hipótese de competência privativa para normas gerais.

Assim, os Estados possuem competência legislativa plena sobre matéria de licitações e contratos administrativos no caso de não haver lei federal a respeito. Da mesma forma, o Distrito Federal possui competência legislativa plena em face da ausência de regramento da União, desde que não envolva despesas e bens vinculados a órgãos e entes públicos da Segurança Pública e de acesso à Justiça (art. 21, XIII e XIV, art. 22, XVII, e art. 32, § 4º, todos da CF). Os Estados, o Distrito Federal e os Municípios (estes últimos, por força do art. 30, inciso II, da CF) devem legislar supletivamente a lei federal para adequá-la a suas realidades sem adentrar no campo reservado às norma gerais.

Por fim, a norma constitucional contempla a favor dos concorrentes três comandos importantes a serem concretizados pelas normas regulamentadoras (legislativas e administrativas) sob pena de revisão judicial: a - princípio da *igualdade*; b - Editais devem assegurar a obrigação de pagamento e equilíbrio financeiro do contrato (*atualizações*); c - exigências de participação devem garantir o cumprimento do contrato (*obrigações*).

9.4.2. Normas Gerais

As normas gerais são aquelas a serem observadas em todas as licitações, pois que indicam a essência do instituto, sendo normas-padrão (*"standars-jurídicos"*), visando a dar *"uniformidade"* ao arcabouço do instituto.

Assim, para uma correta interpretação do que venha ser norma geral, podemos partir do entendimento já fixado pelo Supremo Tribunal Federal quanto ao que venha ser norma geral tanto em direito tributário como sobretudo em matéria de licitações.

Para tanto, vamos transcrever trechos do acórdão de 03.11.93 que estuda o conceito de norma geral, prolatado por ocasião do julgamento da Medida Cautelar na Ação Direta de Inconstitucionalidade nº 927-3/RS, Min.-Relator Carlos Velloso:[229]

---

[229] Até o mês de julho de 2000 a citada ADIn não teve o seu julgamento definitivo proferido tendo como relator no momento o Min. Celso de Mello.

"(...) A Constituição de 1988, ao inscrever, no inc. XXVII, do art. 22, a disposição acima indicada, pôs fim à discussão a respeito de ser possível, ou não, à União legislar a respeito do tema, dado que concorrente da doutrina sustentava que 'nenhum dispositivo constitucional autorizava a União a impor normas de licitação a sujeitos alheios a sua órbita'. (Celso Antônio Bandeira de Mello, *Elementos de Direito Administrativo*. Malheiros, 4ª ed., 1992, p. 177, nota 1). A CF/88, repito, pôs fim à discussão, ao estabelecer a competência da União para expedir normas gerais de licitação e contratação (art. 22, XXVII).

Registre-se, entretanto, que a competência da União é restrita a normas gerais de licitação e contratação. Isto quer dizer que os Estados e os Municípios também têm competência para legislar a respeito do tema: a União expedirá as normas gerais e os Estados e Municípios expedirão as normas específicas. Leciona, a propósito, Marçal Justen Filho: 'como dito, apenas as normas 'gerais' são de obrigatória observância para as demais esferas de governo, que ficam liberadas para regular diversamente o restante' (*Comentários à Lei de Licitações e Contratos Administrativos*, Ed. AIDE, Rio, 1993, pág.13).

A formulação do conceito de 'normas gerais' é tarefa tormentosa, registra Marçal Justen Filho, a dizer que 'o conceito de 'normas gerais' tem sido objeto das maiores disputas. No campo tributário (mais do que em qualquer outro), a questão foi longamente debatida e objeto de controvérsias judiciárias, sem que resultasse uma posição pacífica na doutrina e na jurisprudência. Inexistindo um conceito normativo preciso para a expressão, ela se presta às mais diversas interpretações'. (Ob. e loc. cits.). A formulação do conceito de 'normas gerais' é tanto mais complexa quando se tem presente o conceito de lei em sentido material - norma geral, abstrata.

Ora, se a lei, em sentido material, é geral, como seria a lei de 'normas gerais' referida na Constituição? Penso que essas 'normas gerais' devem apresentar generalidade maior do que apresentam, de regra, as leis. Penso que 'norma geral', tal como posta na Constituição, tem o sentido de diretriz, de princípio geral. A norma geral federal, melhor será dizer nacional, seria a moldura do quadro a ser pintado pelos Estados e Municípios no âmbito de suas competências. Com propriedade, registra a professora Alice Gonzalez Borges que as 'normas gerais', leis nacionais, 'são necessariamente de caráter mais genérico e abstrato do que as normas locais. Constituem normas de leis, direito sobre direito, determinam parâmetros, com maior nível de generalidade e abstração, estabelecidos para que sejam desenvolvidos pela ação normativa subsequente das ordens federadas', pelo que 'não são normas gerais as que se ocupem de detalhamentos, pormenores, minúcias, de modo que nada deixam à criação própria do legislador a quem se destinam, exaurindo o assunto de que tratam'. Depois de considerações outras, no sentido da caracterização de 'norma geral', conclui: são normas gerais as que se contenham no mínimo indispensável ao cumprimento dos preceitos fundamentais, abrindo espaço para que o legislador possa abordar aspectos diferentes, diversificados, sem desrespeito a seus comandos genéricos, básicos'. (Alice Gonzalez Borges, *Normas Gerais nas Licitações e Contratos Administrativos*, RDP 96/81)."

Em síntese, normas gerais são os princípios, as diretrizes de determinada disciplina ou instituto.

9.5. OBJETOS

O art. 6º da Lei Geral de Licitações estabelece uma série de definições dentre as quais a dos objetos passíveis de serem licitados pelo seu rito, a saber: compras, serviços, obras e alienações. O art. 2º da Lei 8.987/95 define os objetos permissão e concessão de serviço público, podendo ser a última precedida ou não de obra pública. Assim, o objeto da licitação vem a ser o seu conteúdo para o qual a Administração pretende selecionar a proposta mais vantajosa, ou seja, é o bem da vida para o qual a Administração pretende estabelecer um negócio jurídico. Desse modo, nenhuma licitação será feita sem a adequada caracterização de seu objeto e indicação dos recursos orçamentários para seu pagamento, sob pena de nulidade do ato e responsabilidade de quem lhe tiver dado causa, conforme vem disposto no art. 14 da Lei especificamente para o objeto compras, mas se aplica para toda licitação seja qual for o seu objeto.

9.5.1. Compras

Compra (art. 6º, III) é toda aquisição remunerada de bens para fornecimento de uma só vez ou parceladamente. O regramento específico para as licitações cujo objeto seja a compra vem disposto nos artigos 15 e 16 da Lei. Assim, essas licitações, sempre que possível, deverão: I - atender ao princípio da padronização, que imponha compatibilidade de especificações técnicas e de desempenho, observadas, quando for o caso, as condições de manutenção, assistência técnica e garantia oferecidas; II - ser processadas através de sistema de registro de preços; III - submeter-se às condições de aquisição e pagamento semelhantes às do setor privado; IV - ser subdivididas em tantas parcelas quantas necessárias para aproveitar as peculiaridades do mercado, visando à economicidade; V - balizar-se pelos preços praticados no âmbito dos órgãos e entidades da Administração Pública.

O registro de preços será precedido de ampla pesquisa de mercado. Os preços registrados serão publicados trimestralmente para orientação da Administração, na imprensa oficial. O sistema de registro de preços será regulamentado por decreto, atendidas as peculiaridades regionais, observadas as seguintes condições: I - seleção feita mediante concorrência; II - estipulação prévia do sistema de controle e atualização dos preços registrados; III - validade do registro não superior a um ano. A existência de preços registrados não obriga a Administração a firmar as contratações que deles poderão advir, ficando-lhe facultada a utilização de outros meios, respeitada a legislação relativa às licitações, sendo assegurada ao beneficiário do registro preferência em igualdade de condições. O sistema de controle originado no quadro geral de preços, quando possível, deverá ser informatizado. Qualquer cidadão é parte legítima para impugnar preço constante do quadro geral em razão de incompatibilidade desse com o preço vigente no mercado.

Nas compras deverão ser observadas, ainda: I - a especificação completa do bem a ser adquirido sem indicação de marca; II - a definição das unidades e das quantidades a serem adquiridas em função do consumo e utilização prováveis, cuja estimativa será obtida, sempre que possível, mediante adequadas técnicas quantitativas de estimação; III - as condições de guarda e armazenamento que não permitam a deterioração do material. O recebimento de material de valor superior ao limite estabelecido para a modalidade de convite deverá ser confiado a uma comissão de, no mínimo, 3 (três) membros.

Será dada publicidade, mensalmente, em órgão de divulgação oficial ou em quadro de avisos de amplo acesso público, à relação de todas as compras feitas pela Administração Direta ou Indireta, de maneira a clarificar a identificação do bem comprado, seu preço unitário, a quantidade adquirida, o nome do vendedor e o valor total da operação, podendo ser aglutinadas por itens as compras feitas com dispensa e inexigibilidade de licitação. Tal procedimento não se aplica aos casos de dispensa de licitação previstos no inciso IX do art. 24.

Na compra de bens de natureza divisível e desde que não haja prejuízo para o conjunto ou complexo, é permitida a cotação de quantidade inferior à demandada na licitação, com vistas à ampliação da competitividade, podendo o instrumento convocatório fixar quantitativo mínimo para preservar a economia de escala. Nesse caso, serão selecionadas tantas propostas quantas necessárias até que se atinja a quantidade demandada na licitação (arts. 23, § 7º, e 45, § 6º).

9.5.2. Serviços

Serviço (art. 6º, II) é toda atividade destinada a obter determinada utilidade de interesse para a Administração, tais como: demolição, conserto, instalação, montagem, operação, conservação, reparação, adaptação, manutenção, transporte, locação de bens, publicidade, seguro ou trabalhos técnico-profissionais. Podem ser comuns ou de engenharia (art. 23, I e II). Para tal distinção, pode ser utilizado como critério definidor de quais serviços são de engenharia, a tabela de códigos da Anotação de Responsabilidade Técnica - ART do Conselho Regional de Engenharia e Arquitetura - CREA. Aplicam-se as licitações cujo o objeto seja serviço o regramento específico disposto nos artigos 7º a 13.

A lei de licitações (art. 13) considera serviços técnicos profissionais especializados os trabalhos relativos a: I - estudos técnicos, planejamentos e projetos básicos ou executivos; II - pareceres, perícias e avaliações em geral; III - assessorias ou consultorias técnicas e auditorias financeiras ou tributárias; IV - fiscalização, supervisão ou gerenciamento de obras ou serviços; V - patrocínio ou defesa de causas judiciais ou administrativas; VI - treinamento e aperfeiçoamento de pessoal; VII - restauração de obras de arte e bens de valor histórico. Ressalvados os casos de inexigibilidade de licitação, os contratos para a prestação de serviços técnico-profissionais especializados deverão, preferencialmente, ser celebrados mediante a realização de concurso, com estipulação prévia de prêmio ou remuneração.

A Administração só pode contratar, pagar, premiar ou receber projeto ou serviço técnico especializado desde que o autor ceda os direitos patrimoniais a ele relativos, e a Administração possa utilizá-lo de acordo com o previsto no regulamento de concurso ou no ajuste para sua elaboração. Quando o serviço referir-se a obra imaterial de caráter tecnológico, insuscetível de privilégio, a cessão dos direitos incluirá o fornecimento de todos os dados, documentos e elementos de informação pertinentes à tecnologia de concepção, desenvolvimento, fixação em suporte físico de qualquer natureza e aplicação da obra (art. 111).

Manual de
DIREITO ADMINISTRATIVO

159

A empresa de prestação de serviços técnico-especializados que apresente relação de integrantes de seu corpo técnico em procedimento licitatório ou como elemento de justificação de dispensa ou inexigibilidade de licitação ficará obrigada a garantir que os referidos integrantes realizem pessoal e diretamente os serviços objeto do contrato.

9.5.3. Obras

Obra (art. 6º, I) é toda construção, reforma, fabricação, recuperação ou ampliação, realizada por execução direta ou indireta. Desse modo, identifica-se como obra aquela ação humana que acrescenta algo de novo na realidade. Note-se, para fins de diferenciação de obra com serviço de engenharia, os termos empregados pela lei podem ser confundidos: é serviço demolição, conserto, instalação, montagem, operação, conservação, reparação, adaptação, manutenção, os quais não podem implicar inovação ou criação, enquanto os termos reforma e recuperação empregados como exemplos de obra devem implicar algo novo que vai se acrescentar ao que já havia.

9.5.4. Previsões comuns para serviços e obras

Os artigos 7º a 12 da Lei de Licitações estabelece normas que se aplicam igualmente aos certames cujos objetos sejam serviços ou obras. A infringência do disposto no artigo 7º implica a nulidade dos atos ou contratos realizados e a responsabilidade de quem lhes tenha dado causa, disposições essas que incidem também, no que couber, aos casos de dispensa e de inexigibilidade de licitação.

Desse modo, as licitações para a execução de obras e para a prestação de serviços obedecerão à seguinte seqüência: I - projeto básico; II - projeto executivo; III - execução das obras e serviços. A execução de cada etapa será obrigatoriamente precedida da conclusão e aprovação, pela autoridade competente, dos trabalhos relativos às etapas anteriores, à exceção do projeto executivo, o qual poderá ser desenvolvido concomitantemente com a execução das obras e serviços, desde que também autorizado pela Administração.

As obras e os serviços somente poderão ser licitados quando: I - houver projeto básico aprovado pela autoridade competente e disponível para exame dos interessados em participar do processo licitatório; II - existir orçamento detalhado em planilhas que expressem a composição de todos os seus custos unitários; III - houver previsão de recursos orçamentários que assegurem o pagamento das obrigações decorrentes de obras ou serviços a serem executadas no exercício financeiro em curso, de acordo com o respectivo cronograma; IV - o produto dela esperado estiver contemplado nas metas estabelecidas no Plano Plurianual de que trata o art. 165 da CF, quando for o caso.

A lei expressamente proíbe: incluir no objeto da licitação a obtenção de recursos financeiros para sua execução, qualquer que seja a sua origem, exceto nos casos de empreendimentos executados e explorados sob o regime de concessão, nos termos da legislação específica; a inclusão, no objeto da licitação, de fornecimento de materiais e serviços sem previsão de quantidades ou cujos quantitativos não correspondam às previsões reais do projeto básico ou executivo; a realização de licitação cujo objeto inclua bens e serviços sem similaridade ou de marcas, características e especificações exclusivas, salvo nos casos em que for tecnicamente justificável, ou ainda quando o fornecimento de tais materiais e serviços for feito sob o regime de administração contratada, previsto e discriminado no ato convocatório.

Não será ainda computada como valor da obra ou serviço, para fins de julgamento das propostas de preços, a atualização monetária das obrigações de pagamento, desde a data final de cada período de aferição até a do respectivo pagamento, que será calculada pelos mesmos critérios estabelecidos obrigatoriamente no ato convocatório. Qualquer cidadão poderá requerer à Administração Pública os quantitativos das obras e preços unitários de determinada obra executada.

A execução das obras e dos serviços deve programar-se, sempre, em sua totalidade, previstos seus custos atual e final e considerados os prazos de sua execução. É proibido o retardamento imotivado da execução de obra ou serviço, ou de suas parcelas, se existente previsão orçamentária para sua execução total, salvo insuficiência financeira ou comprovado motivo de ordem técnica, justificados em despacho circunstanciado da autoridade competente, obedecido o procedimento específico previsto no art. 26 da lei.

Não poderá participar, direta ou indiretamente, da licitação ou da execução de obra ou serviço e do fornecimento de bens a eles necessários: I - o autor do projeto, básico ou executivo, pessoa física ou jurídica; II - empresa, isoladamente ou em consórcio, responsável pela elaboração do projeto básico ou executivo ou da qual o autor do projeto seja dirigente, gerente, acionista ou detentor de mais de 5% (cinco por cento) do capital com direito a voto ou controlador, responsável técnico ou subcontratado; III - servidor ou dirigente de órgão ou entidade contratante ou responsável pela licitação. É permitida a participação do autor do projeto ou da empresa a que se refere o item II, na licitação de obra ou serviço, ou na execução, como

Manual de
DIREITO ADMINISTRATIVO

161

consultor ou técnico, nas funções de fiscalização, supervisão ou gerenciamento, exclusivamente a serviço da Administração interessada. Tais vedações não impedem a licitação ou contratação de obra ou serviço que inclua a elaboração de projeto executivo como encargo do contratado ou pelo preço previamente fixado pela Administração.

Considera-se participação indireta, para fins da licitação ou da execução de obra ou serviço, inclusive de suas parcelas, a existência de qualquer vínculo de natureza técnica, comercial, econômica, financeira ou trabalhista entre o autor do projeto, pessoa física ou jurídica, e o licitante ou responsável pelos serviços, fornecimentos e obras, incluindo-se os fornecimentos de bens e serviços a estes necessários. Tal previsão aplica-se aos membros da comissão de licitação.

As obras e serviços poderão ser executados nas seguintes formas: I - execução direta; II - execução indireta, nos seguintes regimes: empreitada por preço global; empreitada por preço unitário; tarefa; empreitada integral. A opção por um dos regimes da forma de execução indireta deve ter: I - justificação técnica com a demonstração da vantagem para a administração em relação aos demais regimes; II - valores que não ultrapassarem os limites máximos estabelecidos para a modalidade de tomada de preços, constantes no art. 23 da lei; III - prévia aprovação pela autoridade competente.

As obras e serviços destinados aos mesmos fins terão projetos padronizados por tipos, categorias ou classes, exceto quando o projeto-padrão não atender às condições peculiares do local ou às exigências específicas do empreendimento. Nos projetos básicos e projetos executivos de obras e serviços serão considerados principalmente os seguintes requisitos: I - segurança; II - funcionalidade e adequação ao interesse público; III - economia na execução, conservação e operação; IV - possibilidade de emprego de mão-de-obra, materiais, tecnologia e matérias-primas existentes no local para execução, conservação e operação; V - facilidade na execução, conservação e operação, sem prejuízo da durabilidade da obra ou do serviço; VI - adoção das normas técnicas, de saúde e de segurança do trabalho adequadas; VII - impacto ambiental.

9.5.5. Alienações

Alienação (6º, IV) é toda transferência de domínio de bens a terceiros, contudo o art. 17, I, *f*, e § 2º , ao estabelecer as regras próprias para este objeto de licitação (arts. 17 a 19) inclui normas para a transferência de parte dos direitos que compõe a propriedade como a concessão de direito real de uso, locação, permissão de uso.

A alienação de bens da Administração Pública, subordinada à existência de interesse público devidamente justificado, será precedida de avaliação. Quando imóveis, dependerá de autorização legislativa para órgãos da administração direta e entidades autárquicas e fundacionais, e, para todos, inclusive as entidades paraestatais, dependerá de avaliação prévia e de licitação na modalidade de concorrência, dispensada esta nos casos listados no inciso I do art. 17. Na concorrência para a venda de bens imóveis, a fase de habilitação limitar-se-á à comprovação do recolhimento de quantia correspondente a 5% (cinco por cento) da avaliação. Quando móveis, dependerá de avaliação prévia e de licitação, dispensada esta nos casos listados no inciso II do art. 17.

No caso de doação com encargo, ela será licitada e de seu instrumento constarão, obrigatoriamente, os encargos, o prazo de seu cumprimento e cláusula de reversão, sob pena de nulidade do ato, sendo dispensada a licitação no caso de interesse público devidamente justificado. Nesta hipótese, caso o donatário necessite oferecer o imóvel em garantia de financiamento, a cláusula de reversão e demais obrigações serão garantidas por hipoteca em segundo grau em favor do doador (§§ 4º e 5º do art. 17).

Os bens imóveis da Administração Pública, cuja aquisição haja derivado de procedimentos judiciais ou de dação em pagamento, poderão ser alienados por ato da autoridade competente sem específica autorização legal, na medida que ingressam no patrimônio público disponíveis, observadas as seguintes regras: I - avaliação dos bens alienáveis; II - comprovação da necessidade ou utilidade da alienação; III - adoção do procedimento licitatório, sob a modalidade de concorrência ou leilão.

9.5.6. Concessão e Permissão de Serviço Público

Tais objetos possuem leis específicas que as definem e regulamentam. Tratam-se das Leis 8.987/95 e 9.074/95.[230] A concessão de serviço público é a delegação da prestação de determinado serviço, feita pelo poder concedente, mediante licitação, na modalidade de concorrência, à pessoa jurídica ou consórcio de empresas que demonstre capacidade para seu desempenho, por sua conta e risco e por prazo determinado. Já a concessão de serviço público precedida da execução de obra pública é a construção, total ou parcial, conser-

---

[230] Ver Capítulo 11.

vação, reforma, ampliação ou melhoramento de quaisquer obras de interesse público, delegada pelo poder concedente, mediante licitação, na modalidade de concorrência, à pessoa jurídica ou consórcio de empresas que demonstre capacidade para a sua realização, por sua conta e risco, de forma que o investimento da concessionária seja remunerado e amortizado mediante a exploração do serviço ou da obra por prazo determinado. Por sua vez, a permissão de serviço público é a delegação, a título precário, mediante licitação, da prestação de serviços públicos, feita pelo poder concedente à pessoa física ou jurídica que demonstre capacidade para seu desempenho, por sua conta e risco. Poder concedente é a União, o Estado, o Distrito Federal ou o Município, em cuja competência se encontre o serviço público, precedido ou não da execução de obra pública, objeto de concessão ou permissão.

9.6. MODALIDADES E TIPOS DE LICITAÇÃO

9.6.1. Modalidades

Modalidades são as espécies de procedimentos de licitação, ou sejam, as diversas formas de regular o cotejo e a seleção isonômica da proposta mais vantajosa para a Administração. As diferentes modalidades representam a necessidade de adequação do rito do certame ao objeto a ser selecionado, apresentando variações quanto à complexidade das fases do procedimento, ao âmbito da publicidade, ao prazo mínimo de divulgação, ao objeto e seu valor econômico, ao tipo de julgamento objetivo permitido, dentre outras diferenças. Podemos distinguir dois grupos de modalidades, a saber: I - comuns, que abrangem a concorrência, a tomada de preços e o convite, II - especiais, que são o concurso, o leilão, o pregão e outras que a lei dispuser.

Aqui se questiona o sentido do art. 22, §8º, da Lei Geral que dispõe ser vedada a criação de outras modalidades de licitação ou a combinação das referidas no citado artigo. A norma que se retira desse dispositivo deve ser o de que não possui a Administração poder discricionário de combinar os procedimentos das diferentes modalidades, nem de criar outros. Contudo pode o legislador assim proceder como resultado do exercício da competência legislativa prevista constitucionalmente. Se a norma sobre modalidade de licitação for entendida como norma geral, somente a União poderá editá-la, e como tal, por sua própria natureza e por força do art. 22, XXVII, da CF, será aplicável para todos os entes federativos. Contudo, recentemente, foi editada a MP 2.026, que regula a modalidade pregão exclusivamente para a União; logo, fixou o entendimento de que o regramento das modalidades, ao menos especiais, não são norma geral. Desse modo, os Estados, o Distrito Federal e os Municípios podem editar leis regulando procedimentos especiais de modalidades no âmbito da competência legislativa suplementar. Se outra for a compreensão, implicará a necessidade de declaração de inconstitucionalidade parcial da referida MP (ou da lei em que se converter) para retirar o caráter de uso exclusivo da União da modalidade pregão, definindo-a como norma geral.

Concorrência (art. 17, I, § 6º *contrario sensu*; art. 19, III; art. 22, I, § 1º; art. 23, I, *c*, e II, *c*, e Lei) é a modalidade de licitação entre quaisquer interessados que, na fase inicial de habilitação preliminar, comprovem possuir os requisitos mínimos de qualificação exigidos no edital para execução de seu objeto o qual poderá ser qualquer um dos estudados, seja qual for o seu valor, desde que respeitado o princípio da economicidade, bem como pode adotar todos os tipos de licitação conforme o critério objetivo de julgamento adotado. Esse é o procedimento mais complexo e de maior abrangência.

Tomada de preços é a modalidade de licitação entre interessados devidamente cadastrados ou que atenderem a todas as condições exigidas para cadastramento até o terceiro dia anterior à data do recebimento das propostas, observada a necessária qualificação. Essa modalidade pode ter como objeto compras, serviços e obras desde que respeitados os limites máximos previstos nas alíneas *b* dos incisos I e II do art. 23. A tomada de preço pode ser utilizada para objetos que seriam processados através de convite, por ser um procedimento mais abrangente, desde que respeitado o princípio da economicidade. Os tipos de licitação que são compatíveis com a tomada de preço são os de menor preço, de melhor técnica e de técnica e preço.

Convite é a modalidade de licitação entre interessados do ramo pertinente ao seu objeto, cadastrados ou não, escolhidos e convidados em número mínimo de 3 (três) pela unidade administrativa, a qual afixará, em local apropriado, cópia do instrumento convocatório e o estenderá aos demais cadastrados na correspondente especialidade que manifestarem seu interesse com antecedência de até 24 (vinte e quatro) horas da apresentação das propostas. Essa modalidade pode ter como objeto compras, serviços e obras, desde que respeitados os limites máximos previstos nas alíneas *a* dos incisos I e II do art. 23. O tipo de licitação que é compatível com o convite é o de menor preço, principalmente, mas também os de melhor técnica e de técnica e preço, por exemplo, nas licitações de informática ou de elaboração de projetos.

Concurso é a modalidade de licitação entre quaisquer interessados para escolha de trabalho técnico, científico ou artístico, mediante a instituição de prêmios ou remuneração aos vencedores, conforme critérios constantes de edital, inclusive para desempate, publicado na imprensa oficial com antecedência mínima de 45 (quarenta e cinco) dias. Assim, é o procedimento que visa a selecionar a melhor "idéia".

Leilão é a modalidade de licitação entre quaisquer interessados para venda a quem oferecer o maior lance, igual ou superior ao valor da avaliação, de bens móveis inservíveis para a administração ou de produtos legalmente apreendidos ou penhorados, ou para a alienação de bens imóveis da Administração Pública, cuja aquisição haja derivado de procedimentos judiciais ou de dação em pagamento. No caso da venda de bens móveis, o valor total avaliado não poderá ultrapassar ao limite máximo permitido para a tomada de preço de compras ou serviços comuns (art. 23, II, *b*). Se o montante de bens móveis a ser vendido ultrapassar esse limite, a modalidade de licitação deverá ser a concorrência.

Pregão é a modalidade de licitação para aquisição de bens e serviços comuns, promovida exclusivamente no âmbito da União, qualquer que seja o valor estimado da contratação, em que a disputa pelo fornecimento é feita por meio de propostas e lances em sessão pública. Poderá ser realizado o pregão por meio da utilização de recursos de tecnologia da informação, nos termos de regulamentação específica.

9.6.2. Tipos

Os tipos de licitação são determinados conforme o critério de julgamento objetivo adotado pelo instrumento convocatório nos termos dos arts. 45 e 46 da Lei 8.666. O julgamento das propostas será objetivo, devendo à Comissão de licitação ou ao responsável pelo convite realizá-lo em conformidade com os tipos que são os critérios previamente estabelecidos no ato convocatório e de acordo com os fatores exclusivamente nele referidos, de maneira a possibilitar sua aferição pelos licitantes e pelos órgãos de controle. Para esses efeitos, constituem tipos de licitação, exceto na modalidade concurso: I - a de menor preço; II - a de melhor técnica; III - a de técnica e preço; IV - a de maior lance ou oferta. É vedada a utilização de outros tipos de licitação não previstos em lei.

O tipo de licitação "menor preço" é quando o critério de seleção da proposta mais vantajosa para a Administração determinar que será vencedor o licitante que apresentar a proposta de acordo com as especificações do edital ou convite e ofertar o menor preço. No caso de empate nesse tipo de licitação, entre os licitantes considerados qualificados, em que a classificação se dá pela ordem crescente dos preços propostos, prevalece, exclusivamente, o critério do sorteio, em ato público, para o qual todos os licitantes serão convocados, vedado qualquer outro processo.

Os tipos de licitação "melhor técnica" ou "técnica e preço" serão utilizados exclusivamente para serviços de natureza predominantemente intelectual, em especial na elaboração de projetos, cálculos, fiscalização, supervisão e gerenciamento e de engenharia consultiva em geral e, em particular, para a elaboração de estudos técnicos preliminares e projetos básicos e executivos. Para contratação de bens e serviços de informática, a administração observará o disposto no art. 3º da Lei nº 8.248, de 23 de outubro de 1991, adotando obrigatoriamente o tipo de licitação "técnica e preço", permitido o emprego de outro tipo de licitação nos casos indicados em decreto do Poder Executivo.

Nas licitações do tipo "melhor técnica" será adotado o seguinte procedimento claramente explicitado no instrumento convocatório, o qual fixará o preço máximo que a Administração se propõe a pagar: I - serão abertos os envelopes contendo as propostas técnicas exclusivamente dos licitantes previamente qualificados e feita então a avaliação e classificação destas propostas de acordo com os critérios pertinentes e adequados ao objeto licitado, definidos com clareza e objetividade no instrumento convocatório e que considerem a capacitação e a experiência do proponente, a qualidade técnica da proposta, compreendendo metodologia, organização, tecnologias e recursos materiais a serem utilizados nos trabalhos, e a qualificação das equipes técnicas a serem mobilizadas para a sua execução; II - uma vez classificadas as propostas técnicas, proceder-se-á à abertura das propostas de preço dos licitantes que tenham atingido a valorização mínima estabelecida no instrumento convocatório e à negociação das condições propostas, com a proponente melhor classificada, com base nos orçamentos detalhados apresentados e respectivos preços unitários e tendo como referência o limite representado pela proposta de menor preço entre os licitantes que obtiveram a valorização mínima; III - no caso de impasse na negociação anterior, procedimento idêntico será adotado, sucessivamente, com os demais proponentes, pela ordem de classificação, até a consecução de acordo para a contratação; IV - as propostas de preços serão devolvidas intactas aos licitantes que não forem preliminarmente habilitados ou que não obtiverem a valorização mínima estabelecida para a proposta técnica.

Manual de
DIREITO ADMINISTRATIVO

Nas licitações do tipo "técnica e preço" será adotado, adicionalmente ao previsto no item I do rito anterior para o tipo "melhor técnica", o seguinte procedimento claramente explicitado no instrumento convocatório: I - será feita a avaliação e a valorização das propostas de preços, de acordo com critérios objetivos preestabelecidos no instrumento convocatório; II - a classificação dos proponentes far-se-á de acordo com a média ponderada das valorizações das propostas técnicas e de preço, de acordo com os pesos preestabelecidos no instrumento convocatório.

Excepcionalmente, os tipos de licitação "melhor técnica" ou "técnica e preço" poderão ser adotados, por autorização expressa e mediante justificativa circunstanciada da maior autoridade da Administração promotora constante do ato convocatório, para fornecimento de bens e execução de obras ou prestação de serviços de grande vulto majoritariamente dependentes de tecnologia nitidamente sofisticada e de domínio restrito, atestado por autoridades técnicas de reconhecida qualificação, nos casos em que o objeto pretendido admitir soluções alternativas e variações de execução, com repercussões significativas sobre sua qualidade, produtividade, rendimento e durabilidade concretamente mensuráveis, e estas puderem ser adotadas à livre escolha dos licitantes, na conformidade dos critérios objetivamente fixados no ato convocatório.

No caso de empate entre duas ou mais propostas, não sendo pelo tipo "menor preço" e "maior lance ou oferta", primeiro será obedecido, como critério de desempate, o disposto no § 2º do art. 3º da lei, a saber, será assegurada preferência, sucessivamente, aos bens e serviços: I - produzidos ou prestados por empresas brasileiras de capital nacional; II - produzidos no País; III - produzidos ou prestados por empresas brasileiras. Após, permanecendo o empate, a classificação se fará, obrigatoriamente, por sorteio, em ato público, para o qual todos os licitantes serão convocados, vedado qualquer outro processo.

O tipo de licitação "maior lance ou oferta" ocorre nos casos de alienação de bens ou concessão de direito real de uso, sendo que o lance é o oferecimento de um valor determinado de forma aberta, em público, para aquisição do objeto licitado, usado na modalidade leilão, enquanto a oferta é o oferecimento de um valor determinado de forma fechada, em sigilo, para aquisição do objeto licitado, usado na modalidade concorrência. Em caso de empate nesse tipo de licitação (pela oferta fechada e sigilosa), aplica-se por analogia a regra que prevê como critério de desempate unicamente o sorteio.

9.7. PROCEDIMENTO EM GERAL

9.7.1. Fase Interna

A fase interna é composta. Quanto à fase interna, somente interessa ao fornecedor do Poder Público alguns aspectos específicos, tais como: a - a compra de edital não pode ser obrigatória; b - ilegal será exigência de comprovação por recibo; c - deve vir assinado pela autoridade competente, sob pena de invalidade; preço limitado ao custo das cópias (art. 32, § 5º); d - alterações: deverá ser publicada, com devolução do prazo, se influir na proposta (art. 21, § 4º).

9.7.1.1. Elaboração do Edital ou Carta-Convite

Cabe referir: a - é a parte mais importante do procedimento interno, pois no instrumento convocatório que são fixadas as "regras do jogo", com obediência até ao final; b - Hely: "...Não se pode exigir ou deixar de exigir, ou permitir, além ou aquém ou desvantagem não prevista no edital"; c - STF afirma que: "o edital, omisso em pontos essenciais, ou discriminatórios, que afastem interessados, é nulo" (RDA 57/306 e 37/298); e - portanto, é um direito do fornecedor verificar se o edital não é discriminatório ou omisso; deve observar a norma geral do art. 4º da lei; f) e qualquer cidadão pode acompanhar, desde que não interfira (art. 1º). g) as Cláusulas do Edital são as constantes do art. 40 da lei.

9.7.1.2. Impugnações do instrumento convocatório

As impugnações do Edital ou da Carta-Convite podem ocorrer administrativa e judicialmente, se contiverem cláusulas viciadas (discriminatórias) ou se o instrumento convocatório seja omisso em pontos essenciais. Pela via administrativa, a impugnação deverá ser feita até o 2º dia útil que anteceder à abertura dos envelopes de habilitação em concorrência, à abertura dos envelopes das propostas em convite, tomada de preços ou concurso, ou à realização de leilão, às falhas ou irregularidades que viciaram esse edital; tal ato não terá efeito de recurso (ver § 2º do art. 41: "decairá no direito de impugnar... depois do julgamento..."). O art. 41, § 1º, da lei, permite a impugnação do edital por qualquer cidadão em até 5 dias útéis da data para abertura dos envelopes de habilitação, e a administração responderá no prazo de 3 dias úteis. Pela via judicial, cabe o questionamento a qualquer tempo, mesmo sem impugnação prévia administrativa (art. 5º, XXXV, da CF).

Manual de
DIREITO ADMINISTRATIVO

9.7.2. Fase Externa

A fase externa, sinteticamente, se compõe de: publicação do edital ou expedição da carta-convite; recebimento da documentação e da proposta; habilitação; julgamento com a classificação e desclassificação das propostas; homologação e adjudicação.

9.7.3. Publicação e Prazos do Edital e da Carta-Convite

Cabe mencionar: a - divulgação do edital de Concorrência normalmente é feita em resumo (AVISO), devendo ser indicado o local e horário em que pode ser obtido o edital completo; b - é obrigatória pela imprensa oficial e pela particular; c - convite expedido por cartas AR ou protocolo, publicados (afixados) os avisos na repartição licitadora; cadastrados poderão participar, mesmo não convidados; d - prazos são contados da última publicação no DO, nas concorrências e tomadas de preços e da data do AR ou do protocolo, no convite, neste último, em dias úteis; e esses prazos estão previstos, conforme a modalidade e o tipo de licitação, no § 2º do art. 21 da Lei.

9.7.4. Documentação

Normalmente é solicitada a apresentação de dois envelopes: envelope 1 - "documentação"; envelope 2 - "proposta". Sobre a documentação, aponta-se o seguinte: a - objetiva comprovar a capacidade jurídica, técnica, econômica e a regularidade fiscal, destinada a habilitar os interessados; b - pode ser substituída pelo Certificado Cadastral (= comprovante dos quatro requisitos); há de ser observado: § 2º ou 3º, ambos do art. 32 da Lei; c - o envelope deve ser apresentado até o último momento fixado no edital para seu recebimento; d - podem ser apresentados em original, publicação no DO ou cópia autenticada (Decreto Federal nº 63.166, 16.06.68 - mesmo valor e dispensam reconhecimento de firma); ou autenticado por servidor do órgão licitador (art. 32); e - documentos numerados farão parte do processo; f - não podem: - ser exigidos documentos não constantes do edital, como também não deve ser conhecido papel não solicitado; - rigorismos inúteis, nem formalidades ou documentos desnecessários à qualificação; - no caso de dúvidas, a Comissão, em qualquer fase do processo, poderá promover "diligências" (§ 3º , art. 43); vedada a inclusão de documento ou informação de inclusão posterior; h - abertura é ato público; dia, hora e local indicados; interessados podem, examinar e rubricar a documentação de todos; i - lavratura de ata circunstanciada, assinada pelos interessados presentes, facultativamente, e pela Comissão (§ 1º, art. 43). A abertura dos envelopes *"documentação"*, é seguida do exame dos documentos, constituindo a fase de habilitação.

9.7.5. Habilitação

Constitui-se do seguinte: a) verificação das condições mínimas da empresa para, a fim de ser contratada pelo Poder Público, dar conta das suas obrigações, no sentido técnico, econômico e jurídico; b) Exigência da documentação que comprove: (a) capacidade jurídica - prova de que a empresa está juridicamente constituída; pessoa física: carteira de identidade ou profissional; (b) capacidade técnica - conjunto de condições técnicas e/ou profissionais do proponente, podendo ser: (1) genérica: comprovada pelo registro profissional; (2) específica: atestados de desempenho anterior e exigência de aparelhamento e pessoal adequados para a execução do licitado; (c) capacidade econômica - é a aferição para dar conta dos encargos econômicos decorrentes do contrato; prova-se: capital da empresa e situação econômico-financeira (balanço, demonstração da conta perda e lucros, faturamento do último exercício, certidões de distribuidores forenses, não estar em falência, nem em concordata); (e) regularidade fiscal - comprovação de estar em dia com os tributos; c - se não apresentarem os documentos exigidos serão desqualificados (ou inabilitados), devolvendo-se o envelope *"proposta"* fechado; d - se julgando inabilitado indevidamente, deverá interpor recurso; pode, também, recorrer de ato que habilitar quem não preencha as condições do edital; e - recursos têm efeito suspensivo, nesta fase; não se passa à fase seguinte sem decidi-los; f - ultrapassada a fase de habilitação e abertas as propostas, não cabe mais desclassificá-las, por motivos de capacidade (jurídica, técnica e econômica), salvo fatos supervenientes ou conhecidos após o julgamento; g - a fase de habilitação estará *"preclusa"*, decorrendo o motivo de não se poder efetivar o julgamento, levando em conta documentos da fase de habilitação; h - nenhum item da fase de habilitação poderá ser reapreciado no julgamento das propostas.

9.7.6. Propostas

Lembram-se os aspectos essenciais: a - é a oferta de contrato e obriga o proponente desde o momento em que se torna conhecida pela administração até que termine o prazo de validade fixado no edital; b - pode ser retirada antes da habilitação; depois de conhecidos os habilitados, só com a sanção prevista no edital (§ 6º do art. 43); c - a proposta vincula o proponente; não se exige reconhecimento de firma; exigida em duas vias, normalmente; d - não deve ser ofertado nem além, nem aquém do pedido; e - qualquer dúvida sobre as cláusulas do edital deve ser esclarecida pela Comissão; f - não pode ser considerada qualquer oferta de vantagem não prevista no edital ou no convite, nem preço ou vantagens nas ofertas dos demais; g - não são admitidas propostas que apresentem preços unitários simbólicos, irrisórios ou de valor zero (§ 3º do art. 44); h - as que não atendam às exigências do ato convocatório e com preços excessivos ou inexeqüíveis serão desclassificadas; i - os consórcios serão admitidos se a hipótese estiver no edital; j - se o edital silenciar, no atinente a julgamento cindido (*v.g.* na aquisição de várias coisas; adquirir algumas de um e outras de outros licitantes), o julgamento será sempre global; portanto, devem ser cotadas todas as mercadorias; l - serão abertas em ato público, após a fase de habilitação e superado o prazo para recurso ou sem interposição de nenhum, ou, se interposto, após decidido, ou ainda, caso todos (não só os presentes na fase de habilitação) desistam expressamente do recurso; m - os proponentes presentes têm direito de examinar as propostas dos demais (preenchimento dos requisitos do edital); n - o exame pode ser no mesmo ato, ou ser deixado para outro dia, pela Comissão; o - ata de abertura das propostas, assinada por todos os membros da Comissão e presentes se o desejarem.

9.7.7. Julgamento

9.7.7.1. *Considerações Gerais*

Julgar é confrontar as propostas, classificando-as e escolhendo a que maior vantagem apresentar à administração, à luz dos critérios eleitos no edital. Não é ato discricionário nem pode ser subjetivo. É vinculado aos critérios do edital. O julgamento é antecedido do exame das propostas; cada uma, em face das condições previstas no edital, portanto, o exame inicial é quanto à regularidade formal das propostas. Aquelas que não se ativerem às condições formais serão desclassificadas.

9.7.7.2. *Desclassificação das Propostas*

Aponta-se: a - além do critério formal, outros motivos podem levar à desclassificação das propostas; tais como as do art. 48 e fatos supervenientes do § 5º do art. 43, ambos da lei; b - não há como desclassificar proposta por mera suspeita de sua inexeqüibilidade técnica ou econômica; c - deve-se justificar e documentar objetivamente a ocorrência.

9.7.7.3. Classificação das Propostas

Cite-se: a) toda proposta que satisfizer o edital e não incidir nas hipóteses do art. 48 ou § 5º do art. 43, deverá ser classificada e merecer exame comparativo; b) classificação de modo decrescente de pontuação (preço, ou de preco e técnica, de acordo com o edital e critérios fixados), sendo levado em conta o tipo de licitação eleito que via de regra é a de menor preço; c) pelo tipo de melhor técnica, far-se-á o julgamento técnico e somente serão abertas as propostas que atingirem a *"valoração mínima"* do edital, procedendo-se a negociação com a melhor classificada à sua proposta de preço, até o limite da proposta de menor preço entre os habilitados; d) na de técnica e preço, além do julgamento técnico (com valoração mínima), será feita a avaliação das propostas de preços, com critérios objetivos, sendo a classificação final de acordo com a média ponderada das valorações das propostas técnicas e de preços, de acordo com os pesos preestabelecidos no instrumento convocatório; e) fórmula sugerida para o tipo de técnica e preço: $(M = P \times p1 + T \times p2)$: $p1 \times p2$, onde: M = média ponderada; P = preços; T = nota técnica; $p1$ = peso de preço; $p2$ = peso de técnica.[231]

9.7.7.4. Julgamento Propriamente Dito

Qualifica-se: a) objetivo, devendo ser realizado de acordo com o tipo de licitação eleito, critérios preestabelecidos e fatores referidos; art. 45 da lei; b) critérios: são os parâmetros (iguais para todos os proponentes) pelos quais a Comissão deverá levar em conta os fatores de julgamento; c) por exemplo: peso 1 para preço; peso 2 para técnica, etc.; a quantificação matemática é o ideal; d) fatores: são eleitos pelo edital em função das características do objeto licitado (qualidade, rendimento, preço, condições de pagamento, prazos de entrega, de pagamento, etc.); e) julgamento final: após classificadas as propostas, a comissão de licitação declara o vencedor do certame. Publica-se o resultado para efeito recursal; f) caso de empate, a Administração decidirá de acordo com os critérios do § 2º do art. 45 da lei; g) julgamento - é o ato pelo qual a Comissão declara em ata específica que o primeiro classificado, para cada item se for o caso, é o vencedor da licitação; h) deve, em seguida, fazer subir à autoridade superior o processo para homologação e a adjudicação; i) é ato privativo da Comissão; não pode a autoridade superior avocar tal competência de julgamento, nem na fase de homologação.

---

[231] Toshio Mukai: obra cit.

9.7.5. Homologação e Adjudicação

A homologação é o ato da autoridade superior que significa a confirmação da regularidade de todo o procedimento licitatório e do interesse público a ele subjacente. A função desse ato homologatório é de se constituir num *Controle de Legalidade* do procedimento administrativo interno à Administração, implicando o reexame de todo o procedimento e verificação de terem sido legais e regulares os seus atos, bem como se permanece intacto o interesse público.

A autoridade superior, ao homologar o procedimento, confirma o julgamento feito pela Comissão de Licitação ou pelo responsável pelo convite. A homologação não poderá ocorrer antes de decididos eventuais recursos contra o julgamento, pois, nesta fase, ocorre efeito suspensivo, nos termos do § 2º do art. 109 o qual obriga que se dê efeito suspensivo ao recurso contra o julgamento, a fim de evitar contratações apressadas e passíveis de anulação. Ao encontrar alguma ilegalidade ou ausência de interesse público, a autoridade superior poderá, devidamente justificado e indicado, anular ou revogar a licitação, respectivamente, ao invés de homologá-la (art. 49). Para tanto, os autos do certame licitatório devem ser analisados pelo setor jurídico competente o qual deve prolatar seu parecer previamente à manifestação da autoridade superior.

A adjudicação é o ato da autoridade superior que significa a entrega do objeto da licitação ao vencedor do certame, o que só deve ser feito após a homologação do processo licitatório.

A autoridade competente a que se refere a lei (inciso VII do art. 38 e inciso VI do art. 43) é a mesma que autoriza a abertura da licitação, ou seja, o ordenador de despesa que tem poderes para vincular a Administração, sendo chamado de autoridade superior.

Após a adjudicação pela autoridade superior, surgem para o licitante vencedor e adjudicado: a) aquisição do direito de contratar com a Administração, nos termos do certame; b) se revogada após a adjudicação, terá direito a ser ressarcido dos prejuízos que teve para participar; c) vinculação aos encargos estabelecidos no edital e aos da proposta por 60 dias a contar de sua apresentação; d) sujeição às penalidades do edital, se não assinar o contrato no prazo, por sua culpa; e) o direito de impedir que a Administração contrate o objeto com qualquer outro.

Em relação aos demais licitantes, ocorrem as suas liberações. Caso o adjudicado se recuse a contratar com a Administração, ou perca o prazo para tanto, estará sujeito às penalidades previstas e detalhadas no Edital e com base na lei (art. 81), surgindo para a Administração a faculdade, enquanto uma espécie de dispensa de licitação *a posteriori* em razão da frustração da contratação, de chamar os demais concorrentes classificados pela ordem para contratarem o objeto nos termos da proposta vencedora, o que pode ou não ser aceito conforme critério exclusivo dos classificados (art. 64).

9.7.6. Revogação e Anulação da Licitação

9.7.6.1. Distinções

a) todo ato administrativo comporta sua extinção; b) autoridade superior, ao invés de homologar o procedimento, pode revogar ou anular, de acordo com as circunstâncias; c) revogação comporta juízo de mérito, quando se verifica que a manutenção do ato ou do procedimento se tornou inoportuno ou inconveniente ao interesse público, embora legais; d) por isso, a revogação não comporta forma parcial, enquanto a anulação pode ser parcial ou total; e) anulação comporta um juízo de legalidade, verificando-se se um ato ou o procedimento infringiu norma; f) anula-se o que é ilegal; por isso, pode ser total ou parcial.

9.7.6.2. Necessidade de Motivação

a) art. 49: a administração poderá revogar por interesse público, decorrente de fato superveniente comprovado; devendo anulá-la, por ilegalidade, de ofício ou por provocação; nulidade da licitação induz a do contrato (§ 2º); b) em ambos os casos, há dever legal de demonstrar a ocorrência do interesse público e da ilegalidade, portanto existe obrigação em motivar; c) sem motivação são nulas de pleno direito (art. 49); d) revogação após a homologação, há direito a indenização de prejuízos; e - de outra parte, só pode contratar com o vencedor; com outrem ou com terceiros estranhos, o ato será nulo, pois vencedor tem direito subjetivo (arts. 49 e 50).

9.8. O PROCEDIMENTO DO CONVITE

Em razão de ser o procedimento mais usual na maior parte da Administração Pública, apresentaremos algumas peculiaridades específicas do procedimento da modalidade de licitação Convite.

9.8.1. Introdução

A terminologia adotada na classificação das modalidade é própria do direito positivo brasileiro. A Lei nº 8.633/93, categoricamente, veda a criação de outras modalidades ou a combinação das existentes (art. 22, § 8º).

Conforme aponta Jorge Ulisses Jacoby Fernandes (ob. cit., p. 46), em regra, muitos dão pouca atenção à vedação. Violações das mais férteis imaginações são observadas. Por exemplo - empresa estatal, objetivando melhor repartir o mercado das firmas prestadoras de serviços de digitação, estabeleceu, no edital, o seguinte modo de inscrição para concorrer: empresa com até 100 digitadores - serviço tipo A; ... com 500 - ... B; ... com 1.000 - ... C; ... com mais de 1.000 - ... D.

Passava, então, a contratar na medida da quantidade de digitadores que precisasse para cada serviço - manifesta combinação de modalidade.

Outro exemplo apontado - promoção de tomada de preços, tipo *"menor preço"*. Abertos os *"envelopes propostas"*, objetivando reduzir mais o preço cotado, conforme edital, promoveu entre os ofertantes uma espécie de "leilão", possibilitando a revisão de seus preços para baixo, contrariando, desta forma, o contido no art. 4º, parágrafo único, da Lei.

Ora, o contrato a ser assinado deve corresponder ao somatório das cláusulas do edital e da proposta. Não se admite redução de preço - mesmo a favor. Só o contrato pode ser alterado, a proposta não. No caso, após julgadas objetivamente as propostas, a Administração poderia propor ao vencedor a redução de preços e assinaria o contrato ou aditivo contratual, no mesmo ato.

9.8.2. Noções Gerais

O convite é a modalidade: com procedimento mais simplificado; com menores prazos para a realização; empregado para compras de *"menor vulto"*, diante dos valores-limites das modalidades estabelecidos no art. 23; é a modalidade mais utilizada.

Além do que, o convite é a modalidade cujo estudo é menos sistematizado e com o significativo apoio na jurisprudência para o seu regramento.

Pode-se afirmar, sinteticamente, que a Administração escolhe ao seu arbítrio três empresas ou profissionais e os convida a participar da licitação. Requer que apresentem propostas e informando quais os critérios de julgamento. Cabe lembrar que, ainda, permanece o entendimento do TCU que para validade do convite são necessárias três propostas válidas ...

9.8.3. Conceito Legal

Ver artigo 22, § 3º, da Lei: "é a modalidade de licitação entre interessados do ramo pertinente ao objeto, cadastrados ou não, escolhidos e convidados em número mínimo de 3 (três) pela unidade administrativa, a qual afixará, em local apropriado, cópia do instrumento convocatório e o estenderá aos demais cadastrados na correspondente especialidade que manifestarem seus interesses com antecedência de até 24 horas da apresentação das propostas"..

9.8.4. Da Habilitação

A doutrina costuma indicar que, no caso do convite, a habilitação é *"presumida"* pela Administração, pelo que o convite cingir-se-ia à apresentação da proposta. Essa presunção contaminou o convite, de tal forma em que só se avaliará a capacidade contratual do licitante, no momento da contratação.

Esse é o entendimento - convite não tem habilitação - contido no art. 41, dispondo sobre os prazos de impugnação do edital, estabelece, no seu § 2º, "que decairá ... licitante que não o fizer ... anteceder a abertura dos envelopes de habilitação em concorrência, a abertura dos envelopes com as propostas em convite, ...". Assim, literalmente, a norma dá a entender que somente na concorrência haverá a fase de habilitação. Nas demais só a fase de apresentação de propostas.

Sustentam alguns que a administração pode fazer o convite colhendo tão-só a proposta de preços. Pois, se o licitante não estiver com sua situação jurídica regularizada, não haverá prejuízo. O art. 64 autoriza convocar o classificado em segundo e outros remanescentes. Outros chegaram a propor a dispensa do dever de comprovar sua regularidade com a seguridade social.

Poderia ser até mais prática a dispensa da verificação da habilitação - seus quatro desdobramentos nos arts. 28 a 31 - se mais tarde, antes da assinatura do contrato ou termo equivalente, não fosse obrigada a verificação se o licitante atende às condições legais e constitucionais para contratar. No entanto, se convocado o licitante remanescente (art. 64, § 2º), esse deverá aceitar as condições oferecidas pelo primeiro. Porém, na prática, estes têm aceitado contratar pela sua proposta - questão de preço inviável do primeiro ("sonegadores").

A posição é sustentada com base no art. 32, § 1º, autorizada a dispensa, no todo ou em parte, no casos do convite, concurso, fornecimento de bens para pronta entrega e leilão - documentação dos arts. 28 a 31. Porém, certas exigências são de índole constitucional, impedindo assim a aplicação simplificada pelo § 1º do art. 32. Por exemplo - CND deve ser sempre exigida, diante do art. 195, § 3º CF: pessoa jurídica em débito com a seguridade social não pode contratar com o Poder Público, nem receber benefícios ou incentivos fiscais ou creditícios. Entendimento pacífico do TCU - apresentação obrigatória.

Por sua vez, a Secretaria do Tesouro Nacional tem orientado os órgãos vinculados sobre o FGTS - deve ser considerado como extensão da Seguridade Social, nos termos do art. 195, § 3º. Assim, os respectivos comprovantes vêm sendo exigidos no ato de assinatura do contrato ou fechamento do negócio. Não haveria exceção nem com as Microempresas (Lei nº 7.256/84). A própria MP nº 1.526, que dispensa sobre a escrituração comercial as microempresas - redução da qualificação exigível - não afasta a exigência do art. 195, § 3º.

Assim, é recomendável que mesmo nos casos de convite existam 2 envelopes - um com a documentação de habilitação e outro com a proposta. Pode, inclusive, existir um terceiro - com a descrição do produto ou serviço. Procedimento prático a ser adotado ...

Se a licitação se prorrogar no tempo, há necessidade indispensável de atualização dos comprovantes - prazo de validade das certidões: para a contratação e não somente para licitar.

Cabe informar que os órgãos federais vinculados ao SISG são sujeitos à Instrução Normativa nº 5 do MARE, que criou o SICAF - ou seja, somente podem ser convidados os cadastrados no SICAF (exige a regularidade com o INSS e FGTS).

Outra providência salutar que vem sendo desenvolvida consiste, antes de proceder o convite, consultar o PROCON, avaliando-se a situação da empresa (referências do mercado local). O que não se admite - sem amparo legal - é a diferenciação pelo local de prestação do serviço (art. 3º), determinada, por decreto, a não-participação dos constantes das *"listas negras"*. Há decisão a respeito no TCDF - exigência de certidão negativa de violação dos direitos do consumidor ou equivalente, consignada nos atos convocatórios. A norma seria conflitante com os artigos 28 a 31 da Lei.

9.8.5. Ramo de atividade do licitante e a pertinência com o objeto

A expressão *"interessados do ramo pertinente ao seu objeto"*, contida no conceito legal em destaque, é aspecto preciso de que a empresa tenha seu ramo de atividade compatível com o objeto a ser contratado. Exemplo significativo é o pertinente a empresa de ferragens e material de construção vencedora em licitação de venda de uniformes escolares. Outro caso apontado é o de convite dirigido a empresa fornecedora de refeições - objetivando-se a entrega de número mínimos de marmitas. É sério indício de irregularidade este direcionamento, constituindo-se fato de investigação pelos órgãos de controle.

9.8.6. Alterações

Em relação ao Decreto-Lei nº 2.300/86, promoveram-se as seguintes inovações:

9.8.6.1. Exibição do convite ao público

Reafirmação do princípio da publicidade ... Refere-se a *"local apropriado"*, critério subjetivo, mas vinculado, visando a atrair o maior número de interessados. Não há obrigação de publicação na Imprensa, embora muitos estejam fazendo, sem qualquer ônus ... Deve permanecer em exibição o maior tempo possível.

9.8.6.2. Participação de interessados não-convidados

Princípio da isonomia é a pedra angular do procedimento. O novo conceito de convite permite o acesso de outros que manifestarem interesse de contratar com a Administração, cuja manifestação se dê até 24 horas antes da data para entrega das propostas. Sugere-se que essa manifestação seja por *"escrito"*, em duas vias. O conveniente é de que, se for cadastrado, seja admitido a participar. Porém, bastaria a apresentação da proposta na hora e no local determinados no convite.

E se não for cadastrado? Conforme Marçal Justen Filho, é de se presumir que se o interessado não está cadastrado, não tem interesse em participar. No entanto, é de ser lembrada a regra do art. 34, §1º, já que se cadastra periodicamente, e o convite é quase realizado semanalmente. Pelo SICAF, só pode participar quem estiver cadastrado.

9.8.6.3. Praça com mais de três possíveis interessados

Com a alteração pela Lei nº 8.883, o § 6º do art. 22 surge a exigência da existir, na praça, mais de três possíveis interessados e a cada convite, idêntico ou assemelhado, no mínimo, um novo interessado não-convidado. Assim, pode-se continuar convidando os mesmos três, porém deverá acrescer um não convidado anteriormente.

O exemplo citado é - cadastro de 8 fornecedores de ar condicionado para automóvel: na primeira, convidam-se A, B e C. Na segunda, A, B, C e D. Na terceira, A, B, C e E. Ou seja, acresça-se um cadastrado não-convidado. No entanto, pode-se recorrer a lista telefônica ou a jornal classificado extraindo-se os convidados, pois não é prudente convidar só um número mínimo - regra moralizadora do § 6º do art. 22, se existentes mais fornecedores no local.

9.8.6.4. Limitações do mercado ou desinteresse dos convidados

O TCU entende, desde longa data (Decreto-Lei nº 2.300/86), "validade ... na modalidade convite ... no mínimo três propostas válidas". A nova lei, acolhendo em parte a orientação anterior, dispõe: "§ 7º Quando, por limitações do mercado ou manifesto desinteresse dos convidados, for impossível a obtenção do número mínimo de licitante exigido no § 3º deste artigo, essas circunstâncias deverão ser devidamente justificadas no processo, sob pena de repetição do convite". Trata-se, portanto, de uma importante inovação da Lei nº 8.666/93.

9.8.6.4.1. O que é limitação de mercado, como caracterizá-la? Mercado deve ser entendido como equivalente a região - facilidades nos transportes e comunicação da relação comercial. Portanto, região geo-econômica. Juridicamente, poderia ser equivalente a *"comarca"* ou *"circunscrição"*. Entenda-se que não que pode haver limitação de mercado, quando o catálogo telefônico publica mais de três empresas operando no ramo ou quando a Junta Comercial tem mais de três registros ou sindicato de atividade similar declara a existência de outras empresas.

9.8.6.4.2. Manifesto desinteresse dos convidados. Há várias interpretações. Expedido o convite e o simples não-comparecimento da empresa, não pode-se ter por caracterizado o *"desinteresse"*. O desinteresse deve ser comprovado, havendo a necessidade de manifestação por *"escrito"*. Alguns sustentam que, diante da literalidade da lei, se convidados três seria o suficiente, pois a lei se refere a *"convidados"*. Bastaria a prova de entrega do convite no estabelecimento. Não haveria base legal para obrigar a manifestação expressa.

Por exemplo, se existentes 500 ou 50 papelarias, e o órgão convidar 5 ou 10 empresas não haveria como se afirmar o desinteresse dos convidados ou de que a Administração dirigiu mal o convite. Conclui-se, então, pela existência de um número razoável. Ou pela justificativa de que apenas aquelas 5 ou 10 estavam regular com suas obrigações trabalhistas e tributárias, devidamente esclarecido no processo, há de se ter como regular.

9.8.6.4.3. Publicação do convite na Imprensa. Carlos Pinto Coelho Mota (ob. cit., p. 117) entende que publicação do aviso do convite na imprensa oficial "poderá motivar a seqüência do processo de convite com menos de três propostas". Alguns Estados têm assim procedido, inclusive, como regra decretada e evitando-se a *"repetição"* do convite. O TCU condena a prática de não-remessa da carta-convite, limitando-se a apenas publicar um aviso do convite no jornal - "não se pode prescindir no convite pelo menos na remessa de três cartas". Entendemos que tal procedimento viola a norma que impede a combinação de modalidades de licitação, gerando nulidade da licitação, mas por si só não implica ato de improbidade, pois as finalidades de publicidade, competitividade e seleção de proposta mais vantajosa para a Administração foram atingidas.

9.8.6.4.4. Justificativa nos autos do processo. No caso de impossibilidade - limitações de mercado ou manifesto desinteresse - não for possível a obtenção do número mínimo de três licitantes, esta deverá ser justificada no processo, sob pena de repetição (§ 7º do art. 22). Esta justificativa deve se constituir de um conjunto de documentos, sob a forma do art. 38 da Lei. Aplicação, por analogia, o disposto no art. 26: declaração da junta comercial, do sindicato ou outro meio idôneo ou que sirva como início de prova. Justificativa da escolha do fornecedor e do preço.

9.8.6.4.5. Ausência de justificativa. O § 7º do art. 22 determina a *"repetição"* do convite. É a sanção posta categoricamente e doutrinariamente criticada. No ponto de vista prático, sanção de pouca ou nenhuma eficácia, já que a justificativa sucede à convocação, porém deve anteceder à homologação e esta à contratação. Se houver repetição do convite, esta deverá ser decretada entre a homologação e a contratação para que seja eficaz.

Inclusive, há corrente que entende que, configurada a limitação de mercado ou o manifesto desinteresse, a ausência de justificativa não constitui vício capaz de *"anular"* o procedimento licitatório. Conclui-se, com apoio em decisão do TCU, que para caracterizar o desinteresse não é necessário repetir o convite, mas adequadamente justificá-lo, bem como não cabe dispensa ou inexigibilidade - em razão de desinteresse (Ver hipótese do art. 24, inciso V, não aplicável no caso).

9.8.6.4.6. Três propostas válidas. Merece destaque na jurisprudência do TCU o enunciado da Súmula 222: "222. As decisões do Tribunal de Contas da União, relativas à aplicação de normas gerais de licitação, sobre as quais cabe privativamente à União legislar, devem ser acatadas pelos administradores dos Poderes da União, dos Estados, do Distrito Federal e dos Municípios".

Em decorrência do que e diante do precedente, mesmo após nova apreciação, permanece o entendimento de que, para a regularidade da licitação, na modalidade convite, é imprescindível que se apresentem 3 (três) licitantes devidamente qualificados.

Diante disso, aponta Jorge Ulisses Jacoby Fernandes que a exegese mais adequada à questão deve ser:

1) expedido o convite - devem ser recebidas pelo menos três propostas válidas. Proposta válida deve ser "entendida aquela que efetivamente concorre com as demais, atendendo ... às condições de habilitação e ofertando, ..., o produto pretendido, em preço razoável". As "*desclassificadas*" não são computáveis para o número mínimo, embora haja posição diferente.

2) se a não-obtenção das três propostas decorrer das limitações de mercado ou manifesto desinteresse, justificada no processo, poderá ser contratado com os ofertantes, mesmo sem o número mínimo.

3) As três propostas devem ser buscadas no total dos itens do convite. Não importa se num determinado item obteve-se apenas uma. Por exemplo - compra de pneus e baterias, itens de um só convite, obtem-se três propostas válidas - três para o primeiro item e apenas uma para o segundo - o convite é válido se comparecerem três licitantes diferentes, e ambos os itens podem ser adjudicados. Portanto, cada item deve ser considerado separadamente para fins de cotação de propostas - entendimento do TCU na sua esfera administrativa.

9.8.6.4.7. Faixa de valores. Conforme Luiz Alberto Blanchet, o convite é a modalidade a ser empregada entre o valor estipulado nos incisos I e II do art. 24 e o limite mínimo de tomada de preços. No entanto, mesmo só se promovendo a licitação entre essa faixa de valores, não há impedimento de realização naqueles casos eleitos como dispensável à licitação, diante do reduzido valor do objeto.

Na habilitação preliminar, inscrição em registro cadastral, sua alteração ou cancelamento e nas avaliações das propostas, o art. 51 exige que sejam processadas e julgadas por "*comissão*" permanente ou especial - constituída por no mínimo três membros, sendo dois servidores qualificados, pertencentes aos quadros permanentes dos órgãos da Administração.

Porém, em caráter excepcional, admite o § 1º do mesmo artigo, no caso de pequenas unidades administrativas e da exigüidade de pessoal disponível, a substituição por um só servidor. Portanto, dois são os pressupostos: pequena unidade administrativa e carência de servidores disponíveis.

9.8.7. Prazo

Conforme o disposto no art. 20, § 2º, IV, deve mediar o prazo de cinco dias, entre a expedição do convite (*"carta-convite"*), ou a disponibilidade de seus anexos e a apresentação das propostas.

9.9. AUTORIZAÇÃO PARA NÃO-REALIZAÇÃO DE LICITAÇÃO

9.9.1. Dispensa

A dispensa de licitação se dá em situações determinadas em que é possível a realização do certame competitivo, mas a lei prevê a faculdade para a Administração não realizá-lo. Trata-se, portanto, de um exercício discricionário que é limitado aos pressupostos taxativamente previstos em lei.

No caso de alienação de bens imóveis (art. 17, I), será dispensada a licitação nos seguintes casos: a) dação em pagamento; b) doação, permitida exclusivamente para outro órgão ou entidade da Administração Pública, de qualquer esfera de governo; esses imóveis doados, cessadas as razões que justificaram o ato, reverterão ao patrimônio da pessoa jurídica doadora, vedada a sua alienação pelo beneficiário; c) permuta, por outro imóvel que atenda aos requisitos constantes do inciso X do art. 24 desta Lei; d) investidura, entendido esta como: I - a alienação aos proprietários de imóveis lindeiros de área remanescente ou resultante de obra pública, área esta que se tornar inaproveitável isoladamente, por preço nunca inferior ao da avaliação e desde que esse não ultrapasse a 50% (cinqüenta por cento) do valor constante da alínea *a* do inciso II do art. 23 da lei; II - a alienação, aos legítimos possuidores diretos ou, na falta destes, ao Poder Público, de imóveis para fins residenciais construídos em núcleos urbanos anexos a usinas hidrelétricas, desde que considerados dispensáveis na fase de operação dessas unidades e não integrem a categoria de bens reversíveis ao final da concessão; e) venda a outro órgão ou entidade da administração pública, de qualquer esfera de governo; f) alienação, concessão de direito real de uso, locação ou permissão de uso de bens imóveis construídos e destinados ou efetivamente utilizados no âmbito de programas habitacionais de interesse social, por órgãos ou entidades da administração pública especificamente criados para esse fim; g) concessão de direito real de uso de bens imóveis, quando o uso se destina a outro órgão ou entidade da Administração Pública (§ 2º do art. 17); h) doação

Manual de
DIREITO ADMINISTRATIVO

183

com encargo quando houver interesse público devidamente justificado (§4º do art. 17).

Quando se trata de alienação de bens móveis (art. 17, II), a licitação será dispensada nos seguintes casos: a) doação, permitida exclusivamente para fins e uso de interesse social, após avaliação de sua oportunidade e conveniência socioeconômica, relativamente à escolha de outra forma de alienação; b) permuta, permitida exclusivamente entre órgãos ou entidades da Administração Pública; c) venda de ações, que poderão ser negociadas em bolsa, observada a legislação específica; d) venda de títulos, na forma da legislação pertinente; e) venda de bens produzidos ou comercializados por órgãos ou entidades da Administração Pública, em virtude de suas finalidades; f) venda de materiais e equipamentos para outros órgãos ou entidades da Administração Pública, sem utilização previsível por quem deles dispõe.

É dispensável a licitação ainda nas seguintes hipóteses (art. 24):

I - para obras e serviços de engenharia de valor até 10% (dez por cento) do limite previsto na alínea *a*, do inciso I do artigo 23 da lei, desde que não se refiram a parcelas de uma mesma obra ou serviço ou ainda para obras e serviços da mesma natureza e no mesmo local que possam ser realizadas conjunta e concomitantemente;

II - para outros serviços e compras de valor até 10% (dez por cento) do limite previsto na alínea *a*, do inciso II do artigo 23 da lei e para alienações, nos casos previstos nesta Lei, desde que não se refiram a parcelas de um mesmo serviço, compra ou alienação de maior vulto que possa ser realizada de uma só vez;

III - nos casos de guerra ou grave perturbação da ordem;

IV - nos casos de emergência ou de calamidade pública, quando caracterizada urgência de atendimento de situação que possa ocasionar prejuízo ou comprometer a segurança de pessoas, obras, serviços, equipamentos e outros bens, públicos ou particulares, e somente para os bens necessários ao atendimento da situação emergencial ou calamitosa e para as parcelas de obras e serviços que possam ser concluídas no prazo máximo de 180 (cento e oitenta) dias consecutivos e ininterruptos, contados da ocorrência da emergência ou calamidade, vedada a prorrogação dos respectivos contratos;

V - quando não acudirem interessados à licitação anterior e esta, justificadamente, não puder ser repetida sem prejuízo para a Administração, mantidas, neste caso, todas as condições preestabelecidas;

VI - quando a União tiver que intervir no domínio econômico para regular preços ou normalizar o abastecimento;

VII - quando as propostas apresentadas consignarem preços manifestamente superiores aos praticados no mercado nacional, ou forem incompatíveis com os fixados pelos órgãos oficiais competentes, casos em que, observado o parágrafo único do art. 48 da lei e, persistindo a situação, será admitida a adjudicação direta dos bens ou serviços, por valor não superior ao constante do registro de preços, ou dos serviços;

VIII - para a aquisição, por pessoa jurídica de direito público interno, de bens produzidos ou serviços prestados por órgão ou entidade que integre a Adminstração Pública e que tenha sido criado para esse fim específico em data anterior à vigência da lei, desde que o preço contratado seja compatível com o praticado no mercado;

IX - quando houver possibilidade de comprometimento da segurança nacional, nos casos estabelecidos em decreto do Presidente da República, ouvido o Conselho de Defesa Nacional;

X - para a compra ou locação de imóvel destinado ao atendimento das finalidades precípuas da administração, cujas necessidades de instalação e localização condicionem a sua escolha, desde que o preço seja compatível com o valor de mercado, segundo avaliação prévia;

XI - na contratação de remanescente de obra, serviço ou fornecimento, em conseqüência de rescisão contratual, desde que atendida a ordem de classificação da licitação anterior e aceitas as mesmas condições oferecidas pelo licitante vencedor, inclusive quanto ao preço, devidamente corrigido;

XII - nas compras de hortifrutigranjeiros, pão e outros gêneros perecíveis, no tempo necessário para a realização dos processos licitatórios correspondentes, realizadas diretamente com base no preço do dia;

XIII - na contratação de instituição brasileira incumbida regimental ou estatutariamente da pesquisa, do ensino ou do desenvolvimento institucional, ou de instituição dedicada à recuperação social do preso, desde que a contratada detenha inquestionável reputação ético-profissional e não tenha fins lucrativos;

XIV - para a aquisição de bens ou serviços nos termos de acordo internacional específico aprovado pelo Congresso Nacional, quando as condições ofertadas forem manifestamente vantajosas para o Poder Público;

XV - para a aquisição ou restauração de obras de arte e objetos históricos, de autenticidade certificada, desde que compatíveis ou inerentes às finalidades do órgão ou entidade.

XVI - para a impressão dos diários oficiais, de formulários padronizados de uso da administração, e de edições técnicas oficiais, bem como para prestação de serviços de informática a pessoa jurídica de direito público interno, por órgãos ou entidades que integrem a Administração Pública, criados para esse fim específico;

XVII - para a aquisição de componentes ou peças de origem nacional ou estrangeira, necessários à manutenção de equipamentos durante o período de garantia técnica, junto ao fornecedor original desses equipamentos, quando tal condição de exclusividade for indispensável para a vigência da garantia;

XVIII - nas compras ou contratações de serviços para o abastecimento de navios, embarcações, unidades aéreas ou tropas e seus meios de deslocamento quando em estada eventual de curta duração em portos, aeroportos ou localidades diferentes de suas sedes, por motivo de movimentação operacional ou de adestramento, quando a exigüidade dos prazos legais puder comprometer a normalidade e os propósitos das operações e desde que seu valor não exceda ao limite previsto na alínea *a* do incico II do art. 23 da lei;

XIX - para as compras de material de uso pelas Forças Armadas, com exceção de materiais de uso pessoal e administrativo, quando houver necessidade de manter a padronização requerida pela estrutura de apoio logístico dos meios navais, aéreos e terrestres, mediante parecer de comissão instituída por decreto;

XX - na contratação de associação de portadores de deficiência física, sem fins lucrativos e de comprovada idoneidade, por órgãos ou entidades da Administração Pública, para a prestação de serviços ou fornecimento de mão-de-obra, desde que o preço contratado seja compatível com o praticado no mercado;

XXI - Para a aquisição de bens destinados exclusivamente à pesquisa científica e tecnológica com recursos concedidos pela CAPES, FINEP, CNPq ou outras instituições de fomento à pesquisa credenciadas pelo CNPq para esse fim específico;

XXII - na contratação do fornecimento ou suprimento de energia elétrica com concessionário, permissionário ou autorizado, segundo as normas da legislação específica;

XXIII - na contratação realizada por empresa pública ou sociedade de economia mista com suas subsidiárias e controladas, para a aquisição ou alienação de bens, prestação ou obtenção de serviços, desde que o preço contratado seja compatível com o praticado no mercado;

XXIV - para a celebração de contratos de prestação de serviços com as organizações sociais, qualificadas no âmbito das respectivas esferas de governo, para atividades contempladas no contrato de gestão.

Os percentuais referidos nos itens I e II serão de 20% (vinte por cento) para compras, obras e serviços contratados por sociedade de economia mista e empresa pública, bem assim por autarquia e fundação qualificadas, na forma da lei, como Agências Executivas. Já em relação à alienação, o percentual para dispensa permanece em 10%.

Podemos identificar outra hipótese de dispensa de licitação na previsão do art. 64, § 2º, pelo qual é facultado à Administração, quando o convocado não assinar o termo de contrato ou não aceitar ou retirar o instrumento equivalente no prazo e condições estabelecidos, convocar os licitantes remanescentes, na ordem de classificação, para fazê-lo em igual prazo e nas mesmas condições propostas pelo primeiro classificado, inclusive quanto aos preços atualizados de conformidade com o ato convocatório. Trata-se de dispensa *a posteriori* a uma licitação para evitar uma segunda.

O art. 26 da lei dispõe um procedimento especial para as hipóteses de dispensa de licitação previstas nos §§ 2º e 4º do art. 17 e nos incisos III a XXIV do art. 24, as quais deverão ser comunicadas dentro de três dias à autoridade superior, para ratificação e publicação na imprensa oficial, no prazo de cinco dias, como condição para eficácia dos atos. O processo de dispensa, nessas hipóteses, será instruído, no que couber, com os seguintes elementos: I - caracterização da situação emergencial ou calamitosa que justifique a dispensa, quando for o caso; II - razão da escolha do fornecedor ou executante; III - justificativa do preço; IV - documento de aprovação dos projetos de pesquisa aos quais os bens serão alocados.

A dispensa de licitação é classificada pela doutrina em duas espécies, a saber, Licitação Dispensada e Licitação Dispensável. A primeira abrangeria os casos elencados no art. 17, enquanto a segunda englobaria as hipóteses do art. 24, pois esses dispositivos utilizam, respectivamente, as expressões "dispensada" e "dispensável". Tal critério distintivo não procede, mas a necessidade de distinção entre duas espécies de dispensa é imperiosa em razão da diferença de processamento e de obtenção de seus efeitos. Assim, a diferença entre licitação dispensada e dispensável é porque a primeira não requer o ato de ratificação e o procedimento previsto no art. 26, enquanto para a segunda o seu cumprimento é indispensável. Tal procedimento especial é exigido para a licitação dispensável, porque se refere a hipóteses mais complexas de enquadramento, exigindo um exame fático de maior profundidade. Em qualquer dos casos de dispensa, se comprovado superfaturamento, respondem solidariamente pelo dano causado à Fazenda Pública o fornecedor ou o prestador de serviços e o agente público responsável, sem prejuízo de outras sanções legais cabíveis (§ 2º do art. 25).

9.9.2. Inexigibilidade

É inexigível a licitação quando houver inviabilidade de competição; logo, a inexigibilidade de licitação se dá em situações em que é impossível a realização do certame competitivo, em especial (art. 25):

I - para aquisição de materiais, equipamentos, ou gêneros que só possam ser fornecidos por produtor, empresa ou representante comercial exclusivo, vedada a preferência de marca, devendo a comprovação de exclusividade ser feita através de atestado fornecido pelo órgão de registro do comércio do local em que se realizaria a licitação ou a obra ou o serviço, pelo Sindicato, Federação ou Confederação Patronal, ou, ainda, pelas entidades equivalentes;

II - para a contratação de serviços técnicos enumerados no art. 13 da Lei, de natureza singular, com profissionais ou empresas de notória especialização, vedada a inexigibilidade para serviços de publicidade e divulgação; considera-se de notória especialização o profissional ou empresa cujo conceito no campo de sua especialidade, decorrente de desempenho anterior, estudos, experiências, publicações, organização, aparelhamento, equipe técnica, ou de outros requisitos relacionados com suas atividades, permita inferir que o seu trabalho é essencial e indiscutivelmente o mais adequado à plena satisfação do objeto do contrato;

III - para contratação de profissional de qualquer setor artístico, diretamente ou através de empresário exclusivo, desde que consagrado pela crítica especializada ou pela opinião pública.

Tais situações elencadas pela lei são meramente exemplificativas, devendo a Administração enquadrar outras situações de impossibilidade de competição no *caput* do art. 25, como no caso de o Poder Público estar interessado na contratação de todos aqueles habilitados a fornecer determinados bens e serviços.

Da mesma forma que para dispensa, em qualquer dos casos de inexigibilidade, se comprovado superfaturamento, respondem solidariamente pelo dano causado à Fazenda Pública o fornecedor ou o prestador de serviços e o agente público responsável, sem prejuízo de outras sanções legais cabíveis. Também as situações de inexigibilidade, necessariamente justificadas, deverão ser comunicadas dentro de três dias à autoridade superior, para ratificação e publicação na imprensa oficial, no prazo de cinco dias, como condição para eficácia dos atos. O processo de inexigibilidade será instruído, no que couber, com os seguintes elementos: I - caracterização da situação emergencial ou calamitosa que justifique a dispensa, quando for o caso; II - razão da escolha do fornecedor ou executante; III - justificativa do preço; IV - documento de aprovação dos projetos de pesquisa aos quais os bens serão alocados.

9.10. DEFESA DOS LICITANTES

9.10.1. Considerações Gerais

Para fazer valer seu direito subjetivo, a empresa fornecedora tem, na via administrativa, o direito de petição (recurso administrativo, pedido de reconsideração e representação); e, na via judicial, o mandado de segurança, a ação popular e a ação declaratória.

9.10.2. Via Administrativa (Direito de Petição)

9.10.2.1. Recurso Administrativo

Mecanismo: a - deve ser interposto no prazo de 5 dias úteis a contar da intimação do ato ou da lavratura da ata, nos casos: 1) habilitação ou inabilitação; 2) julgamento das propostas; 3) anulação ou revogação da licitação; 4) indeferimento do pedido de inscrição em registro cadastral, sua alteração ou cancelamento; a) Recursos nas fases de habilitação e de julgamento têm sempre efeito suspensivo; b) Nas demais hipóteses podem, por ato da autoridade competente, motivada e por interesse público; c) interposto, será comunicado aos demais, podendo impugná-los em 5 dias úteis; d) dirigido à autoridade superior por intermédio do Presidente da Comissão (de Licitação ou registro Cadastral); e) cabe reconsiderar no prazo de 5 dias, após manifestação dos demais em 5 dias; ou fazê-lo subir, devidamente informado, à autoridade superior, o qual terá 5 dias úteis para decidir.

9.10.2.2. Representação

Caberá, no prazo de 5 dias úteis da intimação da decisão relacionada com o objeto, em que não caiba recurso hierárquico.

9.10.2.3. Pedido de reconsideração

Cabe da decisão de Ministro ou de Secretário (estadual ou municipal) declare a empresa inidônea para licitar, no prazo de 10 dias úteis da intimação do ato.

9.10.2.4. Defesa Prévia

Quando da aplicação de penalidade de advertência, suspensão temporária de participação, por prazo não superior a 2 anos e declaração de inidoneidade, a Administração terá de oferecer a possibilidade no prazo de 5 dias úteis.

9.10.2.5. Contagem dos prazos e vencimentos

São em dias úteis, excluído o de início e incluído o de vencimento; só se iniciando em dia de expediente no órgão ou entidade licitante.

9.10.2.6. Conteúdo das decisões recursais

Elementos: a - é da competência exclusiva da Comissão o julgamento da licitação (concorrência e tomada de preços - art. 51 da Lei); b - por isso, a autoridade superior, ao decidir o recurso, não pode modificar o julgamento, deve, tão-só, confirmar a decisão ou anular o julgado ou a licitação como um todo (havendo vício insanável); c - devolverá o processo à Comissão para refazer os atos irregulares.

9.10.3. Via Judicial

9.10.3.1. Considerações gerais

O art. 5º, CF/88, declara que "a lei não excluirá da apreciação do Poder Judiciário lesão ou ameaça de Direito". Cabe, então, ao Judiciário, examinando os processos judiciais, anular o procedimento, no todo ou em parte, determinando que se refaça nos termos legais.

A utilização das vias judiciais independe do exaurimento dos recursos administrativos; salvo na hipótese da ocorrência de recurso administrativo com efeito suspensivo durante o qual não será admissível ação judicial.

9.10.3.2. Ações utilizáveis

No caso de violação de direitos na licitação, o postulante terá de demonstrar seu legítimo interesse de agir, diante da legitimação ativa, comprovando junto à inicial que participou da licitação ou que dela foi afastado pela Comissão ou autoridade responsável.

As ações poderão ser ordinárias, tais como, de anulação, de indenização, de preceito cominatório, e, em alguns casos, a ação declaratória; ou ainda as especiais, remédios constitucionais, como mandado de segurança e ação popular.

Capítulo 10

Os Contratos Administrativos

10.1. DIREITO DAS OBRIGAÇÕES

É importante a recapitulação de algumas noções básicas e fundamentais, como introdução ao presente estudo sobre contratos administrativos. É sabido que o contrato é uma das fontes da obrigação e desde a origem do Direito Romano, já se tinha idéia do significado de obrigações. Inúmeras definições e conceitos de obrigação são oferecidos pela doutrina. Para o nosso direito positivo, o direito das obrigações trata dos direitos relativos de caráter patrimonial e constitui a matéria do terceiro livro da parte especial do Código Civil Brasileiro.

10.1.1. Conceito de obrigação

Variadas são as conceituações. Caio Mário da Silva Pereira a define como "o vínculo jurídico em virtude do qual uma pessoa pode exigir de outra uma prestação economicamente apreciável" (*Instituições de Direito Civil*, vol. III, 12ª ed., Forense, 1994, p. 5).

Arnoldo Wald (ob. cit., p. 18) preleciona: "Obrigação é o vínculo jurídico temporário pela parte credora (uma ou mais pessoas) pode exigir da parte devedora (uma ou mais pessoas) uma prestação patrimonial e agir judicialmente sobre o seu patrimônio, se não for satisfeita espontaneamente".

Porém, o melhor conceito de obrigação, pela precisão e objetividade, nos é fornecida por Clóvis Bevilácqua: "obrigação é o poder que tem alguém (credor) de exigir de outrem (devedor) uma prestação". Essa prestação pode se constituir num *fazer*, num *não fazer*, ou num *dar*.

10.1.2. Fontes das obrigações

As fontes da obrigação, no direito brasileiro, são os *atos jurídicos* (unilaterais ou bilaterais), os *atos ilícitos*, que geram a responsabilidade civil e a lei (Arnold Wald, ob. cit., p. 68).

Prossegue o autor: "o ato jurídico é a declaração de vontade que pode revestir a forma unilateral (título ao portador, proposta com tempo certo, promessa de recompensa), bilateral ou plurilateral (contratos em geral). O ato ilícito, que substitui os delitos e quase-delitos, é a violação culposa ou dolosa da lei, que causa dano e impõe o dever de ressarcir o prejuízo. Pouco importa que haja culpa ou dolo, que a atividade do responsável tenha sido direta ou indireta. A lei, finalmente, gera obrigações entre parentes, entre vizinhos e entre pessoas de algum modo relacionadas".

Por sua vez, Maria Helena Diniz (*Tratado Teórico e Prático dos Contratos*, vol. I, Ed. Saraiva, 1993, p. 3) assevera: "A fonte das obrigações contratuais é o fato jurídico, uma vez que o fato jurídico *lato sensu* é o elemento que dá origem aos direitos subjetivos, dentre eles os obrigacionais, impulsionando a criação da relação jurídica e concretizando as normas de direito. Deveras, do direito objetivo não surgem diretamente os direitos subjetivos; é necessária uma forma de propulsão ou causa que se denomina fato jurídico. A obrigação encontra sua gênese na ordem jurídica, pois temos como das relações obrigacionais o fato jurídico devidamente qualificado e a lei, ou melhor, a vontade humana e a lei".

Assim, resumindo-se, temos: a lei, que cria a obrigação, determinando que, em determinadas condições, alguém tem o dever legal de prestar algo em relação a outrem; o ato ilícito, que obriga à reparação do prejuízo, e o contrato, que obriga comutativamente duas ou mais pessoas, nos limites do ajustado.

10.1.3. O contrato como categoria geral

Hely Lopes Meirelles diz: "contrato é todo o acordo de vontades, firmado livremente pelas partes, para criar obrigações e direitos recíprocos. Em princípio, todo contrato é um negócio jurídico bilateral e comutativo, isto é, realizado entre pelo menos duas pessoas que se obrigam a prestações mútuas e equivalentes em encargos e vantagens" (*Licitações e Contrato Administrativo*, 10ª ed., RT, p. 179).

No entanto, como se verifica, o que caracteriza a figura do contrato, como categoria geral, é que se trata de um ajuste de interesses opostos. Esse aspecto evidente marca o contrato como categoria diferenciada de outros ajustes, tal como o convênio, no qual as vontades não são opostas, antes pelo contrário, convergem para o mesmo objetivo. Por exemplo, em uma obra de engenharia, uma das partes que a obra e a outra o preço para construí-la; condição que não ocorre nos convênios ou consórcios, onde a vontade das partes é comum ou coincidente.

De outra parte, as vontades devem ser livres (manifestação), pressupondo a capacidade jurídica para fazê-la. Igualmente, ninguém contrata para não cumprir o convencionado; assim, a relação livremente eleita pelas partes as subjuga (*pacta sunt servanda*).

Por fim, "são características da categoria contratual, ainda, aquelas ditadas pela ordem pública, inclusive quanto à licitude do objeto e à obediência à forma, esta mais em defesa da estabilidade e da confiabilidade das relações jurídicas." (Edmir Netto de Araújo, *Do negócio jurídico administrativo*, RT, 1992, p. 120).

10.2. CONTRATO PRIVADO E PÚBLICO

10.2.1. Contrato de direito privado adotado pelo Estado

De longa data o mundo jurídico conhece apenas a figura do contrato de direito privado, tendo em vista ser, mais comum, que as relações jurídicas da espécie se travassem entre particulares. Portanto, o contrato então conhecido era aquele que, baseado na livre manifestação da vontade, tinha como conseqüência na relação jurídica em absoluto pé de igualdade entre as partes. Assim como nenhuma das partes poderia pretender alterar unilateralmente o contrato, além do que, somente o juiz poderia declarar rescindido o contrato inadimplido por uma das partes.

Esse contrato - de direito privado -, por longo tempo, é o utilizado para regular as relações jurídicas entre o Estado e o particular. Por essa razão, embora pacífico que o Estado tem uma única personalidade jurídica pública e de ser o contrato administrativo uma realidade jurídica inafastável, parte da doutrina insiste que o Estado pode ora celebrar contrato de direito privado, ora contrato administrativo.

Caio Tácito afirma: "A Administração Pública poderá pactuar contratos que regulem pelas normas comuns de direito privado, tendo apenas de considerar a capacidade do contratado em função das correspondentes normas administrativas, tal como ocorrerá, em geral, com as pessoas jurídicas. Na maioria dos casos, no entanto, o negócio jurídico de que participa a Administração Pública se regula por um regime jurídico especial, que se sobrepõe ao direito comum: o contrato de direito privado se transfigura no contrato administrativo" (*Contratos Administrativos*, Boletim de Licitações e Contratos, jan./89, p. 1).

Como observa Edmir Netto de Araújo: "... Na verdade, o Poder Público pode, por opção, celebrar contratos de direito privado e particulares podem ser parte nos contratos de direito público. O que conta, para localizar o contrato em um ou outro ramo do Direito é sua sujeição a regime jurídico de direito privado ou de direito público, o que traz como reflexo imediato a caracterização da posição que cada uma das partes assume na relação contratual" (ob. cit., p. 121).

10.2.2. Advento do contrato administrativo (*Leading Case* - Francês)

Como se mencionou, o Estado ao pactuar a realização de obras e serviços ou a compra de bens com os particulares, fazia através da celebração de contratos de direito privado, saindo de seu pedestal e igualando-se em direitos e obrigações com a outra parte. Diante dessa situação - idêntica a do particular - era óbvia a não-admissão da possibilidade de modificação unilateral do contrato.

Somente em 1902, com a decisão do acórdão *"Deville - lés - Rouen, do Conselho de estado Francês"*, foi inaugurada jurisprudência - se tornou clássica (querela do gás e da eletricidade) - consolidada no famoso arresto da cidade de Bordeaux, no qual é estabelecida a possibilidade de o Poder Público alterar unilateralmente as cláusulas do contrato, daí surgindo a famosa teoria das *"cláusulas exorbitantes do direito comum"* e, como conseqüência, a denominação de contrato administrativo.

Porém, essa possibilidade de alteração contratual tem seus limites, segundo a doutrina francesa. " O principal limite é que as alterações só se justificam em relação às cláusulas de serviços ou regulamentares".

A propósito do tema, anota o autor citado: "5) A aplicação deste princípio suscita questões delicadas quando a administração entende de realizar uma modernização do serviço concedido pelo emprego de técnicas novas melhor adaptadas às necessidades sociais e ao progresso industrial (substituição da iluminação elétrica no lugar da iluminação a gás no fim do século XIX, dos automóveis no lugar dos trens no século XX).

(...) Por ocasião da famosa *'querela do gás e da eletricidade'* ela admitiu que, se a Administração concedente não pudesse impor ao concessionário do gás de distribuir doravante eletricidade, pelo menos, após as ter colocado em mora de se modernizar, assim, se encontraria ela, em caso de recusa, desobrigada de sua obrigação, inscrita no contrato, de garantir ao concessionário um privilégio de exclusividade de iluminação e poderia daí em diante tratar com companhias de eletricidade concorrentes".

Desta forma, após a decisão do *caso Prefeitura de Bordeaux X Concessionário* dos serviços de iluminação da cidade - onde era gás, foi imposto ao concessionário a forma de prestação dos serviços pela iluminação elétrica. Face à recusa, o Conselho de Estado Francês acabou decidindo e entendendo, no caso, ser legítima a imposição unilateral pelo Poder Público - alterando a forma de prestação de serviço. Diante do que, surgem os primeiros contornos do contrato administrativo.

10.3. CONTRATO ADMINISTRATIVO

10.3.1. Noção geral sobre contrato

Temos que, segundo Hely Lopes Meirelles (*Direito Administrativo Brasileiro*, RT, 14ª ed., atualizada, p. 186), "Contrato é todo acordo de vontades, firmado livremente pelas partes, para criar obrigações e direitos recíprocos." Todo contrato é negocio jurídico bilateral e comutativo - qual seja realizado entre pessoas que se obrigam a prestações mútuas e equivalentes nos encargos e vantagens. É pacto consensual, pressupondo liberdade e capacidade jurídica das partes, obrigando-se validamente. É negócio jurídico, requerendo objeto lícito e forma prescrita ou não vedada em lei.

Assim, embora típica do direito privado, a instituição é utilizada pela Administração Pública, na sua forma originária (*contratos privados*) ou com adaptações aos negócios públicos (*contratos administrativos*). Decorre, desta forma, a teoria geral do contrato ser a mesma: tanto para os "privados" (civis e comerciais) como para os "públicos" (espécies - contratos administrativos e os internacionais). Porém, os contratos públicos são regidos por normas e princípios próprios do direito público, com atuação do direito privado de forma supletiva e jamais substituindo ou derrogando as regras específicas da Administração.

É sabido que todo e qualquer contrato é dominado por dois princípios: o da lei entre as partes (*lex inter partes*) e o da observância do pactuado (*pacta sunt servanda*). Como vimos, no privado a liberdade de contratar é ampla e informal, salvo restrições da lei e as exigências especiais de forma. Por outro lado, no público, a administração está sujeita a limitações de conteúdo e a requisitos formais rígidos, em contrapartida, dispõe de privilégios administrativos na fixação e alteração das cláusulas de interesse público e até por fim ao contrato em meio de sua execução. Tais peculiaridades distinguem o contrato administrativo do contrato privado.

10.3.2. Conceito

Permanecendo, ainda, com Hely Lopes Meirelles, que conceitua o contrato administrativo: "é o ajuste que a administração Pública, agindo nessa qualidade, firma com particular ou outra entidade administrativa, para a consecução de objetivos de interesse público, nas condições estabelecidas pela própria Administração". Diante da conceituação, temos os ajustes da Administração direta e indireta, porque podem firmar contratos com peculiaridades administrativas, sujeitas a preceitos de direito público.

É sempre *"consensual"* e, em regra, *"formal, oneroso, comutativo e intuitu persone"*. *Consensual* - consubstancia um acordo de vontades e não ato unilateral e impositivo da Administração. *Formal* - se expressa por escrito e com requisitos especiais. *Oneroso* - remunerado na forma convencionada. *Comutativo* - estabelece compensações recíprocas e equivalentes para as partes. *Intuitu Personae* - deve ser executado pelo próprio contratado, em princípio, vedadas substituição ou transferência do ajuste.

Outra característica própria e substancial do contrato administrativo, embora externa, é a realização prévia de *"licitação"*, dispensável nos casos expressos em lei. Porém, o que tipifica e o difere do contrato privado é a participação da Administração na relação jurídica, com *"supremacia de poder"* na fixação de condições iniciais do ajuste. Daí decorre para a Administração a faculdade de impor as *"cláusulas exorbitantes"* do direito comum.

Portanto, o que caracteriza o contrato administrativo não é o objeto (idêntico ao de direito privado: obra, serviço, compra, alienação, locação), nem a *finalidade ou interesse público* (sempre presentes em quaisquer contratos administrativos - públicos ou privados), como *"pressupostos necessários"* da atuação Administrativa. "É a participação da Administração, derrogando normas de direito privado e agindo *publicae utilitatis causa*, sob a égide do direito público, que tipifica o contrato administrativo.

Assim, a Administração pode realizar contratos sob as normas exclusivas do direito privado - em posição de igualdade com o particular contratante - , como pode fazê-lo com supremacia do Poder Público. Haverá sempre interesse e finalidade pública como pressupostos. No primeiro, o ajuste será de natureza privada e somente no segundo haverá contrato administrativo típico. Daí, decorre a necessidade da distinção entre *"contratos privados da Administração"* (tais como, a compra de um edifício particular, venda de um bem público, etc.) e *"contratos administrativos"* propriamente ditos (serviço público, obra pública e outros).

Distinção fundamental para a correta interpretação dos contratos administrativos é a que os classifica em: a) *de colaboração* - em que o particular se obriga a prestar ou realizar algo para a administração, tais como nos ajustes de obras, de serviços ou fornecimento. Firmado no interesse precípuo da Administração. b) *de atribuição* - Administração confere determinadas vantagens ou certos direitos ao particular, como o uso especial de bem público. Realizado no interesse do particular, desde que não contrarie o interesse público.

10.3.3. Peculiaridades

Característica essencial - consubstanciada na "participação da Administração com supremacia de poder" - recaem no contrato administrativo certas peculiaridades não ostentadas pelos de direito privado (ou comum). Constituem as chamadas *"cláusulas exorbitantes"*, explícitas ou implícitas em todo contrato administrativo.

Cláusulas Exorbitantes são as que excedem do direito comum para consignar vantagem ou uma restrição à Administração ou ao contratado. Ela não seria lícita num contrato privado, pois desigualaria as partes na execução do avençado. Porém, é absolutamente válida no administrativo, desde que decorra da lei ou dos princípios que regulam a atividade administrativa, visando a estabelecer uma prerrogativa em favor de uma das partes para o perfeito atendimento do interesse público, sobreposto sempre aos interesses particulares. Como se referem os franceses à presença das "cláusulas exorbitantes" nos contratos administrativos: *la marque du droit public.*

As cláusulas exorbitantes consignam as diversas prerrogativas, no interesse do serviço público, como a ocupação do domínio público, o poder expropriatório e a atribuição de arrecadar tributos, concedidos ao particular contratante para a execução do contrato. No entanto, como entende Hely Lopes Meirelles, "as principais são as que se exteriorizam na *'possibilidade de alteração e rescisão unilateral do contrato'*; no *'equilíbrio econômico e financeiro'*; na *'revisão de preços e tarifas'*; no *'controle do contrato'* e na *'aplicação de penalidades* contratuais' pela Administração". É de ser referida, ainda, a possibilidade de aplicação nos contratos administrativos da *"teoria da imprevisão"* (*Direito Administrativo Brasileiro*, cit., p. 197/198).

10.3.4. Alterações e rescisão unilaterais

É inerente à Administração. Podem ser feitas mesmo que não previstas expressamente em lei ou consignadas em cláusula contratual. Nenhum particular ao contratar com a Administração adquire o direito à *"imutabilidade do contrato"* ou à sua execução integral ou às vantagens *in specie*, pois que isto equivaleria a subordinar o interesse público ao privado.

Constitui preceito de ordem pública o *"poder de modificação unilateral"* do contrato administrativo. Não pode a Administração renunciar previamente à faculdade do seu exercício (sustentam Jéze e Bonnard). "Seu fundamento, segundo Laudabère, é a competência exclusiva das autoridades para organizar e administrar as obras e serviços públicos como verdadeiros "donos". As alterações só podem atingir as denominadas *"cláusulas regulamentares ou de serviço"*, ou seja, aquelas que dispõem sobre o objeto do contrato e o modo de sua execução.

Igualmente, o *"poder de rescisão unilateral"* do contrato administrativo é, também, preceito de ordem pública que decorre do princípio da *"continuidade do serviço público"*. Essa rescisão (unilateral ou administrativa) pode decorrer por *"inadimplência do contratante"* como por *"interesse público"* na cessão da execução. Em ambos os casos, há necessidade da existência de *"justa causa"* para rompimento do contrato, pois, não de trata de ato *"discricionário"*, mas vinculado aos motivos que a norma ou as cláusulas contratais consignam, ensejadores do excepcional distrato.

O contrato administrativo ilegal pode ser extinto por *"anulação"* unilateral da Administração, no entanto, sempre haverá a oportunidade de defesa do contratado. Porém, "somente o contrato tipicamente administrativo é passível de anulação unilateral, não o sendo o contrato de direito privado (compra e venda, doação e outros), firmado pela Administração, o qual só pode ser extinto por acordo entre as partes ou por via judicial. Observe-se, porém, que mesmo nos contratos anulados o que foi realizado com proveito da Administração deve ser pago, não por obrigação contratual, mas pelo dever moral que impede o enriquecimento ilícito de qualquer das partes", como menciona Hely Lopes Meirelles (ob. cit., p. 191), em decorrência de decisões jurisprudenciais (TJRF-RF 153/305; TJSP-RT 141/686. 185/720, 188/631, 242/184; 1o. TASP Civil 272/513). A Lei nº 8.666/93, de licitações e contratos administrativos, prevê ambas as hipóteses (art. 65, I, alíneas *a* e *b*: § 1º do art. 65 e art. 79, I).

10.3.5. Equilíbrio financeiro

Ou *equilíbrio econômico* ou *equação econômica*, ou *equação financeira do contrato administrativo* é a relação estabelecida, inicialmente, pelas partes entre os encargos do contratado e a retribuição da Administração para a justa remuneração do objeto de ajuste.

A relação *"encargo-remuneração"* deve ser mantida durante toda a execução do contrato, a fim de que o contratado não venha a sofrer indevida redução nos lucros normais do empreendimento. Portanto, ao usar o direito de *"alterar unilateralmente as cláusulas regulamentares"* do contrato administrativo, a Administração não pode violar o direito do contratado de ver mantida a equação financeira originariamente estabelecida. Cabe operar os necessários *"reajustes econômicos"* para o restabelecimento do equilíbrio. É doutrina universalmente consagrada. - extensiva a todos os contratos administrativos (Lei nº 8.666/93, § 1º do art. 58: "As cláusulas econômico-financeiras e monetárias dos contratos administrativos não poderão ser alteradas sem prévia concordância do contratado").

10.3.6. Reajustamento de preços e tarifas (correção monetária e recomposição de preços)

É medida convencionada entre as partes contratantes para evitar que, em razão das elevações de mercado, da desvalorização da moeda ou do aumento geral de salário no período de execução do contrato administrativo, venha a romper-se o equilíbrio financeiro do ajuste (Hely Lopes Meirelles, ob. cit., p. 199).

Desta forma, para que não se altere a relação *"encargo-remuneração"* em prejuízo do contratado, a Administração procede à majoração do *"preço"*, unitário ou global, originariamente previsto para remuneração de um contrato de obra, serviço ou fornecimento, ou da *"tarifa"* fixada para pagamento de serviços públicos ou de utilidade pública prestados por particulares, dentro dos critérios expressos e preestabelecidos no ajuste.

Essa conduta não é decorrente da imprevisão das partes; ao contrário, é previsão de realidade existente. Modernamente, são adotadas *"tarifas indexadas"* ou a *"indexação de preços"* nos contratos de longa duração, obtendo-se, assim, um reajustamento automático, em função da alteração de fatores vinculantes, tais como a elevação do custo de vida, o encarecimento da matéria-prima, a majoração dos transportes e outros elementos integrantes nos custos da produção de bens e operações de serviço, em que pesem todos os inconvenientes decorrentes em relação da estabilização da moeda ou do ajuste fiscal.

O reajustamento está previsto na Lei nº 8.666/93, no inciso XI do art. 40. A correção monetária, que é a atualização financeira dos valores a serem pagos, prevista na alínea *c* do inciso IV do art. 40 e no § 2º do art. 5º.

10.3.7. Exceção de contrato não cumprido

Exceptio non adimpleti contractus - usualmente invocado nos ajuste de direito privado. Não se aplica aos contratos administrativos, quando a falta for da Administração. Todavia, esta pode argüir a *"exceção"* em seu favor, face à inadimplência do particular contratante.

Nos contratos entre particulares, é lícito a qualquer das partes cessar a execução do avençado, quando a outra não cumpre a sua obrigação (CC, art. 1.092). Nos ajustes de direito público, porém, não se pode usar dessa faculdade contra a Administração. Impede-o o princípio maior da *"continuidade do serviço público"*, vedando a paralisação da execução contratual, mesmo diante da omissão ou atraso da administração nas suas prestações.

Nos contratos administrativos, a exceção é substituída pela *"indenização dos prejuízos"* suportados pelo particular ou, ainda, pela rescisão por culpa da Administração. Não se admite é a paralisação sumária, pura e simplesmente, pena de inadimplência do particular contratado, ensejadora da rescisão unilateral.

No entanto, a doutrina moderna admite a invocação da *exceptio* contra o Poder Público num contrato administrativo que visa a concretizar atividade-meio da Administração e não tenha a ver com realização direta de um serviço público ao usuário. A Lei nº 8.666/93 admite, em dois casos, a invocação da *"exceptio contra o Poder Público"*: a) suspensão por ordem escrita da Administração, por prazo superior de 120 dias, com direito de opção; b) no caso de atraso superior a 90 dias dos pagamentos devidos, com direito de opção pela suspensão de obrigações. Portanto, é admitida restritivamente - somente nestes dois casos.

10.3.8. Controle do contrato

É um dos poderes inerentes à Administração. Por isso implícito em toda a contratação pública, dispensa cláusula expressa, pois, se à Administração incumbe a realização de obras públicas e a prestação de serviços à coletividade, há de ter a correspondente prerrogativa de *"controlar"* os seus contratos e de adequá-los às exigências do momento, "supervisionando, acompanhando e fiscalizando" a sua execução e nela intervindo.

É cabível sempre que, por incúria da empresa ou pela ocorrência de eventos estranhos ao contratante, sobrevenha retardamento ou paralisação da execução ou perigo de desvirtuamento ou perecimento do objeto do ajustado, com prejuízos atuais ou iminentes para a programação administrativa, aos usuários ou ao empreendimento contratado. É lícito, inclusive, à Administração assumir provisória ou definitivamente a execução do objeto, utilizando material, pessoal e equipamentos do contratante, obviamente sujeito à indenização posterior.

10.3.9. Aplicação de penalidades contratuais

Diretamente pela Administração é outra das prerrogativas, correlata à do controle. Seria inútil o acompanhamento da execução se, verificada a infração, não pudesse a Administração punir pela falta cometida. Condição que resulta do princípio da *autoexecutoriedade dos atos administrativos*", extensivos aos contratos públicos. Assim, ao contratar, a Administração se reserva implicitamente a faculdade de aplicar as penalidades contratuais e legais, mesmo não previstas no contrato e independentemente de prévia intervenção do Poder Judiciário, salvo as cobranças resistidas pelo particular contratante.

Essas penalidades compreendem desde as *"advertências e multas"* até a *"rescisão unilateral"* do contrato, a *"suspensão provisória"* e a *"declaração de inidoneidade"* para licitar e contratar com a Administração, decorrem geralmente da inexecução contratual.

10.3.10. Teoria da Imprevisão

É aplicável também em relação aos contratos administrativos a denominada "teoria da imprevisão"- antigamente: *rebus sic stantibus.*

"Consiste no reconhecimento de que a ocorrência de eventos novos, imprevistos e imprevisíveis pelas partes, autoriza a revisão do contrato para o seu ajustamento às circunstâncias supervenientes. É a moderna aplicação da velha cláusula *rebus sic stantibus* aos contratos administrativos, à semelhança do que ocorre nas avenças de direito privado, quando surgem fatos não cogitados pelos contratantes, criando ônus excessivo para uma das partes com vantagem desmedida para outra" (Hely Lopes Meirelles, *Licitações* ..., p. 238).

A teoria da imprevisão é, também, construção jurisprudencial do Conselho de Estado Francês, diante de inúmeros pedidos de revisão de contratos administrativos, no decorrer da Primeira Grande Guerra, conforme informa o autor supra.

Nesse sentido, a Lei nº 8.666/93, após alterações da Lei nº 8.883/94, contempla a teoria da imprevisão, na alínea *d*, do inciso II do art. 65. De igual forma, há variadas decisões jurisprudenciais a respeito (TRF, 5ª Reg., Ac. 502.257, PE, DOU, 06.04.90; TJSP, Ac. 82.154, 05.11.97, RDA 53; Ap. 137.766, C, 17ª CC, j. 22.02.89, RT 643/90 etc.).

10.3.11. O fato do Príncipe

Hely Lopes Meirelles entende que o *"fato do príncipe"* pode exteriorizar-se em lei, regulamento ou qualquer ato geral do poder público que atina a execução do contrato (*Licitação* ..., p. 211). José Cretella Jr. define: "Chama-se *factum principis* ... todo e qualquer providência da iniciativa dos poderes públicos que torne mais onerosa a situação daquele que contrata com a Administração" (*Teoria do fato do príncipe*, RDA 75/25).

Por sua vez, Maria Sylvia Zanella Di Pietro (*Direito Administrativo*, ed. Atlas, p. 209), assim aborda a questão: "Divergem os autores na conceituação do fato do príncipe; para uns, abrange o poder de alteração unilateral e também as medidas de ordem geral, não relacionadas diretamente com o contrato, mas que nele repercutem, provocando desequilíbrio econômico-financeiro em detrimento do contratado. Para outros, o fato do príncipe corresponde apenas a essa segunda hipótese. Cite-se o exemplo de um tributo que incide sobre matérias-primas necessárias ao cumprimento do contrato; ou medida de ordem geral que dificulte a importação dessas matérias-primas."

A Lei nº 8.666/93, a exemplo do Dec.-Lei nº 2.300/86, contempla o fato do príncipe no § 5º, do seu art. 65. Há, também, decisões jurisprudenciais nesse sentido (STF, RE 20.293, ADJ 10.10.55, p. 3.608; STF, RE 22.991, ADJ 24.06.57, p. 1557).

10.3.12. Interpretação do contrato administrativo

É preciso ter sempre em vista que as normas que regem são as de *"direito público, suplementadas pelas de direito privado"*, e não o contrário. Não é de se negar a aplicação das regras de hermenêutica comum, mas nessa operação não se pode esquecer que o objeto da contratação é, sempre, o *"atendimento do interesse público"*. Diante da realidade, deve-se partir da premissa de que a finalidade precípua do ajustado é a satisfação de necessidades coletivas. Assim, não se pode interpretar suas cláusulas contra essa mesma coletividade, para só se atender aos direitos individuais do particular contratado.

Este é o princípio fundamental, mas existem outros, tais como: *"vinculação da Administração"* ao interesse público; a *"presunção de legitimidade"* das cláusulas contratuais; a *"alterabilidade"* das cláusulas regulamentares; e a *"excepcionalidade"* dos contratos de atribuição.

Ora, a Administração está sempre vinculada ao interesse público e não pode abrir mão de seus direitos e poderes por mera liberalidade para com a outra parte. Assim sendo, qualquer cláusula que contrarie o interesse público ou consubstancie renúncia a direitos e poderes da Administração deve ser considerada como *"não escrita"*, salvo se autorizada por lei.

Todavia, ao lado das cláusulas estabelecidas em prol da coletividade, existem as *"econômicas"*, em favor do particular contratado, as quais são, em princípio, imutáveis, delas dependendo o *"equilíbrio financeiro"* do ajuste e a *"comutatividade"* dos encargos contratuais.

Na interpretação não se pode negar o direito de a Administração alterar as cláusulas regulamentares para atender ao interesse público. Mas, por outro lado, não se pode também deixar de reconhecer a necessidade do equilíbrio financeiro e da reciprocidade e equivalência nos direitos e obrigações das partes. Deve-se, portanto, compensar a supremacia da Administração com as vantagens econômicas estabelecidas no contrato em favor do particular contratante.

Assim, nas convenções administrativas, é o *"contrato de colaboração"*, firmado no interesse precípuo da Administração, constituindo o *"contrato de atribuição"*, em que predomina o interesse do particular, uma *"exceção"*. Destarte, a interpretação das cláusulas do contrato de atribuição deverá ser sempre *"restritiva"* das vantagens outorgadas ao particular, para que não se erijam numa injusta discriminação entre cidadão, nem atentem contra o interesse geral da coletividade (Hely Lopes Meirelles, ob. cit., p.196).

10.3.13. Contrato privado utilizado pela Administração

Cabem, ainda, algumas considerações diante do posicionamento de que *"o contrato de direito privado da Administração é contrato público"*. Como já mencionamos, é , ainda na doutrina, substancial a corrente dos que entendem poder a Administração celebrar contratos de direito privado.

Sérgio de Andréa Ferreira escreve: "Deve ser assinalado, porém, que a Administração Pública não celebra apenas contratos administrativos. Ela também celebra contratos de direito privado, de direito do trabalho, quando não está revestida de suas prerrogativas de Poder Público, de poder soberano, para gerir seu patrimônio, para administrar o interesse público, fazendo-o sob regime jurídico de direito privado ou social. É preciso distinguir, portanto, entre os contratos da Administração (conceito subjetivo) e os contratos administrativos (conceito formal e material). A Administração celebra contratos: sãos os contratos da Administração. Mas entre esses contratos estão presentes contratos administrativos e contratos de direito privado e de outros ramos" (*Direito Administrativo Didático*, RJ, 1981, p. 215).

Hely Lopes Meirelles (*Licitação e Contrato* ..., p. 184) escreveu a respeito: "Em edições anteriores advertíamos que a Administração direta ou centralizada, e indireta ou descentralizada podiam realizar contratos sob as normas exclusivas do direito privado, em posição de igualdade com o particular contratado, que denominávamos contratos privados da Administração, para distingui-los dos contratos administrativos propriamente ditos, regidos pelo Direito Público. Agora não é mais assim, pois quando a Administração, pelo menos a centralizada e a autárquica, deles participa, até mesmo os contratos privados são sensivelmente afetados pelo direito público. (...)

De acordo com a sistemática implantada pelo Dec.-Lei nº 2.300/86, com as modificações do Dec.-Lei nº 2.348/87 coexistiu em nosso ordenamento jurídico, três espécies contratuais, a saber: *contrato privado, contrato semi-público e contrato administrativo* (...). Contrato semi-público é o firmado entre a Administração e o particular, pessoa física ou jurídica, com predominância das normas pertinentes do direito privado, mas com as formalidades previstas para os ajustes administrativos e relativa supremacia do Poder Público."

Como se sabe, a Lei nº 8.666/93 se baseia e confirma o Dec.-Lei nº 2.300/86, ao mandar aplicar normas típicas de contrato administrativo (arts. 55 e 58 a 61) e demais normas gerais aos "contratos cujo conteúdo seja regido, predominantemente, por norma de direito privado". Desta maneira, em face da ordem instituída pela Constituição de 1988, tem-se o entendimento de que, no direito público brasileiro, não há mais de se falar em contrato de direito privado puro celebrado pela Administração. Haja vista que todos os contratos ajustados pela Administração Pública são públicos ao menos no que diz respeito aos princípios do art. 37 da CF (administrativos ou semipúblicos).

10.4. CONTRATO DE EMPRESAS ESTATAIS

10.4.1. Constituição Federal e os contratos das empresas estatais

As sociedades de economia mista e as empresas públicas são regidas pelo direito privado, no entanto pode-se afirmar que celebram tanto contratos de direito público (administrativos ou semipúblicos) como contratos de direito privado puros. Podem ser prestadoras de serviço público e/ou exploradoras de atividades econômicas. Enquanto prestadoras de serviço público sempre firmaram contratos de direito público total ou parcial (administrativos ou semipúblicos respectivamente). Já essas empresas estatais, enquanto exploradoras de atividade econômicas, na sua atividade-meio, sempre realizam contratos públicos ou preponderantemente públicos (administrativos ou semipúblicos respectivamente), mas em sua atividade-fim celebram contratos de direito privado puros.

A Constituição Federal dá competência da União (art. 22) para legislar sobre "normas gerais de licitação e contratação, em todas as modalidades, para a administração pública, direta e indireta, incluídas as fundações instituídas e mantidas pelo Poder Público, nas diversas esferas de Governo, e 'empresas sob seu controle'." (inc. XXVII). Assim, seriam aplicáveis a todas as empresas sob controle estatal as normas sobre contratos, constantes da Lei nº 8.666/93, ficando evidente que, sendo tais normas gerais típicas do contrato administrativo, os contratos das empresas estatais seriam todos administrativos. Porém, o § 1º do art. 173 da Constituição homenageia o princípio da igualdade econômica entre as empresas estatais que explorem atividades econômicas e as empresas privadas, decorrente do princípio da livre concorrência (art. 170, IV) - "... sujeitam-se ao regime jurídico próprio das empresas privadas ...".

Os contratos das empresas estatais exploradoras da atividade econômica só podem ser contratos de direito privado, não se aplicando as normas gerais sobre contratos da legislação federal. Diante do aparente conflito de duas normas, há que se dar prevalência a esta última, haja vista que ela encerra um princípio econômico decorrente da própria Constituição (o da igualdade econômica), enquanto a primeira se constitui simplesmente em norma constitucional. É de interpretar, pois, o disposto no inciso XXVII do art. 22, no que toca às "empresas sob seu controle", que aí se enquadram apenas as empresas prestadoras de serviços público. Desta forma harmoniza-se a interpretação dos dois dispositivos. A nova redação dada ao inciso, pela EC nº 19/98, tenta solucionar o conflito.

No atinente às empresas estatais prestadoras de serviços públicos poderem realizar contratos administrativos, basta, dentre outras, a lição de Hely Lopes Meirelles, ao aduzir: "Nessa conceituação se enquadram os ajustes da Administração centralizada ou direta e da descentralizada ou indireta, porque ambas podem firmar contratos com peculiaridades administrativas que os sujeitam aos preceitos de direito público"(*Licitação e Contrato* ..., cit., p. 182).

10.4.2. Contratos das empresas estatais que prestam serviços públicos e os contratos das que exploram atividade econômica

Diante do exposto, os contratos das primeiras, pelo texto constitucional, estão sujeitas às normas gerais da Lei nº 8.666/93 e, portanto, são contratos administrativos ou contratos semipúblicos, tal como na Administração direta e autárquica. Assim, no que couber, os contratos das sociedades de economia mista e empresas públicas, prestadoras de serviços públicos, submetem-se à Lei nº 8.666/93.

De outra parte, as sociedades de economia mista e empresas públicas que exploram a atividades econômicas, diante do art. 173, § 1º, da CF, têm seus contratos regidos pelo direito privado e não são celebrados nos termos da Lei nº 8.666/93.

10.5. DISCIPLINA E FORMALIZAÇÃO DOS CONTRATOS PÚBLICOS

10.5.1. Normas constitucionais de competência

As diversas esferas do Governo Brasileiro, como Estado Federal, estão dispostas, pela Constituição, onde a União, Estados, Distrito Federal e Municípios são autônomos (art. 18), e todos têm competências privativas para disciplinar, legislar e administrar os seus contratos públicos.

Desta forma, em princípio, o regime jurídico dos contratos administrativos, como matéria pura e estritamente administrativa, há de ser da competência exclusiva de cada entidade política.

No entanto, como se sabe, a Constituição Federal, no inciso XXVII do art. 22, dispõe que a União tem competência para baixar *"normas gerais"* sobre contratos, cogentes a todas as esferas da Administração direta e indireta, incluídas as fundações. Porém, em razão do art. 173, § 1º, da CF/88, tais normas gerais são inaplicáveis às empresas estatais pertencentes a qualquer esfera de Governo, desde que explorem atividades econômicas.

10.5.2. Normas gerais sobre os contratos públicos

Sem dúvida, diante do estabelecido pelo art. 22 da CF, a União tem competência para baixar, excepcionalmente, normas gerais cogentes para a União, Estados, Distrito Federal e Municípios.

Portanto, ao lado das normas *"específico-procedimentais"*, legisladas privativamente pelas diferentes esferas do Governo, devem existir as normas gerais da União.

Porém, a Lei nº 8.666/93, extrapolando competência, declara que todas as suas normas são gerais. Desta forma, invade as competências dos Estados e dos Municípios, pois considera normas específico-procedimentais como normas gerais (§ 1º do art. 1º da Lei). Essa, portanto, uma *inconstitucionalidade* flagrante da lei.

São normas gerais da Lei nº 8.666/93 sobre contratos as seguintes: 1) art. 54 - regra geral de interpretação dos contratos administrativos (*norma uniformizadora*); 2) art. 55 - cláusulas necessárias (*norma essencial*); 3) art. 56, *caput*, parágrafos - garantias para a execução contratual (*norma essencial*); 4) art. 57, § 1º - hipóteses de prorrogação contratual (*normas essenciais*); 5) art. 57, § 3º - vedação de contrato por prazo indeterminado (*norma essencial*); 6) art. 58, incisos e parágrafos - privilégios da Administração (*norma essencial*); 7) art. 61, § 1º - princípio da publicidade (*norma essencial*); 8) art. 65, §§ 1º a 8º - aplicação das normas *uniformizadoras* sobre contratos (com exceção do § 7º - vetado); 9) art. 65, II, *d* - teoria da imprevisão (*norma essencial*); 10) art. 65, § 5º - aplicação da teoria do fato do príncipe (*norma essencial*); 11) art. 71 e § 1º - *normas essenciais*; 12) art. 72 - condições de subcontratação (*norma essencial*); 13) art. 78, incs. XIV e XV - *exceptio non adimpleti contractus*; 14) art. 79 - norma de *índole discutível* quanto a ser ou não norma geral. Parece ser norma geral de caráter uniformizador."

10.5.3. Normas procedimentais

Diogo de Figueiredo Moreira Neto[232] ensina que "em suma, toda norma procedimental do Dec.-Lei nº 2.300/86 não é, por ser incompatível com o conceito adotado, uma norma geral de licitação, de minudências operativas, que devem, necessariamente, ser definidas conforme as possibilidades de cada ente político, ao passo que o processo, este sim, comporta normas gerais de aplicação uniforme em toda a Federação".

Diante do que, toda norma dessa índole (*ser de natureza procedimental e específica*) não pode ser considerada norma geral na Lei nº 8.666/98. São de competência pertinente aos demais entes políticos que podem legislar diferentemente, pois não sendo gerais, não obrigam a sua observância. Têm validade jurídica unicamente para o nível federal.

10.5.4. Formalização do contrato público

No atinente, cada órgão e/ou entidade pode ter requisitos e exigências distintos e específicos. Hely Lopes Meirelles assevera: "O contrato administrativo se formaliza, em regra, por termo em livro próprio da repartição contratante, ou por escritura pública, nos casos exigidos em lei. O contrato verbal constitui exceção pelo evidente motivo de que os negócios administrativos dependem de comprova-

---

[232] Perspectivas de Novos Projetos Modernizadores, *in* RDA 189/47.

ção documental e de registro nos órgãos de controle interno"(ob. cit., p. 205). A respeito, verifiquem-se os arts. 60 e 61 da Lei nº 8.666/93. Em linhas gerais, são ainda apontados pelo autor como requisitos formais do contrato administrativo: os termos, em livro próprio, nas repartições interessadas, ou no processo da respectiva licitação ou da dispensa; outros documentos hábeis que, segundo a legislação, substituem o termo de contrato; a publicação do extrato do contrato; contrato de obras e serviços de engenharia, submetem-se às exigências do CREA ou do CONFEA.

A obrigatoriedade de ser firmado o termo de contrato (escrito) se dá sempre em que houver uma execução do objeto do negócio diferido no tempo, sendo esse o sentido que se retira do art. 62, *caput*, e § 4º, da Lei 8.666/93. "Por fim, é de se esclarecer que o contrato assinado com a Administração e regularmente publicado dispensa testemunhos e registro em cartório, pois como todo ato administrativo traz em si a presunção de legitimidade e vale contra terceiros desde a sua publicação" (ob. cit., p. 208).

Grande *novidade* da Lei nº 8.666/93 foi ter tornado obrigatória a existência da *minuta do contrato*, como anexo ao Edital (inc. III do § 2º do art. 40 e § 1º do art. 62) ou do ato convocatório ("carta-convite").

Já o seu *conteúdo* "há de ser, basicamente, o do edital e o da proposta aceita pela Administração" (Hely Lopes Meirelles - ob. cit., p. 208). A Lei nº 8.666/93 dispõe como sendo *cláusula necessária* do contrato "a vinculação ao edital de licitação ou ao termo que a dispensou ou a inexigiu, ao convite e à proposta do licitante vencedor" (inciso XI do art. 55) e "a nulidade do procedimento licitatório induz a do contrato, ressalvado o disposto no parágrafo único do art. 59 da lei" (§ 2º do art. 49).

Observa, ainda, Hely Lopes Meirelles que "integram também o contrato, embora em anexos, o projeto com suas especificações, memoriais, cálculos, planilhas, cronogramas e demais elementos que o componham. Complementam necessariamente o conteúdo do contrato, mesmo que não expressas em suas cláusulas, as disposições de leis, regulamentos, cadernos de encargos da repartição contratante e normas técnicas oficiais, concernentes ao seu objeto" (ob. cit., p. 208).

10.5.5. Cláusulas necessárias ou essenciais

Vêm contempladas na Lei, por esse motivo não podem faltar, em princípio, em todo contrato público. Fixam o objeto contratual e as condições básicas da execução. As cláusulas acessórias ou secundárias complementam e esclarecem as primeiras, podem, por isso, até ser omitidas, sem prejuízo.

Doutrinariamente, as *essenciais ou necessárias* são apontadas por Hely Lopes Meirelles, como as: "que definam o objeto e seus elementos característicos; estabeleçam o regime de execução da obra ou do serviço, ou a modalidade de fornecimento; fixem o preço e as condições de pagamento, e, quando for o caso, os critérios de reajustamento; marquem os prazos de início, execução, conclusão e entrega do objeto do contrato; indiquem o valor e os recursos para atender às despesas contratuais; discriminem os direitos e obrigações das partes e fixem as penalidade e o valor das multas; estabeleçam os casos de rescisão do contrato; prescrevam as condições de importação, a data e a taxa de câmbio para conversão, quando for o caso" (ob. cit., p. 209/210).

A Lei nº 8.666/93 elenca, *exemplificativamente*, 13 cláusulas necessárias (art. 55, I a XIII). Sendo de se alertar para o contido na XIII, relativo à manutenção durante a execução das condições de habilitação e qualificação do contratado.

De igual forma, além das cláusulas necessárias e expressas na Lei, devem ser observadas as *implícitas*, "que, por serem da própria natureza do ajuste público, consideram-se existentes mesmo que não escritas no instrumento contratual, tais como a que permite a rescisão unilateral do contrato por interesse público, com a conseqüente indenização; a que autoriza a alteração unilateral por conveniência do serviço, desde que mantido o equilíbrio financeiro; a que possibilita a redução ou ampliação do objeto do contrato dentro dos limites previstos em lei; a que faculta a assunção dos trabalhos paralisados, para evitar a descontinuidade do serviço público, e outras, reconhecidas à Administração como irrenunciáveis em suas contratações" (Hely Lopes Meirelles, ob, cit., p. 210).

10.5.6. Garantias para a execução contratual

No Dec.-Lei nº 2.300/86, era vedada a exigência de garantia para participar em licitações (§ 2º, art. 25). Porém, era exigida do vencedor, à época da assinatura do contrato, sem obrigatoriedade (art. 46, §§ 1º a 4º).

A Lei vigente (8.666/93) voltou com a exigência de garantia para participação (inciso III do art. 31), mesmas modalidades e critérios previstos no *caput* e § 1º do art. 56, limitada a 1% do valor estimado da contratação.

No relativo à garantia para execução, continua sendo de exigência facultativa (art. 56, *caput*). Cabe opção por modalidade permitida (art. 56, § 1º, incisos I a III). Em regra, o seguro-garantia é limitado a 5%, salvo obras, serviços e fornecimento de grande vulto de alta complexidade técnica e riscos financeiros, cujo limite será de 10% do valor do contrato (§ 3º).

Restituição da garantia está regulada pelo § 4º do art. 56, e contratos que importem entrega de bens pela Administração deverão ter acrescido o valor desses bens (§ 5º do art. 56).

Hely Lopes Meirelles observa que "a perda da garantia se dá toda vez que o seu ofertante faltar com o prometido à Administração, ou em conseqüência do desconto de débitos ou de multas em que o contratado incidir e não recolher no devido tempo.

Nesses casos, a Administração poderá incorporar ao seu patrimônio a caução em dinheiro ou em títulos, até o limite devido pelo contratado, ou cobrar do fiador ou do segurador as respectivas garantias por estes prestadas. Reduzida ou perdida a garantia inicial, é lícito à Administração exigir a sua recomposição para prosseguimento do contrato, sob pena de rescisão por culpa do inadimplente" (ob. cit., p. 211).

10.5.7. Dispensa do termo contratual

Em certas condições, a legislação permite a *substituição* do termo contratual por outros documentos hábeis, tais como, nota de empenho, carta-contrato, autorização de compra ou ordem de execução do serviço.

Como se sabe, o *instrumento de contrato* só não pode ser dispensado nos casos de concorrência e de tomada de preços, bem como nos casos de dispensa e inexigibilidade, cujos preços estejam compreendidos nos limites dessas duas modalidades.

Nos demais casos, é *facultativa* a utilização do termo contratual. É o que prevê o art. 62 da lei.

10.6. DURAÇÃO E PRORROGAÇÃO DOS CONTRATOS PÚBLICOS

Aspecto importante é o pertinente ao prazo máximo de duração do contrato público, haja vista que não pode e nem deve existir contrato por prazo indeterminado. Assim, é relevante saber quais são os prazos máximos de duração, estabelecidos pela legislação.

A Lei nº 8.666/93 os estabelece no art. 57 e seus incisos, o qual teve intensa e constante alteração e interpretação, inclusive sofreu modificações por Medidas Provisórias recentes. Vejamos algumas considerações a respeito.

10.6.1. Generalidades

No entendimento de Marçal Justen Filho (*Comentários à Lei de Licitações e Contratos*, Dialética, 5ª ed., 1998, p. 482 e segs.), a questão da *duração* dos contratos não se confunde com a *prorrogação* dos prazos previstos para a execução das prestações. O prazo de vigência diz respeito à elaboração do ato convocatório. A prorrogação do prazo, por sua vez, para a execução das prestações é tema relativo à execução do contrato.

Na análise do prazo de validade contratual, devem ser distinguidos os contratos de *execução instantânea* e os de *execução continuada*. Nos de "execução instantânea", uma vez cumprida a prestação, o contrato se exaure e nada mais será exigido, salvo vícios redibitórios. Por exemplo: contrato de compra e venda à vista de um imóvel. Promovida a tradição e pago o preço, o contrato se exaure.

Porém, nos contratos de "execução continuada" é imposta à parte a realização de uma conduta que se renova ou se mantém no decurso do tempo. No contrato de locação, por exemplo, o locador entrega o bem locado ao locatário e assegura-lhe a posse durante o prazo previsto.

10.6.2. Contratos de execução continuada

O prazo de vigência apresenta contornos distintos conforme a natureza do contrato. Assim, as dificuldades maiores envolvem os contratos de "execução continuada". É o que se propõe resolver o art. 57 e seus incisos da Lei nº 8.666/93.

Quanto à validade dos contratos administrativos é de que não podem ultrapassar os *limites de vigência dos créditos orçamentários* correspondentes. A aplicação da regra há de ser a todos os contratos, sejam de execução instantânea, sejam continuada. No entanto, não teria o Estado como cumprir sua missão se a regra fosse aplicada de modo estrito, haja vista que a maior parte dos encargos é de execução demorada, como por exemplo numa obra pública (estrada, ponte, etc.). Assim, o art. 57 admite exceções à regra.

10.6.3. Projetos contidos no Plano Plurianual (art. 57, I)

A menção no *Plano Plurianual* faz presumir que a contratação retrata avaliação meditada e planejada: assumir encargos de longo prazo com a devida cautela. Obviamente, a prorrogação deverá estar prevista no ato convocatório e mediante motivação (inciso I e § 2º)

É possível, portanto, pactuar o contrato por prazo maior ou produzir sua prorrogação. Por exemplo: construção de uma hidroelétrica no prazo de 5 anos. Deve fixar o prazo necessário à execução do projeto. Porém, a exceção não justifica a eternização do contrato (§ 3º - *vigência indeterminada*).

10.6.4. Serviços contínuos (Inciso II)

Esta previsão provocou muita divergência e polêmica na doutrina e na jurisprudência. É o dispositivo que sofreu maior número de modificações, inclusive por medida provisória, em decorrência do que variaram as suas interpretações.

É de ser lembrado, que a identificação de *"serviço contínuo"* não se faz a partir do exame da atividade desenvolvida. Retrata, em verdade, a permanência da necessidade pública a ser satisfeita. Ou seja - necessidades públicas permanentes a serem satisfeitas através de um serviço. Assim, a regra não se aplica a compras, que se constitui uma obrigação de "dar", e não em "fazer". E a função deve ser feita em função da prestação principal (núcleo e identidade), e não da acessória.

Portanto, a contratação pode ser feita por período total de 60 meses. Porém, não se afigura obrigatória, nem necessária, a pactuação por prazos inferiores. É faculdade outorgada à Administração que poderá optar por períodos inferiores e com renovações sucessivas - *até 60 meses*.

Atualmente, parece dominar a posição no sentido de ser contratado com respeito ao exercício orçamentário. Promover-se-á, então, sua renovação no início do ano seguinte. Esse é o posicionamento adotado por Jorge Ulisses Jacoby Fernandes, Procurador do Ministério Público junto TC/DF (*in Contratação Direta sem Licitação*, Brasília Jurídica, 2ª ed., 1997).

Porém, Marçal Justen Filho discorda (ob. cit., p. 486): "Essa opção poderá ser adotada pela Administração sempre que se imponha como única admissível. Em face da lei é possível que o prazo inicial da contratação ultrapasse o limite da lei orçamentária". Pois, "a regra da limitação à rubrica orçamentária consta do *caput* do artigo e o inc. II consagra exceção a ela".

10.7. EXECUÇÃO DO CONTRATO PÚBLICO

10.7.1. Acompanhamento da execução

O primeiro aspecto a considerar, na execução contratual, vem disposto no art. 66 da Lei nº 8.666/93: *"cumprimento fiel pelas partes"*.

Caio Tácito afirma: " O contrato administrativo é realizado *intuitu personae*, importando obrigações pessoal a ser cumprida pelo próprio contratante" e "qualquer subcontrato deverá estar previsto no contrato ou termo aditivo, como no caderno de encargos ou instrução de serviço" (*Direito Administrativo*, Saraiva, p. 294).

Hely Lopes Meirelles nos diz: "Na execução do contrato a Administração se nivela ao particular contratante. É decorrência do princípio de que o contrato é lei entre as partes - *lex inter partes* - e que suas disposições devem ser observadas igualmente por todos os contratantes - *pacta sunt servanda*" (ob. cit.,p.300).

Previsto no art. 67, encontramos o segundo aspecto: "acompanhada e fiscalizada pela Administração". O seu parágrafo único prevê as atribuições do representante da Administração, sendo que as providências e decisões que ultrapassarem aquelas deverão ser solicitadas aos seus superiores em tempo hábil.

Trata-se, no caso, do controle e fiscalização da execução do contrato que abrange a verificação do material e do trabalho, admitindo testes, provas de cargas, exame de qualidade, experiências de funcionamento e de produção, e tudo o mais que se relacionar com a perfeição da obra, do serviço ou fornecimento contratado, assim como com os cronogramas de sua realização, previstos ou inferidos das cláusulas contratuais" (ob. cit., p. 166/167).

Prossegue: "O resultado da fiscalização deve ser consignado em livro próprio da obra ou do serviço, para comprovação das inspeções periódicas e das recomendações que forem feitas pela Administração" (p. 222).

Um terceiro aspecto é o da *"orientação"*, que "compreende o fornecimento de normas e diretrizes sobre os objetivos da Administração, para que o particular contratado possa colaborar eficientemente com o Poder Público no empreendimento em que ambos estão empenhados"(p. 223).

O *quarto* está na possibilidade que tem a Administração de "intervir no contrato" (providência extrema que se justifica quando o contratado se revela incapaz de dar fiel desempenho ao avençado ou há iminente ou efetiva paralisação dos trabalhos" (p. 223).

Por fim, o *último aspecto* constituído na "eventual interdição da execução do contrato" que "se justifica quando os trabalhos ou o fornecimento vêm sendo feitos em desacordo com o avençado. Em tal hipótese, reconhece-se à Administração o poder de impedir, por seus próprios meios, a continuação da execução contratual, em defesa do interesse público. É a aplicação dos princípios da autotutela e da auto-executoriedade da atividade administrativa que legitimam a interdição de obras, serviços e fornecimentos realizados em desconformidade com o ajustado" (p. 224).

No atinente à *aplicação de penalidades* contratuais essa é decorrência lógica do poder de acompanhamento do contrato. As penas vêm previstas no art. 87 da Lei vigente. Assim, "quando houver necessidade de cobrança de quantia em dinheiro ou apreensão de bens do devedor, a Administração deverá utilizar-se da via judicial adequada" (p. 225).

Sendo que no caso da "infração contratual ter sido cometida pela Administração a aplicação correspondente só poderá ser feita pelo Poder Judiciário mediante provocação do interessado, desde que não haja acordo com o Poder Público" (p. 226).

10.7.2. Recebimento do objeto contratual

A fim de que o contratado possa estar liberado dos compromissos, ao final da execução, é necessário que a Administração expeça um *"termo de recebimento do objeto contratual"*.

Diante da legislação vigente, existem dois tipos de recebimentos: *o provisório e o definitivo*.

O primeiro admite um prazo de 90 dias de observação, no qual a Administração submeterá o objeto do contrato a testes e provas, verificações de compatibilidade com o projeto e especificações, etc., as falhas e incorreções ficam por conta do executor.

Por sua vez, o recebimento definitivo é feito desde logo, em caráter permanente, "incorporado o objeto em seu patrimônio e considerando o contrato regularmente executado pelo contratado" (Hely Lopes Meirelles, ob. cit., p. 227).

Nos termos da Lei nº 8.666/93, cabe tanto o recebimento provisório como o definitivo, quando se tratar de obras e serviços ou de compra ou locação de equipamento; sendo que, nos casos de aquisição de equipamentos de grande vulto, o recebimento far-se-á por termo circunstanciado e, nos demais, por recibo (§ 1º do art. 73).

De qualquer modo, o recebimento provisório como o definitivo poderão ser dispensados, quando for o caso de gêneros perecíveis e alimentação preparada, serviços profissionais e obras e serviços de valor até o previsto no art. 23, II, letra *a*, da lei - convite, compras, serviços não-relacionados à engenharia e instalações sujeitas à verificação de funcionamento e produtividade (art. 74). Assim, bastará o recibo.

Verifica-se que a Lei vigente criou uma espécie de *"decurso do prazo"* para o recebimento definitivo (art. 73, § 4º).

Porém, o recebimento provisório ou definitivo não exclui a responsabilidade civil pela solidez e segurança da obra ou do serviço, nem ético-profissional pela perfeita execução do contrato, nos limites estabelecidos pela lei ou pelo contrato (§ 2º do art. 73).

Como é sabido, a responsabilidade civil pela solidez e segurança da obra é por 5 anos (art. 1.245 do Código Civil).

10.7.3. Responsabilidades contratuais

O art. 70 da Lei nº 8.666/93 dispõe: "o contratado é responsável pelos danos causados diretamente à Administração ou a terceiros, decorrentes de sua culpa ou dolo na execução do contrato, não excluindo ou reduzindo essa responsabilidade a fiscalização ou o acompanhamento pelo órgão interessado".

Desta forma, verifica-se que a responsabilidade civil do contratado é subjetiva. Assim, por tratar de responsabilidade "contratual", também o é a do Poder Público. Em conseqüência, deve, portanto, o contratado provar a culpa ou dolo para ser indenizado pela Administração.

No entanto, a responsabilidade "extracontratual", atinente a terceiros e decorrentes da obra ou do serviço público contratados, é "objetiva" - baseada na "teoria do risco" e no art. 37, § 6º, da Constituição Federal.

O contratado é, ainda, o responsável pelos encargos trabalhistas, previdenciários, fiscais e comerciais, decorrentes da execução contratual (art. 71). A "inadimplência do contratado, com referência aos encargos estabelecidos no artigo, não transfere à Administração Pública a responsabilidade por seu pagamento, nem poderá onerar o objeto do contrato..." (§ 1º , art. 71).

No referente à "subcontratação", é admitida parcialmente; mesmo, no caso, o contratado continua a ser responsável pelas obrigações contratuais e legais assumidas (art. 72). Não pode, portanto, haver "sub-rogação" das obrigações para o subcontratado.

10.7.4. Alteração do contrato

Os contratos administrativos poderão ser alterados *unilateralmente* pela Administração, quando houver modificação do projeto ou especificações, para a melhor adequação técnica aos seus objetivos, ou quando for necessária a modificação do valor contratual em decorrência de acréscimo ou diminuição quantitativa de seu objeto, nos limites permitidos em Lei (art. 65, I e II).

Podem, ainda, ser alterados por *acordo* das partes, quando conveniente a substituição da garantia de execução, for necessária a modificação do regime de execução ou o modo de fornecimento; quando necessária a modificação da forma de pagamento; e para a aplicação da teoria da imprevisão (art. 65, II, letras *a* e *d*).

Como anteriormente, o contratado "fica obrigado a aceitar, nas mesmas condições contratuais, os acréscimos e supressões que se fizerem nas obras, serviços ou fornecimentos, até 25% (vinte e cinco por cento) do valor inicial atualizado do contrato, e, no caso de reformas de edifícios ou equipamentos, até o limite de 50% (cinqüenta por cento) para os seus acréscimos" (§ 1º do art. 65). Sendo que "nenhum acréscimo ou supressão poderá exceder os limites estabelecidos no parágrafo anterior"(§ 2º do art. 65).

Já o § 5º do art. 65 prevê a alteração para dar guarida à aplicação da *"teoria do fato do príncipe"* e o § 6º, do restabelecimento por aditamento do equilíbrio econômico-financeiro inicial, na hipótese de alteração unilateral do contrato que aumente os encargos do contratante.

10.7.5. Prorrogação e renovações contratuais

Prorrogação é a dilatação do prazo de execução do contrato, com o mesmo contratado e nas condições já estabelecidas. Ver ponto 10.3.2.6.

Quanto às *renovações* contratuais ("renovação é a inovação no todo ou em parte do ajuste, mantido o objeto inicial, para continuidade da execução, com o mesmo contratado ou com outrem" - Hely Lopes Meirelles, ob. cit., p. 234), somente será possível em hipóteses restritas.

Evidentemente que, em princípio, a "renovação" do contrato só era possível com dispensa de licitação ou inexigibilidade da mesma, nas hipóteses cabíveis. Fora do que, somente com licitação, sem favoritismo ao atual contratado.

10.8. INEXECUÇÃO DO CONTRATO PÚBLICO

10.8.1. Inexecução por inadimplemento do contratado

A inexecução do contrato, qual seja, a inadimplência do contratado, é *"o descumprimento parcial ou total das cláusulas contratuais"* que pode ocorrer "por ato ou omissão culposa, ou sem culpa do contratado, caracterizando o retardamento (mora) ou o descumprimento integral do ajustado" (Hely Lopes Meirelles, ob. cit., p. 237).

A inexecução sem culpa é "a que decorre de fatos ou atos estranhos à conduta do contratado, caracterizadores da força maior, do caso fortuito, do fato do príncipe, de fato da administração ou de interferências imprevistas, que retardem ou impeçam totalmente, o cumprimento do contrato" (ob. cit., p. 237).

Nas últimas hipóteses, diz-se que se tratam de *"causas justificativas"* ou *"excludentes"* da responsabilidade do contratado.

O art. 78 da Lei vigente contempla um rol exemplificativo de motivos ensejadores da inexecução do contrato e como conseqüência sua rescisão. São 17 motivos arrolados, sendo os incisos I a XI atinentes à inadimplência do contratado.

Destaca-se o inciso XVII que contempla como um dos motivos de rescisão contratual "a ocorrência de caso fortuito ou de força maior, regularmente comprovada, impeditiva da execução do contrato ". Ensina Hely Lopes Meirelles que esses casos são excludentes da responsabilidade do contratado

A *força maior* "é o evento humano que, por sua imprevisibilidade, cria para o contratado óbice intransponível na execução do contrato". Por exemplo: "... uma greve que paralise os transportes ou a fabricação de um produto de que dependa a execução do contrato é força maior, mas poderá deixar de sê-lo se não afetar outros meios ao seu alcance para contornar os efeitos da greve em relação ao contrato" (Hely Lopes Meirelles, ob. cit., p. 240).

O *caso fortuito* "é o evento da natureza, que, por sua imprevisibilidade e inevitabilidade, gera para o contratado obstáculo intransponível na execução do contrato" (p. 240).

Ambos são acolhidos pelo Código Civil no artigo 1.058, parágrafo único.

Ainda, como fatos ou motivos excludentes da responsabilidade do contratado, são apontados a ocorrência do fato do príncipe, fatos da Administração, que retardem ou impeçam a execução contratual, tal como ordem escrita para suspensão da execução e as interferências imprevistas, que "são ocorrências materiais não cogitadas pelas partes na celebração do contrato, mas que surgem na sua execução de modo surpreendentemente e excepcional, dificultando e onerando extraordinariamente o prosseguimento e a conclusão dos trabalhos. É o que se verifica, por exemplo, com o encontro de um solo rochoso e inesperado, para o local, ou de um lençol anormal de água subterrânea, ou de canalizações do serviços públicos não indicados no projeto e que exigem remoções especiais"(p. 245).

Assim, nos casos em que a inexecução se dá por culpa do contratado, a responsabilidade somente pode ser empenhada mediante a comprovação da culpa ou do dolo do mesmo. Essa responsabilidade (contratado) pode ser de natureza civil, administrativa, trabalhista, incluída a previdenciária e acidentária.

A responsabilidade civil se dá na *obrigação de indenizar*, diante do CC arts. 928, 1.056 e ainda 1.518, além do art. 70 da Lei nº 8.666/93. A administrativa se constitui na aplicação das penas previstas no art. 87 da Lei nº 8.666/93 (advertência, multa, suspensão temporária de contratar com a Administração e declaração de inidoneidade). A trabalhista, por sua vez, vem contemplada no art. 71 e seu § 1º da Lei nº 8.666/93.

Manual de
DIREITO ADMINISTRATIVO

Todos os casos de rescisão contratual deverão ser formalmente *motivados* nos autos do processo, assegurado o contraditório e a ampla defesa (art. 78, parágrafo único).

10.8.2. Inexecução por inadimplemento da Administração

No art. 78, a Lei arrola os *motivos* ensejadores de inadimplência da Administração. Essas ocorrem no caso dos incisos XII (razões de interesse público, etc.), XIII (suspensão de obras, serviços e compras ...), XIV (por ordem escrita ...), XV (atraso de pagamento ...), XVI (não-liberação de área, local ou objeto ...).

Quando a rescisão ocorrer com base nos incisos XII a XVII do art. 78, sem culpa do contratado, será ele ressarcido dos prejuízos regularmente comprovados que houver sofrido. Terá, ainda, direito a: I - devolução da garantia; II - pagamentos devidos pela execução até a data da rescisão; III - pagamento do custo da desmobilização (§ 2º do art. 79).

Nos termos do § 5º do art. 79, ocorrendo impedimento, paralisação ou sustação do contrato, o cronograma de execução será prorrogado automaticamente por igual tempo.

Ocorrendo *inadimplemento da Administração*, nas hipóteses previstas pela Lei nº 8.666/98, o contratado, querendo, poderá ingressar em Juízo, para ver declarada a rescisão por culpa da Administração, com o direito do contratado à composição das perdas e danos, além das penalidades previstas no contrato (multa, normalmente) e o pagamento de eventuais parcelas em atraso com juros e correção monetária.

As perdas e danos abarcam o dano emergente - pois foi obrigado a financiar a obra ou serviço durante 90 dias - como lucros cessantes. O contratado, enfim, pode reclamar, a título de perdas e danos, o recebimento do que efetivamente perdeu e do que razoavelmente deixou de ganhar (reinvestimento dos lucros), acrescido da correção monetária (Lei Federal nº 6.899, de 8.4.91, e Decreto nº 86.649, de 25.11.81). Essas são as conseqüências para a Administração.

10.9. EXTINÇÃO DO CONTRATO PÚBLICO

10.9.1. Extinções normais: conclusão do objeto contratual e término do prazo

A extinção pela conclusão do objeto se dá com o seu recebimento definitivo.

A extinção pelo término do seu prazo apresenta as seguintes peculiaridades: a) difere da extinção pela conclusão do objeto, porque neste o prazo se opera como limite de tempo para a concussão do objeto contratual, sem sanções contratuais; b) a extinção pelo término do prazo é da eficácia do ajuste, daí por que, expirado o prazo, extingue-se o contrato, independente da fase de sua execução.

Lúcia Valle Figueiredo[233] entende existirem as seguintes *formas* de extinção do contrato administrativo: "1) cessação dos efeitos do contrato administrativo com suas duas modalidades: a) em decorrência da implementação do objeto; b) em decorrência do decurso de prazo; 2) extinção natural do contrato: a) extinção do objeto contratual; b) extinção da pessoa jurídica; c) concordata do contratado; d) morte do contratado; 3) extinção patológica do contrato: 3.1) provocada pela Administração: a) inadimplência do contratado; b) sanção pecuniária; c) rescisão administrativa: fundamentos e limites; 3.2) provocada pelo contratado: a) *exceptio non adimpleti contractus*; b) aditamentos contratuais indevidos: c) desbalanceamento da equação econômico-financeira; 4) extinção provocada por vício do ajuste ou da licitação precedente (pela própria Administração, por órgão de controle - cortes de contas, Congresso ou Judiciário)" (ob. cit., p. 27/28).

A Lei nº 8.666/93, de outra parte, elenca como sendo motivos de rescisão contratual (portanto, causas anormais de extinção do contrato), a "decretação de falência ou a instauração de insolvência civil" (inciso IX), "dissolução da sociedade ou o falecimento do contratado" (inciso X), "a alteração social ou a modificação da finalidade ou da estrutura da empresa, que prejudique a execução do contrato" (inciso XI). Verifica-se, assim, que a concordata do contratado não é motivo de rescisão contratual, pois a Lei, em outro lugar (§ 2º do art. 80), diz ser "permitido à Administração, no caso de concordata do contratado, manter o contrato, podendo assumir o controle de determinadas atividades e serviços essenciais".

10.9.2. Extinções anormais: rescisão e anulação do contrato público

Lúcia Valle Figueiredo denomina de "extinção patológica do contrato" a extinção anormal. As hipóteses apontadas pela autora se enquadram nas rescisões ou se enquadram nas anulações.

A primeira forma por causa normal é a *rescisão do contrato*, que se dá por vários motivos (a maioria está elencada no art. 78 da Lei

---

[233] *Extinção do Contrato Administrativo*. Biblioteca de Estudos de Direito Administrativo, ERT, 1986.

Manual de
DIREITO ADMINISTRATIVO

219

nº 8.666/93), por ato ou omissão no cumprimento do ajuste ou por parte do contratado (exemplos: casos dos incisos I a XI do art. 78), ou por parte da Administração (exemplos: casos dos incisos XII a XVI do art. 78).

Por sua vez, a rescisão poderá ser por ato unilateral da Administração, nos casos enumerados nos incisos I a XII e XVII do art. 78 (inciso I do art. 79); poderá ser amigável, desde que conveniente para a Administração (inciso II do art. 79) e judicial, nos termos da legislação (inciso III do art. 79). Sendo que as rescisões administrativas e amigáveis deverão ser precedidas de autorização escrita e fundamentada da autoridade competente (§ 1º do art. 79).

A rescisão pleiteada pelo contratado, com base num dos motivos indicados no art. 68 e que constituem faltas da Administração só pode ser judicial ou amigável.

No referente à rescisão unilateral, no caso do inciso XII - razões de interesse público (art. 78) - Lúcia Valle de Figueiredo chama a atenção para o fato da responsabilidade da Administração pela rescisão, ao dizer que "entendemos ser no instituto da responsabilidade do Estado, que se há de encontrar suporte para a indenização, na hipótese de rescisão unilateral administrativa. A responsabilidade não é contratual. E não o é, exatamente, porque o fundamento da rescisão não se encontra em nível contratual. Mas, sim, na competência - dever de a administração perseguir sempre o interesse público, que só pode ser *rebus sic stantibus* (ob. cit., p. 70).

Entretanto, a Lei nº 8.666/93, no § 2º do art. 79, para hipótese de indenização cabível , propõe a condição de que não haja culpa do contratado (teoria do risco administrativo, que admite essa excludente).

A *anulação* é a segunda forma anormal de anulação contratual. Observa Lúcia Valle Figueiredo (ob. cit., p. 71) que, "a invalidação de um contrato administrativo consiste na sua desconstituição, com a supressão de seus efeitos típicos, por motivo de incompatibilidade com a ordem jurídica; de conseguinte, com atribuição de efeitos *ex tunc* (ob. cit., p. 71).

A Lei nº 8.666/93, a propósito, apresenta as seguintes *regras básicas* sobre a anulação do contrato público: 1) art. 59: "A declaração de nulidade do contrato administrativo opera retroativamente impedindo os efeitos jurídicos que ele, ordinariamente, deveria produzir, além de desconstituir os já produzidos"; 2) parágrafo único: "A nulidade não exonera a Administração do dever de indenizar o contratado pelo que este houver executado até a data em que ela for declarada e por outros prejuízos regularmente comprovados, contando que não lhe seja imputável, promovendo-se a responsabilidade de quem lhe deu causa."

Há, também, de ser observado, quanto à invalidação, a questão da *prescrição*. Lúcia Valle Figueiredo observa a propósito: "Em se tratando de contratos administrativos, entendemos ser de cinco anos o prazo prescricional, prazo normal para se atacar as relações travadas pela Administração Pública" (ob. cit., p. 74 - invoca o Decreto nº 20.910, de 6.01. 32).

De outro lado: "... a invalidação tornar-se-á impossível, por ilegítima, quando se encontra a Administração Pública diante do exaurimento de sua competência, ou diante de ausência de titularidade atual para agir"(ob. cit., p. 74). É apontado caso de um contrato aprovado pelo Tribunal de Contas, como exemplo.

Outro limite à invalidação apontado pela autora é: *a ausência de lesão*. Diz ela: "o famoso princípio, assaz de vezes repetido sem a reflexão suficiente: *pas de nulité sans grief.*" (p. 78).

Em princípio, as hipóteses que levam à invalidação do contrato são a ilegalidade da licitação ou a sua falta, quando não for caso de dispensa ou de inexigência (art. 49, § 2º da Lei nº 8.666/93): "A nulidade do procedimento licitatório induz a do contrato, ressalvado o disposto no parágrafo único do art. 59 dessa Lei".

É de ser, ainda, mencionada a Lei nº 4.717, de 29.06.65 - denominada *Lei de Ação Popular* - que indica, expressamente, casos de anulação do contrato administrativo.

Informa Lúcia Valle Figueiredo que Berçaitz agrega outra hipótese, a merecer invalidação, qual seja, o dos contratos celebrados mediante manejos imorais "ou em 'forma desonesta', ou 'exteriorizando um fornecimento escabroso'" (ob. cit., p 80).

São, de igual forma, apontados casos previstos no Código Penal - agora, contidos na parte penal da Lei nº 8.666/93. É de ser entendido ser causa de anulação do contrato a ausência de cláusula necessária, nos termos do art. 55 da Lei vigente.

Lúcia Valle Figueiredo ainda nos indica outras causas de invalidação: os *aditamentos* contratuais indevidos e as extensões quantitativas. Restando observar que a anulação do contrato, administrativa ou judicialmente, depende sempre de oportunizar o *direito de defesa* ao interessado, no caso, o contratado, observando-se o art. 5º, inciso LV, da Constituição Federal.

Capítulo 11

Os Serviços Públicos

11.1. GENERALIDADES

11.1.1. Noção

Segundo Diogenes Gasparini (*Direito Administrativo*, Ed. Saraiva, 1995, p. 208), os administrados, no bom desempenho de suas atividades em Sociedade, carecem de comodidades e utilidades. Algumas podem ser atendidas por meios e recursos próprio de cada membro. Outras, por sua vez, só podem ser satisfeitas pela Administração Pública - única capaz de oferecê-las com vantagem, segurança e perenidade. Essas atividades - com tais peculiaridades - são os *serviços públicos.*

De outra parte, alguns passaram a dizer que a presença do Estado não se justificaria senão para prestar tais comodidades e utilidades. E de que tal fornecimento seria a única razão a justificar a existência do Estado. No entanto, em sentido amplo (*lato*), esse entendimento não satisfaz, pois muitas atividades induvidosamente não são "serviço público". Seu conceito carece de melhor precisão.

A Locução "*serviço público*" é formada por 2 vocábulos: um substantivo - serviço; outro adjetivo - público. O primeiro, de significado unívoco, indica "prestação, realização ou atividade". O segundo, de sentido equívoco, tanto pode "*ser autor*" da prestação, realização ou atividade (Estado), como o seu "*beneficiário*" (usuário, administrado, povo, público). Assim: a - Serviço Público - o que é prestado pelo Estado; b - serviço público - fruído pelo administrado, povo ou público. Os autores grafam a locação com maiúscula na primeira hipótese e, por minúscula, na segunda.

11.1.2. Conceito

Prossegue o autor citado, não é fácil oferecer a noção. A locação, em si, comporta três sentidos: *orgânico, material e formal.*

O orgânico - denominado subjetivo - "é um complexo de órgãos, agentes e recursos da Administração Pública". Portanto, um organismo ou parte do aparelho estatal. No material - ou objetivo - "é uma função, uma tarefa, uma atividade " destinada a satisfazer necessidade de interesse geral. Em sentido formal: "é a atividade desempenhada por alguém (Poder Público e seus delegados) sob regras exorbitantes do Direito Comum" . É a submissão ao regime de Direito Público.

Tal dificuldade é acentuada a medida em que os serviços variam diante das necessidades e contingências políticas, sociais e culturais de cada comunidade e época. Por exemplo: o *serviço religioso* já foi tido como público (Brasil); a *exploração de cassinos* é, em certos países, serviço público (Mônaco); públicos são os serviços de *loterias*" (Brasil: federal, esportiva, Sena, Loto, Megassena).

Diante do que, embasado em Celso Antônio Bandeira de Mello (*Prestação* ... p. 1), temos o *conceito*: "... toda atividade de oferecimento de utilidade ou comodidade fruível preponderantemente pelos administrados, prestada pela Administração Pública ou por quem lhe faça as vezes, sob o regime de Direito Público, instituída em favor de interesses definidos como próprios pelo ordenamento jurídico".

O Conceito é amplo e abarca o oferecimento de comodidades ou utilidades materiais (energia elétrica, telecomunicações, distribuição de água domiciliar), jurídicas (serviços cartoriais), as fruíveis diretamente (transporte coletivo, coleta de lixo) ou indiretamente (segurança pública) pelos administrados, ou pela Administração Pública (órgãos, agentes e material) ou de seus delegados (concessionários, permissionários) .

Finalmente, cabe lembrar que há de ser elevado a essa categoria por lei e prestado com observância das normas de Direito Público. Ou seja, executado sob um regime de desigualdade ou derrogatório do Direito Comum.

11.1.3. Instituição, regulamentação, execução e controle

Instituição, regulamentação, execução e controle dos serviços públicos, sob qualquer espécie ou modalidade de oferecimento, são, em tese, sempre da alçada da Administração Pública, seja ela federal, estadual, municipal ou distrital.

São *instituídos* pela Constituição Federal e, segundo a pertinente competência, distribuídos à União, aos Estados-Membros, ao Distrito Federal e aos Municípios, no respeito à regulamentação, execução e controle.

Manual de
DIREITO ADMINISTRATIVO

Aos Municípios reservou todos os serviços públicos atinentes ao *"interesse local"*, conforme estatui o inciso V do art. 30. O Constituinte de 1988 preferiu a esta nova expressão em lugar da tradicional cláusula do *"peculiar interesse"* . Interesse local é o que prepondera, sobressai quando em confronto ao do Estado-Membro ou com o da União. Não é, portanto, o interesse exclusivo, privativo ou único dos Munícipes. Assim, o que o define e caracteriza, é a *"predominância"* .

Esse é o entendimento do CEPAM - Fundação Prefeito Faria Lima/SP, como esclarece Diogenes Gasparini, que afirma: "Tudo o que for matéria do exclusivo ou peculiar interesse do Município será de sua exclusiva competência legislativa, incluindo-se aí a legislação tributária e financeira, em respeito ao princípio da autonomia municipal.". Idêntica posição adota Michel Temer, intérprete da Constituição e um dos ilustres constitucionalistas do País.

Assim, não atinam com interesse local, tais como o transporte coletivo intermunicipal, correios e telefonia, mesmo no interior do seu território. Igualmente, não cabe legislar sobre os serviços de polícia ostensiva e de preservação da ordem pública. Destacam-se, no entanto como municipais, o de transporte de passageiro no território municipal (*taxi ou ônibus*), os funerários e os de cemitérios.

De igual forma, a entidade responsável pelo serviço público, através de lei, deve proceder a sua *"regulamentação"*, estabelecendo se a forma de fruição pelos administrados é *facultativa ou compulsória*, Além da forma de sua prestação, obrigações, direitos dos usuários, remuneração, etc.

De qualquer forma, a interferência de uma entidade política na regulamentação dos serviços de outra é *"inconstitucional"* (p.e.: táxi - Municipal; radiodifusão - Federal; e transporte coletivo intraestadual - Estado).

Igualmente, pode-se dizer que a execução é da responsabilidade da entidade competente para instituir, bem como de regulamentar o serviço público. Qual seja, quem é competente para instituir e regulamentar o é, também, para executar (Administração Direta) ou atribuir a outrem a respectiva execução (Administração Indireta), como estabelece o art. 175 da Constituição da República. A União ou quem lhe faz as vezes executa os serviços federais; os Estados, os estaduais e os Municípios, os municipais. Qualquer interferência na execução dos serviços de outra, da mesma forma, há inconstitucionalidade.

Mesmo que não expresso em lei ou regulamento, o *controle* está sempre presente, pois administração Pública deve-se manter informada, permanentemente, sobre o comportamento de quem executa serviços de sua alçada, como os concessionários e permissionários.

Verificar se o atendimento é satisfatório no desejado. Examinar livros, registros, documentos e assentamentos, assim como impor novas medidas ou tomar providências na execução e na fiscalização da lisura de atuação do executor. Pode cassar (*extinção por inadimplemento*) ou resgatar (*extinção por mérito*) se os interesses coletivos aconselharem.

Quando a prestação do serviço é própria da entidade competente, prevalecem os princípios das atribuições hierárquica e disciplinar. Manter-se-á , deste modo, uma vigilância, contínua e permanente, no atendimento adequado.

11.2. CLASSIFICAÇÃO

Podem (Diogenes Gasparini - *Direito Administrativo*, Saraiva, 4ª ed., 1995, p. 212 /3) ser segundo determinados *critérios (ou elementos)*, conforme síntese.

11.2.1. À entidade a quem foram atribuídos

Federal, Estadual, Distrital, Municipal, os quais, respectivamente, regulam e controlam.

11.2.2. À essencialidade

Essenciais - os considerados por lei ou pela própria natureza são de "necessidade pública" (p. ex. segurança nacional e pública; transporte coletivo, nos termos do art. 30, V, CF, também Municipal; os judiciários) ou que não podem faltar (a natureza ou a lei os considera indispensáveis à vida ou à convivência em sociedade: exercício do direito de greve - Lei Federal nº 7.783, 28.06.89); - e *"Não Essenciais"* - os considerados por lei ou, pela própria natureza, são tidos como de "utilidade pública", cuja execução é facultada aos particulares (p. ex. os funerários).

11.2.3. Aos usuários

Gerais - os que atendem a toda a população administrada (ou indivisíveis), p. ex., segurança nacional e pública. *Específicos* - satisfazem a usuários certos (divisíveis), p. ex., telefonia, postal, distribuição domiciliar de água.

11.2.4. À obrigatoriedade da utilização

Compulsórios - são os impingidos, nas condições estabelecidas em lei, p. ex. os serviços de coleta de lixo, de esgoto, de vacinação infectocontagioso. *Facultativos* - os colocados à disposição dos usuários sem lhes impor a utilização, como no transporte coletivo. Os compulsórios, se remunerados, o serão por *"taxa"*; os facultativos, por *"tarifa ou preço"*. Nos primeiros, não pode ser interrompido o fornecimento, mesmo sem o pagamento, enquanto nos últimos, se não pagos, podem ser.

11.2.5. À forma de execução

Direta - os oferecidos pela administração Pública por seus órgãos e agentes; *Indireta* - os prestados por terceiros. Portanto, se prestados pelo Poder Público são diretos; se por estranhos - *concessionários e permissionários* - são indiretos. Assim, qualquer serviço, salvo em tese, os *"essenciais"* pode ser objeto de execução direta. José Cretella Junior, nos informa Diogenes Gasparini (ob. cit., p. 214/5), esclarece sobre os *"essenciais e indisponíveis"*, afirma: "A declaração do direito, a manutenção da ordem interna, a defesa do Estado contra o inimigo externo e a distribuição de justiça são serviços públicos essenciais que a nenhum particular podem ser outorgados" (*Tratado*, cit., v. 1, p. 31). Por fim, deve ser lembrado que a escolha do concessionário ou permissionário deve ser sempre feita por licitação (Lei Federal nº 8.987/95), diante da exigência do art. 175 da CF.

11.3. PRINCÍPIOS

Os serviços públicos, por maioria doutrinária, devem ser prestados segundo os princípios: *permanência, generalidade, eficiência, modicidade e cortesia.*

11.3.1. Permanência

Impõe a continuidade do serviço. Não podem sofrer descontinuidade. Ou seja, uma vez instituídos, hão de ser prestados. Decorre, daí, o entendimento de que, quando o serviço é elevado à categoria de público, se não houver interessado pela sua prestação, esta caberá à Administração Pública. Ou, então, terá de desafetá-la, devolvendo à responsabilidade dos particulares.

11.3.2. Generalidade

O oferecimento do serviço público deve ser igual para todos. Obviamente, satisfeitas as condições para a sua obtenção. Portanto, não deve haver discriminação. É decorrência dos princípios estabelecidos pela CF, em seu arts. 5º e 37, de forma impessoal.

11.3.3. Eficiência

Obriga a uma constante atualização e à busca de melhores resultados. Por esse princípio, objetiva oferecer à coletividade o que há de melhor, adequado à realidade e às possibilidades orçamentárias. Periodicamente há de ser avaliado o resultado, com o mínimo de investimento obter um máximo de beneficiários, p. ex., deficiência na iluminação pública não atende ao princípio ou à construção e implantação de um grupo escolar para 1000 alunos em localidade cuja população escolar é de 300.

11.3.4. Modicidade

Impõe que os serviços públicos sejam prestados mediante taxas ou tarifas justas. Qual seja, os serviços públicos não devem ser prestados com lucros ou prejuízos, porém por uma retribuição que viabilize tais interesses. No entanto, excepcionalmente poderá haver subsídio no custeio, conforme art. 175 CF e através de lei local.

11.3.5. Cortesia

O oferecimento de serviços obriga um bom tratamento. Quem presta serviço público se obriga a um tratamento urbano, sem desdém. Tal tratamento não é favor, mas um dever do agente ou da própria administração pública e, sobretudo, um direito do cidadão. A inobservância exige do superior hierárquico a aplicação de sanção disciplinar ou intervir na prestação, quando é indireta. Medidas administrativas devem ser tomadas no regular funcionamento do serviço.

11.4. DIREITOS E DEVERES

11.4.1. Remuneração

São remunerados por *"taxa ou tarifa"*. Por taxa sempre que sua utilização for obrigatória, não importando se há ou não efetiva utilização. Basta que sejam postos à disposição (art. 145, II, da CF). Por exemplo, coleta de esgoto sanitário e distribuição de água domiciliar.

Os serviços facultativos (ou seja, utilizados se e quando desejarem) são remunerados por tarifa ou preço público. Por exemplo, telefonia, de energia elétrica domiciliar, etc. Não há como escolher se taxa ou tarifa. "Aquela está adstrita aos serviços compulsórios; esta, aos facultativos (RF, 280/137)".

De outra parte, a taxa deve ser estabelecida por lei, pois é uma espécie de tributo, devendo obedecer ao princípio da anualidade (ou seja, instituída e vigente em um ano para ser exigida no seguinte). A tarifa pode ser por decreto, embora haja entendimento de que deva ser por lei. No entanto, pode ser instituída por lei e regulamentada por decreto do Executivo.

Alguns Municípios possuem o transporte de passageiro denominado *"serviço gratuito"* (ou sistema de "tarifa zero" - mecanismo de política tarifária que permite o equilíbrio entre o custo da prestação do serviço e a remuneração percebida). No caso, a satisfação do custo da execução do serviço faz-se de outro modo: o usuário nada paga ao prestador, pois a remuneração será satisfeita pelo Poder Público, p. ex., transporte de passageiro pode ser pago por quilômetro rodado. Portanto, não haverá absoluta gratuidade do serviço (todos pagam por alguns).

11.4.2. Direitos dos Usuários

Reconhecidos pela doutrina e pela jurisprudência (Hely Lopes Meirelles, *Direito Administrativo*, p. 299 - RDA 25/263, 55/144; RT 232/263, 290/425, 302/506, 304;764).

É direito público subjetivo de exercício pessoal, quando específico for o serviço. O usuário estiver na área da respectiva prestação e atender às condições de obtenção. O desatendimento pode dar o ensejo a medidas judiciais garantidoras. Se a prestação for de fruição específica ou individual, torna-se viável os preceitos cominatórios (com base no art. 287 CPC), p. ex., serviço de distribuição domiciliar de água encanada e de telefonia. Inúmeras têm sido as decisões.

Não há reconhecimento desse direito, quando for caracterizado como de fruição geral (utilização coletiva), p. ex., iluminação pública. É, também, reconhecido o direito a uma prestação "regular" do serviço. O prestador assume a responsabilidade pela normalidade de execução e pelos prejuízos da suspensão ou mau funcionamento. E, nos termos do art. 175 da CF, poderá reclamar indenização.

11.4.3. Deveres dos Usuários

Independentemente do atendimento de alguma exigência prévia, há serviço público prestado e fruído: iluminação pública e segurança pública. Outros, no entanto, exigem dos usuários o cumprimento de alguma obrigação, p. ex., distribuição domiciliar de água encanada. Portanto, se não cumprida a parte do usuário, a Administração Pública não tem de cumprir a sua.

Tais obrigações são de três naturezas: *administrativa, técnica e pecuniária*. A primeira, iniciam o procedimento de fruição e se consubstancia no pedido. A segunda diz respeito à própria prestação do serviço solicitado (p. ex. extensão dos canos de água até o limite do imóvel a ser beneficiado). A terceira relativa à remuneração do serviço, podendo ser exigida antes, durante ou depois da prestação, conforme regulamento e serviço. Periodicamente, poderão ser exigidas novas e outras exigências e obrigações (prestar declarações, pagamentos, etc.). O descumprimento pode acarretar a suspensão, sem prejuízo de outras sanções.

11.4.4. Suspensão

Devem ser satisfeita as obrigações quanto ao pagamento (taxa ou tarifa) e, ainda, observar normas administrativas e técnicas, sob pena de sanções ou suspensão do fornecimento. De igual forma, quando houver mau uso do serviço (uso de água para regar jardim ou lavar calçada ou carro quando ocorrer racionamento) e prejuízo aos demais. Atendidas as exigências, o serviço retorna, salvo se por falta de pagamento (divergência jurisprudencial: serviço essencial e não-essencial; o compulsório e o facultativo - ação de execução, não cabendo outras sanções).

11.4.5. Sujeição ao Código do Consumidor

O art. 3º da Lei Federal nº 8.078, 11.09.1990 - dispõe sobre a proteção do consumidor - estabelece que *fornecedor* é "toda pessoa física ou jurídica, pública ou privada, nacional ou estrangeira, bem como entes despersonalizados, que desenvolvam atividades de produção, montagem, criação, construção, transformação, importação, exportação, distribuição ou comercialização de produtos ou prestação de serviços".

Portanto, a Administração Pública, em qualquer de suas manifestações (federal, estadual, distrital e municipal) poderá ser alcançada pelas disposições do Código, p. ex.: Município for o prestador dos serviços de transporte de passageiros ou o executor dos serviços de captação, tratamento e distribuição de água domiciliar ou de exploração dos serviços funerários (equipara-se ao particular).

Por fim, cabe mencionar que o art. 6º do Código expressa os direitos básicos do "consumidor", numa dezena de incisos. É questão controvertida é a atinente à divulgação do nome de devedor pela Administração Pública, diante do exposto ridículo, constrangimento ou ameaça, conforme dispõe o art. 42 da referida lei.

Manual de
DIREITO ADMINISTRATIVO

229

11.5. A EXECUÇÃO DOS SERVIÇOS PÚBLICOS

11.5.1. Introdução

A demanda, cada vez maior, de comodidades e utilidades públicas por parte dos administrados e a conseqüente assunção pelo Estado de atividades antes da responsabilidade de particulares, conjugada com a falta de recursos, tornam prejudicados os esforços da Administração Pública em propiciar à coletividades bons serviços. Essa tem sido a regra.

Por outro lado, acentua-se a prática da transferência de titularidade e de execução de tais serviços a terceiros, estranhos, ou não, à Administração Pública, conforme disciplinamento. Como já vimos, duas são as formas de oferecimento dos serviços públicos: a *centralizada e a descentralizada*, as quais, por conveniência e oportunidade, podem ser utilizadas, como faculta o art. 175 da Carta da República, tanto pela União, como pelos Estados-Membros e os Municípios.

11.5.2. Centralizada

É quando a atividade se realiza por meio dos órgãos que compõem, em seu próprio nome e sob sua inteira responsabilidade, a estrutura administrativa do Poder Público. Qual seja, o serviço vai da Administração Pública, que o executa e explora, ao administrado seu beneficiário, sem passar por interposta pessoa (Inc. I, art. 4º, Dec.-Lei 200/67). Portanto, o Poder Público é, a um só tempo, o titular e o executor do serviço público. É a denominada *administração direta*.

Essa administração direta compõe a entidade política por eles responsáveis e que se distribuem por diversos órgãos especializados ou ecléticos. Na esfera federal, são os Ministérios; na Estadual e Municipal, as Secretarias. No entanto, a distribuição interna de competência e de serviço denomina-se *desconcentração*. Não deve ser confundida, portanto, com a *descentralização* como se verá adiante. Os serviços administrativos a cargo do Poder Legislativo e do Judiciário, bem como dos Tribunais de Contas, compõem, também, a administração direta.

11.5.3. Descentralizada

Na medida em que a atividade administrativa (*titularidade e execução*) ou a sua mera execução for atribuída a outra entidade distinta, para que a realize. Ou seja, a atividade, ou tão-só o seu exercício, é deslocado da administração central para outra pessoa jurídica, esta privada, pública ou governamental. O serviço público vai ao administrado através de uma interposta pessoa jurídica, que o executa e explora.

É a *administração indireta*. Em cada esfera de governo (federal, estadual, distrital, municipal) podem-se encontrar: a - entidades públicas, como a autarquia e a fundação pública; b - governamentais, como a sociedade de economia mista, empresa pública e fundação privada); e - privadas, como as mercantis e industriais (autorizatárias, permissionárias e concessionárias do serviço público) . Diognes Gasparini apresenta maior detalhamento (ob. cit., p. 223).

A *descentralização* administrativa não se confunde com a *desconcentração*. Na primeira, tem-se duas pessoas: a entidade central e a descentralizada; a que outorga e a outorgada. Na segunda, só há uma: a central. Na descentralização, a atividade é transferida ou a sua simples execução está fora da Administração Pública. Na atividade desconcentrada está no seu interior. Lá não há hierarquia; aqui há.

De outra parte, a descentralização administrativa não se confunde com a *política*. Esta ocorre quando há uma pluralidade de pessoas jurídicas públicas com competências políticas. Ou seja, pessoas com poderes para legislar ou dispor, originariamente, sobre os interesses da coletividade. Por exemplo: no Estado Federal, composto de Estados-Membros. No Brasil, além dos Estados-Membros, há o Distrito Federal e os Municípios (art. 1º da CF).

11.5.4. Pessoas Públicas

A Administração Pública, desejando descentralizar determinada atividade, com base no ordenamento jurídico e observado o interesse público, cria, por lei, pessoa jurídica de natureza administrativa e para ela transfere a titularidade da atividade ou serviço, bem como a sua execução. Trata-se da Autarquia ou da Fundação de Direito Público que possui a mesma natureza da autarquia. Essas desempenham em seu próprio nome, prestando por sua conta, risco e perigo, embora sob o controle da Administração Pública do Ente Público que a criou. O vocábulo *autarquia*, de origem helênica, significa comando próprio, direção própria, autogoverno. No mundo jurídico, passou a representar: "toda pessoa jurídica de Direito Público de capacidade exclusivamente administrativa" (Celso Antônio Bandeira de Mello, *Prestação*, cit., p. 6l). Observadas as devidas adaptações, o mesmo se pode dizer em relação à fundação pública.

11.5.4.1. Criação, Instituição, Funcionamento e Extinção

Criação por lei (art. 37, IX, da CF). Trata-se de nova pessoa jurídica, sujeito de direitos e obrigações e de um desdobramento do próprio Estado. Assim, exige-se *criação por lei*, igualmente no caso de transformação de uma entidade em autarquia. Seu nascimento há de ser por lei, sua execução se opera por decreto. Qual seja, cria-se por lei e *institui-se por decreto*. Pois, com a instituição são tomadas medidas administrativas em atendimento (execução) a lei criadora (Celso Antônio Bandeira de Mello, *Prestação*, cit., p. 67).

Seu *funcionamento* depende do atendimento de outras formalidades, no caso de desempenho de alguma atividade econômica. Deverá ser inscrita no CGC (Cadastro Geral de Contribuintes) no respectivo Ministério (federal), no Estado e no Município em que atua.

Criada por lei, só por lei poderá ser *extinta*. A iniciativa dessa lei é da exclusiva competência do Chefe do Executivo, nos termos da alínea *e*, do § 1º do art. 61 da CF. Qualquer iniciativa parlamentar, usurpa o exercício de competência privativa do Executivo (art. 61 § 1º, *a*, da CF), afrontando o princípio da harmonia e independência dos Poderes, princípio basilar da República Federativa e do Estado de Direito Democrático (art. 1º).

Igualmente, dependerá de lei a criação de *subsidiária* de autarquia ou a participação desta em empresa privada (art. 37, XX, CF).

11.5.4.2. Controle e Tutela

A autarquia não escapa à *tutela ou controle ordinário* da Administração Pública a qual pertence. Esse controle ou tutela constitui-se, nos termos da lei, na prática de atos e medidas tomadas pela Administração Pública, objetivando conformar a atuação autárquica à lei e ao cumprimento de seus fins. A tutela não se confunde com a *hierarquia*. Esta é permanente, contínua e total em relação aos órgãos e agentes inferiores; aquela, esporádica, só ocorre nos casos e nas condições previstas em lei.

A tutela ordinária pode ser *preventiva* (exercida antes do ato autárquico ou depois dele, mas antes de seus efeitos ou eficácia) e *repressiva* (após exercido o ato, obstando ou reprimindo a atuação autárquica tida como contrária aos interesses (controle de mérito) ou afrontosa da legalidade (controle de legalidade).

A preventiva, também, pode ser decorrente de atuação ilegal da autarquia (controle de legalidade) ou contrária ao interesses da Administração Pública (controle de mérito). Expressa-se pela *autorização, aprovação ou homologação*. Por sua vez, a repressiva pela *revogação, modificação ou invalidação*.

Por fim, há a *tutela ou o controle extraordinário*, exercitável, mesmo sem previsão legal, no caso de circunstância grave (adoção de outro fim, descalabro administrativo). São atos como o de *intervenção* e de *destituição* dos dirigentes autárquicos. No entanto, tais controles não vedam e nem inibem, por parte da autarquia, a propositura de medidas judiciais contra os atos abusivos da Administração Pública a qual pertencem.

11.5.4.3. Responsabilidade

A Administração Pública a que pertence a autarquia não responde pelas suas obrigações. De igual forma, pelos danos causados pela autarquia a terceiros, decorrentes da sua atuação ou de comportamento lesivo de seus servidores. A autarquia é pessoa de direito, e como tal deve responder pelas responsabilidades assumidas e pelos danos que causar a alguém. É o que vêm decidindo os Tribunais (RT 151/301; e RDA 59/333).

Não se há de falar em *responsabilidade solidária* da Administração Pública. Mas, sim em *subsidiária*. Ou seja, somente após esgotadas as forças da autarquia. Aí, então, caberá à Administração Pública suportar o remanescente do prejuízo decorrente de sua atuação (Ver art. 37, § 6º CF).

11.5.4.4. Estrutura

Estrutura é semelhante à da Administação Pública. Seus ógãos escalonam-se, hierarquicamente, sob a *forma de pirâmide* em cujo ápice está o de mais alta hierarquia. Dita estrutura é fixada por lei e no detalhamento é instituída por decreto. Há desconcentração ou distribuição de competências pelos seus vários órgãos. A criação de cargos, empregos e funções só por lei (art. 61, § 1º , II, *a*, CF). Seus servidores se submetem ao regime jurídico nos termos do art. 39 da CF. Portanto, são servidores públicos civis.

11.5.4.5. Privilégios

Estendem-se a favor da autarquia todos os da Administração Pública, salvo os inteiramente estranhos. Assim: *imunidade* de impostos sobre seu patrimônio, renda e serviços (art. 152, § 2º); *prescrição qüinqüenal* de suas dívidas (Decreto-Lei nº 4.597/43),salvo o expresso em lei; *execução fiscal* de seus créditos (CPC, art. 578); *direito de regresso* contra seus servidores (art. 37, § 6º); *impenhorabilidade* de seus bens e rendas (art. 100 e §§); *prazo* em quádruplo para responder e em dobro para recorrer (CPC, art. 188, e Decreto-Federal nº 7.659/45); *presunção de legalidade* dos atos administrativos, além dos privilégios estabelecidos, em relação ao *acordos trabalhistas* no Dec.-Lei nº 779/69 (presunção de legitimidade dos ajustes para extinção de contrato laboral); dispensa da juntada em juízo, pelo seu procurador, do competente mandato; pagamento de custas, se vencida, a final (CPC, art. 27); proteção de seus bens contra o *usocapião* (Dec-Lei nº 9.760/46).

11.5.4.6. Atos e Contratos

São administrativos e devem observar o mesmo regime jurídico desses atos praticados pela Administração Pública. Igualmente, no atinente aos contratos (*obra, serviço e fornecimento, concessão*), em tese, precedidos de licitação e demais exigências legais.

11.5.4.7. Patrimônio

É formado com a transferência de bens (*móveis e imóveis*) e de direitos da Administração Pública. Observar-se-á o prescrito na legislação específica para cada espécie (imóveis - escritura e registro). É *impenhorável e imprescritível*. Qualquer execução há de observar o art. 100 e parágrafos da CF e o art. 730 do CPC. No entanto, na *forma estatutária*, poderá ser utilizado, onerado e alienado, independentemente de autorização legislativa especial, dentro dos fins e objetivos públicos, salvo exigência própria.

Há, porém, entendimento de que o atinente ao pagamento de prestações alimentícias, os débitos autárquicos submetem-se à execução, conforme esta regulado no CPC, não obstante divergência do STF (exige precatório, mas o retira da ordem cronológica dos demais) (RE 0156111/93, DJU, 26.03.93). Portanto, haverá duas listas de precatórios.

11.5.5. Pessoas Governamentais

A prestação de serviços públicos pode ser realizada pela Administração Pública diretamente através do Ente Federativo (União, Estados e Municípios), ou indiretamente por suas autarquias e fundações públicas, ou ainda por pessoas de direito privado estranhas à estrutura estatal investidas na qualidade de permissionárias e concessionárias.

Ao passar do tempo, o serviço público e seu sistema tradicional sofreram modificações, em razão dos mais diferentes motivos (participação do Estado, de forma intensa, na vida social e econômica entre outras). Por exemplo, o serviço público passou a ser prestado por pessoas, ainda que de direito privado, mas não estranhas à Administração Pública, pois, além da criação, o Poder Público assegura-lhes recursos financeiros.

Assim, as autarquias e as pessoas privadas (concessionárias e permissionárias) cedem seus espaços às novas entidades criadas, nos moldes das pessoas particulares, na busca de um desempenho mais desenvolto, expedito e eficiente, tanto na prestação do serviço público como na exploração de atividades econômicas (industriais e mercantis), como afirma Celso Antônio Bandeira de Mello (ob. cit., p. 88).

Tais criações são as *fundações, as empresas públicas e as sociedades de economia mista*, genericamente denominadas de pessoas governamentais. São pessoas privadas criadas pelo Poder Público, com recursos essencialmente públicos para atuarem na execução e na exploração de serviços públicos ou de atividades econômicas.

São exemplos: no *serviço postal e telegráfico*, entre outros. A fundação, em termos do Dec.-Lei nº 200/67 (Reforma Federal) não participa da administração indireta, se destinada a intervir na atividade econômica.

11.5.5.1. Fundação

Toda e qualquer fundação é um patrimônio personalizado, afetado a um fim. O patrimônio é o substrato econômico e complexo de relações jurídicas de um dado sujeito. Personalizada empregada no sentido de que sobre ele incidem normas jurídicas, tornando-o sujeito de direito e obrigações. "Afetado a um fim" é expressão que significa consagrado a perseguir uma finalidade, no caso, sempre de interesse público.[234]

11.5.5.2. Empresa Pública

A exploração direta de atividade econômica pelo Poder Público só será permitida, se necessária aos imperativos de segurança nacional (União) ou a relevante interesse coletivo (todos), definidos em lei, estatuído no art. 173 da Carta da República, e ressalvados os casos previstos.

De outro lado, os §§ 1º e 2º , estabelecem que a empresa pública, a sociedade de economia mista e outras, que *explorem atividades econômicas*, sujeitam-se ao regime próprio das empresas privadas. Inclusive quanto às obrigações trabalhistas e tributárias e que não poderão gozar de privilégios fiscais não extensivos às do setor privado.

---

[234] Ver maior detalhamento no item sobre natureza, fins, criação, instituição, funcionamento e extinção, patrimônio, controle, regime tributário, servidores, licitação, prerrogativas e responsabilidades. Exemplos: Estado - Fundação Prefeito Faria Lima/SP; TV Educativas; Teatro São Pedro/RS; Metroplan; FEBEM; FGTAS; Municipal - FESC; etc.

Outras entidades ter-se-iam: as fundações privadas e as subsidiárias da economia mista e da empresa pública. A empresa pública distingue-se da economia mista por não admitir que o seu capital seja composto de recursos particulares. Das autarquias difere por ser pessoa de direito privado.

Exemplos: Federal - BNDES; EBCT; INFRAERO (Empresa Brasileira de Infra-Estrutura Aeroportuária); Municipal - EMURB (Empresa Municipal de Urbanização/SP) .

11.5.5.3. Sociedade de Economia Mista

No desempenho de atividades próprias da iniciativa privada, nos termos do art. 173, a Administração Pública pode utilizar a economia mista, conforme § 1º. O Dec.-Lei nº 200/67, com as modificações do 900/68, em seu art. 5º, dá o seu conceito como, também, da empresa pública.

Exemplos: Federal - EMBRATEL; EMBRAER, Banco do Brasil S.A.; Estadual - CESP (Companhia Energética do Estado de São Paulo); SABESP (Companhia de Saneamento Básico do Estado de São Paulo); CEEE/RS; CORSAN/RS.

Difere da empresa pública por exigir, na composição de seu capital, investimento particular. Da autarquia difere por ser pessoa jurídica de direito privado.

11.5.6. Pessoas Privadas

Sempre que a Administração Pública deseja transferir a execução de certa atividade ou serviço público, outorgado pelo ordenamento jurídico, utiliza-se de pessoas jurídicas. Estas são criadas, nos moldes do Direito Privado, pelos particulares (sociedade civil, comercial ou industrial) ou pelo Poder Público (empresa pública, sociedade de economia mista). Essas pessoas, investidas na condição de executoras de serviço público, são denominadas por *autorizatárias, permissionárias e concessionárias*. O inciso XII do art. 21 da Carta Federal prevê a participação dessas pessoas, na prestação de serviço público, ao estabelecer que poderão ser executados diretamente ou mediante autorização, permissão ou concessão. Tal regulamentação foi disciplinada pela Lei Federal nº 8.987, 13.02.95 - Estatuto das permissões e concessões, bem como pela Lei Federal nº 9.074, 07.06.95.

11.5.7. Autorização

É ato administrativo *discricionário* pelo qual a Administração Pública outorga a alguém o direito de realizar determinada atividadede material, tais como: portar arma; derivar água de rio público. Algumas vezes é utilizada no sentido e no regime de permissão de uso de bens públicos, conforme já vimos.

Em linhas gerais, é possível afirmar que a autorização de serviço público pode ser aplicada, no que couber e for necessário, o regime de permissão. A autorização é formalizada por *portaria* ou por *decreto*.

11.5.8. Convênios e Consórcios

Por exigências dos administrados, as responsabilidades da Administração Pública, cada vez mais, vão-se tornando variadas e complexas. Assim, impõe-se a adoção de técnicas e métodos mais modernos e eficientes, que, por sua vez, reclamam profissionais especializados.

Igualmente, a instituição, organização e manutenção de certos serviços, junto à aquisição e conservação de máquinas e outros equipamentos, além da admissão de pessoal técnico especializado, representam, para as médias e pequenas comunidades, pesados ônus, os quais, normalmente, ultrapassam as suas forças financeiras.

De outra parte, tais serviços podem envolver e interessar a mais de uma pessoa pública (Municípios e Estado-Membro) ou reflexos em outras pessoas mesmo particulares. A solução poderá estar na organização e no funcionamento de *convênios e consórcios*.

11.5.8.1. Convênios

A Constituição Federal de 1988 não registra diretamente a palavra *convênio*. No entanto, o art. 23 elenca sobre as competências ditas "comuns", prescrevendo, no parágrafo único, que lei complementar fixará normas de *cooperação*, objetivando o equilíbrio do desenvolvimento e do bem-estar.

Igualmente, a menção, no art. 71, VI, da CF referente à fiscalização pelo Tribunal de Contas, na aplicação de recursos federais, possibilita a adoção de tais mecanismos de cooperação. O convênio é indicado na letra *b* do § 1º do art. 10 do Dec.-Lei nº 200/67 - o qual dispõe sobre a organização da Administração Pública Federal, *como instrumento de descentralização de atividades*.

Por sua vez, a doutrina o tem definido como o *"ajuste administrativo*, celebrado por pessoas públicas de qualquer espécie ou realizado por essas pessoas e outras de natureza privada, para a consecução de objetivos de interesse comum dos convenientes".

Para Hely Lopes Meirelles (*Direito Administrativo*, cit., p. 354): "é acordo, mas não é contrato" . No contrato, têm-se *partes*, ligadas perenemente, buscando interesses diversos e contrapostos (uma

Manual de
DIREITO ADMINISTRATIVO

237

quer a obra, no contrato de obra pública; outra deseja o preço, a contraprestação). No convênio, têm-se *partícipes* (convenientes não vinculados por contrato), propugnando por objetivos comuns (p.e. - demarcação dos limites territoriais; ou o Estado-Membro e a União desejam trocar informações para fins tributários).

Assim, qualquer partícipe pode *denunciar* o convênio e dele se retirar. Não há como obrigá-lo a permanecer ou puni-lo por tal. Qualquer cláusula, sobre a retirada ou que imponha sanção, é nula e tida como não-escrita. Podem participar: União e Estado Federado; Município e Estado-Membro; União, Distrito Federal e Estado-Membro; ou, qualquer dessas pessoas públicas e pessoas privadas, quer físicas (homem, mulher), jurídicas (sociedade mercantil, fundação). Enfim, não há necessidade de que tais pessoas sejam da mesma espécie ou que todas sejam públicas. Só podem participar pessoas, e não órgãos.

Nada impede a inclusão de novo partícipe, desde que regulado no próprio termo de convênio. Pode haver alteração e posterior inclusão. O objeto do ajuste pode ser qualquer coisa (obra, serviço, atividade, uso de bem), desde que haja interesse público. Deve haver interesses iguais, comuns. Por exemplo: o serviço de travessia de um rio por meio de balsa ou baratear o custo de aquisição de certos bens. Não pode haver vantagens ou interesses opostos. Se há interesses contrapostos, teremos contrato, e não convênio. No entanto, pode haver diversificação da cooperação: um pela construção da balsa; outro pelo encoradouro da margem direita; outro, pela da esquerda; outro, pelo funcionamento do serviço de travessia), como nos aponta Diógenes Gasparini.

O convênio não adquire *personalidade jurídica*. Não pode ser tido como pessoa. Não lhe cabe assumir obrigações e desfrutar de direitos, próprios das pessoas físicas e jurídicas (comprar ou vender; ser locador ou locatário; empregador; contratar ou distratar; abrir e manter conta bancária; inscrição federal (CGC/MF), estadual ou municipal; doar ou receber em doação; conveniar; etc.).

Não tem estrutura organizacional nem administração empresarial. A execução fica sob a responsabilidade dos partícipes ou de uma comissão executiva que atuará nos termos e condições conveniadas, sempre em nome dos partícipes. Instituição por *termo* (embora possua: preâmbulo, texto e encerramento) e sua celebração autorizada por prévia *lei*. A sua alteração dar-se-á por "termo de alteração"; a extinção (ou rescisão), de igual forma.

Aplica-se, no que couber, a Lei Federal nº 8.666/93 - *Estatuto das Licitações* (*ex vi* do art. 116). Por exemplo: tudo que puder ser obtido e se interessar a mais de um dos administrados, pelo menos em tese,

há de ser escolhida a proposta mais vantajosa por processo licitatório. Obviamente, que a escolha dos partícipes públicos haverá dispensa, nos termos do art. 22, X. Sua instituição é sem prazo de
duração e pode ser extinto a qualquer momento. O citado artigo 116
apresenta outras *regras aplicáveis*, sem ter desvirtuado sua natureza
jurídica (tais como: aprovação de plano de trabalho; ciência ao Poder
Legislativo; liberação de parcelas; saldos em cadernetas de poupan-
ça; devolução no caso de conclusão, rescisão ou extinção).

11.5.8.2. Consórcio

Quando participam apenas entidades públicas da mesma espécie,
p. ex.: só Estados-Membros; só Municípios. Assim definido:"é o ajuste
administrativo celebrado por pessoas públicas da mesma espécie,
para a consecução de objetivos de interesse comum dos partícipes".

A distinção está na *diversidade ou não dos convenientes*. Porém, os
convênios podem ser integrados por pessoas públicas e particulares;
no consórcio, só públicas e da mesma espécie. Algumas leis têm
exigido: um conselho consultivo, uma autoridade executiva e um
conselho fiscal. Assim, também, a estrutura administrativa é item
diferenciador entre esses dois tipos de ajustes. No mais, tudo (no
convênio) é aplicável no consórcio.

11.5.9. Contrato de Gestão

Trata-se de outro modo de regular a prestação dos serviços
públicos. Conforme Paulo de Matos Ferreira Diniz (ob. cit., p. 27),
temos que a "assinatura de contrato de gestão para ampliar a autonomia gerencial, orçamentária e financeira, na forma do § 8º do art.
37 da CF conforme a Emenda 19/98, somente poderá ocorrer entre
os órgãos e entidades da Administração direta e indireta. Esse contrato terá por objeto a fixação de metas de desempenho para o órgão
ou entidade, estabelecidas em lei que disporá sobre: a) o prazo de
duração do contrato; b) os controles e critérios de avaliação de desempenho, direitos, obrigações e responsabilidade dos dirigentes; c)
a remuneração de pessoal."

11.6. ORGANIZAÇÃO DOS SERVIÇOS PÚBLICOS LOCAIS

11.6.1. Serviços Municipais

As esferas de governo têm os serviços conseqüentes de seus
órgãos que se chamam propriamente de serviços públicos e mantêm

outros serviços ao público que, impropriamente, são, também, denominados de serviços públicos.

Os serviços públicos se operam no funcionamento da máquina administrativa, ou seja, são serviços necessários à ação governativa. De certa forma, tais serviços são destinados ao atendimento do público; todavia, sua característica de serviço público esta presa à estrutura de poder, porque são serviços submetidos à disciplina hierarquizada da administração.

Os serviços públicos, portanto, são aqueles que a administração põe à disposição dos administrados no objetivo de oferecer-lhes melhores condições de vida e são, em realidade, os serviços que esperam do Poder. De fato, para o recebimento desses serviços foi que a comunidade total criou o Estado e, nele, suas entidades infra-estatais, para melhor atendimento daquelas solicitações.

Dessa forma, no âmbito local, se destacam os serviços de abastecimento de água, de rede de esgotos, de distibuição de energia elétrica, de fornecimento de gás canalizado, de telefonia, de limpeza das vias públicas, de coleta de lixo domiciliar, de transporte coletivo, de ensino fundamental, da educação pré-escolar, de saúde, tidos como essenciais e mais os de lazer, recreação, esportes, cultura, decorrentes do governo municipal. Os serviços de segurança, por exemplo, decorrem do Estado-Membro.

A organização dos serviços públicos locais é tarefa do Município, que deve prestá-los diretamente pela administração centralizada ou por suas empresas públicas, sociedade de economia mista, autarquias e fundações, da sua administração descentralizada, ou através dos particulares, por concessão, permissão ou autorização.

11.6.2. Prestação de Serviços Municipais

Assim, cabe ao Município prestar ao público os serviços essenciais e os mais exigidos pela vida em comunidade, consoante a divisão constitucional, que lhe reservou as de interesse local, especificamente, sem lhe negar outros que a sua capacidade econômica venha a permitir. Tais serviços podem ser prestados graciosamente, porque contabilizados nos impostos ou pagos, mediante taxas, tarifas, preços públicos.

A prestação dos serviços ou é feita diretamente, isto é, pela própria estrutura do governo local, pela administração direta ou indireta ou é cedido ao particular para que a preste mediante concessão ou permissão.

Há serviços postos à disposição do público que a administração deve prestá-los diretamente, como os da educação pré-escolar, os de ensino fundamental e os de saúde, dadas as características orgânicas da rede escolar e de saúde, notadamente, a inspeção dos serviços. Igualmente, os serviços de abastecimento de água e coleta dos esgotos se inserem entre os que devam ser prestados diretamente. A complexidade desses serviços, a preservação dos mananciais e a destinação dos esgotos indicam a administração direta como ideal para executá-los, inclusive, associadamente a outros municípios ou órgão oficial regional.

O ordenamento da cidade, segundo as regras de ocupação e uso do solo urbano, de edificações, de licenciamento das atividades comerciais, industriais e de serviços, com vista ao desenvolvimento econômico, se inserem entre os serviços indelegáveis, porque deles decorre a boa qualidade de vida. O controle da poluição ambiental e a proteção ecológica estão dentro desta classe de serviços públicos.

Na execução dos serviços pela administração direta, o Município mantém a titularidade, o mesmo ocorrendo quando é executado pelos órgãos da administração indireta: autarquias, como em muitos casos de serviços de água; as fundações, principalmente na preservação do meio ambiente; as empresas públicas ou de economia mista, na coleta de lixo domiciliar e limpeza pública.

Há casos de delegação a entidades paraestatais, associativas de Municípios ou instituídas pelo Estado, em que a titularidade é transpassada, todavia, sem quebra da característica de serviços prestados pelo órgão público.

Quando os serviços são cedidos aos particulares pode haver ou não transferência de titularidade, como nas concessões, em que se admite; nas permissões e autorizações, o poder público mantém a titularidade.

11.6.3. Concessão de Serviços Municipais

A administração municipal deve conceder ao particular a execução do serviço ao público, nos quais este vem revelando melhores condições de prestá-los, evitando, com isso, o aumento desmesurado da máquina administrativa. Como o serviço é inerente à administração, a ele fica assegurado, a qualquer instante, que o particular fracasse no atendimento ao público, a retomada da execução.

A concessão é um instituto de direito administrativo que se formaliza por contrato bilateral, regido pelo direito público.

A regra para a *delegação* da execução de serviços públicos ao particular, através de concessão, exige licitação, quase sempre na modalidade de concorrência e mediante lei autorizativa da Câmara Municipal, por exemplo.

Como o público tem alto interesse na qualidade e preço dos serviços, deve a delegação da execução ao particular ser feita com a maior publicidade possível, desde as tratativas da decisão política de cedê-los ao empresariado, como na formalização e divulgação dos editais da licitação, pois seus termos informarão as cláusulas contratuais, como o concurso licitatório em si, as disposições da lei autorizativa e, principalmente, o contrato final.

A *comunidade*, que é a usuária dos serviços, não só deve participar do processo de concessão, mas, e principalmente, também da fiscalização da execução dos serviços, exigindo o literal cumprimento do contrato pelo concessionário, como pressionando a administração até mesmo para a retomada, se descumpridas as condições pactuadas.

11.6.4. Permissão e Autorização de Serviços Municipais

Na sua delegação ao particular para a execução de serviços públicos, a administração deve preferir a concessão; todavia, casos há que descabe a forma concedida, operando-se a *permissão ou a autorização*, ambas discricionárias e precárias, cedidas por ato unilateral da administração.

A permissão enseja maior formalidade que a autorização. O termo de permissão concede ao particular, mediante condições, que pode ser alterada, a execução dos serviços. A unilateralidade, a discricionaridade e a precariedade, ínsitas do ato de permissão, devem ser usadas no interesse público da prestação de serviço, nunca contra o permissionário por razões estranhas à atividade que desenvolve como delegado da administração.

A *seleção* dos candidatos à permissão, embora sem as exigências da concessão, no que concerne à concorrência e ao contrato, que inexiste, deve merecer os mesmos cuidados da publicidade, com a participação da comunidade destinatária dos serviços a serem permitidos.

Quando os serviços a serem delegados não se enquadram, pela estabilidade, nos moldes da concessão, nem da permissão, a administração pode autorizá-los, simplesmente, ao particular. São os casos emergentes ou precários de exigência de certos serviços públicos, que a administração se verá na contingência de prestá-los, os quais autoriza que o particular os preste, após, sempre, consulta seletiva. A autorização é, igualmente, um ato administrativo discricionário, precário e unilateral.

11.6.5. Serviços e Poder de Polícia Municipal

A razão de ser do Município, bem como a do Estado, repousa na prestação de serviço público. É como diz Léon Duguit: "o serviço público é o fundamento e o limite do poder governamental" (*Traité de Droit Constitutionel*, Paris, Tome II, p. 62). A ação administrativa visa à satisfação das necessidades do interesse geral. Diante do que, para se chegar a esse objetivo, têm-se duas formas essenciais da ação administrativa: *o serviço público e a polícia administrativa*, como ensina Jean Rivero (*Droit Administratif*, Paris, p. 409).

Vimos que fundamento e limite da ação de Governo, classificam-se os serviços (entidade política - União, Estados, Municípios e DF -, é obrigada a prestar, necessariamente, à coletividade e se apresenta conveniente fazê-lo) em *serviços públicos e serviços de utilidade pública*.

Segundo Hely Lopes Meirelles (*Direito Municipal*, p. 260), ambas as expressões, embora tenham destinação comum ao público, conceitualmente não se confundem. Daí, "serviços públicos propriamente dito são os que a Administração presta diretamente à comunidade, por reconhecer que sua utilização é uma necessidade coletiva perene. Serviços de utilidade pública são os que o Poder Público, reconhecendo a sua utilidade (não necessidade) para os indivíduos componentes da sociedade, presta-os diretamente ou por delegação, a quem deles quiser utilizar-se, mediante remuneração".

Os serviços de utilidade pública, ditos *pró-cidadão*, são remunerados por *tarifas ou preços públicos*. Os públicos, ditos *próprios ou pró-comunidade*, que são obrigatórios, são remunerados por *taxas*.

Como se sabe, o Município tem competência constitucional para organizar e executar os serviços públicos e de utilidade pública. Porém, não detém competência para a criação desses serviços. A Constituição Federal é que cria (Ver art. 30 e incisos, CF).

11.6.6. O Poder de Polícia Administrativa

11.6.6.1. A Competência

Além da inserida, efetivamente, nos artigos 23 (competência comum; ou *concorrente* municipal), 30, II, ambos da CF (competência *supletiva*; que não pode se referir às matérias referidas nos incisos III, IV, XI e XIII, parte final, todos do art. 24 da CF), adstringe-se também ao exercício do poder de polícia (serviço público e poder de polícia: eis o fundamento e o limite da ação municipal, relembrando as lições de Duguit).

11.6.6.2. Conceituação

Por Poder de Polícia ou *polícia administrativa* há de se entender o conjunto das intervenções da administração que tendem a impor à livre ação dos particulares a disciplina exigida pela vida em sociedade (Jean Rivero, ob. cit., p. 412).

Portanto, é a *faculdade* que possui o Município para condicionar e restringir o uso e gozo de bens, atividades e direitos individuais, visando quer à satisfação da coletividade, quer à do próprio Município, razão de ser daquela.

O Código Tributário Nacional, no seu artigo 78, apresenta o seguinte conceito para a Polícia Administrativa: "... a atividade da Administração Pública que, limitando ou disciplinando direito, interesse ou liberdade, regula a prática de ato ou abstenção de fato, em razão do interesse público concernente à segurança, à higiene, à ordem, aos costumes, à disciplina da produção e do mercado, ao exercício de atividades econômicas dependentes de concessão ou autorização do Poder Público, à tranqüilidade pública ou ao respeito à propriedade e aos direitos individuais ou coletivos".

11.6.6.3. Fundamento e Exercício

O poder de polícia não suprime as liberdades nem os direitos, apenas restringe-lhes o *exercício*, como atividade administrativa. A razão desse poder repousa na necessidade de proteção do interesse coletivo, o qual figura como fundamento na *prevalência* do interesse geral do Poder Público sobre o interesse particular ou individual - um dos princípios basilares do Direito Administrativo.

Exercita-se a polícia administrativa nas matérias e nos assuntos de *interesse local*, tais como: proteção à saúde (vigilância e fiscalização sanitárias); proteção ao meio ambiente, ao sossego, à higiene, à funcionalidade; disciplinam-se as edificações e as posturas municipais, em toda amplitude local, com a regulamentação de: horário de funcionamento do comércio local, de indústria, de prestação de serviços (salvo bancárias e financeiras); tráfego e trânsito no perímetro urbano e nas vias públicas municipais; proteção ecológica da fauna e da flora; localização, nas áreas urbanas e nas proximidades de culturas e mananciais, de substâncias potencialmente perigosas; estética urbana e guarda municipal (art. 144, § 8º).

11.6.6.4. Penalidades

Incumbindo ao Município o exercício dos serviços públicos locais e do poder de polícia administrativa, como conseqüência do princípio da autonomia constitucional, assegura-se-lhe o *poder-dever* de dispor sobre as penalidades as infrações às leis e regulamentos locais (v.g. "multa pecuniária" é matéria de lei local, formal e materialmente).

11.6.6.5. Previsão Legal

À Lei Orgânica do Município é que compete, à exaustão, a previsão do elenco dos serviços públicos municipais, assim como aos Códigos de Edificações, Obras, de Polícia Administrativa (*Posturas Municipais*), reservando-lhe, entre outros, os mecanismos apropriados e as condições de atuação plena dos serviços públicos, de utilidade pública e do poder de polícia administrativo municipal.

11.6.6.6. Convênios e Consórcios

Como se viu, anteriormente, faculta-se-lhe, também, no exercício da competência *por cooperação*, celebrar convênios e consórcios administrativos com o Estado ou a União e/ou Municípios, na gestão de funções básicas ou serviços de interesse comum, como na participação na formação de entidade intermunicipal para a realização de obras e serviços comuns, incluindo o Poder de Polícia.

11.7. CONCESSÃO DE SERVIÇO PÚBLICO NO BRASIL

11.7.1. Introdução

A expressão *serviço público*, como se sabe, muitas vezes vem empregada em *sentido muito amplo*. Abrange, desta forma, toda e qualquer atividade realizada pela Administração, "desde uma carimbada num requerimento até o transporte coletivo", no dizer de Odete Medauar (*Direito Administrativo Moderno*, 3ª ed. atualizada EC 19/98, p. 345).

Em sentido amplo, são englobadas também as atividades do Poder Judiciário e do Poder Legislativo. Ou seja, "o Judiciário presta serviço público relevante; o Legislativo realizada serviço público". No caso, a expressão não se reveste de atividade caracterizada tecnicamente como serviço público e nem se sujeitam aos seus preceitos norteadores.

Serviço Público, no direito administrativo, diz respeito à atividade realizada no âmbito das atribuições da Administração e inseridas no Executivo, onde se propicia algo necessário à vida coletiva, tais como: água, energia elétrica, transporte urbano. Sendo que, como entende a Autora, "as atividades-meios de arrecadação de tributos, serviço de arquivo, limpeza de repartição, vigilância de repartições, não se incluem na acepção técnica de serviço público".

Portanto, "o serviço público apresenta-se como uma dentre as múltiplas atividades desempenhadas pela Administração, que deve utilizar seus poderes, bens e agentes, seus atos e contratos para realizá-la de modo eficiente".

11.7.2. Caracterização do serviço público

Assim, como caracterizar o serviço publico? A resposta, sem dúvida, nos remete ao plano da concepção política dominante, ao plano da concepção sobre o Estado e seu papel. "É o plano da escolha política, que pode estar fixada na Constituição do país, na lei e na tradição". A Constituição Brasileira considera como serviços públicos, por exemplo: o transporte coletivo (art. 30, V); serviços telefônicos, telegráficos (art. 21, XI); energia elétrica (art. 21, XIII). De outra parte, a Lei Federal nº 9.074, de 07.07.95, indica o serviços federais de barragens, contenções, eclusas, diques e irrigações como serviços públicos. É apontado, tradicionalmente, o chamado *núcleo pacífico* dos serviços públicos: água, luz, iluminação pública, coleta de lixo, limpeza de ruas, correio.

Diversas finalidades conduzem a considerar determinada *atividade* como serviço público, entre as quais: "retirar da especulação privada setores delicados; propiciar o benefício do serviço aos menos favorecidos; suprir carência da iniciativa privada; favorecer o progresso técnico". Diante do que, "serviço público significa prestações; são atividades que propiciam diretamente benefícios e bens aos administrados, não se incluindo aí as de preparação de infra-estruturas (arquivo, arrecadação de tributos). Abrange prestações específicas para determinados indivíduos, água, telefone, e prestações genéricas, iluminação pública, limpeza de ruas".

A atividade de prestação que receber a qualificação de serviço público, como conseqüência especial, adquire regime jurídico próprio mesmo que fornecida por particulares.

11.7.3. Princípios diretores

Desta forma, segundo Medauar, como conseqüência da caracterização da atividade, ter-se-á a sua submissão aos seguintes preceitos:

a) *Igualdade de todos ou paridade de tratamento*. É o desdobramento do princípio da igualdade. Refere como exemplo a Lei Orgânica do Município de São Paulo, art. 123, parágrafo único, onde expressado está que os serviços públicos serão prestados "sem distinção de qualquer espécie". Analisa que o "atendimento das necessidades da população e a igualdade de acesso não devem ser bandeira para ocultar ausência de direção do serviço, má gestão, desperdício". De outra parte, afirma-se que a *gratuidade* não foi firmada como princípio do serviço público. Fundamenta ao mencionar que às vezes o ordenamento determina a gratuidade, com o exemplo da gratuidade no ensino público em estabelecimerntos oficiais (art.206, IV), garantia do ensino fundamental obrigatório e gratuito (art. 208, I) e dos transportes coletivos urbanos a maiores de 65 anos (art. 230).

b) *Funcionamento contínuo*. A Lei nº 8.987/95 - "concessão de serviço público" - indica a continuidade e regularidade entre as condições do "serviço adequado", acarretando conseqüências nos contratos e no regime dos servidores, com alusão ao "direito de greve". Ou seja, determina a Constituição que o direito de greve será exercido nos termos e limites definidos em lei complementar. Agora, com o texto da EC 19/98, mudou para lei específica.

c) *Modificação do modo de execução*. Objetivando a adaptação a exigências novas da vida coletiva e de modernas tecnologias. Cita como exemplo: a modificação unilateral do contrato administrativo.

d) *Princípio do funcionamento eficiente*. "O serviço público deve ser o melhor possível". A Lei Federal nº 8.987/95 aponta como condição do "serviço adequado": *a eficiência*.

11.7.4. Tipologia

No Direito Brasileiro, há os serviços públicos federais, estaduais, distrital e municipais. Há, ainda, os serviços públicos *comuns* - de competência das regiões metropolitanas ("metropolitanos"). Essa competência decorre da repartição constitucional. De igual forma, além dos serviços públicos de competência "exclusiva", há os *concorrentes* - por exemplo: assistência médica - e serviços passíveis de "delegação".

Quanto aos destinatários - Hely Lopes Meirelles aponta os serviços *uti universi* ou gerais, sem destinatários determinados: coleta de lixo, limpeza de ruas, iluminação pública. E os serviços *uti singuli* ou individuais, prestados a usuários determinados: água, telefone, gás canalizado (*Direito Administrativo Brasileiro*, 19ª ed., 1994, p. 297). Os primeiros, de regra, não são remunerados diretamente pelos usuários. Os segundos, por identificáveis, são pagos por meio de tarifas ou taxas.

Menciona Medauar, ainda, que os serviços públicos de responsabilidade total atribuída ao Poder Público, mesmo que executados por particulares: correio, água, gás canalizado, radiodifusão sonora e por imagens. E os assim considerados, somente quando o Poder Público os assume, pois o ordenamento jurídico permite que a iniciativa privada exerça tais atividades, sob sua responsabilidade: assistência médica, ensino.

Manual de
DIREITO ADMINISTRATIVO

247

11.7.5. Formas de prestação

Serviços públicos prestados diretamente pela Administração e por seus servidores: ensino de primeiro e segundo graus. Outros, de responsabilidade da Administração direta, mas executados por particulares, mediante contrato de prestação de serviços e remunerados pelos cofres públicos: coleta de lixo e a limpeza de ruas. São os serviços *centralizados*.

Segundo Hely Lopes Meirelles, como mencionado é, os serviços públicos *descentralizados*, atribuídos por outorga e mediante lei, a entidades da Administração indireta ou assemelhadas, instituídas pelo Poder Público: autarquias, empresas públicas, sociedades de economia mista, fundações públicas. Ou atribuídos, por *delegação*, através de contrato ou ato administrativo a pessoas físicas ou jurídicas privadas ou públicas, estas mediante convênio. Para o Autor, a outorga por lei, sem prazo determinado, pressupõe definitividade. A delegação tem a presunção de temporariedade, pois efetuada por prazo determinado.

Outra forma, são os *consórcios públicos* na gestão de serviços de interesses comum (- mormalmente Municipais) , com criação ou não de ente intergovernamental com a finalidade e para a qual é transferida a execução de alguns serviços.

Finalmente, a *concessão, a permissão e autorização* de serviço público são as formas clássicas pelas quais a Administração transfere aos particulares a prestação de serviços públicos.

É apontado, ainda, que na atualidade novas figuras vêm sendo utilizadas, entre as quais o *arrendamento* e a *franquia*. A Administração mantém o vínculo com a atividade, fixa normas para sua execução, fiscaliza o cumprimento, sendo a responsável pela mesma.

11.7.6. Concepção atual

Como nos informa a doutrina, a "concessão de serviço público" existiu e foi utilizada desde o século XIX na Europa e principalmente na França. Criada para serviço que existiam grandes investimentos financeiros e pessoal técnico especializado. Encargos que o Poder público não tinha condições de assumir. Na época, o seu uso recaiu fundamentalmente sobre transporte ferroviário, fornecimento de água, gás, eletricidade, transporte coletivo urbano. Possuía a característica de longo prazo, propiciando o retorno do investimento aplicado. A partir da terceira década do século XX, registrou-se o declínio das concessões. Ocorrência devida à instabilidade econômica em geral, diante das guerras e às tendências estatizantes. Houve muitas nacionalizações "e criaram-se empresas estatais que absorveram parte das concessões do setor privado. Surgiram, pois, as *outorgas* - não ao setor privado, mas a entes da administração indireta."

Na década de 80, ressurge a concessão num contexto de *Reforma do Estado*, de "privatização, mas com justificativa idêntica àquela que norteou sua elaboração no século XIX: execução de serviços públicos sem ônus financeiro para a Administração".

Diante do que, edita-se a Lei Federal nº 8.987, de 02.1995. O seu conteúdo, no geral, não representa novidade, pois o Direito Administrativo está adequado com as notas características do instituto da concessão. A novidade, porém, se embute na própria disciplina legislativa. A Constituição Federal de 1934 assim previa, no seu art. 137, que lei federal regulasse a fiscalização e revisão dos serviços concedidos. Por sua vez, as de 1946, 1967 e a Emenda de 1969 previam edição de lei sobre o regime das concessionárias de serviços públicos, fato legislativo que nunca ocorreu.

A Constituição Federal de 1988, em seu parágrafo único do art. 175, guarda dispositivo semelhante. Editada a lei das concessões e promulgada a Lei Federal nº 9.074, de 07.07.95 - que "arrola serviços e obras públicas de competência da União, passíveis do regime de concessão ou de permissão e dispõe sobre os serviços de energia elétrica". Por fim, as Leis nos 8.987/95 e 9.074/95 tiveram dispositivos alterados pela Lei Federal nº 9.648, de 27.05.98.

11.7.7. A lei da concessão e permissão (Lei nº 8.987/95)

11.7.7.1. Conceito legal e características

De conformidade com o art. 2º, II, da Lei nº 8.987/95 - *concessão do serviço público* é a transferência da prestação de serviço público, feita pela União, Estados, Distrito Federal e Municípios, mediante concorrência, a pessoa jurídica ou consórcio de empresas, que demonstre capacidade para seu desempenho, por conta e risco e por prazo determinado.

Assim, decorrem as principais *características* apontadas na doutrina:

a) *Poder Público Concedente* - cuja competência se encontra o serviço.

b) *Concessionária* - é a pessoa jurídica ou consórcio de empresas que executa o serviço por sua conta e risco, por prazo determinado. Empresas privadas que não se transformam, pela concessão, em órgãos da administração, nem a integram. Porém, alguns preceitos de ordem pública se aplicam a suas atividades, tais como o regime de responsabilidade civil vigente para os entes da Administração (CF art. 137, § 6º) e princípios diretores do serviço público.

c) *Concessionária* - de regra recebe *remuneração* diretamente do usuário do serviço através de tarifa ("preço").

d) *Concedente* fixa as normas de realização dos serviços, fiscaliza seu cumprimento e impõe sanções aos concessionários. Reajusta as tarifas.

e) *Concessão* se formaliza por "instrumento contratual", tipo de contrato administrativo, precedido de concorrência. Portanto, os preceitos gerais sobre os contratos administrativos são aplicados a essa figura.

11.7.7.2. Precedida de obra pública

Variante da concessão de serviço público é a concessão de serviço público precedida da execução de obra pública - denominada *concessão de obra pública*. Consiste na construção, conservação, reforma, melhoramento de quaisquer obras de interesse público, delegada pelo concedente, mediante concorrência, a pessoa jurídica ou consórcio de empresas, com realização por sua conta e risco, remunerada pela exploração do seviço ou da obra por prazo determinado (Lei nº 8.987/95, art. 2º , III). O exemplo citado: construção, ampliação e manutenção de estradas, depois remuneradas pelo *pedágio*. Aplicam-se as Leis nºs 8.987/95 e 9.074/95.

11.7.7.3. Outros tipos

Além das concessões acima indicadas, Odete Medauar (ob. cit., p. 353) aponta outras, disciplinadas especificamente no ordenamento brasileiro, tais como:

a) *concessão de serviço de TV a cabo* - disciplinadas na Lei nº 8.977, de 06.01.95, onde além da concessionária outras empresas privadas realizam parcelas das atividades desse serviço (p. ex.: operadora de TV a cabo, programadora); o usuário tem o nome de assinante e recebe o serviço mediante contrato, com pagamento mensal, de regra.

b) concessão de serviço de *radiodifusão sonora e de sons e imagens* - não se aplica à Lei nº 8.987/95 (art. 41). Nesse tipo inexiste remuneração direta do usuário ao concessionário. O serviço é gratuito para os donos de aparelho de rádio e TV.

c) concessão para *serviços de telecomunicações* - disciplinada na Lei nº 9.472, de 16.07.97.

11.7.7.4. Aplicabilidade da Lei nº 8.987/95

Anteriormente, vimos que o parágrafo único do art. 175 da CF remete à lei o regime das concessionárias e permissionárias de serviço público. De outra parte, o art. 21, XXVII, fixa a competência da União para legislar sobre *normas gerais* de contratação.

Portanto, a Lei nº 8.987/95 contém normas gerais sobre a concessão e a permissão no serviço público, aplicáveis à própria União, aos Estados, ao Distrito Federal e aos Municípios, "que poderão legislar sobre normas específicas", para as respectivas esferas administrativas. O próprio parágrafo único do art. 1º da referida Lei estabelece que "devem promover a revisão e as adaptações necessárias de sua legislação aos preceitos da Lei nº 8.987/95, buscando atender as peculiaridades dos seus serviços".

Por sua vez, a Lei nº 9.074/95, em seu art. 2º, veda a União, os Estados, o Distrito Federal e os Municípios outorgarem "concessões e permissões de serviço público sem lei que lhes autorize e fixe os termos, dispensada esta nos casos de saneamento básico e limpeza urbana e nos referidos na Constituição Federal, nas Constituições Estadual e nas leis Orgânicas dos Municípios e do Distrito Federal, observados os termos da Lei nº 8.987/95".

De igual modo, o art. 1º da Lei nº 9.074/95 elenca os serviços e obras públicas de competência da União passíveis de concessão e permissão: vias federais, precedidas ou não de obra pública; exploração de obras ou serviços federais de barragens, contenções, eclusas, diques e irrigações; estações aduaneiras e outros terminais alfandegários de uso público, não instalados em área de porto ou aeroporto, precedidos ou não de obras públicas; serviços postais (esse último acrescentado ao art. 1º pela Lei nº 9.648, de 27.06.98).

11.7.7.5. Motivação da outorga de concessão ou permissão

No art. 5º da Lei nº 8.987/95, é determinado que, previamente, ao edital de licitação, o poder concedente publique *ato justificado* da conveniência da outorga da concessão ou permissão, caracterizando seu objeto, área e prazo.

11.7.7.6. Serviço adequado

Aspecto positivo da Lei nº 8.987/95 está no estabelecimento de qualificações na caracterização de serviço adequado a ser prestado pelo concessionário. A Lei indica os *índices* de exigência do serviço que, também, devem prevalecer na prestação de serviços efetuada diretamente pelo Poder Público.

Diante do disposto no § 1º do art. 6º - "serviço adequado" é o que satisfaz as condições de regularidade, continuidade, eficiência, segurança, atualidade, generalidade, cortesia na prestação e modicidade das tarifas.

Sendo que *atualidade* - "significa modernidade das técnicas, do equipamento, das instalações e a sua conservação, a melhoria e expansão dos serviços".

11.7.7.7. Direitos e deveres dos usuários

Por sua vez, o art. 7º, embora sem especificar, dispõe sobre os direitos e deveres dos usuários do serviço público, sem prejuízo do Código do Consumidor (Lei nº 8.078/90).

De acordo com a doutrina (ob. cit. p. 354), *são direitos*: "receber serviço adequado; receber do concedente e da concessionária informações para a defesa de interesses individuais ou coletivos; obter e utilizar o serviço com liberdade de escolha entre vários prestadores de serviço, quando for o caso, observadas as normas do poder concedente."

Por outro lado os deveres seriam: "levar ao conhecimento do poder público e da concessionária as irregularidades de que tenham ciência, referentes ao serviço prestado; comunicar às autoridades competente os atos ilícitos praticados pela concessionária na prestação de serviços; contribuir para a manutenção das boas condições dos bens públicos afetados aos serviços".

11.7.7.8. Política tarifária

A tarifa do serviço é a fixada pelo preço da proposta vencedora da licitação, preservada por regras de revisão apontadas na Lei, no edital e no contrato. Nos termos do art. 9º e do § 2º, visando à manutenção do *equilíbrio econômico-financeiro*, o contrato deve prever mecanismo de revisão.

No § 3º é previsto que, se os tributos ou encargos legais causarem impacto comprovado, com ressalva do imposto de renda, advindos ou alterados após a apresentação da proposta, caberá revisão tarifária - para mais ou para menos.

O § 4º é pertinente ao restabelecimento do equilíbrio econômico-financeiro concomitantemente à alteração unilateral do contrato.

Por sua vez, o art. 11 determina que o edital de licitação poderá prever, a favor da concessionária, a possibilidade de fontes alternativas de receita, visando a favorecer a modicidade da tarifa.

E o art. 13 permite a fixação de tarifas diferenciadas, em função das características técnicas e dos custos específicos, advindos do atendimento de diferentes segmentos de usuários.

11.7.7.9. Da licitação

Nesta oportunidade, cabe referir que os arts. 14 a 22 da Lei de Concessões dispõem sobre a licitação nas concessões, devendo ser observados os mesmos princípios gerais (art. 14).

Os *critérios de julgamento*, inicialmente propostos na redação original da Lei, foram alterados pela Lei nº 9.648/98, atinente à conversão de Medida Provisória. O art. 15 discrimina os referidos critérios, cuja previsão, regras e fórmulas precisas de avaliação econômico-financeira, parâmetros e formulações técnicas deverão constar do edital (§§ 1º e 2º).

A outorga de concessão ou permissão não tem caráter de *exclusividade*, ressalvado o caso de inviabilidade técnica ou econômica, devidamente justificada na motivação (art. 16). O art. 18 indica os itens do conteúdo do edital, no que couber, aplicável o das licitações; participação de empresas em consórcio (art. 19); obtenção de certidão sobre atos, contratos ou pareceres, como desdobramento da transparência e do princípio da publicidade (art. 22).

11.7.7.10. Do contrato de concessão

A partir do art. 23, são arroladas as cláusulas essenciais do contrato. É admitida a "subcontratação", quanto a atividades inerentes, acessórias ou complementares ao serviço, nos termos do art. 25. De igual modo, a "subconcessão" com autorização do Poder Concedente (art. 26).

No pertinente aos encargos do concedente, estão mencionados no art. 29 da Lei nº 8.987/95, e os da concessionária, no art. 31.

11.7.7.11. Da intervenção

Pode ocorrer a intervenção pelo concedente com a finalidade de assegurar o serviço adequado e cumprimento das normas contratuais. Formalizar-se-á por *decreto*, indicando o interventor, prazo, objeto e limites (art. 32 e parágrafo único).

Após 30 dias da declaração, deverá ser instaurado *processo administrativo*, objetivando a comprovar as causas determinantes e apurar responsabilidades, sempre assegurada a ampla defesa (art. 33). Conclusão do processo em 180 dias, sob pena de invalidação da interdição (§ 2º). Cessada a intervenção, a gestão será devolvida com a prestação de contas (art. 34).

11.7.7.12. Da extinção da concessão

O art. 35 aponta os *modos* de término da concessão. O primeiro pertine ao término do prazo contratual. A *reversão* acarreta a indeni-

Manual de
DIREITO ADMINISTRATIVO

zação de parcelas dos investimentos vinculados a bens reversíveis, como dispõe o art. 36.

Já a *encampação* - retomada do serviço pelo Poder Concedente -, no decorrer da concessão e por motivo de interesse público, através de lei autorizativa específica e pagamento da indenização (art. 37).

Por sua vez, a *caducidade* - correspondente à "rescisão unilateral", por má execução ou descumprimento de cláusulas (serviço inadequado e deficiente) - cuja declaração deve ser precedida de processo administrativo de inadimplência, assegurada a ampla defesa e prévias comunicações - descumprimentos contratuais (art. 38 e parágrafos).

A concessão também poder ser extinta por "rescisão de iniciativa da concessionária" - descumprimento de cláusulas do contrato pelo Poder Público - através de ação judicial (art. 39 e parágrafo único).

A *anulação*, de outra parte, é indicada no art. 35, IV, no caso de ilegalidade na licitação ou no contrato. Ocasionam, ainda, a extinção da concessão: a "falência ou extinção da empresa", "falecimento ou incapacidade do titular", no atinente à empresa individual (art. 35, VI).

De qualquer modo ou motivo, extinta a concessão, o poder Concedente assume de imediato, ocupando as instalações e os bens reversíveis e procedendo à liquidação necessária. Retornando os bens reversíveis, direitos e privilégios transferidos, de acordo com o edital e o contrato (§§ 1º a 3º do art. 35).

11.7.8. Permissão e autorização de serviço público

Igualmente, mediante a permissão e a autorização, a Administração transfere a execução de serviços públicos a particulares. Porém, nunca foi nítida a *distinção* entre a "concessão e permissão" de serviço público, pois ambas dizem respeito a serviço público prestado por particular, com remuneração através de "tarifa" e pagas pelos usuários.

Não há como se distinguir por grau de exigência ou pela complexidade do serviço, de igual modo a maior ou menor relevância social não oferece índice de diferenciação.

No ordenamento brasileiro, não há mais diferenciação na possibilidade de promoção da *desapropriação*. Já que em ambas, atualmente, é permitido (art. 3º do Dec.-Lei nº 3.365/41 - Desapropriação; art. 40 e parágrafo único da Lei nº 8.987/95 - Concessão). De igual forma, quanto à questão de "exclusividade" da prestação de serviço, tendo em vista que a outorga de concessão ou permissão não terá caráter de exclusividade (art. 16, Lei nº 8.987/95).

Outra diferença anotada seria que a concessão se exteriorizava por contrato; a permissão por ato administrativo discricionário, precário, revogável, em princípio, a qualquer tempo. Portanto, diferença com base no tempo de "duração". A concessão era de longa duração; a permissão era a precariedade. A permissão, já que ato administrativo, não se sujeitava à licitação.

Todavia, a CF 88, no art. 175, estabelece a exigência de licitação para ambas. Desta forma, leva a aproximar a permissão da forma de contrato. A fórmula que lhe confere o art. 40 da Lei nº 8.987/95 é inovadora, determinando sua formalização como *contato de adesão*, observadas a precariedade e a revogabilidade unilateral do contrato pelo Poder Concedente (art. 40). Em conseqüência dessa previsão, temos a criação no direito brasileiro do "contrato administrativo de adesão" que, pelo mesmo art. 40, subordina-se à aplicação dessa Lei que é pertinente às permissões, sem ressalvas expressas, contudo entendemos que a aplicação dos dispositivos previstos para concessão devem ser adaptados às características de precariedade e revogabilidade unilateral quando referentes à permissão.

Em decorrência, conforme Odete Medauar (ob. cit., p. 361) - face à Lei nº 8.987/95 - a *diferença* entre concessão e permissão de serviço público, embasa-se em dois aspectos, a saber:

a) "concessão" é atribuída a pessoa jurídica ou consórcio de empresas, enquanto a "permissão" é atribuída a pessoa física ou jurídica;

b) a "concessão" destinar-se-ia a serviços de longa duração, inclusive para propiciar retorno de altos investimentos da concessionária; a permissão supõe média ou curta duração.

Desse modo, podemos continuar afirmando que a natureza material da permissão, ou seja, quanto ao seu conteúdo, é de ato administrativo precário e revogável unilateralmente, apenas que para sua formalização devem-se respeitar as regras específicas de prévia licitação e de assinatura de um contrato de adesão.

No referente à *autorização*, é mantida sua formalização por ato administrativo discricionário e precário. Normalmente, são transferidos serviços de fácil execução, sem remuneração por tarifas. Por exemplo, é o caso para autorização de praças, jardins ou canteiros de avenidas, em troca da afixação de placa com o nome da empresa. Não é objeto da Lei nº 8.987/95.

11.7.9. Arrendamento e franquia

A doutrina tem apontado, diante do contexto de Reforma do Estado e da Privatização, a utilização de outras figuras jurídicas para transferir a prestação de serviços ao particular. É de ser mencionado, como informa Odete Medauar (ob. cit., p. 361) o *arrendamento*, citando como caso concreto o Porto de Antonina, no Paraná, cujo arrendamento deu-se através de licitação, podendo ajustar-se o pagamento à Administração "de importância previamente determinada ou de percentual sobre o que for recebido pelo arrendatário".

No atinente à *franquia*, igualmente o Poder Público transfere ao franqueado a execução de serviços públicos, os quais devem ser realizados de forma padronizada e através de licitação. O franqueado "têm participação na receita advinda de sua atuação; ou ao franqueado pertence a receita, devendo remunerar o franqueador em quantia fixa ou percentual sobre as importâncias recebidas".

"Na Inglaterra, a franquia tem origem medieval e desempenhou, no passado, papel semelhante à concessão de serviço público [...] . No Brasil, ...a mais conhecida é a dos serviços dos correios, que implica a loja e o atendimento ao público, quanto a todas as atividades de uma agência de correios da EBCT; o transporte é realizado pela EBCT ...".

Capítulo 12

Os Agentes Públicos

12.1. TERMINOLOGIA ATUAL

Inicialmente, adota-se a linha doutrinária de Maria Sylvia Zanela Di Pietro, sobre os *servidores públicos*, temática já atualizada na visão das Emendas Constitucionais nᵒˢ 18 e 19 (Direito Administrativo - Atlas, 10ª ed., 1998). Diz a Autora, que a Constituição Federal de 1998, seção II do capítulo referente à Administração Pública, utiliza a expressão *Servidores Públicos Civis* para designar as pessoas prestadoras de serviços, com vínculo empregatício, à Administração direta, indireta, autárquicas e fundações públicas.

Na seção I, contém disposições concernentes à Administração Pública, com normas que abrangem todas as pessoas que prestam serviços à Administração Pública, direta, indireta e fundacional, incluindo não só as autarquias e fundações públicas, mas também as empresas públicas, sociedades de economia mista e fundações de direito privado. Por sua vez, na seção II, são tratados os servidores públicos militares que após a Emenda Constitucional passaram a ser denominados apenas "militares".

Assim, conforme posicionamento de Maria Sylvia Zanela Pietro (ob. cit., p. 353), "*servidor público* é a expressão empregada ora em sentido amplo para designar todas as pessoas físicas que prestam serviços ao Estado e às entidades da Administração indireta, com vínculo empregatício; ora em sentido menos amplo, que exclui os que prestam serviços às entidades com personalidade jurídica de direito privado. Nenhuma vez a Constituição utiliza o vocábulo *funcionário*, o que não impede seja este mantido na legislação ordinária". Além do que, em outros capítulos há preceitos aplicáveis a outras pessoas que exercem *função pública*. Compreendendo, em sentido amplo, não só a função administrativa, mas também as outras funções legislativas e jurisdicionais, que possuem tratamento em capítulos próprios.

Manual de
DIREITO ADMINISTRATIVO

De igual forma, existem pessoas que exercem função pública, sem vínculo empregatício com o poder público. Diante disso, como ensina Maria Sylvia, surge a "necessidade de ação de outro vocábulo, no sentido mais amplo do que servidor público, para designar as pessoas físicas que exercem *função pública*, com ou sem vínculo empregatício". Portanto, como é apontado: "os doutrinadores brasileiros passaram a falar em *agente público*" de alguns tempos para cá.

12.2. AGENTES PÚBLICOS

Conceitua a Autora citada: "Agente público é toda pessoa física que presta serviços ao Estado e às pessoas jurídicas da administração indireta". Anteriormente, ficavam excluídos os prestadores de serviços constituídos pelas pessoas jurídicas de direito privado instituídas pelo Poder Público, tais como fundações, empresas públicas e sociedades de economia mista. Diante, porém, do atual art. 37, exige-se a inclusão de todos.

Assim, adota-se a classificação de Celso Antonio Bandeira de Mello, com as alterações necessárias, que afirma serem três as categorias de agentes públicos: 1) *agentes políticos*; 2) *servidores públicos*; e 3) *particulares em colaboração com o poder público*.

12.2.1. Agentes Políticos

Hely Lopes Meirelles conceitua: "agentes políticos são os componentes do Governo nos seus primeiros escalões, investidos em cargos, funções, mandatos ou comissões, por nomeação, eleição, designação ou delegação para o exercício de atribuições constitucionais". São incluídos nessa categoria os Chefes do Poder Executivo federal, estadual e municipal, seus auxiliares diretos, os membros do Poder Legislativo, como também os da Magistratura, Ministério Público, Tribunais de Contas, representantes diplomáticos e "demais autoridades que atuem com independência funcional no desempenho das atribuições governamentais, judiciais ou quase judiciais, estranhas ao quadro do funcionalismo estatutário".

Já com Celso Antônio Brandeira de Mello, temos conceito mais restrito: "Agentes Políticos são os titulares dos cargos estruturais à organização política do País, isto é, são os ocupantes dos cargos que compõem o arcabouço constitucional do Estado e, portanto, o esquema fundamental do poder. Sua função é a de formadores da vontade superior do Estado". Assim, são agentes políticos: o Presidente da República, os Governadores, os Prefeitos e respectivos auxiliares imediatos (Ministros e Secretários), os Senadores, os Deputados e os Vereadores.

Conforme Maria Sylvia, a última conceituação é a preferível, pois, a "idéia de agente político liga-se, indissociavelmente, à de *governo* e à de *função política*. A primeira dando idéia de órgão (aspecto subjetivo) e, a segunda, de atividade (aspecto objetivo)."

Analisa a Autora: "Essas funções políticas ficam a cargo dos órgãos governamentais ou governo propriamente dito e se concentram, em sua maioria, nas mãos do Poder Executivo, e, em parte, do Legislativo; no Brasil, a participação do Judiciário em decisões praticamente inexiste, pois a sua função se restringe, quase exclusivamente, à atividade jurisdicional sem grande poder de influência na atuação política do Governo, a não ser pelo controle *a posteriori*".

Seriam, ainda, excluídos da expressão, os membros do Ministério Público e do Tribunal de Contas - o primeiro exercendo uma das funções essenciais à justiça, ao lado da Advogacia-Geral da União, da Defensoria Pública e da Advocacia -, e o segundo a função de auxiliar do Legislativo no controle da Administração. Nada se encontra, em suas atribuições constitucionais, que justifique a inclusão nas funções de governo, por não participarem, direta ou indiretamente, das decisões governamentais.

Portanto, seriam *agentes políticos,* no direito brasileiro, apenas os Chefes dos Poderes Executivos federal, estadual e municipal, os Ministros e Secretários de Estado, além de Senadores, Deputados e Vereadores.

Quanto à forma de investidura, como se sabe, é a *eleição,* ressalvados os Ministros e Secretários, de livre escolha do Chefe do Executivo e providos em cargos públicos, mediante *nomeação.*

12.2.2. Servidores Públicos

Em sentido amplo, são as pessoas físicas que prestam serviços ao Estado e às entidades da Administração indireta, com vínculo empregatício e mediante remuneração pelos cofres públicos.

Sinteticamente, compreendem:

1) *servidores estatutários*: sujeitos ao regime estatutário e ocupantes de *cargos públicos;*

2) *empregados públicos:* contratos sob o regime da legislação trabalhista e ocupantes de *emprego público;*

3) *servidores temporários*: contratado por tempo determinado para atender necessidade temporária de excepcional interesse público (art. 37, IX, da CF) exercem *função,* sem estarem vinculados a cargo ou emprego público.

A primeira categoria submete-se a *regime estatutário*, estabelecido em lei; para cada uma das unidades federativas, podendo ser modificada unilateralmente, respeitados os direitos adquiridos do funcionário. Trata-se de normas de ordem pública, cogentes, não derrogáveis pelas partes. O regime estatutário federal está regido pela Lei nº 8.112, de 11.12 90, alterada pela Lei nº 9.527, de 10.12.97.

A segunda são os *contratados* sob o regime da Consolidação das Leis do Trabalho (*CLT*). Não podem Estados e Municípios derrogar tais regras, pois é da competência privativa da União (art. 22, I, CF). No entanto, submetem-se as normas constitucionais no atinente à investidura, acumulação de cargos, vencimentos, entre outras previstas (Cap. VII, Título III, CF).

Por fim, a terceira são contratados para exercer *função temporária*, através de regime jurídico *especial*. Na esfera federal, a contratação temporária, com base no art. 37, IX, é disciplinada pela Lei nº 8.475, de 9.12.93, que sofreu modificação pela Medida Provisória nº 1554-29, de 18.6.98.

A Constituição Federal de 1988, em sua redação original, previa regime jurídico único para os servidores da Administração direta, autarquias e fundações públicas (art. 39). No entanto, a Emenda Constitucional nº 19, de 4.6.98, modificou a exigência, podendo cada esfera de governo (União, Estados e Municípios) *instituir* o regime estatutário ou contratual, com possibilidade de conviverem dois regimes no mesmo ente ou órgão. Inclusive, não há necessidade de que o mesmo regime adotado pela Administração direta seja igual para as autarquias e fundações públicas.

Em decorrência, algumas categorias se enquadrarão como servidores ocupante de *cargos* e sob o regime estatutário, estabelecido em leis próprias, tais como a Magistratura, o Ministério Público, o Tribunal de Contas, a Advocacia e a Defensoria Pública. Exercem atribuições constitucionais, mediante vínculo empregatício com o Estado. Ocupam cargos públicos criados por lei. Submetem-se a regime estatutário próprio estabelecidos pelas respectivas leis orgânicas. De igual monta, os serviços auxiliares da justiça serão ocupantes de "cargos", em decorrência do art. 96, I, *e*, da CF.

Já os servidores das empresas públicas, sociedade de economia mista e fundações privadas reger-se-ão pela CLT. As empresas que exercem atividade econômica o regime é imposto pelo art. 173, § 1º, da CF. Aos demais, não é obrigatório. Mas será o adotado por meio das leis ordinárias, haja vista a sua compatibilidade com o regime de direito privado (Maria Sylvia Zanela Di Prieto, ob. cit., p. 355 a 357).

12.2.3. Particulares Colaboradores

Prossegue a autora - a esta categoria entram as pessoas físicas que prestam serviços ao Estado, sem vínculo empregatício, com ou sem remuneração. Diversos são os títulos que compreendem:

1) *delegação* do poder público: como os empregados das empresas concessionárias e permissionárias de serviços públicos, tais como os serviços notariais e de registro (art. 236, CF), os leiloeiros, tradutores e intérpretes públicos. Exercem função pública, em seu nome próprio, sem vínculo empregatício, mas sob fiscalização do Poder Público. A remuneração é paga por terceiros usuários do serviço, e não pelos cofres públicos.

2) através de *requisição, nomeação ou designação*: exercício de funções públicas relevantes. É o que ocorre com os jurados, serviço militar e eleitoral, os comissários de menores, os integrantes de comissões, grupos de trabalho, etc. Não possuem vínculo empregatício e, normalmente, não recebem remuneração.

3) *gestores de negócio*: assumem, espontaneamente, determinada função pública em momento de emergência, tais como nas epidemias, incêndio, enchente, etc.

12.3. CARGO, EMPREGO E FUNÇÃO

Verifica-se que a vigente Constituição Federal, em inúmeros dispositivos, emprega os vocábulos *cargo, emprego e função* na designação de realidades diversas, existentes na Administração.

Para distingui-las e bem compreender o sentido das expressões, é necessário partir-se da idéia de que a Administração Pública tem suas competências definidas em *lei*, em *três níveis* diversos: pessoas jurídicas (União, DF, Estados e Municípios), órgãos (Ministérios, Secretárias, Departamentos, etc.) e servidores ocupantes de "cargos ou empregos" ou exercendo "função".

Assim, a observação de Celso Antônio Bandeira de Mello: "cargo é a denominação dada à mais simples unidade de poderes e deveres estatais a serem expressos por um agente".

Como analisa Maria Sylvia (ob. cit. p. 358), durante "muito tempo, essa unidade de atribuições correspondia ao *cargo* e era atribuída ao *funcionário* público sob regime estatutário."

Porém, quando se passou a aceitar a possibilidade de contratação de servidores sob o regime da legislação trabalhista, a expressão *emprego público* passou a ser utilizada, paralelamente a *cargo público*, também para designar uma *unidade de atribuições*, distinguindo-se

Manual de
DIREITO ADMINISTRATIVO

uma da outra pelo tipo de vínculo que liga o servidor ao Estado. Ora, como se sabe, o ocupante de emprego público tem um vínculo contratual, sob a égide da CLT. O ocupante de cargo público, por sua vez, tem um vínculo estatutário, regido pelos Estatuto dos Funcionários Públicos através de lei local para Estados e Municípios (União - Lei nº 8.112 /90, institui regime jurídico único federal).

Ao lado do cargo e do emprego - possuem individualidade própria definida em lei -, há atribuições exercidas por servidores públicos, porém, sem correspondência a cargo ou emprego. Trata-se, portanto, de *função*, que Maria Sylvia atribui um conceito residual: "é o conjunto de atribuições às quais não corresponde um cargo ou emprego".

Anteriormente à atual Constituição, duas eram as modalidades de *função*:

1) de *chefia, assessoramento, direção* e tantas outras, remuneradas, normalmente, por acréscimos pecuniários ao padrão do funcionário (*pro labore*, representação, gratificação, função gratificada);

2) exercida pelos chamados *extranumerários* (interinos, temporários - compondo um quadro de funções ao lado do de cargos). Essas funções tinham a mesma denominação, remuneração e atribuições dos cargos correspondentes, mas de livre provimento e exoneração e sem estabilidade ("apadrinhamento" na Administração Pública). Criava-se função sem criar o cargo, objetivando contornar-se a exigência constitucional de concurso público.

A Constituição Federal de 1967 pretendeu restringir essa possibilidade de quadro paralelo, prevendo o regime especial para admissão em serviços de caráter temporário e contratação em funções de natureza técnica especializada. A de 1988 restringe, ainda mais, prevendo a contratação com caráter de excepcionalidade (necessidade de interesse público). Tais servidores exercerão funções sem integrarem quadro permanente, em *caráter transitório e excepcional*.

Assim, diante do Texto Magno atual, têm-se dois tipos de "funções":

1) exercida por servidores contratados *temporariamente*, com base no artigo 37, IX. Não exige concurso, pois urgência é incompatível (Lei Federal nº 8.112/90, § 3º do art. 233 - revogado pela Lei nº 8.745, de 9.12.93 e alterações da MP nº 1.554/96 (reeditada).

2) funções de *natureza permanente* - corresponde à chefia, direção, assessoramento ou outro tipo de atividade, no qual o legislador não cria o cargo respectivo. São as *funções de confiança*, de livre provimento e exoneração (como se refere o art. 37, V, com o texto da EC 19/98: "as funções de confiança serão exercidas exclusivamente por

servidores ocupantes de cargo efetivo..."; e "... os *cargos em comissão*, a serem preenchidos por servidores de carreira nos casos, condições e percentuais mínimo previstos em lei, destinam-se apenas às atribuições de direção, chefia e assessoramento".

Portanto, nos termos do art. 37, II, exige-se *concurso público* só para a investidura em "cargo ou emprego". Nos casos de função, não há essa exigência, pois os respectivos ocupantes que as exercem ou são contratados temporariamente, ou são ocupantes de funções de confiança.

A presente discussão é importante, tendo em vista a existência de inúmeras normas constitucionais, que ao fazerem referência a cargo, emprego ou função, estão a se referir às funções de confiança, e não à temporária com base no art. 37, IX.

No caso do art. 38, onde é previsto o *afastamento* do cargo, emprego ou "função" para o exercício do mandato, não é admissível a pertinência ao servidor contratado temporariamente, mas sim o no exercício de "cargo de confiança". De igual monta, a norma contida no art. 61, § 1º, II, *a*, que exige lei de iniciativa do Executivo para a criação de cargos, funções ou empregos públicos; no caso, é inconcebível a fixação de determinado número de funções para atividades eventuais e imprevisíveis (Maria Sylvia, ob. cit. p. 359/360).

12.4. REGIME JURÍDICO DO SERVIDOR PÚBLICO

12.4.1. Introdução

A Emenda Constitucional nº 19, de 4.6.98, trouxe modificações na sistemática estabelecida na Constituição de 1988, em seu texto original. Exclui a necessidade e exigência do *regime jurídico único*, contida anteriormente no *caput* do art. 39, além da regra da *isonomia de vencimentos*, a qual constava do § 1º do mesmo dispositivo.

Excluída a norma sobre o regime jurídico único, cabe a cada uma das esferas de governo a *liberdade* para adotar regimes jurídicos diversificados. Portanto, poderá adotar o estatutário e o contratual (celetista) a um só tempo. Obviamente, existem as ressalvas das carreiras institucionalizadas, impostas pela própria Constituição, implicitamente, o regime estatutário, pois é exigido que seus integrantes ocupem cargos organizados em carreira (tais como a Magistratura, Ministério Público, Tribunal de Contas, Advocacia e Defensoria Pública e a Polícia). Além de outras que o legislador venha a definir como "atividades exclusivas de Estado", como previsto foi no art. 247, acrescido pelo art. 32 da Emenda Constitucional nº 19/98.

No referente à *isonomia*, cabe lembrar que, embora excluída sua previsão no § 1º do art. 39, ela é mantida de certa forma, em decorrência do contido no art. 5º, *caput* e inciso I, além de outros dispositivos pertinentes aos servidores públicos, em especial o art. 37, incisos XI e XII, e art. 40, §§ 4º e 5º (ver "remuneração").

12.4.2. Acessibilidade a cargos, empregos e funções

Na sua redação original, a Constituição (art. 47, I) assegurava o direito de acesso aos cargos, empregos e funções públicas apenas aos brasileiros, preenchidos os requisitos da lei. Abrangia, desta forma, os naturais (natos) e naturalizados.

No entanto, era do entendimento ser possível a contratação de *estrangeiro*, na hipótese do art. 37, IX, para "atender a necessidade temporária de excepcional interesse público". Na esfera federal, a Lei nº 8.745, de 9.12.93, dispõe sobre a contratação de servidor temporário (alterada pela MP nº 1.554-29, de 18.6.98). Inclui casos de admissão de professor e pesquisador estrangeiro (art. 2º , IV). Tal abrandamento surgiu com a EC nº 11/96, que introduziu dois parágrafos no art. 207. Dispositivo disciplinado na área federal pela Lei nº 9.515, de 20.11.97 que, por sua vez, introduziu um § 3º no art. 5º da Lei nº 8.112/90, possibilitando tais contratações pelas universidades e instituições de pesquisa. Esta lei é de aplicação federal. Portanto, Estados e Municípios se assim o desejarem deverão adotar suas próprias normas.

Agora, com a EC nº 19/98, dando nova redação ao inciso I do art. 37, o direito de acesso é estendido aos estrangeiros, *na forma da lei*. Lei essa de cada esfera de governo, pois a matéria de servidor público não é de competência privativa da União. Além do que, o dispositivo não é auto-aplicável. Portanto, torna-se necessária a existência de lei sobre as condições de ingresso de estrangeiro no serviço público.

12.4.3. Ingresso

O art. 37, II, redação da EC nº 19/98, "a investidura em cargo ou emprego público depende de aprovação prévia em concurso público de provas ou provas e títulos, de acordo com a natureza e a complexidade do cargo ou emprego, na forma prevista em lei, ressalvadas as nomeações para cargo em comissão declarado em lei de livre nomeação e exoneração".

Observa-se que a *exceção* diz respeito apenas aos cargos em comissão, assim declarados em lei, de livre nomeação e exoneração. Não há a possibilidade prevista no art. 97, § 1º, de a lei ordinária estabelecer novas exceções. Porém, a própria Constituição estabelece outras exceções, no atinente à nomeação de membros dos Tribunais (arts. 73, § 2º, 94, 101,104, parágrafo único, II, 107,111, § 2º, 120, III, e 123).

José Afonso da Silva, comentando o preceito, diz que "deixa a Constituição, porém, grave lacuna nessa matéria, ao não exigir nenhuma forma de seleção para admissão às funções (autônomas) referidas no artigo 37, I, ao lado dos cargos e empregos. Admissões a funções autônomas sempre foram fontes de apadrinhamento, de abusos e de injustiças aos concursados".

Maria Sylvia (ob. cit., p. 362) discorda da posição do autor supra, pois entende que "função, em paralelo a cargo e emprego, só existirá para os contratos", ... "nos termos do art. 37, IX, e das funções de confiança. de livre provimento e exoneração. Pelo inciso V, na nova redação, essas funções de confiança somente são possíveis nas atribuições de direção, chefia e assessoramento."

Ora, a admissão para serviços temporários hoje continua apenas na hipótese mais restrita da excepcionalidade do interesse público e pela exigência de *contratação* por tempo determinado e claro sem concurso. Porém, é recomendável que a lei, ao disciplinar esse tipo de contratação, estabeleça regras que garantam a excepcionalidade da medida, evitando-se que se transforme em regra geral, bem como determine hipóteses de seleção pública.

Como já mencionado anteriormente, a Lei Federal nº 8.745, de 21.5.98, com as alterações da MP nº 1.554.29, de 18.6.98, indica, exemplificativamente, como casos de excepcional interesse público. E, pelo art. 3º, adota *processo seletivo simplificado.*

No refente às *funções de confiança*, apenas exige a Constituição (art. 37, VI), que sejam exercidas exclusivamente por servidores ocupantes de cargo efetivo e limitadas às atribuições de direção, chefia e assessoramento. Para Maria Sylvia, a alteração introduzida pela EC nº 19/98, "impede que pessoas estranhas aos quadros do funcionalismo sejam admitidas para funções de confiança" (FG).

De igual modo, não há necessidade de concurso para os *cargos em comissão*, a modificação introduzida pela referida Emenda exige que os mesmos sejam preenchidos "por servidores de carreira nos casos, condições e percentuais mínimos previstos em lei". Ou seja, a lei regulamentadora especificará um mínimo de cargos a serem ocupados por servidores de carreira.

Manual de
DIREITO ADMINISTRATIVO

265

Pergunta-se, diante da regra supracitada, haverá possibilidade do exercício de "cargo em comissão" por pessoas estranhas aos quadros do funcionalismo? Qual seja, a mesma regra aplicada às "funções de confiança"?

Paulo de Mattos Ferreira Diniz (ob. cit., p. 56) tem o entendimento, ao comentar o dispositivo: "Mudança que aperfeiçoa a redação do dispositivo para explicitar que as funções de confiança somente serão exercidas por servidores ocupantes de cargo efetivo. Quanto aos cargos em comissão, parte deles, segundo definição da lei, também será ocupada por servidores ocupantes de cargo efetivo".

No pertinente aos incisos III, IV e VIII, permanecem as mesmas disposições, qual seja, no inciso III - sobre o prazo de validade do concurso; IV - no prazo improrrogável, a prioridade sobre concursados; VIII - a reserva de percentual de cargos e empregos e critérios de sua admissão através de lei.

Quanto à limitação em relação a sexo e idade, o artigo 37, I, deixa para a lei ordinária a fixação dos requisitos de acessos aos cargos, empregos e funções. Como diz Celso Antônio Bandeira de Mello: "as discriminações são recebidas como 'compatíveis com a cláusula igualitária apenas e tão somente quando existe um vínculo de correlação lógica' entre a peculiaridade diferencial acolhida, por 'residente no objeto', e a desigualdade de tratamento em função dela conferida".

Maria Sylvia concretiza, afirmando: "Não se poderia conceber que, para o cargo de guarda de presídio masculino, fossem ser admitidas candidatas do sexo feminino, ou que para certos cargos policiais fossem aceitas pessoas de idade avançada" (ob. cit., p.364).

Concluindo, cabe ao legislador estabelecer critérios para admissão com obediência ao princípio da isonomia, só estabelecendo exigências específicas quando necessárias em razão das atribuições a serem exercidas. Vale assinalar que o ingresso de servidor com inobservância das normas legais pertinentes poderá acarretar Ação Popular, nos termos do art. 4º , I, da Lei nº 4.717, de 29.6.65.

12.5. DIREITOS E DEVERES

12.5.1. Introdução

Direitos e deveres do servidor público estão consagrados, em grande parte, na Constituição Federal (arts. 37 a 42). Não há, porém, impedimento para que outros direitos possam ser outorgados pelas

Constituições Estaduais ou mesmo em leis ordinárias dos Estados e dos Municípios (Leis Orgânicas).

Os direitos e deveres do servidor público estatutário constam do Estatuto dos Servidores de cada ente federativo competente para o seu estabelecimento. Ou constam da CLT, se o regime celetista for o escolhido para reger as relações de emprego com a Administração, nos casos dos servidores que são empregados públicos. Obviamente, sempre com a observância das normas constitucionais as quais passaremos a examinar.

12.5.2. Sistema Remuneratório

A Emenda Complementar nº 19/98 trouxe modificações a respeito dos servidores públicos. O artigo 39, além de excluir o princípio da isonomia de vencimentos, introduziu o *regime de subsídios* para determinadas categorias de agentes públicos.

A Constituição de 1988, no texto original, fala ora em remuneração, ora em vencimentos. Chega, em alguns casos, no mesmo dispositivo, a usar os dois vocábulos - por exemplo art. 37, incisos XIII e XV. A legislação infraconstitucional dará o conceito legal.

A *regra prevalente*, em todos os níveis de governo, é a de que os estipêndios dos servidores públicos compõem-se de uma parte fixa - representada pelo padrão básico especificado em lei -, e uma parte variável de servidor para servidor, levando em conta as condições especiais de prestação do serviço, em razão do tempo de serviço e outras circunstâncias previstas nos estatutos, as quais são denominadas, genericamente, de vantagens pecuniárias: adicionais, gratificações e verbas indenizatórias (Maria Sylvia, ob. cit., p. 365).

Sistemática semelhante é adotada para os membros da Magistratura, Ministério Público e Tribunais de Contas. Já para o Chefe do Executivo e para os Parlamentares, a Constituição falava em *remuneração* (arts. 27, §§ 1º e 2º; 29, incisos V,VI e VII; e 49, incisos VII e VIII.

Na Constituição de 1967, o subsídio era previsto para Deputados, Senadores e Presidente da República (arts. 33 e 34, inciso VII).

A Constituição de 1998 abandonou a expressão subsídios. Porém, esta *retorna*, pela EC nº 19/98, para algumas categorias de agentes públicos. Portanto, passam a coexistir dois sistemas remuneratórios para os servidores: o *tradicional*, em que a remuneração compreende uma parte fixa e uma variável, composta por vantagens pecuniárias de variada natureza; e o *novo*, retribuição correspondente ao subsídio, constituído de parcela única, excluída a possibilidade de vantagens pecuniárias variáveis. O primeiro sistema é chamado de "remuneração ou vencimento"; e o segundo, de "subsídio".

12.5.2.1. Remuneração ou Vencimento

A EC nº 19/98, como citado, exclui do art. 39, § 1º - a regra da *isonomia de vencimentos* "... para cargos iguais ou assemelhados ...". Contudo, diante do contido no art. 5º, *caput* e inciso I, os servidores poderão pleiteá-la novamente.

É mantida a norma do art. 37, inciso XII, a denominada *regra da paridade*, na qual "os vencimentos dos cargos do Poder Legislativo e do Poder Judiciário não poderão ser superiores aos pagos pelo Poder Executivo". Desde a Constituição 1967 (art. 98), é interpretada como a igualdade de remuneração para os servidores dos três Poderes.

Por sua vez, a regra do inciso XI, com a nova redação, prevê *teto de vencimentos* igual para os servidores dos três Poderes. Já no inciso X, do mesmo artigo 37, redação alterada, estabelece a *revisão anual* da remuneração, sempre na mesma data e sem distinção de índices.

De igual forma , a "isonomia" é assegurada aos *inativos*, conforme § 4º do artigo 40, na revisão de proventos de aposentadoria, na mesma proporção e data. Inclusive no caso de transformação ou reclassificação de cargo ou função. Igualmente os dependentes de servidores falecidos (§ 5º do art. 40).

A fixação e alteração da remuneração dos servidores públicos só pode ocorrer por *lei específica*, respeitada a iniciativa privativa em cada caso (art. 37, X). A iniciativa das leis é repartida entre o Chefe do Executivo (art. 61, § 1º , II, *a*), Tribunais (art. 96, II, *b*), Ministério Público (art. 127, § 2º) e Tribunal de Contas (art. 73 c/c o art. 96). Obviamente, respeitados os limites do art. 37, XII.

O inciso XIII do art. 37, nova redação - visa a proibir os reajustes automáticos de vencimentos, acabando com a *vinculação*. A justificativa estaria nas limitações impostas à Administração Pública, em especial a do art. 169 - limite de despesa com pessoal (Lei Complementar nº 82, de 27.3.95, "Lei Camata": 60% da receita líquida corrente; hoje, subtituída pela Lei Complementar nº 96 de 1999.

Outra limitação, no caso, é a contida no § 1º do art. 169, nova redação EC/19, na "concessão de qualquer vantagem ou aumento de remuneração, criação de cargos, empregos e funções ou alteração da estrutura de carreiras, bem como a admissão ou contratação de pessoal, a qualquer título, ...". Admissão somente quando houver prévia dotação orçamentária e autorização específica em LDO, "ressalvadas as empresas públicas e as sociedades de economia mista".

Ainda, o inciso XIV do art. 37, texto da EC/19, também estabelece outra limitação, vedando o cálculo cumulativo de uma vantagem sobre outra, agora, sob qualquer título ou fundamento.

Por fim., a norma alterada do inciso XV do mesmo artigo, que ressalva a *irredutibilidade* de vencimentos e subsídio, expressamente no que concerne o respeito ao teto remuneratório e à proibição da incidência de vantagem sobre vantagem, tem aplicação tranqüila as novas situações que se constituírem após a aprovação da EC/19. Contudo, a intenção do constituinte reformador, provavelmente, será atingir, em muitos casos, direitos adquiridos na questão da irredutibilidade de vencimentos, fazendo-se respeitar as novas regras também para as situações já conformadas. Diante disto, tal aplicação remeterá a um estudo no âmbito do Direito Constitucional no que se refere à inconstitucionalidade de normas constitucionais, pois o sentido principal da ressalva feita para permitir a redutibilidade remuneratória é para as situações já existentes, o que desrespeitaria uma das *cláusulas pétreas* (art. 60, § 4º, IV) de nossa Constituição, que vem a ser o respeito ao direito adquirido (art. 5º, XXXVI), um dos sustentáculos do *Princípio da Segurança Jurídica* que, como vimos, é um dos conteúdos básicos do Estado de Direito.

12.5.2.2. Subsídio

O vocábulo *subsídio* foi abandonado pela redação original da Constituição de 1988, em termos de designar a remuneração dos agentes políticos. A terminologia volta a ser utilizada pela Constituição brasileira com a nova redação dada pela EC nº 19/98 - *Reforma Administrativa*.

O retorno de subsídio, para alguns, representa um retrocesso do ponto de vista terminológico. "*Subsidium* designa tropa auxiliar, gente que vem em socorro, e também significa ajuda, socorro. Não é com essa conotação que o servidor público quer ver interpretada ..." (Maria Sylvia, ob. cit.p. 368).

É evidente que ele vem substituir, "para algumas categorias de agentes públicos", a palavra "remuneração ou vencimento" - pertinente à importância paga como retribuição pelo serviço prestado, portanto, com *caráter retributivo e alimentar*.

O dispositivo básico para o entendimento da idéia de subsídio é o § 4º do art. 39, introduzido pela EC/19, como *parcela única*, vedado o acréscimo de qualquer gratificação, adicional, abono, prêmio, verba de representação ou outra espécie remuneratória, obedecido, em qualquer caso, o disposto no artigo 37, X e XI.

Embora fale em parcela única, provavelmente a intenção do legislador restará frustada, haja vista o disposto no § 3º do art. 39, que manda aplicar aos ocupantes de cargo público o contido no art. 7º e incisos - *direitos sociais*. Diante do que, quem ocupar cargo público (excluídos os que exercem mandato eletivo e emprego público, este já abrangido pelo art. 7º), fará jus a: décimo terceiro salário, adicional noturno, salário-família, remuneração do serviço extraordinário superior, no mínimo a 50 % à do normal, adicional de férias - Interpretação de normas constitucionais *aparentemente contraditórias*, no caso, há necessidade de se conciliar os §§ 3º e 4º do referido art. 39. (Maria Sylvia, ob. cit., p. 369).

De qualquer modo, não poderão deixar de ser pagas as vantagens de caráter *indenizatório* - compensação do servidor por despesas efetuadas no exercício do cargo: caso das diárias (alimentação e pousada) e das ajudas de custo. Pois, trata-se de aplicação de um princípio geral de direito: impondo, a quem cause um prejuízo a outrem, o dever de indenizar.

Assim sendo, este entendimento irá confirmar a regra do art. 57, § 7º, no atinente à *sessão legislativa extraordinária* do Congresso Nacional, pertinente à "parcela indenizatória" - não superior à do subsídio mensal em caso de convocação.

Curiosidade a ser levantada, é a de que a EC 19/98 inseriu, em sessão específica dos servidores públicos, normas que abrangem as *demais categorias* de agentes públicos e os agentes políticos, no atinente à matéria de subsídios.

A Constituição de 1988, com a nova redação da EC 19/98, menciona os que serão, obrigatoriamente, remunerados por subsídios, que são:

- Membros de Poder, a saber, Chefe do Poder Executivo (Prefeito Municipal, Governador do Estado e do DF), Parlamentares e Magistrados de todos os entes federativos, incluídos aí os detentores de mandato eletivo (art. 49, § 4º);
- Ministros de Estado da União, Secretários Estaduais Distritais e Municipais (art. 49, § 4º);
- Ministérios Públicos Federais, Estaduais e Distritais, abrangendo os Procuradores da República, Procuradores e Promotores de Justiça de todas as áreas (art. 128, § 5º, I, *c*);
- Advocacia-Geral da União (que abrange as suas três carreiras, a saber Advogados da União, Procuradores da Fazenda Nacional e Assistentes Jurídicos), Procuradores do Estado e do Distrito Federal, bem como os Defensores Públicos da União, dos Estados e do Distrito Federal (art. 135, § 5º);

- Ministros do Tribunal de Contas da União (a EC nº 19 não alterou expressamente o art. 73, § 3º, mas pela mudança de redação dos arts. 93, V, implicou a extensão da norma também para esses servidores);

- Militares estaduais e distritais e Servidores Públicos Policiais, abrangendo a polícia militar e corpo de bombeiros militar estadual e distrital, bem como a polícia federal, polícia rodoviária federal, polícia ferroviária federal e polícia civil estadual e distrital, respectivamente (art. 144, § 9º).

Além desses, *facultativamente*, poderão ser remunerados, através de subsídios, servidores públicos organizados em carreira (art. 39, § 8º), como opção para o legislador de cada uma das esferas de governo.

12.5.2.3. Teto Remuneratório

Os dispositivos pertinentes aos subsídios fazem sempre *remissão* ao artigo 39, § 4º. Portanto, a observação da norma contida no art. 37, inciso XI, que estabelece o *teto salarial*, será para todas as categorias de agentes públicos:

"XI - a remuneração e o subsídio dos ocupantes de cargos, funções e empregos públicos da administração direta, autárquica e fundacional, dos membros de qualquer dos Poderes da União, Estados, do Distrito Federal e dos Municípios, dos detentores de mandato eletivo e dos demais agentes políticos e os proventos, pensões ou outra espécie remuneratória percebidos cumulativamente ou não, incluídas as vantagens pessoais ou de qualquer outra natureza, não poderão exceder o subsídio mensal, em espécie, dos Ministros do Supremo Tribunal Federal."

Das conclusões apresentadas por Maria Sylvia (ob. cit., p.374) sobre o teto, *destacamos* as seguintes:

1) alcança os servidores da administração direta, autárquica e fundacional; quanto às empresas públicas, sociedades de economia mista e subsidiárias, são alcançadas pelo teto se receberem recursos da União, Estados, Distrito Federal ou dos Muncípios para pagamento de despesas de pessoal ou de custeio em geral, conforme decorre do § 9º do artigo 37;

2) o teto é mesmo para os servidores dos três Poderes da União, Estados, Distrito Federal e Municípios, dos detentores de mandato eletivo e dos demais agentes políticos; a norma tem de ser conjugada com as dos artigos 27, § 2º, e 29, i, que estabelecem para os Deputados Estaduais e Vereadores limite inferior para os subsídios; para os primeiros, o subsídio não pode ultrapassar o limite de 75% daquele

estabelecido, em espécie, para os Deputados Federais e, para os segundos, não pode ultrapassar o limite de 75% do estabelecido para os Deputados Estaduais;

3) ao contrário da redação original, que remetia a fixação do teto à lei, permitindo que Estados e Municípios fixassem o *subteto*, na redação dada pela Emenda, o dispositivo já define o teto, que será igual para todos os servidores, em todos os níveis de Governo.

Assim, poder-se-ia *argumentar* que a possibilidade de estabelecer um "subteto" seria decorrente da norma contida no art. 39, § 5º, segundo o qual "lei da União, dos Estados, do Distrito Federal e dos Municípios poderá estabelecer a relação entre a maior e a menor remuneração dos servidores públicos, obedecido, em qualquer caso, o disposto no artigo 37, XI".

No entanto, esse não é o sentido do dispositivo. Anota Maria Sylvia que na redação original do inciso XI duas normas diversas eram contempladas: uma que autoriza o legislador a fixar o "limite máximo" e a "relação de valores entre a maior e a menor remuneração dos servidores públicos"; e a outra que já define um teto acima do qual o legislador de cada nível não poderá definir o limite máximo.

Na Emenda 19/98, há as seguintes *diferenças de tratamento* à matéria: 1) o inciso XI cuida apenas do teto, e não mais remete a sua definição ao legislador infraconstitucional - significa que a Constituição já definiu, de forma uniforme para todos os níveis de Governo, o limite máximo de remuneração ou subsídio dos servidores; 2) foram separados os preceitos em dois dispositivos diferentes: no inciso XI do artigo 37 está definido o teto e, no artigo 39, § 5º, remete-se ao legislador a definição (*facultativa*) da relação entre a maior e menor remuneração (ob. cit., p. 375).

No atinente ao *princípio da irredutibilidade*, constante da redação original, é mantida a irredutibilidade de remuneração e subsídio. A redação foi modificada para adaptá-la às alterações introduzidas pela Emenda 19/98 (art. 37, inciso XV).

12.5.3. Direito de Greve e Sindicalização

O artigo 37, incisos VI e VII, da Constituição, com redação da Emenda 19/98, dá ao servidor público o direito à livre associação sindical enquanto o direito de greve "Será exercido nos termos e nos limites definidos em lei específica". Assim, deduz-se, que o primeiro é auto-aplicável, pois se trata de uma norma de eficácia plena e aplicabilidade imediata. Já o segundo depende de lei para ser exercido, estando previsto em norma de eficácia limitada e aplicabilidade mediata.

A redação original do inciso VII exigia "lei complementar" para a devida regulamentação do direito de greve; pela atual, exige-se *lei específica*. Assim, como matéria sobre servidor público não é privativa da União, há de se entender que cada esfera de Governo deverá disciplinar o direito de greve por lei própria (local).

Verifica-se que o art. 42, § 5º, proíbe a greve e a sindicalização para militares.

Quanto aos sindicatos, a Constituição não estabelece normas disciplinadoras, à semelhança do contido no art. 8º para o trabalhador. Permite-se inferir tratarem-se das mesmas para os servidores públicos.

O *direito de greve* do trabalhador, constante do art. 9º da Constituição, foi disciplinado pela Lei nº 7.783, de 28.6.89. O art. 16 remete o disciplinamento do previsto no art. 37, inciso II, CF à lei complementar. Tais disposições não são aplicáveis aos servidores públicos.

12.5.4. Acúmulo de Cargos

No inciso XVI do art. 37 da Constituição, redação da EC 19/98, é *vedada a acumulação remunerada de cargos públicos*, com a ressalva da compatibilidade de horários, observado, em qualquer caso, o disposto no inciso XI - teto de vencimento ou subsídio. Permite, assim, o acúmulo de dois cargos de professor; um cargo de professor e um de técnico científico e dois cargos privativos de médico.

Já pelo inciso XVII, do mesmo dispositivo, também alterado, *estende* a vedação (empregos e funções) nas autarquias, fundações, empresas públicas, sociedades de economia mista, suas subsidiárias e sociedades controladas, direta ou indiretamente, pelo Poder Público. A emenda termina com a discussão sobre o cabimento ou não da proibição sobre empregados de empresas estatais, não enquadráveis no conceito de sociedade de economia mista ou empresa pública. Basta a participação acionária do Estado, direta ou indiretamente.

Importa destacar que a vedação será pertinente quando ambos os cargos, funções ou emprego forem remunerados. Assim, as exceções admitem dois cargos, empregos ou funções. Inexiste possibilidade de tríplice acumulação, salvo se uma não for remunerada e, como é óbvio, haja compatibilidade de horários.

Há *outras normas* sobre acumulação de cargos: art. 38, III - servidor investido em mandato de Vereador pode continuar no exercício de seu cargo; art. 95, parágrafo único, inciso I, o Juiz exercer mais um cargo de magistério público ou privado; quanto ao Ministério

Público (art. 128, § 5º , II, *d*) pode exercer outra de magistério público e sem restrição ao particular, portanto, menos restritiva do que a de Juiz

Por fim, no referente ao *servidor aposentado*, apesar de toda a discussão a respeito de acumulação de proventos com a remuneração de outro cargo, emprego ou função, resta tranqüilo o entendimento da possibilidade de acumulação com o vencimento do cargo em comissão (CC, AS, etc.), pois, que, de um modo geral, não havendo proibição de acumulação de "proventos" , há de ser aplicado o princípio geral de direito em decorrência do qual as normas que impõem restrições ao exercício de direito devem ser interpretadas restritivamente, ou restringir expressamente (*Exceptiones sunt strictissimae interpretationes*).

12.5.5. Estabilidade, reintegração, disponibilidade e aproveitamento

Estabilidade é entendida como a garantia de permanência no serviço público, após dois anos de exercício (EC 20/98 passou para três), ao servidor nomeado por concurso. Somente poderá *perder o cargo* em virtude de sentença judicial transitada em julgado ou por processo administrativo em que lhe seja dada ampla defesa (acrescidos mais dois casos pela EC 20/98).

Porém, a Constituição de 1988, como algumas anteriores, conferiu estabilidade (*extraordinária*) a servidores que não aprovados em concurso, desde que estivessem em exercício na data de promulgação da Constituição há pelo menos cinco anos (art. 19, ADCT).

O benefício supra alcançou os servidores públicos civis da União, Estados, Distrito Federal e Municípios pertencentes à Administração direta, autarquias e fundações públicas. Desta forma, ficaram *excluídos* os empregados das fundações de direito privado, empresas públicas e sociedades de economia mista, assim como os comissionados em geral (art. 19, § 2º, ADCT).

No entanto, deve ficar claro que o reconhecimento dessa estabilidade não implica *efetividade*, pois somente existirá com relação a cargos de provimento através de concurso público. Essa conclusão é confirmada quando, no § 1º do referido dispositivo, permite a contagem de serviço prestado "como título quando se submeterem a concurso para fim de efetivação, na forma da lei".

De qualquer forma, são excluídos dessa estabilidade os *professores universitários*, ocupantes de cargos, funções e empregos de confiança ou em comissão. Sendo, porém, possível a contagem do tempo de serviço em cargo ou função de confiança, para fins de estabilidade, desde que seja servidor.

Em decorrência da EC nº 19/98, algumas *modificações* verificaram-se na sistemática:

1) *estabilidade* será adquirida após três anos de efetivo exercício (art. 41, *caput*). Ressalvados os já servidores na data da promulgação (art. 28 da Emenda).

2) previsão de mais *duas hipóteses* de "perda do cargo" pelo servidor estável (analisar-se-à adiante).

3) expressou, no *caput* do art. 41, que estabilidade é benefício de servidores nomeados para cargos de *provimento efetivo*, acabando com o posicionamento de alguns doutrinadores de que servidor celetista, sendo contratado, através de concurso, fazia jus ao benefício.

4) *inclusão* do art. 247, que estabelece que "as leis previstas no inciso III do § 1º do art. 41 e no § 7º do art. 169 estabelecerão critérios e garantias especiais para a perda do cargo pelo servidor público estável que, em decorrência das atribuições de seu cargo efetivo, desenvolva atividades exclusivas de Estado".

As *atividades exclusivas* de Estado, certamente, abrangerão as carreiras institucionalizadas pela Constituição, como a Magistratura, Ministérios Público, Advocacia Pública, Polícia. Além de outras inerentes ao próprio conceito de Estado: diplomacia, polícia, controle, fiscalização. Aguardar-se-ão as edições de tais leis para o cumprimento das alterações introduzidas pela EC 19/98.

O período de três anos - *estágio probatório* - poderá, porém, ser aplicado desde já. Esse estágio, como se sabe, visa a apurar se o funcionário apresenta condições para o exercício do cargo, pertinente à moralidade, assiduidade, disciplina e eficiência. Mais, ainda, a *avaliação especial* de desempenho por comissão (§ 4º, art. 41). Não se confirmando os requisitos, será exonerado *ex officio*, obviamente assegurado o direito de defesa (Súmula STF nº 21 - além do art. 5º, inciso LV, da Constituição).

São decorrentes da estabilidade os direitos à reintegração, disponibilidade e o aproveitamento.

Reintegração - é o reingresso do funcionário demitido, quando a demissão for invalidada por sentença judicial, sendo-lhe assegurado ressarcimento das vantagens ligadas ao cargo (§ 2º do art. 41). A anulação pode ocorrer também por ato da própria Administração, pois ato nulo não gera efeitos jurídicos, retroagindo.

Disponibilidade - é a garantia de inatividade remunerada, assegurada ao servidor estável, em caso de extinção do cargo ou declaração de desnecessidade. Dar-se-á com remuneração proporcional pela EC 19/98 (§ 3º do art. 41).

Aproveitamento - é o reingresso, no serviço público, do funcionário em disponibilidade, quando haja cargo vago de natureza e vencimento compatíveis com o anterior ocupado.

Ambas - "reintegração e aproveitamento" - dependem de *inspeção de saúde*. Se verificada incapacidade definitiva dar-se-á o direito à aposentadoria por invalidez.

12.5.6. Mandato Eletivo de Servidor

O art. 38 assegura ao servidor público, em "exercício de mandato", o direito de ficar afastado do cargo, emprego ou função. Este tempo será computado para todos os efeitos legais, exceto para promoção por merecimento.

No caso de eleição de *Vereador*, há previsão de exercício simultâneo do cargo, emprego ou função com o de mandato ("hipótese de acumulação obrigatória"). Havendo compatibilidade de horário, fará jus às vantagens de servidor e à remuneração do cargo eletivo. Se a eleição for para Prefeito ou para Vereador (incompatibilidade de horário), poderá *optar* pela melhor remuneração.

12.5.7. Direitos Sociais

O art. 39, § 3º, alterado pela EC 19/98, *estende* aos servidores ocupantes de cargos públicos os direitos sociais - que arrola - previstos no art. 7º , para os trabalhadores urbanos e rurais, tais como: salário mínimo,13º salário, gozo de férias, licença à gestante e paternidade, entre outros citados.

12.5.8. Escola de Governo

São direitos dos servidores públicos em geral da União, dos Estados e do Distrito Federal e correspondentemente deveres destes entes perante toda a sociedade a manutenção da chamada "Escola de Governo", conforme a nova redação do art. 39, § 2º, da CF, dada pela EC 19. É importante ressaltar o alcance desse dispositivo, que atribui como finalidade da escola de governo *a formação e o aperfeiçoamento* dos servidores públicos, facultando a realização de convênios ou contratos para descentralização dessa atividade, mas sempre entre entes federados. Assim, quanto aos *municípios*, não há obrigatoriedade por parte da CF, a qual poderá ser prevista por norma municipal (Lei Orgânica do Município ou inferior a essa), sendo a criação da escola de governo municipal uma faculdade, a qual poderá ser suprida por *convênio*, onde poderão os servidores municipais utilizar as escolas de governo da União ou dos Estados (ver Paulo de Matos Ferreira Diniz, ob. cit., p. 28).

12.6. PROVIMENTO

É o ato pelo qual o servidor público é *investido* no exercício do cargo, emprego ou função.

Provimento originário - que vincula inicialmente o servidor ao cargo, emprego ou função. Pode ser a nomeação como a contratação. Depende do regime jurídico.

Provimento derivado - que depende do vínculo anterior do servidor com a Administração. A legislação anterior à atual Constituição compreendia - com pequenas variações de estatuto para outro - a promoção (ou acesso), a transposição, a reintegração, a readmissão, o aproveitamento, a reversão e a transferência.

Porém, com a nova Constituição, o *rol* supra restou reduzido diante do art. 37, II, que exige concurso público de provas ou de provas e títulos para a investidura em "cargo" ou "emprego público", com ressalvas as nomeações para cargo "em comissão" declarado em lei de livre nomeação e exoneração.

Assim, diante da nova Constituição, deixaram de existir os "institutos da readmissão, da transposição e da reversão", ressalvada esta última a reversão *ex officio*. Pois, cessada a razão de ser da inatividade, deve o funcionário reassumir o cargo.

A *transposição ou ascensão* era ato pelo qual o funcionário ou servidor passava de um cargo para outro de conteúdo ocupacional diverso. Portanto, com o novo ordenamento, foi banida do ordenamento jurídico brasileiro como forma de investidura.

Quanto à *promoção ou acesso* existe diferença de terminologia em certas legislações. De qualquer modo, a *promoção* é a forma de provimento pela qual o servidor passa para cargo de maior grau de responsabilidade e maior complexidade de atribuições, dentro da carreira a que pertence. É uma forma de ascender na carreira . Difere, profundamente, da *transposição* (cargo de conteúdo diverso, ou seja, não tem mesma natureza de trabalho)

Por sua vez, a EC 19/98 traz novidade ao exigir, como requisito para a promoção, a participação em *cursos de formação e aperfeiçoamento em escolas de governo* (§ 2º do art. 39). Ela deve ser, inicialmente, entendida como norma programática, pois exige bom-senso diante da criação do ônus da despesa. Em segundo, tal exigência só poderá ser imposta a partir do momento em que as chamadas "escolas de governo" estejam à disposição de todos os servidores.

Manual de
DIREITO ADMINISTRATIVO

No entanto, é de ser do entendimento que promoção não é forma de provimento. Corresponde, isto sim, na passagem do funcionário de um grau a outro da mesma referência. Assim, diz-se que a promoção se dá no plano horizontal, enquanto o acesso, no vertical.

O § 2º do art. 41 fala da *recondução*, conseqüência da "reintegração" - direito do servidor que ocupava o cargo do reintegrando de ser reconduzido ao seu cargo de origem.

Quanto à durabilidade, o provimento pode ser classificado:

Provimento efetivo - se faz em cargo público, mediante nomeação por concurso público, assegurando, após três anos de exercício, o direito de permanecer no cargo. Só poderá ser *destituído* por sentença judicial, por processo administrativo com ampla defesa ou por procedimento de avaliação periódica de desempenho com ampla defesa (art. 41, § 1º).

Provimento vitalício - se faz em cargo público, mediante nomeação, assegurando o direito à permanência no cargo, só podendo ser demitido por sentença judicial com trânsito em julgado e definidos na Constituição Federal, pois constitui *exceção* a regra geral da estabilidade. Ou seja, lei ordinária não pode ampliar. São vitalícios os cargos apontados nos arts. 95, I - Magistratura; 73, § 3º - Tribunal de Contas; 128, § 5º - Ministério Público.

Tanto a estabilidade como a vitaliciedade não impedem a aposentadoria compulsória quando for completada a idade-limite dos setenta anos, pois ela não significa "perpetuidade" (Súmula TSF nº 36).

Finalmente, o *provimento em comissão* é o que se faz mediante nomeação para o cargo público, independentemente de concurso e em caráter transitório. Possível para os cargos assim declarados em lei.

O provimento, em regra, é ato do Poder Executivo (art. 84, XXV). Porém, a Constituição atribuiu algumas competências especiais entre vários órgãos: Executivo - art. 84, inciso XIV, seus próprios funcionários, etc.; Tribunais - art. 96, I, *c* e *e* ; Ministério Público - art. 127, § 2º .

12.7. VACÂNCIA

É ato administrativo pelo qual o servidor é destituído do cargo, emprego ou função. Decorre de exoneração, demissão, aposentadoria, promoção e falecimento.

A *exoneração* não é penalidade. Dá-se a pedido ou *ex officio*, quando se tratar de cargo em comissão no último caso ou no caso de não satisfazer as exigências do estágio probatório.

Demissão, por sua vez, constitui penalidade decorrente da prática de ilícito administrativo. Desliga o servidor dos quadros.

Promoção é, a um só tempo, ato de provimento no cargo superior e vacância no cargo inferior. Mesmo efeito era o da *ascensão*, não mais admitida pela atual Constituição ("concurso interno" - com infrigência a norma do art. 37, II).

Readaptação" , nos termos do art. 25 da Lei Federal nº 8.112/90: "é a investidura do servidor em cargo de atribuições e responsabilidades compatíveis com a limitação que tenha sofrido em sua capacidade física ou mental verificada em inspeção médica".

12.8. PERDA DE CARGO, EMPREGO OU FUNÇÃO

Como se viu, foram previstas *mais duas hipóteses* de "perda do cargo" por servidor estável, pelas alterações da EC nº 19/98:

1) uma que ocorrerá mediante *"procedimento administrativo* de avaliação de desempenho, na forma da lei complementar, asssegurada ampla defesa" (art. 41, § 1º , III). Verifica-se que o dispositivo não é auto-aplicável, pois depende de *lei complementar* que discipline a matéria. Diante do que, a perda da estabilidade, até que saia a essa lei, continua a depender de sentença judicial ou procedimento disciplinar, assegurada a ampla defesa;

2) a outra ocorrerá se não for cumprido o *limite de despesa* com pessoal previsto no artigo 169, § 4º. A perda do cargo nesse caso *só* poderá ocorrer depois que houver a redução de 20% das despesas com cargos em comissão e funções de confiança, exoneração dos servidores não-estáveis e exoneração dos que adquiriram estabilidade sem concurso (art. 33 da Emenda 19).

Assim, se adotadas essas medidas, e se elas se revelarem insuficientes para reduzir a despesa aos limites previstos em lei complementar, a partir daí se poderá exonerar o servidor que tenha adquirido estabilidade mediante concurso. No caso, a exoneração *dependerá* de que "ato normativo motivado de cada um dos Poderes especifique a atividade funcional, o órgão ou unidade administrativa objeto da redução de pessoal" (169, § 4º). De qualquer modo, o servidor fará jus à indenização correspondente a um mês de remuneração por ano de serviço (art. 169, § 5º) e o cargo objeto da redução considerado extinto, vedada a criação de cargo, emprego ou função com atribuições iguais ou assemelhadas pelo prazo de quatro anos (art. 169, § 6º). A presente hipótese de perda do cargo também não é auto-aplicável, pois o § 7º do art. 169 exige que lei federal disponha sobre as normas gerais a serem obedecidas na concretização do disposto no § 4º.

Cabe, ainda, observar o que já foi mencionado a respeito da inclusão na Constituição do *artigo 247* - na tarefa de definição, por lei, das atividades exclusivas de Estado, no estabelecimento de critérios e garantias especiais para a perda do cargo pelo servidor público estável que, em decorrência das atribuições de seu cargo, desenvolva uma daquelas atividades consideradas "exclusiva de Estado".

12.9. APOSENTADORIA E "O NOVO REGIME DE PREVIDÊNCIA"

12.9.1. Introdução

Odete Medauar (*Direito Administrativo Moderno*, RT, 3ª ed. revista e atualizada, abril de 1999, p. 315 e segs.) apresenta uma síntese atualizada e adequada das inúmeras alterações introduzidas pelo *Legislador Reformador* através da Emenda Constitucional nº 20, de 15.12.98, no atinente ao *regime de previdência pública*, na tentativa de aproximá-la, cada vez mais, da previdência privada.

Nítida é a intenção pretendida ... Porém, somente quando de sua implementação é que se verão concretamente os aperfeiçoamentos ou os malefícios trazidos aos servidores públicos em decorrência das modificações aprovadas. Mormente, ao tentar comparar questões decorrentes de princípios e das relações de ordem pública com normas da previdência privada. Tudo com o objetivo de salvar o sistema previdenciário do País e tirá-lo do caos econômico e social em que se encontra. O tempo demonstrará sem dúvida ...

12.9.2. Aposentadoria

Porém, antes da análise dessa decantada Reforma, cabe apontar alguns aspectos pertinentes ao *texto original* da Constituição Federal promulgada em 1988. "É o direito à inatividade remunerada, assegurada ao servidor público no caso de invalidez, idade ou tempo de serviço público pelo número de anos fixados em lei" (Maria Sylvia, ob. cit.,p. 381).

A aposentadoria do *trabalhador privado* integra-se no regime da previdência social, com a participação dos entes federados, além de contribuições sociais dos empregadores (previsto na Constituição, art. 195, e na Lei Orgânica da Previdência Social - Lei nº 8.212, de 24.7.91).

No referente ao *servidor público*, a aposentadoria pode ter o "caráter previdenciário" e pode constituir-se em "direito decorrente do exercício da função pública", financiado inteiramente pelo Estado. A primeira hipótese é a adotada para os servidores contratados sob regime trabalhista. A segunda era a adotada para os servidores estatutários dos três níveis de Governo.

A EC nº 3, de 17.3.93, alterou o art. 40 da Constituição: "as aposentadorias e pensões dos servidores públicos federais serão custeadas com recursos provenientes da União e das contribuições dos servidores, na forma da lei". Também estendida aos militares (§ 10 do art. 42 da Constituição). Quanto às *modalidades*, são previstas, no art. 40: 1) por invalidez; 2) compulsória; 3) voluntária.

Aposentadoria por *invalidez*, também chamada "compulsória por incapacidade real", dá direito a proventos integrais se decorrer de acidente em serviço, moléstia profissional ou doença grave, contagiosa e incurável, especificadas em lei. Nos demais casos, dá direito a proventos proporcionais ao tempo de serviço.

Aposentadoria *compulsória*, também chamada - "invalidez presumida", é a que ocorre aos 70 anos de idade. Somente dá direito a proventos integrais se o funcionário já tiver completado 35 ou 30 anos de serviço (masculino ou feminino). Sem o que, os proventos serão proporcionais.

Quanto à *aposentadoria voluntária*, a atual Constituição ampliou as hipóteses, no art. 40, verificáveis no texto original, já que a Reforma da Previdência (EC 20/98) provocou inúmeras alterações, introduzindo basicamente um *novo sistema* ao servidor público.

12.9.3. O Novo Regime de Previdência

Diz a Autora, no setor público, *aposentadoria* "significa a cessão do exercício das atividades junto a órgãos ou entes estatais, com o recebimento de retribuição denominada *proventos*". Assim, emprega-se o vocábulo *inativo* para designar o servidor aposentado.

Em nosso *direito positivo*, "o tratamento conferido à aposentadoria de quem trabalha no setor público (não submetido a CLT) difere do tratamento dado à aposentadoria de quem trabalha no setor privado, beneficiando aquela". A Emenda Constitucional nº 20/98 altera o sistema existente, tornando-a mais próxima do sistema vigente no setor privado.

O primeiro ponto diferencial modificado diz respeito ao *custeio*. Na maioria dos entes administrativos o servidor não pagava contribuição social para sua aposentadoria. Os recolhimentos compulsórios previdenciários objetivavam, fundamentalmente, à pensão a dependentes em caso de falecimento e a assistência saúde (atendimento médico).

A aposentadoria era concedida e mantida com recursos públicos. Sistema, ainda vigorante, enquanto não for implantado o novo sistema previsto pela Emenda da Previdência (EC 20/98).

A EC 20/98 *instituiu* para os "servidores titulares de cargos efetivos" da União, dos Estados, do Distrito Federal e dos Municípios, incluindo-se as autarquias e fundações, o regime de previdência de *caráter contributivo*.

O "regime contributivo" é aquele em que há contribuição direta do servidor para que tenha direito à aposentadoria. Além do que, há aporte de recursos do respectivo ente estatal. Objetivando-se assegurar recursos para o pagamento dos proventos de aposentadoria e pensões (sistema de previdência, portanto) concedidas aos respectivos servidores e dependentes, adicionados aos recursos dos respectivos tesouros, a União, os Estados, o Distrito Federal e os Municípios poderão constituir *fundos integrados* pelos recursos provenientes de contribuições e por bens, direitos e ativos de qualquer natureza, mediante lei, que disporá sobre a natureza e administração desse fundo (art. 249, Disposições Constitucionais Gerais, acrescido pela EC 20/98).

Como informa a Autora, na esfera federal, o Estatuto - editado em 11.12.90 - inclui a aposentadoria entre os benefícios do Plano de Seguridade Social (art. 185, I, *a*), prevê contribuições obrigatórias dos sevidores para custear esse Plano e atribui o custeio da aposentadoria à responsabilidade da União e de seus servidores (art. 231, § 2º, com a redação dada pela Lei nº 8.688, de 21.07.93).

No atinente aos empregados de *sociedades de economia mista e empresas públicas*, integram o sistema previdenciário do INSS e, em muitos casos, complementam tais aposentadorias pelos chamados *fundos de pensão*, custeados em parte pelos empregados e em parte pela respectiva estatal (exemplo de fundos de pensão: Petros, CEF).

De igual forma, a EC 20/90 traz regras de *transição*, relativas à situação de quem, na data de sua promulgação, já completara os requisitos para a aposentadoria, e relativas a quem já ingressara no serviço público naquela data.

12.9.3.1. Novo regime para ocupantes de cargos efetivos

Prosseguindo, de modo sucinto, expondo a síntese da Autora citada.

A EC 20, de 15.12.98, altera o regime de aposentadoria dos servidores públicos, dando nova redação ao art. 40, incisos e parágrafos da CF (acrescenta vários dispositivos).

Assim, temos quanto à *aposentadoria dos servidores titulares de cargos efetivos* a previsão das seguintes modalidades:

I - *Aposentadoria por invalidez permanente.* Se decorrente de acidente em serviço, moléstia profissional, doença grave ou contagiosa ou incurável, os proventos são integrais. Nos demais casos de invalidez, advindas de outros fatores, os proventos são proporcionais ao tempo de contribuição.

O termo *proporcionais* significa a relação entre o número de anos em tempo de contribuição exigido para a aposentadoria voluntária e o tempo de contribuição existente até a data do ato de aposentadoria. Assim, por exemplo, se o servidor tiver 25 anos de contribuição e for mulher, a proporção se traduz na equação 25 sobre 30, aplicada aos vencimentos da atividade, pois 30 anos é o tempo mínimo de contribuição para a servidora mulher pleitear a aposentadoria voluntária.

II - *Aposentadoria compulsória, aos setenta anos de idade,* com proventos proporcionais ao tempo de contribuição.

III - *Aposentadoria voluntária,* desde que o servidor tenha cumprido tempo mínimo de dez anos de efetivo exercício no serviço público e cinco anos no cargo efetivo em que se dará a aposentadoria, observadas as seguintes condições:

a) 65 anos de idade e 35 de *contribuição,* se homem, e 55 anos de idade e 30 de *contribuição,* se mulher;

b) 65 anos de idade, se homem, e 50 anos de idade, se mulher, com proventos proporcionais ao tempo de contribuição; trata-se de aposentadoria por *idade,* desde que atendidos os demais requisitos.

Os requisitos de idade e tempo de contribuição serão reduzidos em cinco anos, no caso do item *a* supra, para o "professor" que tenha tempo exclusivamente de efetivo exercício das *funções de magistério* na educação infantil e no ensino fundamental e médio (§ 5º do art. 40 - redação da EC 20/98).

Igualmente, são aplicadas as regras do art. 40 aos Ministros e conselheiros dos Tribunais de Contas, aos Magistrados e aos integrantes do Ministério Público (EC 20/98 - nova redação aos arts. 73, § 3º, e 93, VI, e art. 129, § 4º, da CF/88).

Portanto, nota-se que deixa de existir a aposentadoria voluntária somente por *tempo de serviço.* Já que deve haver a "*combinação de critérios* de mínimo tempo de contribuição, idade, tempo mínimo de efetivo exercício no serviço público e tempo mínimo de exercício no

Manual de
DIREITO ADMINISTRATIVO

283

cargo efetivo em que se dará a aposentadoria. Na prevista no item *b* supra, não se exige tempo mínimo de contribuição, mas tempo *mínimo de idade*, sendo os proventos proporcionais ao tempo de contribuição.

De igual modo, ficam *abolidas* a aposentadoria proporcional por tempo de serviço, especial dos docentes do ensino superior e especial dos Magistrados, dos integrantes do Ministério Público e dos Tribunais de Contas. Sendo que o § 4º do art. 40 veda a adoção de *requisitos e critérios diferenciados* para a concessão de aposentadoria aos servidores titulares de cargos efetivos, salvo os casos de atividades exercidas exclusivamente sob condições especiais que "prejudiquem a saúde ou a integridade física", definidos esses casos em lei complementar.

Porém, é de ser observado - *de boa política do legislador* - que o tempo de serviço considerado pela legislação vigente para efeito de aposentadoria - cumprido até que a lei discipline a matéria - será contado como de "tempo de contribuição" (EC 20/98, art. 4º). De outra parte, o "tempo de contribuição" federal, estadual e municipal será contado para efeito de aposentadoria, não podendo a lei estabelecer qualquer forma de contagem de tempo de contribuição *fictício* (art. 40, §§ 9º e 10 - redação EC 20/98).

No atinente aos *proventos*, ou seja, a retribuição pecuniária recebida pelo aposentado, o § 3º do art. 40 especifica, "que serão calculados com base na remuneração do servidor no cargo efetivo em que se der a aposentadoria e, na forma da lei, corresponderão à *totalidade da remuneração*, salvo os casos em que a própria Constituição Federal prevê proventos proporcionais" . Portanto, o dispositivo em questão confere ao servidor titular de cargo efetivo o direito a proventos correspondentes à totalidade da remuneração do cargo efetivo em que se der a aposentadoria.

Nos termos do § 14 do art. 40, é permitido que a União, os Estados, o Distrito Federal e os Municípios, desde que instituam *regime de previdência complementar* para os seus respectivos servidores efetivos, fixem, para o valor das aposentadorias a serem concedidas pelo novo regime do art. 40, o limite máximo estabelecido para os benefícios do regime geral da previdência privada. Esta instituição depende de lei complementar, fixando as normas gerais a respeito, com observância do constante do art. 202 (§ 15).

Já quanto ao § 16, somente mediante prévia e expressa *opcão*, esse regime poderá ser aplicado ao servidor que tiver ingressado no serviço público até a data da publicação do ato instituidor do regime complementar. Qual seja: para os servidores que ingressaram no serviço público até a data de publicação do ato instituidor no seu âmbito, o regime de previdência complementar é a decorrência indicada no § 14: proventos no limite máximo fixado para o regime de previdência privada, são *facultativos*. No entanto, para os que ingressarem após aquela data seria *obrigatório*. Entende a Autora que essa interpretação suscita questionamento, pois o § 3º do art. 40 assegura - "a todos os servidores efetivos" - a percepção de proventos correspondentes à totalidade da remuneração do cargo efetivo em que se der a aposentadoria.

De igual modo, diante do § 2º do art. 40, os proventos de aposentadoria, no momento de sua concessão, não poderão *exceder* a remuneração do respectivo servidor, no cargo efetivo em que se deu a aposentadoria. Salvo, outra informação, essa condição só ocorria no âmbito federal e na área militar.

Observado o limite máximo previsto no art. 37, XI, a *revisão dos proventos* ocorrerá, na mesma proporção e na mesma data, sempre que for modificada a retribuição dos servidores em atividade. De igual modo, serão *estendidos* aos aposentados e pensionistas quaisquer vantagens ou benefícios posteriormente concedidos aos ativos, mesmo que decorrentes de transformação ou reclassificação do cargo ou função em que se deu a aposentadoria ou que serviu de referência para a pensão - assim, já era antes (§ 8º do art. 40).

Cabe observar, ainda, quanto aos "proventos", o *limite* previsto no art. 37, XI - "subsídio dos Ministros do Supremo Tribunal Federal" - que se aplicará à soma total dos proventos de inatividade, inclusive quando decorrentes de acumulação de cargos, funções e empregos e igualmente com a retribuição de cargo acumulável na forma da CF, de cargo em comissão e de cargo eletivo. Entende também a Autora que esse dispositivo poderá suscitar questionamentos, tendo por base o *direito adquirido* pelos servidores que já vinham exercendo cargos acumulados legalmente.

12.9.3.2. *Aposentadoria dos cargos em comissão, de funções temporárias e dos celetistas*

Os servidores ocupantes, esclusivamente, de *cargo em comissão*, declarado em lei de livre nomeação e exoneração e para os ocupantes de funções ou cargos temporários ou de empregos públicos (*celetistas*), o § 13 do art. 40 expressa a aplicação do *regime geral da previdência social*. Esse regime é destinado àqueles que trabalham no setor privado. Está previsto, em linhas gerais, no art. 201 da CF, com a redação dada pela EC 20/98.

Indiscutivelmente, o dispositivo suscita indagação - acompanhamos a Autora - quanto a sua aplicação aos "servidores temporários" ou ocupantes de "cargo em comissão", perante o que já *detinham* antes da promulgação da EC 20/98. Isto porque, em vários âmbitos de administração - mormente Estados e Municípios - tais servidores (principalmente os "comissionados") têm seus direitos e deveres norteados pelo *regime estatutário*. Incoerente se torna, após vários anos norteados pelo regime estaturário, ter sua aposentadoria regulada pelo RGPS. Na pior das hipóteses, seria melhor a aplicação do dito preceito somente aos que ingressarem nesses cargos e funções *após* a promulgação da EC 20/98. De qualquer modo, entende-se como de duvidosa constitucionalidade essa transformação de regime previdenciário.

12.9.3.3. Regime de previdência complementar

O § 14 do art. 40, com a redação da EC 20/98, permite que União, Estados, Distrito Federal e Municípios instituam *regime de previdência complementar* para os respectivos servidores titulares de cargos efetivos. Essa modalidade de previdência visa essencialmente a suprir a diferença entre a retribuição percebida pelo servidor quando em atividade e o que percebe como proventos, se houver essa diferença.

Como já se viu, esse regime tem caráter "facultativo" para os servidores que ingressarm no serviço público até a data do ato de instituição pertinente. No atinente aos servidores que entrarem para o serviço público após aquela data, se a conclusão for pela "obrigatoriedade", esse entendimento será *incompatível* com o disposto no § 3º do art. 40, o qual assegura a todos os servidores efetivos proventos correspondentes à totalidade da retribuição do cargo efetivo em que se der a aposentadoria.

Diante do disposto no art. 202 da CF - redação da EC 20/98 - "lei complementar" federal fixará *normas gerais* para a instituição do regime de previdência complementar pela União, Estados, Distrito Federal e Municípios, para os respectivos servidores (§ 15 do art. 40). Portanto, somente após essa edição poderá ocorrer a instituição do regime em questão.

12.9.3.4. Acumulação de proventos ou de proventos com outra retribuição na inatividade

No novo sistema, é *proibida* a percepção de mais de uma aposentadoria pelo regime instituído no art. 40 para os servidores ocupantes de cargos efetivos (§ 6º), ressalvadas as decorrentes de cargos acumuláveis na forma da CF. Portanto, cabe acumular aposentadoria nos casos:

a) proventos acumuláveis de dois cargos de professor, um de professor e um cargo técnico ou científico; dois cargos privativos de médico; um cargo de juiz e uma atividade de magistério; um cargo de promotor e uma atividade de magistério;

b) proventos decorrentes de acumulação de proventos com o exercício de cargo em comissão ou de cargo eletivo, quando houver aposentadoria do servidor nestes últimos;

c) proventos pelo regime antigo de aposentadoria dos servidores e pelo regime novo do art. 40. O art. 11 da EC 20/98 ressalva a acumulação de proventos e retribuição de atividade os agentes públicos que, até publicação dessa Emenda, tenham interessado novamente no serviço público por concurso e pelas demais formas prevista na CF, sendo-lhes proibida a percepção de mais de uma aposentadoria pelo regime do art. 40;

d) proventos pelo regime novo do art. 40 e pelo regime geral de previdência do art. 201;

e) proventos pelo regime antigo de aposentadoria dos servidores e aposentadoria pelo regime geral de previdência do art. 201.

Na acumulação de proventos ou de proventos com outras retribuições de inatividade deve ser observado o *limite* previsto no art. 37, XI (art. 40, § 8º).

12.9.3.5. *Acumulação de proventos com remuneração, subsídio ou salário*

Conforme o disposto no § 10, que a EC 20/98 acrescenta ao art. 37 da CF, é vedada a *percepção simultânea* de proventos de aposentadoria decorrentes do art. 40 (e dos arts. 42 e 142 - servidores militares) com remuneração de cargo, emprego ou função pública em atividade. Assim, face a essa proibição, o servidor que se aposentar pelo regime dos ocupantes de cargo efetivo não poderá, posteriormente, exercer outro cargo efetivo, ter função temporária ou ser celetista no âmbito público.

De qualquer modo, o referido § 10 indica as *exceções* à proibição: a) acumulação de proventos com remuneração de atividade nos casos de cargos acumuláveis na forma da CF (ver acumulação de cargos); b) acumulação de proventos com subsídio de cargo eletivo; c) acumulação de proventos com remuneração de cargo em comissão, declarados em lei de livre nomeação e exoneração. Nessas acumulações deve ser observado o *teto* indicado no art. 37, XI.

Sendo que, em qualquer caso, não há impedimento à acumulação de proventos de aposentadoria de cargo público com emprego no setor privado. Seria o cúmulo do casuísmo. Regra posta pelo Legislador Reformador criando restrição e até, porque não, inviabilizando de certa forma o *direito de cidadania* - entre outros, o poder votar e ser votado. Este de forma soberana posto pelo poder constituinte derivado.

12.9.4. Regras de transição

Instituindo um novo regime de previdência para os servidores públicos, a EC 20/98 também propõe *regras de transição* para sua implementação. Ao se implantar um novo regime em matéria de pessoal da administração, é indispensável a existência de regras disciplinadoras de situação de quem já poderia exercer direitos segundo o regime anterior, já que preencheu totalmente os requisitos impostos para exercê-lo, embora, ainda, não o exercerá (*proteção ao direito adquirido*). E, também, de regras que cuidam da situação de preenchimento parcial daqueles requisitos constantes do anterior regime.

É de se ressaltar, no caso, que no atinente à situação daqueles que "cumpriram todos os requisitos para obtenção de aposentadoria", o art. 3º da EC 20/98 usa a expressão genérica de "servidores públicos", sem especificação alguma quanto ao tipo de vínculo mantido com o Poder Estatal. Decorre daí que os *direitos assegurados* pelo art. 3º se aplicam a "todos os servidores públicos" (estatutários, temporários ou precários, ocupantes de cargo em comissão), desde que tenham preenchido os requisitos necessários para obter a aposentadoria até a data da publicação da EC 20/98 - 16.12.98.

12.9.4.1. Situação de quem já preencheu todos os requisitos para aposentar-se no regime anterior

Diante do art. 3º da EC/98, está *assegurada* a concessão de aposentadoria, a qualquer tempo, aos "servidores públicos" que, até a data da publicação da Emenda - 16.12.98 -, tenham cumprido os requisitos para sua obtenção, com base na legislação vigente na época.

Portanto, deduz-se: a) aplicação do preceito a todos os servidores públicos como foi dito; b) cumprimento, até a data da publicação da Emenda - 16.12.98 - de todos os requisitos para aposentar-se pelo regime anterior; c - o servidor, nessa situação, poderá requerer a aposentadoria a "qualquer tempo", pois o direito a ter sua aposentadoria segundo os critérios da legislação vigente está garantido segundo o art. 3º, como "direito adquirido", podendo exercê-lo no futuro. O mencionado parágrafo mantém todos os direitos e garantias assegurados nas disposições constitucionais vigentes à data da publicação no caso.

Quanto aos "proventos", o § 2º do art. 3º prevê que serão calculados de acordo com a legislação em vigor à época em que foram atendidas as prescrições nela estabelecidas para a concessão da aposentadoria ou nas condições da legislação vigente. Obviamente, não poderia ser diferente. No entanto, entende a Autora que a expressão "nas condições da legislação vigente" poderá gerar *controvérsias*, pois destoa da própria essência do direito adquirido e do teor do *caput* do artigo.

De outra parte, face ao disposto o § 1º do art. 3º, o servidor que nessa situação opte por *permanecer* em atividade, fará jus à isenção da contribuição previdenciária até completar as exigências para aposentadoria contidas no art. 40, III, *a*, da CF. É difícil compreender, mas é assim mesmo ...

12.9.4.2. Situação de quem já é aposentado

O § 3º do art. 3º da EC 20/98 mantém, para os servidores aposentados, pensionistas, civis e militares, anistiados e ex-combatentes, todos os direitos e garantias assegurado nos dispositivos constitucionais vigentes na data da publicação da Emenda, determinando a aplicação a tais situações o *teto* indicado no art. 37, XI.

12.9.4.3. Situação de quem tenha ingressado em cargo efetivo até a data da publicação da EC 20/98

Segundo o art. 4º da EC 20/98, observa-se que o tempo de serviço considerado pela legislação vigente para efeito de aposentadoria, cumprido até que a lei discipline a matéria, será contado como tempo "de contribuição".

Já o art. 8º, *caput*, possibilita ao servidor que tenha ingressado regularmente em cargo efetivo da Administração direta, autárquica e fundacional até a data de publicação da Emenda o direito à *aposentadoria voluntária* com proventos calculados de acordo com o art. 40, § 3º, na nova redação, quando o servidor, cumulativamente:

I - tiver 53 anos de idade, se homem, e 48 anos de idade, se mulher;

II - tiver 5 anos de efetivo exercício no cargo em que se dará a aposentadoria;

III - contar *tempo de contribuição* igual, no mínimo, à soma:

a) 35 anos, se homem, e 30 anos, se mulher; e

b) um *período adicional* de contribuição equivalente a 20% do tempo que, na data da publicação da emenda, faltaria para atingir o limite de tempo constante da alínea anterior.

Verifica-se, como expressa a Autora, o tratamento confuso e obscuro dado pela Emenda a esta fase da transição.

Outra possibilidade conferida a esses servidores pelo § 1º do art. 8º é a "aposentadoria com proventos *proporcionais*" ao tempo de contribiição, quando atendidas as mesmas condições dos itens I e II acima, tiver também:

a) tempo de contribuição igual, no mínimo, à soma de: 30 anos, se homem, e 25, se mulher; e

b) um período adicional de contribuição equivalente a 40% do tempo que, na data da publicação da Emenda, faltaria para atingir o limite de tempo constante da alinea *a*. Neste caso, os "proventos" da aposentadoria proporcional serão equivalentes a 70% do valor máximo que o servidor poderia obter de acordo com o art. 40, § 3º, acrescido de 5% por ano de contribuição que supere a soma acima referida até o limite de 100% .

As regras de transição constantes do art. 8º e seus §§ e incisos *aplicam-se* aos "magistrados, aos membros do Ministério Público e de Tribunais de Contas". Sendo homens, o tempo de serviço prestado até a data da publicação da emenda será contado com acréscimo de 17%.

O *professor*, servidor da União, dos Estados, do Distrito Federal, dos Municípios, inclusive respectivas autarquias e fundações, que até a data da publicação da Emenda tenha "ingressado regularmente em cargo efetivo de magistério", opte por aposentar-se na forma do *caput* do art. 8º (aposentadoria voluntária com proventos de acordo com o regime novo do art. 40, § 3º), terá o tempo de serviço acrescido até a publicação da Emenda contado o acréscimo de 17%, se homem, e 20%, se mulher, desde que se aposente exclusivamente com tempo de efetivo exercício das funções de magistério.

Os servidores que estejam nas condições indicadas no art. 8º e que, após completar as exigências para aposentadoria fixadas no *caput*, permaneçam em atividade, farão jus à *isenção da contribuição* previdenciária até completar as exigências para aposentadoria contidas no art. 40, III, *a*, da CF (§ 5º do art. 8º da EC 20/98).

12.10. RESPONSABILIDADE

O servidor público sujeita-se à responsabilidade *civil, penal e administrativa* em decorrência do exercício de cargo, emprego ou função.

12.10.1. Responsabilidade Civil

É de ordem patrimonial. Decorre do art. 159 do CC - consagra a regra: *"todo aquele que causa dano a outrém é obrigado a repará-lo"*. Na configuração do ilícito civil é necessário: 1) ação ou omissão antijurídica; 2) culpa ou dolo; admitindo a lei alguns casos de responsabilidade objetiva ("sem culpa") e de culpa "presumida"; ambas constituem exceção à regra da responsabilidade "subjetiva", diante da norma legal expressa; 3) relação de causalidade (entre a ação ou omissão e o dano verificado); 4) ocorrência de um dano material ou moral.

Na presente questão, é de ser *destacado*: dano causado ao Estado e dano causado a terceiro.

Dano causado ao Estado - a responsabilidade é apurada pela própria Administração, através de processo administrativo, com todas as garantias de defesa do servidor (art. 5º, inciso LV, da Constituição). Algumas leis estatutárias prevêem o desconto nos vencimentos dos servidores, independente de processo judicial ou do consentimento do servidor, respeitado o limite estabelecido.

No caso de crime, resultando prejuízo à Fazenda Pública ou enriquecimento ilícito do servidor, ficará sujeito a *seqüestro* e *perdimento de bens*. Porém, requer intervenção do Poder Judiciário (Decreto-Lei nº 3.240, 8.5.41, e Lei nº 8.429, de 2.6.92). É a chamada lei de "improbidade administrativa".

No referente a *dano causado a terceiros* - aplica-se a norma do art. 37, § 6º, da Constituição Federal, pela qual o Estado responde objetivamente ("independente de dolo ou culpa"), porém, fica com o "direito de regresso" contra o servidor, desde que tenha agido com culpa ou dolo.

12.10.2. Responsabilidade Administrativa

Responde administrativamente pelos *ilícitos* definidos na legislação estatutária. Apresentam os mesmos elementos básicos do ilícito civil: "ação ou omissão contrária à lei, culpa ou dolo e o dano".

De igual forma, a infração será apurada pela *própria Administração*. Será instaurado procedimento adequado a esse fim e assegurado o contraditório e a ampla defesa. Os *meios* de apuração previstos em leis estatutárias são os "sumários"- compreendendo a "verdade sabida" e a "sindicância" e o "processo administrativo disciplinar" - denominado de "inquérito administrativo".

Se comprovada a infração, o servidor ficará sujeito a *penas disciplinares*. Cabendo lembrar que com relação ao ilícito administrativo, não há a mesma tipicidade caracterizadora do ilícito penal. Na

Manual de
DIREITO ADMINISTRATIVO

291

maioria das infrações, não há definição precisa, limitando-se a lei a falar em falta de cumprimento dos deveres, falta de exação no cumprimento do dever, insubordinação grave, procedimento irregular, incontinência pública. Poucas são definidas como o abandono de cargo e os ilícitos pertinentes a crime ou contravenções.

Portanto, a administração possui discricionariedade no enquadramento nos ilícitos previstos em lei. Por isso, precisamente, há a exigência de precisa *motivação* da penalidade imposta, demonstrando a devida adequação entre a infração e a pena. Essa motivação pode constituir-se de relatórios do servidor processante ou de pareceres proferidos por órgãos jurídicos.

12.10.3. Responsabilidade Penal

Responde penalmente quando pratica *crime ou contravenção*. Existem, no ilícito penal, os mesmos elementos caracterizadores dos demais atos ilícitos, mas com algumas peculiaridades:

1) "ação ou omissão antijurídica e típica", qual seja, corresponder ao "tipo" ou ao modelo de conduta definido na lei penal como crime ou contravenção;

2) "dolo ou culpa", sem hipóteses de responsabilidade objetiva;

3) relação de causalidade;

4) "dano ou perigo de dano". Não há necessidade de concretização do dano. Basta o risco de dano, como na tentativa e em determinados tipos de crime que põem em risco a incolumidade pública. A responsabilidade penal do servidor é apurado pelo *Poder Judiciário*.

12.10.4. Comunicabilidade das Instâncias

Deve-se separar *duas hipóteses* diversas diante do tema: 1) a infração praticada é, ao mesmo tempo, definida em lei como ilícito penal e administrativo; 2) infração constitui apenas ilícito penal.

Na *primeira*, instalam-se o processo administrativo disciplinar e o criminal. Prevalece a regra da independência entre as duas instâncias, ressalvadas algumas exceções, em que a decisão penal prevalece, fazendo coisa julgada na área civil e administrativa. É o que se contém no art. 1.525 do CC, não se questionando mais sobre a "existência do fato ou quem seja seu autor, quando estas questões se acharem decididas no crime". Assim, servidor condenado na esfera criminal, o juízo cível e a autoridade administrativa não podem decidir de forma contrária, pois já há decisão definitiva sobre o fato e a autoria (art. 1.525 CC).

Quando a sentença for *absolutória*, há de se distinguir os vários fundamentos indicados no art. 386 do CPC, pois repercutem na esfera administrativa as decisões absolutórias baseadas nos incisos I ("estar provada a inexistência do fato") e V ("existir circunstância que exclua o crime ou isente o réu de pena"). De outro lado, não repercutem na esfera administrativa: III - fato não constitui crime, mas pode ser infração disciplinar; o ilícito administrativo é menos do que o penal e não apresenta traço de "tipicidade"; nos incisos II ("não haver prova da existência do fato"), IV ("não existir prova de ter o réu concorrido para a infração penal") e VI ("não existir prova suficiente para condenação"). Assim a absolvição se dá por falta de provas, mas estas são suficientes para comprovar o ilícito administrativo.

Capítulo 13

O Processo Administrativo

13.1. PROCESSO E PROCEDIMENTO

A Administração Pública, para o registro de seus atos, controle da conduta de seus agentes e solução de controvérsias dos administrados, utiliza-se de *diversos procedimentos* que recebem a denominação de processo administrativo. Como nos ensina Hely Lopes Meirelles (ob. cit., p. 581), *processo* "é o conjunto de atos preordenados para a obtenção de decisão sobre a controvérsia no âmbito judicial ou administrativo". Já o *procedimento* "é o modo de realização do processo, qual seja, o rito processual". Assim, o que caracteriza o processo é o ordenamento de atos para a solução de uma controvérsia. O que tipifica o procedimento de um processo é o modo específico do ordenamento desses atos.

Impõe-se a *distinção* do processo administrativo propriamente dito, ou seja, que encerra um litígio entre a Administração e o administrado ou servidor, dos impropriamente ditos, isto é, dos simples *expedientes* que tramitam pelos órgãos administrativos, sem nenhuma controvérsia. Evitando a divergência doutrinária, continuaremos a chamar de processo administrativo o que, em rigor, seria procedimento administrativo.

O processo administrativo é o *gênero*, repartindo-se em várias *espécies*, dentro as quais se apresentam o processo disciplinar e o processo tributário-fiscal. Atualmente, ambos os exemplos são inseridos no quadro geral dos processos administrativos, sujeitando-se, desta forma, aos princípios e ao tratamento doutrinário correto sobre a sistematização dos respectivos procedimentos. Desse modo, é necessário ser estabelecida uma *teoria geral do* processo administrativo - ou contencioso administrativo - do direito brasileiro.

Nesse sentido, foi editada a Lei Federal nº 9.784, de 29 de janeiro de 1999 que regula o processo administrativo em geral, estabelecendo normas básicas no âmbito da Administração Pública Federal direta e indireta, visando, em especial, à proteção dos direitos dos administrados e ao melhor cumprimento dos fins da Administração. Os preceitos dessa lei também se aplicam aos órgãos dos Poderes Legislativo e Judiciário da União, quando no desempenho de função administrativa. Os processos administrativos federais específicos continuarão a reger-se por lei própria, aplicando-se-lhes apenas subsidiariamente a Lei nº 9.784/99. Em relação aos demais entes federativos, compete à lei própria regular, não devendo ser aplicada a citada lei federal sob pena de se ter ferido o pacto federativo brasileiro pelo qual há, dentre outras, autonomia administrativa entre União, Distrito Federal, Estados e Municípios.

13.2. PRINCÍPIOS

O processo administrativo, no Estado de Direito, está sujeito ao Devido Processo Legal[235] (art. 5º, inciso LIV, da CF), cuja origem é no *due process of law* do direito inglês, o qual é um complexo normativo que abrange uma série de princípios que, no caso, significa a observância de, no mínimo, cinco *princípios*, a saber: da legalidade estrita, da oficialidade, do informalismo, da verdade material e da garantia de defesa. No Estado Social, o processo administrativo também deve atentar para a igualdade material, enquanto no Estado Democrático de Direito acrescente-se, como diretrizes que o processo administrativo deve respeitar, a razoabilidade, a proporcionalidade, a boa-fé objetiva e formas de participação da cidadania, a exemplo do que ocorre com os procedimentos de defesa do consumidor, tais como os existentes nos Procons, Conselhos de serviços executados diretamente (Saúde, Educação, Assistência Social, etc.), agências de regulação de serviços públicos concedidos, dentre outros.

No âmbito da União, o art. 2º da Lei nº 9.784/99 prevê que a Administração Pública obedecerá, dentre outros, aos princípios da legalidade, finalidade, motivação, razoabilidade, proporcionalidade, moralidade, ampla defesa, contraditório, segurança jurídica, interesse público e eficiência. Daí decorre que, nos processos administrativos federais, serão observados, entre outros, os critérios de: I - atuação conforme a lei e o Direito; II - atendimento a fins de interesse geral, vedada a renúncia total ou parcial de poderes ou competências, salvo autorização em lei; III - objetividade no atendimento do interesse público, vedada a promoção pessoal de agentes ou autorida-

---

[235] FIGUEIREDO, Lúcia Valle. "Estado de Direito e Devido Processo Legal", *in RDA*, v. 209, p. 7-18, 1997.

des; IV - atuação segundo padrões éticos de probidade, decoro e boa-fé; V - divulgação oficial dos atos administrativos, ressalvadas as hipóteses de sigilo previstas na Constituição; VI - adequação entre meios e fins, vedada a imposição de obrigações, restrições e sanções em medida superior àquelas estritamente necessárias ao atendimento do interesse público; VII - indicação dos pressupostos de fato e de direito que determinarem a decisão; VIII - observância das formalidades essenciais à garantia dos direitos dos administrados; IX - adoção de formas simples, suficientes para propiciar adequado grau de certeza, segurança e respeito aos direitos dos administrados; X - garantia dos direitos à comunicação, à apresentação de alegações finais, à produção de provas e à interposição de recursos, nos processos de que possam resultar sanções e nas situações de litígio; XI - proibição de cobrança de despesas processuais, ressalvadas as previstas em lei; XII - impulsão, de ofício, do processo administrativo, sem prejuízo da atuação dos interessados; XIII - interpretação da norma administrativa da forma que melhor garanta o atendimento do fim público a que se dirige, vedada aplicação retroativa de nova interpretação.

13.2.1. Legalidade estrita

A legalidade estrita (ou objetiva) exige que o processo administrativo seja instaurado e encaminhado com base em expressa autorização da lei, o que em última instância objetiva a sua preservação. O processo administrativo, incluídos aí todos os seus institutos (como instrução, recurso, prescrição, etc.), possui uma dupla finalidade, pois, ao mesmo tempo que ampara a pretensão de defesa dos direitos dos particulares, serve também para a proteção do interesse público, abrangendo a defesa da própria norma jurídica, no funcionamento da Administração. Portanto, todo o processo administrativo há que se embasar numa norma de direito específica que o autorize a existência, sob pena de invalidade.

13.2.2. Oficialidade

Atribui sempre a *movimentação* do processo administrativo à Administração, mesmo que instaurado por provocação do particular. Se a Administração o retarda, ou dele se desinteressa, infringe o princípio da oficialidade e seus agentes podem ser responsabilizados pela omissão. Outra conseqüência deste princípio é a de que a instância não perene, nem o processo se extingue pelo decurso do tempo, salvo se a lei expressamente o estabelecer.

13.2.3. Informalismo

Dispensa *ritos* sacramentais e formas rígidas para o processo administrativo, mormente para os atos a cargo do particular. São bastantes as formalidades estritamente necessárias à obtenção da certeza jurídica e a segurança procedimental. Desta forma, o processo administrativo deve ser *simples*, despido de exigências formais excessivas, podendo a defesa ficar a cargo do próprio administrado. Porém, quando a lei impõe uma forma ou uma formalidade esta deverá ser atendida, sob pena de *nulidade* do procedimento, mormente se da inobservância resultar prejuízo para as partes.

13.2.4. Verdade material

Denominado, também, da *liberdade na prova*, esse princípio autoriza a Administração a valer-se de qualquer prova que a autoridade processante ou julgadora tenha conhecimento, desde que a faça trasladar para o processo. É a busca da verdade material em contraste com a variedade formal. Enquanto é pertinente ao Juiz, nos processos judiciais, cingir-se às provas indicadas no devido tempo pelas partes; no processo administrativo a autoridade processante ou julgadora pode, até o julgamento final, conhecer de novas provas, ainda que produzidas em outro processo ou decorrentes de fatos supervenientes comprovando as alegações em tela. Esse princípio é que autoriza a *reformatio in pejus* nos recursos administrativos, quando a reapreciação da prova, ou a nova prova conduz o julgador de segunda instância a uma verdade material desfavorável ao próprio recorrente.

13.2.5. Garantia de defesa

Está assegurado no inciso LV do art. 5º da CF. Por garantia de defesa, deve ser entendida não só a observância do rito adequado, como a *cientificação* do processo ao interessado, a oportunidade para contestar a acusação, produzir prova de seu direito, acompanhar os atos da instrução e utilizar-se dos recursos cabíveis. Nesse sentido, vejamos a lição de Gordillo:[236] "El principio constitucional de la defensa en juicio, en el debido proceso, es por supuesto aplicable en el procedimiento administrativo, y con criterio amplio, no restritivo". Logo, conclui-se que o procedimento administrativo sem oportunidade de defesa ou com cerceamento de defesa, é *nulo*, por

---

[236] GORDILHO, AGUSTÍN A. "La garantía de defensa como principio de eficacia en el procedimiento administrativo", *in RDP*, v. 10, p. 16.

desrespeito ao princípio constitucional do devido processo legal, ou mais especificamente, da ampla defesa.

13.2.6. Prescritibilidade Administrativa

A prescritibilidade significa a passagem do tempo por um determinado período que implica ou a perda de um direito ou a perda da pretensão de exercício desse direito e conseqüentemente do direito de ação. No primeiro caso, temos a hipótese de Decadência, enquanto no segundo temos a Prescrição.[237] Trata-se, assim, do exaurimento do prazo previsto para prática de algum ato, seja por iniciativa do interessado particular, seja por agente público ou pela própria Administração. Por exemplo, funcionário punido por um superior (Secretário de Estado ou dirigente de autarquia) deixa fluir, silente, o prazo para recorrer da decisão. Vencido o prazo, o recurso não pode ser conhecido. Na hipótese de lançamento de impostos por homologação. Vencido o prazo de 5 anos, a Administração não mais poderá se pronunciar. Fica homologado o lançamento.

O Decreto nº 32, que possui força de lei, prevê que o particular para exercer sua pretensão de cobrança de créditos contra a Administração prescreve em cinco anos. É a chamada prescrição qüinqüenária.

O reconhecimento da prescritibilidade para a pretensão da Administração Pública anular os seus atos com repercussão em relação a outra parte ou terceiros é decorrência da aplicação do Princípio da Segurança Jurídica que é um dos sustentáculos do Estado de Direito. Saliente-se que na conformação mais recente do Estado Democrático de Direito a necessidade de obter maior estabilidade para as relações jurídicas faz com que o Princípio da Segurança Jurídica seja ampliado para preservar, em determinadas situações, mesmo aquelas relações geradas com vício de nulidade, pela incidência, dentre outros, da boa-fé ou da proteção da confiança.[238] Desse modo, somente o entendimento de que o mesmo prazo de prescrição de cinco anos deve corresponder tanto para o interesse dos administrados como da Administração.[239] Diante disso, pela análise do art. 21 da Lei da Ação popular que estabelece o prazo qüinqüenal para o exercício da pretensão anulatória dos atos lesivos da Administração, Almiro do

---

[237] AMORIM FILHO, Agnello. "Critério científico para distinguir a prescrição da decadência e para identificar as ações imprescritíveis", in *Revista Forense* v. 193, ano 58, jan-fev-mar/1961, p. 30-49.

[238] "Prescrição Qüinqüenária da Pretensão Anulatória da Administração Pública com relação a seus atos administrativos", in *Revista de Direito Administrativo*, v. 204, 1996, p. 21-31.

[239] FIGUEIREDO (1995), p 152.

Couto e Silva conclui que esse mesmo prazo deve ser obedecido internamente pelo Controle da Administração. O autor sustenta também a necessidade de que a lei que viesse a regular o processo administrativo estabelecesse esse prazo como decadencial. Tal estudo foi concretizado como direito positivo pela Lei Federal nº 9.784 , de 29 de janeiro de 1999, em seu art. 54. Assim, o direito da Administração de anular os atos administrativos de que decorram efeitos favoráveis para os destinatários decai em cinco anos, contados da data em que foram praticados, salvo comprovada má-fé. No caso de efeitos patrimoniais contínuos, o prazo de decadência contar-se-á da percepção do primeiro pagamento. Considera-se exercício do direito de anular qualquer medida de autoridade administrativa que importe impugnação à validade do ato.

13.3. FASES

As fases comuns ao processo administrativo propriamente dito, qual seja, aquele destinado a propriciar uma decisão vinculante sobre atos, fatos, situações e direitos controvertidos diante do órgão competente, se desenvolvem, pela ordem: *instauração, instrução, defesa, relatório e julgamento* (ob. cit., p.586).

13.3.1. Instauração

É a apresentação escrita dos fatos e a indicação do direito que ensejam o processo. Provindo da Administração deve se consubstanciar em *portaria, auto de infração, representação ou despacho inicial* da autoridade competente. Se, porém, for provocada pelo administrado ou pelo servidor, formalizar-se-á por *requerimento ou petição*.

De qualquer modo ou em qualquer hipótese, a *peça instauradora* recebe autuação para o processamento regular pela autoridade ou comissão processante. O fundamental é que a peça inicial descreva os fatos suficientemente, de modo a delimitar o objeto da controvérsia e a permitir a plenitude da defesa. Se houver imprecisão, quanto à qualificação do fato, sua ocorrência no tempo e no espaço, é nulo o processo.

13.3.2. Instrução

É a fase de elucidação dos fatos, com a produção de provas da acusação, no processo punitivo, ou de complementação das iniciais do processo de controle e de outorga.

Manual de
DIREITO ADMINISTRATIVO

299

Provas que vão desde o depoimento da parte, as inquirições de testemunhas, as inspeções pessoais, as perícias técnicas, até a juntada de documentos pertinentes.

No processo punitivo, as providências introdutórias competem à autoridade ou à comissão processante. Nos demais casos, cabe aos próprios interessados na decisão de seu objeto, mediante a apresentação direta das provas ou solicitação de sua produção na forma regulamentar. Como se sabe, os defeitos da instrução na apuração da verdade podem levar à invalidade do processo e do seu julgamento.

13.3.3. Defesa

Sabe-se que é garantia constitucional de todo acusado, seja em processo judicial ou administrativo (art. 5., LV). Compreende a ciência da acusação, a vista dos autos na repartição, a oportunidade para oferecimento de contestação e provas, inquirição e reperguntas de testemunhas e, por fim, o devido processo legal (*due process of law*).

É *princípio universal* nos Estados de Direito. Processo administrativo sem oportunidade de "ampla defesa", ou com defesa "cerceada" é nulo.

Obviamente, que cabe à autoridade processante o indeferimento de provas, julgadas impertinentes ou com intuito postergatório ou tumultuário. Mas, para tal proceder, deverá motivar objetivamente a sua rejeição. Admite-se a defesa pelo próprio acusado ou por advogado constituído.

13.3.4. Relatório

É a *síntese* do apurado no processo. Feita por quem o presidiu individualmente ou pela comissão processante. Deve conter a apreciação das provas, dos fatos apurados, do direito debatido e proposta conclusiva para decisão da autoridade julgadora competente.

É *peça informativa e opinativa*, sem efeito vinculante à Administração. Assim sendo, pode a autoridade julgadora divergir das conclusões e sugestões do relatório, sem qualquer ofensa ao interesse público ou ao direitos das partes. Naturalmente, desde que devidamente fundamentada sua decisão com elementos existentes no processo, ou, na insuficiência de provas para uma decisão punitiva, ou mesmo deferitória ou indeferitória da pretensão requerida.

13.3.5. Julgamento

É a *decisão* proferida pela autoridade ou órgão competente sobre o objeto do processo. A decisão, normalmente, se baseia nas conclusões do relatório. Porém, pode, desprezando-as, contrariá-las por interpretação diversa das normas legais aplicáveis ao caso, ou por chegar o julgador a conclusões fáticas diferentes das da comissão processante ou de quem realizou o processo.

O *essencial* é de que a decisão seja motivada com base na acusação, na defesa e na prova. Não é lícito à autoridade julgadora argumentar com fatos estranhos ao processo ou silenciar sobre as razões do acusado. Essa situação equivale ao cerceamento de defesa e conduzirá à nulidade do julgamento, pois, este não é discricionário, mas vinculado ao devido procedimento legal.

Sem dúvida, se o processo administrativo fosse *discricionário*, não haveria necessidade de procedimento. Justificar-se-ia a decisão como ato isolado de conveniência e oportunidade administrativa, alheio à prova e refratário a qualquer defesa do interessado.

No entanto, conforme aponta Hely Lopes Meirelles, o "que se reconhece à autoridade julgadora é liberdade na produção de prova e na escolha e graduação das sanções aplicáveis quando a norma legal consigna as penalidades sem indicar os ilícitos a que se destinam, ou lhe faculta instaurar ou não o processo punitivo. Porém, jamais se admitiu a qualquer autoridade punir o impunível, ou negar direito individual comprovado em processo administrativo regular, ou desconstituir sumariamente situação jurídica definitiva e subjetiva do administrado"(ob. cit., p. 587).

De qualquer forma, o processo administrativo, embora adstrito a certos atos, não tem os *rigores formais* dos judiciais, basta que, dentro do princípio do informalismo, atente às normas pertinente ao órgão processante e assegure defesa ao acusado. Sua tramitação é pública e oficial, assim como nos demais atos administrativos. Só se justifica o *sigilo* nos casos de comprometimento da segurança nacional. Decorre, daí, o dever constitucional de serem fornecidas as certidões de suas peças, pareceres ou documentos, solicitados por qualquer interessado, na defesa de direitos ou no esclarecimento de situações (CF, art. 5º, inciso LV, letra *b*).

13.4. MODALIDADES

Assim, diante das considerações gerais supra, tendo por *orientação* os ensinamentos de Hely Lopes Meirelles (ob. cit. p. 588), os processos administrativos dividem-se em quatro modalidades de processo, conforme suas peculiaridades e conseqüências, a saber: *de expediente, de outorga, de controle e punitivo.*

13.4.1. Processo de expediente

Temos que "processo administrativo de *expediente*" é a denominação imprópria que se dá a toda a autuação que tramita nas repartições públicas, seja por provocação do interessado ou por determinação interna da própria Administração, objetivando receber solução conveniente.

Não há procedimento próprio nem rito sacramental. Segue pelos canais rotineiros para informações, pareceres, despacho final da Chefia competente e subseqüente arquivamento. Esses expedientes - chamados indevidamente de "processo"- não geram, nem alteram, nem suprimem direitos dos administrados, da Administração ou de seus servidores.

Encerram, apenas, papéis, registram situações administrativas. Recebem pareceres, despachos de tramitação ou meramente enunciativos de situações preexistentes, como nos pedidos de certidões, nas apresentações de documentos para registros internos e outros de rotina burocrática.

A *tramitação* é informal. Esta é irrelevante para a solução final. As omissões ou desvios de rotina não invalidam as providências objetivadas, e as decisões proferidas não possuem efeito vinculante para o interessado ou para a Administração. Em geral, são *irrecorríveis* e não geram preclusão, mas admitem sempre a renovação do pedido e a modificação do despacho.

13.4.2. Processo de outorga

"Processo administrativo de *outorga*" é aquele ao qual se pleiteia algum direito ou situação individual perante a Administração. Geralmente tem rito especial. Não há contraditório, salvo quando há oposição de terceiros ou impugnação da própria Administração. Nesses casos, é de ser dada oportunidade de defesa ao interessado, sob pena de nulidade.

São desse *tipo*: os processos de licenciamento de edificação, de registro de marcas e patentes, de pesquisa e lavra de jazida, de concessão e permissão, de isenção condicionada de tributo, etc. Eles se constituem de pretensões de natureza especial entre o particular e a Administração ou abrangem atividades sujeitas à fiscalização do Poder Público.

Porém, as *decisões finais* tornam-se vinculantes e irretratáveis pela Administração, haja vista que geram direito subjetivo para o beneficiário. Ressalvam-se, no entanto, os atos precários, que por natureza admitem modificação ou supressão sumária a qualquer tempo. Nos demais casos, a decisão é definitiva e só será modificável se eivada de nulidade originária, ou por infringência de normas legais no decorrer da execução, ou por interesse público superverniente, justificada a revogação com devida indenização.. Em qualquer hipótese, é indispensável a oportunidade de defesa do interessado antes da anulação, cassação, alteração ou revogação da decisão anterior.

13.4.3. Processo de controle

Processo administrativo de *controle* é aquele em que a Administração realiza verificações e declara situação, direito ou conduta do administrado ou de servidor, com caráter vinculante para as partes.

Esses processos, de certa forma, têm *rito próprio*. Se constituídos de irregularidades puníveis, exigem oportunidade de defesa do interessado, antes do encerramento, sob pena de invalidação do resultado apurado.

O processo de controle - também chamado de "determinação" ou "de declaração"- não se confunde com o processo punitivo. No último, apura-se a falta e aplica-se a penalidade cabível. No primeiro, apenas se verifica a situação ou a conduta do agente, e o resultado é proclamado para efeitos futuros.

São exemplos: os de prestação de contas perante órgãos públicos, os de verificação de atividades sujeitas a fiscalização, o de lançamento tributário e o de consulta fiscal.

A *decisão final* é vinculante para a Administração e para o interessado. Porém, nem sempre é auto-executável, uma vez que dependerá da instauração de outro processo administrativo, de caráter punitivo ou disciplinar, ou mesmo de ação civil ou criminal, ou, quando for o caso, do pronunciamento executório de outro Poder. Por exemplo, é o que ocorre no julgamento das contas do Executivo, pelo Legislativo, após a manifestação prévia do Tribunal de Contas competente, no respectivo processo administrativo de controle.

13.4.4. Processo punitivo

Processo administrativo *punitivo* é aquele promovido pela Administração para a imposição de penalidade por infração de lei, regulamento ou contrato. Tais processos devem ser necessariamente contraditórios. Deve ser dada oportunidade de defesa e estrita observância do devido processo legal, sob pena de nulidade da sanção imposta.

Sua *instauração* haverá de se basear em "auto de infração, representação ou peça equivalente". Inicia-se com a exposição minuciosa

Manual de
DIREITO ADMINISTRATIVO

303

dos atos ou fatos ilegais ou administrativos ilícitos atribuídos ao indiciado, bem como a indicação da norma ou convenção infringida.

Por sua vez, o processo punitivo poderá ser realizado por um só representante da Administração ou por comissão. O fundamental é de que se desenvolva com regularidade formal em todas as suas fases, objetivando legitimar a sanção imposta a final. Subsidiariamente, são adotados os preceitos do processo penal comum, quando não conflitarem com as normas administrativas pertinentes.

A graduação das *sanções administrativas* - demissão, multa, embargo de obra, destruição de coisas, interdição de atividade e outras - é discricionária, porém não arbitrária. Assim, deve guardar correspondência e proporcionalidade com a infração apurada no respectivo processo. Além do que, deve estar expressamente prevista em norma administrativa, já que não é dado à Administração aplicar penalidade não constante em lei, decreto ou contrato. De igual forma, sem o devido procedimento, onde se exige a garantia individual de nível constitucional (art. 5º, LIV).

Na modalidade se *incluem* todos os procedimentos que objetivam a imposição de alguma sanção ao administrado, ao servidor ou a quem, eventualmente, esteja vinculado à administração por uma relação de hierarquia, como os militares, os estudantes e os demais freqüentadores de estabelecimentos públicos, circunstancialmente sujeitos a sua disciplina.

Por fim, concluído este *estudo preliminar* sobre a sistematização da teoria geral aplicável aos procedimentos jurisdicionais da Administração Pública, tendentes à solução de controvérsias com o administrado ou com seus servidores, no âmbito interno de suas repartições, em rápidas pinceladas, vejamos o "processo disciplinar" e o "processo tributário ou fiscal", os quais, embora com peculiaridades próprias, pertencem ao mesmo gênero administrativo, conforme acentua Hely Lopes Meirelles (ob. cit., p. 590).

13.5. PROCESSO ADMINISTRATIVO DISCIPLINAR

13.5.1. Noção

Processo administrativo *disciplinar* - também impropriamente denominado "inquérito administrativo" - " é o meio de apuração e punição de faltas graves dos servidores públicos e demais pessoas sujeitas ao regime funcional de determinados estabelecimentos da Administração".

Baseia-se este processo na *supremacia especial* que o Estado mantém sobre todos aqueles que são vinculados a seus serviços ou atividades, de forma definitiva ou transitoriamente, submetem-se a sua disciplina. É, sem dúvida, um processo punitivo, com peculiaridade e muita freqüência na prática administrativa. Merece, pois, destaque dos demais congêneres, inclusive, porque os *Estatutos* dos Servidores Públicos, normalmente, regulamentam sua tramitação para cada órgão ou entidade estatal.

13.5.2. Pena de demissão

O processo administrativo disciplinar é sempre necessário à imposição da *pena de demissão* ao funcionário "estável" (art. 41, § 1º, CF). Há entendimento jurisprudencial que também exige o processo administrativo disciplinar para aplicar a pena de demissão ao funcionário efetivo ainda em estágio probatório. Aos demais servidores, o ato demissório dependerá das exigências constantes dos estatutos ou das normas especiais pertinentes. No entanto, a apuração da falta poderá ser feita por meios sumários, comprovada concretamente a infração.

13.5.3. Instauração

Deve ser instaurado por *portaria* da autoridade competente. Esta descreverá os atos ou fatos a apurar e indicará as infrações a serem punidas, designando-se desde logo a comissão processante, a ser presidida pelo integrante mais categorizado. É indispensável que a *comissão* - "especial ou permanente" - seja constituída por funcionário efetivo - de categoria igual ou superior à do acusado, a fim de que não seja quebrado o princípio hierárquico - sustentáculo essa espécie de processo administrativo.

13.5.4. Instrução

A comissão processante tem *plena liberdade* na colheita de provas. Poderá se socorrer de assessores técnicos e peritos especializados, além do exame de quaisquer documentos relacionados com o objeto da investigação. Oitiva de testemunhas. E fazer inspeções *in loco*. Desde a citação acusatória deverá ser facultado ao indiciado, ou ao seu advogado, o exame dos autos na repartição, para apresentação da defesa e indicação de suas provas. Assim, no prazo regulamentar será possibilitado o acompanhamento de toda a instrução.

13.5.5. Ampla Defesa

A *ampla defesa* assegurada pela Constituição (art. 5º, inciso LV) se constitui nesse conhecimento da acusação, oportunizando-se a contestação, apresentação de contraprovas e presença nos atos instrutórios. Sem tais condições, o julgamento condenatório será nulo. Ela se estende a todo e qualquer procedimento acusatório - judicial ou administrativo - e constitui o devido processo legal.

"É a moderna tendência da 'jurisdicionalização do poder disciplinar' que impõe condutas formais e obrigatórias para garantia dos acusados ao arbítrios da Administração, assegurando-lhes não só a oportunidade de defesa como a observância do rito legalmente estabelecido para o processo" (ob. cit., p. 392).

Concluída a instrução, a comissão processante deverá relatar o apurado e opinar pela absolvição ou punição do acusado. No caso, indicará os dispositivos atingidos, poderá divergir da acusação inicial, sugerir a instauração de outros processos e apontar providências complementares de interesse da Administração, deste que o faça de forma motivada.

13.5.6. Julgamento

A autoridade competente deverá sempre *fundamentar* a sua decisão, seja através de motivação própria ou por adoção dos fundamentos do relatório, tanto para a condenação como para a absolvição.

É-lhe permitido *discordar* do parecer da comissão na imposição de pena não pedida, como também minorar, agravar ou excluir a responsabilidade do acusado. Não se admite, porém, julgamento sem fundamentação, mesmo que sucinta. Nula será a punição sem a justificativa dos elementos do processo. Pois, desta forma, deixaria de ser ato disciplinar legítimo para se converter em ato arbitrário, ilegal.

13.5.7. Controle de legalidade

Aplicação de penalidade administrativa *sem motivação* subtrairia a possibilidade do "controle de legalidade" da punição pelo Poder Judiciário. Frustar-se-ia, desta maneira, o preceito constitucional de proteção aos direitos individuais.

"Permitido é ao Poder Judiciário examinar o processo administrativo disciplinar para verificar se a sanção imposta é legítima e se a apuração da infração atendeu ao devido procedimento legal. Essa verificação importa em conhecer os motivos da punição e em saber se foram atendidas as formalidades procedimentais essenciais, notadamente a oportunidade de defesa ao acusado e a contenção da comissão processante e da autoridade julgadora nos limites de sua competência funcional, isto sem tolher o discricionarismo da Administração quanto à escolha da pena aplicável dentre as consignadas na lei ou regulamento do serviço, a graduação quantitativa da sanção e a conveniência ou oportunidade de sua imposição. O que se nega ao Judiciário é o poder de substituir ou modificar penalidade disciplinar a pretexto de fazer justiça, pois, ou a punição é legal e deve ser confirmada, ou é ilegal e há que ser anulada; inadmissível é a substituição da discricionariedade legítima do administrador, pelo arbitrio ilegítimo do Juiz" (Hely Lopes Meirelles, ob. cit., p. 392/393).

13.6. MEIOS SUMÁRIOS

Pode a Administração, além do processo administrativo, utilizar-se de *meios sumários* para elucidar preliminarmente determinados fatos ou aplicação de penalidades disciplinares menores comprovadas na sua flagrância. Esses são a sindicância, a verdade sabida e o termo de declarações do infrator. Tais procedimentos devem ser previsto em lei e, em qualquer hipótese de punição, por força de norma constitucional (art. 5º, LV), deverá ser garantida a prévia defesa e publicidade do procedimento.

13.6.1. Sindicância

É *meio sumário* de elucidação de irregularidade no serviço. E objetiva a instauração de processo e punição do infrator. Pode ser iniciada com ou sem sindicado. Basta a indicação do fato ou falta a apurar.

Não há procedimento formal, nem a necessidade da designação de comissão sindicante. Pode ser realizada por um ou mais funcionários designados pela autoridade competente. Dispensa defesa e publicidade de seu procedimento, pois trata-se de simples expediente de verificação de irregularidade e não base para punição. É equiparada ao inquérito policial em relação à ação penal. A verdadeira natureza da sindicância é de inquérito administrativo investigativo que precede o processo administrativo disciplinar. Porém, a sindicância vem sendo desvirtuada e promovida como instrumento de punição de pequenas faltas de servidores. Também pode haver lei dispondo sobre a possibilidade de usar a sindicância para punição de faltas leves. Nesses casos, o procedimento sindicante deverá respeitar a ampla defesa e a publicidade para poder ao final efetivar a punição.

13.6.2. Verdade sabida

"É o *conhecimento pessoal* da infração pela própria autoridade competente para punir o infrator". Ocorre, normalmente, quando o

Manual de
DIREITO ADMINISTRATIVO

subordinado desautoriza o superior no ato do recebimento de uma ordem, ou, na sua presença, comete falta punível por ele próprio. Em tais casos, a autoridade competente, e presente à infração, aplica a pena pela "verdade sabida". Consignará no ato punitivo as circunstâncias em que foi cometida e presenciada a falta. Meio sumário admissível para penalidades cuja imposição não exija processo administrativo disciplinar. Tal possibilidade deve vir prevista em lei, garantindo-se a prévia defesa e publicidade que toda punição pressupõe, apenas que com um rito dos mais singelos.

Tem sido *considerada*, como "verdade sabida", a infração pública e notória, estampada na imprensa ou divulgada por outros meios de comunicação de massa. No entanto, o fundamental para o enquadramento da falta é o seu conhecimento direto pela autoridade competente para punir, ou a sua notoriedade irretorquível. De qualquer forma, devem ser garantidas e comprovadas documentalmente a prévia defesa e a publicidade.

13.6.3. Termo de declarações

É *forma sumária* de comprovação de faltas menores de servidores, através da tomada de seu depoimento. Servirá de base para a punição cabível. Será indispensável a presença de, pelo menos, duas testemunhas, que subscreverão o termo, a fim de se dar plena validade às declarações.

Tal forma sumária evita demoradas sindicâncias e processos sobre pequenos deslizes funcionais. Devem ficar comprovados documentalmente para imediata punição ou para o caso de futuras reincidências do servidor. Se houver negação da infração pelo inquirido, surgirá a necessidade de processo administrativo disciplinar.

13.7. PROCESSO ADMINISTRATIVO TRIBUTÁRIO

"Processo administrativo *tributário ou fiscal*" - É todo aquele que se destina à determinação, exigência ou dispensa de crédito fiscal, bem como à fixação do alcance de normas de tributação em casos concretos, pelos órgãos competentes tributantes, ou à imposição de penalidade ao contribuinte.

No conceito *amplo e genérico*, incluem-se todos os procedimentos fiscais próprios, sob as modalidades de "controle" - processos de lançamento e de de consulta, de "outorga" - processo de isenção e de "punição"- processos por infração fiscal. Sem se mencionar nos processos impróprios, que são as simples "autuações de expediente" que tramitam pelo órgãos e repartições arrecadoras para a notificação do contribuinte, cadastramento e outros atos complementares de interesse do fisco.

Hely Lopes Meirelles *assinala*: "o processo tributário vem sendo descurado pela doutrina pátria, que não lhe deu até hoje o tratamento científico e sistemático hábil a inseri-lo adequadamente no quadro geral dos processos administrativos a que pertence"(ob. cit., p. 594). De igual monta, "se observa na legislação fiscal que sempre o disciplinou sem organicidade".

Descarta o Código Tributário Nacional - Lei nº 5.172, de 25.10.66 -, o processo administrativo fiscal permaneceu regido diversamente por normas de cada tributo da União até o advento do Decreto nº 70.2333, de 6.03.72, que o unificou para os tributos federais nos aspectos regulados por esse diploma.

13.7.1. Processos de determinação e exigência de crédito tributário

Tais processos podem assumir a modalidade de *controle* - quando o lançamento é normal, quanto a de "punição" - quando o lançamento vem acompanhado de multa ou qualquer outra penalidade. A instauração do processo será por "ato formal da autoridade competente". Nos termos do Decreto nº 70.235/72, poderá consistir em ato escrito de cientificação do procedimento fiscal; em apreensão de mercadorias, documentos ou livros; ou ainda, em começo de despacho aduaneiro de mercadoria importada (art. 7º, I a III).

13.7.2. Processo de consulta

"É aquele em que o interessado indaga do fisco sobre a sua situação legal, diante de fato determinado, de duvidoso enquadramento tributário". Este processo tem rito próprio e produz conseqüências jurídicas específicas. Modalidade do processo administrativo de controle, haja vista que objetiva definir a situação tributária individual do contribuinte, diante da legislação aplicável.

O Decreto nº 70.235/72 consigna expressamente o "processo de consulta". Indica os requisitos para sua instauração, procedimento, julgamento e recursos, os efeitos e os casos de ineficácia. Silencia, porém, sobre a força vinculante da decisão final do fisco.

Capítulo 14

A intervenção na Propriedade Privada e Atuação no Domínio Econômico

14.1. INTRODUÇÃO

14.1.1. Noções Gerais

Nos termos do art. 170 da Constituição Federal, o Estado Social e Democrático de Direito, como o caso brasileiro (art. 1º da CF), reconhece e assegura a propriedade privada e a livre empresa. No entanto, condicionam o uso dessa propriedade e o exercício das atividades econômicas ao *bem-estar social*.

Assim, propõe-nos Hely Lopes Meirelles,[240] "o uso e gozo dos bens e riquezas particulares, o Poder Público impõe normas e limites, e, quando o interesse público o exige, intervém na *propriedade privada* e na *ordem econômica*, através de atos de império tendentes a satisfazer as exigências coletivas e a reprimir a conduta anti-social da iniciativa particular".

Prossegue: "Nessa intervenção estatal, o Poder Público chega a retirar a propriedade privada para dar-lhe uma destinação pública ou de interesse social, através de *desapropriação*, ou a acudir a uma situação de iminente perigo público, mediante *requisição*; em outros casos, contenta-se em ordenar socialmente o seu uso, por meio de *limitações e servidões administrativas*, ou em utilizar transitoriamente o bem particular, numa *ocupação temporária.*"

Já no atinente à ordem econômica nos diz: "o Estado atua para coibir os excessos da iniciativa privada e evitar que desatenda às suas finalidades, ou para realizar o desenvolvimento nacional e a justiça social, fazendo-o através da *repressão ao abuso do poder econômico*, do *controle dos mercados* e do *tabelamento de preços*".

No entanto, sua intervenção não é feita de *forma arbitrária*, através de critérios pessoais das autoridades públicas. A Constituição

---

[240] MEIRELLES, ob. cit., p. 481.

Federal institui essa intervenção. E a sua regulamentação dar-se-á por leis federais. Estas, por sua vez, disciplinam as medidas interventivas e estabelecem o modo e a forma de execução. Porém, sempre *condicionadas* ao interesse público e com respeito aos direitos individuais.

De outra parte, como aponta Georges Ripert, citado pelo autor supra, "os fundamentos da intervenção na propriedade e atuação do domínio econômico, repousam na necessidade de proteção do Estado aos interesses da comunidade. Os interesses coletivos representam o *direito do maior número*, e, por isso mesmo, quando em conflito com os interesses individuais, estes cedem àqueles, em atenção ao direito da *maioria*, que é base do regime democrático e do direito civil moderno".

Assim, tanto a intervenção na propriedade particular como a atuação no âmbito econômico se dá por um conjunto de *instrumentos jurídicos* à disposição do Estado para restringir as atividades do domínio privado, tendo em vista o interesse público.

14.1.2. Propriedade Privada e Domínio Econômico

Sem dúvida, que o *direito de propriedade* é assegurado pela Constituição Federal, sendo ela um direito real individual que consiste nos poderes de usar, gozar e dispor da coisa, perseguindo-a contra quem quer que injustamente a detenha. O direito de propriedade caracteriza-se como absoluto, exclusivo e perpétuo. Absoluto é aquele atributo que dá ao titular o poder de exercer o seu direito de propriedade da maneira que melhor entender. Exclusivo é aquele atributo da propriedade que impede que esse direito seja exercido simultaneamente por duas ou mais pessoas. Perpétuo, permanente e irrevogável são os atributos segundo os quais o proprietário pode dispor da coisa segundo sua vontade, não podendo ser obrigado a desfazer-se dela.

Porém, a propriedade, há muito tempo, deixou de ter essas características ou atributos de modo constante. Assim, em razão da própria evolução do Estado de Direito e do conteúdo constitucional, há uma relatividade incidente sobre as qualidades de absoluta, exclusiva e perpétua do "direito subjetivo do proprietário", inserida que está na noção da "função social do detentor de riqueza", na expressão de Duguit.

As características da propriedade privada não são mais absolutas. Seu uso, gozo e fruição e disposição não podem opor-se aos interesses sociais com assento constitucionais. Aquela propriedade privada oponível contra todos e contra o próprio Estado já não existe mais, e para realizar o bem comum pode o Estado nela intervir.[241]

Como, citando Benjamin Villegas Basavilbaso, afirma Hely Lopes Meirelles: "É um direito individual, mas um direito individual condicionado ao bem-estar da comunidade. É uma projeção da personalidade humana e seu componente necessário, mas nem por isso a propriedade privada é intocável".

Diante disso, é admitida pela Constituição Federal a garantia da propriedade (art. 5º). Porém, permite a *desapropriação*, através de prévia e justa indenização (art. 5º, XXIV). Autoriza a *requisição* em caso de perigo público iminente e em tempo de guerra, com indenização posterior se houver dano (arts. 5º, XXV e 22, III). E, finalmente, lhe atribui *função social* (arts. 5º, XXIII e 170, III).

Por sua vez, no *domínio econômico* - conjunto de bens a serviço de atividades lucrativas - a Constituição Brasileira assegura a liberdade de iniciativa, embasada no interesse do desenvolvimento nacional e, também, da justiça social. Diante do que impõe a valorização do trabalho, a harmonia e solidariedade entre as categorias sociais de produção e a expansão das oportunidades de emprego produtivo (art. 170). Permite à União, no caso, a *intervenção* para reprimir o abuso do poder econômico.

Assim, "o nosso ordenamento jurídico-constitucional distingue duas formas de intervenção: na propriedade e no domínio econômico. A intervenção na propriedade incide sobre os *bens*; a intervenção no domínio econômico incide sobre a *atividade lucrativa*, exercida pela *empresa*, como instrumento da iniciativa privada".

14.1.3. O Bem-Estar Social

Trata-se do *bem comum*, mas aqui no âmbito de um Estado Social e Democrático de Direito. É o bem do povo em geral. Expressa em todos as formas de satisfação das necessidades comunitárias, sejam exigências materiais ou espirituais. São necessidades vitais da comunidade, dos grupos e das classes sociais componentes da sociedade. Como se refere o citado no art. 170 da Constituição, está ligado ao escopo da *justiça social* e que será alcançada pelo *desenvolvimento nacional*.

"Modernamente, o *Estado de Direito* aprimorou-se no *Estado de Bem-Estar* (*Welfare State*), em busca de melhoria das condições sociais da comunidade. Não é o *Estado Liberal*, que se omite ante a conduta individual, nem o *Estado Socialista*, que suprime a iniciativa particu-

---

[241] Diógenes Gasparini, ob. cit., p. 422.

lar. É o Estado orientador e incentivador da conduta individual no sentido do bem-estar social. Para atingir esse objetivo, o *Estado de Bem-Estar* intervém na propriedade e no domínio econômico, quando utilizados contra o bem-comum da coletividade".

Essa *nova concepção* estatal, como afirma Agustin Gordillo: "A nuestro juicio, la noción de *Estado de Bienestar* ha venido a operar como un correctivo para la noción clásica de *Estado de Derecho*, revitalizándola, pero en modo alguno suprimiéndola o sustituyéndola".[242]

14.1.4. Competências para a Intervenção

É de ser mencionado, inicialmente, que essa competência de intervenção na propriedade privada e no domínio econômico não se distribui igualmente entre as entidades estatais.

Ela é privativa da União para legislar (arts. 22, II e III e 173, todos da CF). Aos Estados e Municípios, assim como também para União, cabem as medidas de política administrativa (v.g. incisos III, IV, VI, VII, VIII, X, XI, todos do art. 23 da CF) e do exercício do Poder de Polícia, de condicionamento do uso da propriedade ao bem-estar social e de ordenamentos das atividades da economia, nos limites das normas federais, bem como através da criação de empresas estatais no seu âmbito de atuação (art. 173 da CF). No domínio econômico, essa intervenção pelo Estados pode ser realizada por *delegação* do Governo Federal ou pela competência concorrente (art. 24, I e V, da CF). Para os Municípios, além das atribuições que receber por delegação, a intervenção no domínio econômico é mais restrita e limitada ao interesse local (art. 30, I e II, da CF).

Porém, como alerta Hely Lopes Meirelles,[243] não é de se confundir a legislação civil sobre o direito de propriedade e sobre os atos de intervenção no domínio econômico (privativos da União) com as normas administrativas e as medidas condicionantes do uso da propriedade e de ordenamento econômico dos três níveis de governo.

Essas normas e atos são decorrentes do *poder de polícia*, inerentes às entidades estatais, regulamentando atividades realizadas em seu território e sob sua fiscalização. Ou seja, o Poder Público Federal regula materialmente. Os Poderes Estaduais e Municipais exercem o policiamento administrativo do uso da propriedade e da atividade econômica dos particulares, nos limites estabelecidos pelas normas substantivas federais. Agora, o Poder Estadual legisla materialmente

---

[242] Ob. cit., p. 483 e 484.

[243] Ob. cit., p. 484.

nos limites da competência concorrente, enquanto até mesmo o Poder Municipal o faz nos limites do interesse local.

14.1.5. Meios de Intervenção e de Atuação

Diante da multiplicidade das exigências sociais e das necessidades coletivas, é imposta ao Poder Público uma variabilidade nos meios de intervenção. Numa tentativa de síntese, adotamos o *quadro sinóptico* proposto por Diógenes Gasparini[244] sobre as modalidades e os meios de intervenção que podem ser utilizados pelo Poder Público.

I - *Intervenção do Estado na propriedade*:
1 - Desapropriação;
2 - Servidão Administrativa;
3 - Requisição: a) de bens, b) de serviços;
4 - Ocupação Provisória (Temporária);
5 - Limitação Administrativa;
6 - Tombamento.

II - *Atuação do Estado no Domínio Econômico*:
1 - Monopólio;
2 - Repressão ao Abuso do Poder Econômico;
3 - Controle do Abastecimento;
4 - Tabelamento de preços;
5 - Fiscalização;
6 - Incentivo;
7 - Planejamento.

14.2. A INTERVENÇÃO NA PROPRIEDADE PRIVADA

14.2.1. Conceito

Pode ser conceituada como sendo "toda ação do Estado que, compulsoriamente, restringe ou retira direitos dominiais do proprietário".[245] Ora, essa intervenção deve ter fundamento o interesse público, seja por necessidade pública, por utilidade pública ou por interesse social. Esse fundamento deve constar de lei federal que autoriza o ato interventivo que tem a natureza de um poder-dever. Poderá este ser praticado tanto pela União, como pelos Estados, DF e Municípios, conforme o caso. A seguir, passa-se ao exame dos meios específicos de intervenção na propriedade privada.

---

[244] *Direito Administrativo*, ob. cit., p. 421.

[245] Diógenes Gasparini, ob. cit., p. 422.

14.2.2. Desapropriação (Expropriação)

Devido à importância e à diversidade das questões pertinentes à desapropriação, esse tema merece um estudo mais aprofundado em trabalho próprio que é incompatível com os objetivos dessa obra. De qualquer modo, nesta oportunidade, ver-se-ão alguns tópicos sobre o tema.

14.2.2.1. Conceito e natureza

É a transferência compulsória da propriedade particular para um Ente da Administração Pública, ou da propriedade pública de entidade de grau inferior para a superior, por utilidade ou necessidade pública, interesse social, ou por interesse social para fins de reforma agrária mediante prévia e justa indenização (nos termos dos arts. 5º, XXIV, 182, § 4º, III, e 184, todos da CF). Dessa maneira, a desapropriação tem como natureza ser um modo de aquisição originário da propriedade fruto do exercício de um poder-dever do Ente Público, o que implica que eventuais ônus reais que recaiam sobre o imóvel expropriado deixam de acompanhá-lo.

14.2.2.2. Pressupostos Constitucionais

As desapropriações estão embasadas na *ocorrência* de necessidade pública, de utilidade pública ou do interesse social, bem como no pagamento de prévia e justa indenização.

No entender de Seabra Fagundes, citado por Hely Lopes Meirelles,[246] "os três fundamentos da desapropriação condensam-se no conceito unitário de *utilidade pública*, que é em si tão amplo, que a menção apenas dessa causa bastaria a autorizar a incorporação ao patrimônio estatal da propriedade privada, tanto quanto fosse *útil* fazê-lo, como quando tal se afigurasse *necessário ou de interesse social*". No entanto, o legislador constitucional (art. 5º, XXIV, da CF) partiu os motivos para a desapropriação, indicando discriminadamente a natureza e o grau dos interesses a serem atendidos pela Administração em cada ato expropriatório.

Desta forma, temos: a) *Necessidade Pública* se dá quando a Administração se defronta em situações de emergência que exigem a transferência urgente de bens de terceiros para o seu domínio e uso imediato, na solução satisfatória dessa emergência; b) *Utilidade Pública* se dá quando a transferência de terceiros para a Administração é conveniente, embora não imprescindível; no entanto, ambas estão

---

[246] MEIRELLES, ob. cit., p. 492.

consubstanciadas no termo genérico utilizado pela Lei Geral das Desapropriações, Decreto-Lei nº 3.365, de 21.6.1941, a qual estabelece as normas básicas sobre as desapropriações com incidência subsidiária em todas as modalidades, bem como o Decreto-Lei nº 1.075, 22.1.1970, que trata da imissão de posse *initio litis* em imóveis residenciais urbanos, e a Lei nº 6.602, de 7.12.1978, por utilidade pública; c) *Interesse Social* ocorre quando as circunstâncias impõem a distribuição ou o condicionamento da propriedade para o melhor aproveitamento, utilização ou produtividade em benefício da coletividade, ou categorias sociais merecedores do amparo do Poder Público (Lei nº 4.132, de 10.9.62), observando-se, assim, que no caso o "interesse social não se destina à Administração ou a seus delegados, mas sim à coletividade ou mesmo a certos beneficiários";[247] nesse sentido é que temos também: d) *Interesse Social para fins de Reforma Agrária* conforme art. 184 da CF, Leis Complementares nº 76, de 6.7.1993, e nº 88, de 23.12.96, arts. 18 a 23 do Estatuto da Terra (Lei nº 4.504, de 30.11.64) e Lei nº 8.629, de 25.2.93, alterada pela MP nº 1.658, de 4.6.98, bem como: e) *Interesse Social para fins de reforma Urbana* (art. 182, § 4º, III, da CF a qual depende ainda de regulamentação por lei federal).

Uma dessas razões específicas do interesse público para fundamentar a desapropriação deve ser declarada em ato administrativo próprio que também irá conter a descrição do bem a ser desapropriado, a sua destinação, a base legal, os recursos orçamentários para suportar a despesa e a autoridade competente que a está determinando. Esse ato administrativo pode ser revestido de decreto ou de lei. Terá a forma de decreto quando exarado pelo Chefe do Executivo, ou outra autoridade cuja competência esteja expressa em lei (Diretor-Geral do DNER, conforme art. 14 do Decreto-Lei 512, de 21.3.1969). Já esse mesmo ato declaratório da intensão expropriatória que sempre é materialmente administrativo poderá ter a forma de lei quando realizado pelo Legislativo (arts. 6º e 8º do Decreto-Lei 3.365/41).

Essa declaração não implica a consumação da desapropriação que dependerá de fase de execução na qual se inclui a definição do montante indenizatório que é o único tema passível de discussão no âmbito da ação de desapropriação. Assim, qualquer debate envolvendo a constitucionalidade e a legalidade da medida desapropriatória deve ser tratada em via ordinária ou mandamental. Portanto, se o efeito da declaração de desapropriação não é o de transferência do bem, esse ato gera a submissão do objeto a força expropriante do

---

[247] MEIRELLES, ob. cit., p. 493.

Poder Público que implica o seguinte: a) estabelecimento da situação de qualidade do objeto, significando que o valor da indenização irá levar em consideração as condições do bem (benfeitorias, melhoramentos, etc.) à época da declaração; b) atribuição de poderes limitados ao Ente expropriante e a seus agentes para ter acesso ao bem, com moderação e no intuito de realizar estudos e análises, como por exemplo na desapropriação de imóvel ter o estado o direito de penetrar no terreno[248] para fazer medições e outras verificações como sondagens do solo e do relevo; c) determinação do prazo de caducidade da declaração.

Conforme a modalidade de desapropriação a ser utilizada, o prazo da declaração será diferente. A declaração de desapropriação por necessidade ou utilidade pública possui o prazo de cinco anos (art. 10 do Decreto-Lei 3.365/41) dentro do qual a expropriação deve se efetivar por acordo ou ajuizar-se a ação. Essa declaração pode ser renovada para o mesmo objeto por mais cinco anos, somente após passagem de um ano. A declaração por interesse social tem um prazo, de dois anos (art. 3º da Lei nº 4.132/62) dentro do qual além de efetivar-se a desapropriação deve estar encaminhada às providências de aproveitamento do bem expropriado. Ao fim desse prazo, ocorre a caducidade do direito de desapropriar-se por esta via.[249] A declaração por interesse social para fins de reforma agrária tem um prazo de dois anos da mesma forma analisada no caso anterior (art. 3º da LC nº 76/93). Também de acordo com o fundamento da desapropriação, haverá repercussão nas regras referentes ao sujeito competente para promovê-la, ao bem passível de ser objeto da desapropriação, a quem se destina esse objeto, ao modo de indenização do expropriado.

14.2.2.3. Sujeitos e Objeto

Os sujeitos da desapropriação são o ativo e o passivo. Ativo é a pessoa a quem o ordenamento jurídico atribui a competência (poder-dever) de expropriar. Assim, as desapropriações por utilidade ou necessidade pública e a por interesse social possuem como sujeitos ativos a União, o DF, os Estados e os Municípios. Já a desapropriação por interesse social para fins de reforma agrária possui como sujeito ativo apenas a União, o que não significa que toda e qualquer desapropriação de imóvel rural ou para fins de instalação de colônia agrícola seja processada através dessa modalidade que é exclusiva

---

[248] Se for imóvel urbano residencial, ver Decreto-Lei nº 1.075, 22.1.1970.

[249] RDA 164/367.

Manual de
DIREITO ADMINISTRATIVO

da União.[250] Por outro lado, a desapropriação por interesse social para fins de reforma urbana, a qual ainda aguarda regulamentação por lei federal, possui como sujeito ativo apenas os municípios, o que também não significa que toda e qualquer desapropriação de imóvel urbano, para fins de instalação de equipamentos públicos ou para fins habitacionais, seja processada através dessa modalidade que é exclusiva dos municípios.[251]

O sujeito passivo da desapropriação é a pessoa que sofre a expropriação, ou seja, aquele que perde a propriedade para o interesse público, sendo denominado de desapropriado ou expropriado. Desse modo, qualquer pessoa privada, física ou jurídica, pode ser sujeito passivo da desapropriação. Já as pessoas públicas possuem regra restritiva (art. 2º, § 2º, do Dec.-Lei nº 3.365), pela qual a União não pode ser sujeito passivo de desapropriação, os Estados só podem ser sujeito passivo em desapropriações promovidas pela União, enquanto os Municípios só podem ser sujeito passivo em desapropriações movidas pela União ou pelo Estado.

Não se confunde com os sujeitos da desapropriação aquelas pessoas que podem apenas encaminhar a fase executória do processo expropriatório sem contudo possuir competência para emanar o ato desapropriatório (art. 3º do Dec.-Lei 3.365/41), bem como aquelas pessoas que serão apenas beneficiárias da desapropriação, tais como, o município que receberá um imóvel desapropriado pelo Estado para a construção de uma escola municipal, ou as famílias carentes que foram selecionadas para morar em condomínio habitacional construído em área desapropriada.

Pode ser objeto da desapropriação por necessidade e utilidade pública ou por interesse social todo bem privado disponível, móvel ou imóvel, corpóreo ou incorpóreo, inclusive o espaço aéreo ou o subsolo (art. 2º, *caput* e § 1º, do Dec.-Lei 3.365/41). Assim, são inexpropriáveis os direitos personalíssimos como o direito aos alimentos, à imagem, etc. Já o objeto da desapropriação por interesse social para fins de reforma agrária só pode ser o imóvel rural que não cumpra sua função social (art. 186 da CF), sendo vedado de ser objeto dessa modalidade (art. 185 da CF) a pequena propriedade rural, assim definida em lei, e desde que seu proprietário não possua outra, bem como toda e qualquer propriedade produtiva nos termos da Lei nº 8.629/93. Por sua vez, o objeto da desapropriação por interesse social para fins de reforma urbana só pode ser o imóvel, em área incluída no Plano Diretor, considerado não edificado, subutilizado ou não

---

[250] Ver: RDA v. 152, p. 122 e art. da Lei nº 4.132/62.

[251] Ver: art. do Dec.-Lei 3.365/41 e art. da Lei nº 4.132/62.

utilizado, nos termos da regulamentação legal federal que até a presente data ainda inexiste, conforme art. 182, § 4º, da CF, e após ter sofrido as medidas previstas nos incisos I e II do citado parágrafo.

Quanto aos bens públicos como objeto de desapropriação, temos que os bens federais são inexpropriáveis, inclusive os pertencentes à administração indireta federal, sempre que estes estejam destinados a uma finalidade pública, afetados a um uso comum do povo ou a um uso especial da administração. Já os bens estaduais e distritais (DF) somente podem ser objeto de desapropriação promovida pela União e, da mesma forma, os bens pertencentes à administração indireta desta esfera governamental que possuam aquela destinação pública. Por fim, os bens municipais só podem ser objeto de desapropriação cujo sujeito ativo seja a União ou o Estado, bem como os bens da administração indireta municipal que estejam afetados àquele citado fim público (art. 2º, § 2º, do Dec.-Lei nº 3.365/41).

14.2.2.4. Classificação

A desapropriação pode ser classificada em Direta ou Indireta. A desapropriação direta é aquela proposta pelo sujeito ativo nos termos das normas constitucionais e respectivas regulamentações legais, enquanto a desapropriação indireta é proposta pelo sujeito passivo após a sua consumação.

A desapropriação direta pode ser dividida em amigável ou litigiosa. A primeira se dá quando há acordo quanto ao valor da indenização. A segunda se dá quando não há acordo e sempre será definida judicialmente pelo arbitramento do Poder Judiciário. A desapropriação direta amigável pode ser extrajudicial ou judicial. A extrajudicial é porque nem ocorre a necessidade de ajuizamento da ação de desapropriação, sendo lavrada a escritura pública de desapropriação como conseqüência do ajuste administrativo do montante da indenização. A judicial é porque houve necessidade de ajuizamento da correspondente ação, mas não houve necessidade do arbitramento judicial, bastando ao Poder Judiciário homologar o valor ajustado entre as partes.

A desapropriação indireta ou apossamento administrativo é a que se dá sem a observância dos pressupostos constitucionais da prévia indenização e do procedimento legal específico, o que faculta ao proprietário do bem se opor a tal comportamento da Administração em seu momento inicial através das ações possessórias com pedido liminar ou reivindicatória com antecipação de tutela, conforme o caso, para evitar a consumação do ato expropriatório sem a devida observância da norma constitucional e sua regulamentação

Manual de
DIREITO ADMINISTRATIVO

319

legal. Assim, quando a Administração passa a agir com obras públicas de caráter definitivo em propriedade alheia, e esse proprietário não se opõe a tal comportamento no momento oportuno, depois de consolidada a situação pela intervenção do Poder Público, isso implicará a perda da propriedade que passará a integrar o patrimônio da respectiva Administração e não mais poderá ser objeto de reivindicação (art. 35 do Decreto-Lei nº 3.365/41), tal como ocorre em casos de ampliação de rodovias para além da área pública, ou da urbanização de áreas ocupadas que não sofreram oposição dos proprietários, nem foram objeto de usucapião. Nessas hipóteses, o expropriado indireto é que ingressa em juízo para ver declarada a desapropriação que já ocorreu e com isso obter a indenização do Ente expropriante que restará condenado ao pagamento de um montante superior ao do que resultaria se houvesse procedido com a desapropriação direta em razão da maior repercussão da incidência dos chamados juros compensatórios. O direito de propor essa ação extingui-se em cinco anos pela aplicação da nova redação do parágrafo único do art. 10 do Decreto-Lei nº 3.365/41, introduzida pela primeira vez pela MP nº 1.997-37, de 11.4.2000, mantida vigente através de reedições da MP, sendo que a atual MP que trata da matéria é a nº 2.027: "Parágrafo único. Extingue-se em cinco anos o direito de propor ação de indenização por apossamento administrativo ou desapropriação indireta, bem como ação que vise a indenização por restrições decorrentes de atos do Poder Público."

Note-se que este prazo extintivo aplica-se para toda e qualquer ação que vise a obter indenização em razão de medidas de intervenção do Estado na propriedade ou na economia.

14.2.2.5. Prévia indenização

O direito à indenização é decorrente da garantia ao direito de propriedade, significando um equilíbrio entre o interesse público e o privado. A indenização deve ser justa e completa de modo que o patrimônio do desapropriado não sofra redução. Será prévia ao ingresso do bem ao domínio do Ente Público, mas para que haja a imissão de posse provisória, nos casos em que não haja acordo sobre o valor da indenização, o Poder Público deve depositar em juízo, na ação de desapropriação, o montante relativo à avaliação inicialmente aceita pelo Judiciário, podendo o expropriado sacar 80% do valor do depósito.

Não havendo acordo sobre o valor da indenização, há uma série de regras que devem ser obedecidas para determinar o valor total a ser pago pela desapropriação. A indenização abrange o valor do bem desapropriado com todas as benfeitorias que já estavam construídas antes do ato declaratório de desapropriação. O valor das benfeitorias realizadas posteriormente ao citado ato declaratório integraram o montante indenizatório se forem necessárias ou úteis, essas últimas, quando forem autorizadas[252] previamente pelo ente expropriante (art. 26, § 1º do Dec.-Lei 3.365/41). Além dos lucros cessantes e os danos emergentes, integram também o montante da indenização as seguintes parcelas: a despesa com o desmonte e transporte de mecanismos instalados e em funcionamento (art. 25, parágrafo único, do Dec.-Lei 3.365/41), a correção monetária (art. 1º da Lei nº 6.899/81 e Súmula nº 561 do STF), juros compensatórios, juros moratórios, honorários advocatícios, custas e despesas judiciais.

Desde a edição da MP nº 1.577, de 11.6.1997, os juros compensatórios possuem regra específica, com força de lei (art. 62 da CF) que regula a sua forma de cálculo, sendo mantida em nosso ordenamento pela edição mensal de sucessivas medidas provisórias: "Art. 3º: No caso de imissão prévia na posse, na desapropriação por necessidade ou utilidade pública e interesse social, inclusive para fins de reforma agrária, havendo divergência entre o preço ofertado em juízo e o valor da condenação, expressos em termos reais, incidirão juros compensatórios de seis por cento ao ano sobre o valor da diferença eventualmente apurada, a contar da imissão na posse."

Os juros compensatórios incidem na taxa de 6% ao ano, e não mais pela sistemática construída pela jurisprudência brasileira[253] que determinava a razão de 12% ao ano, bem como autorizando a incidência de juros moratórios sobre os compensatórios. O art. 1º da MP nº 1.997-37, de 11.4.2000, hoje MP nº 2.027, e suas reedições, determina nova redação ao Decreto-Lei 3.365/41, acrescentando um art. 15-A e parágrafos que determinam a taxa de juros compensatórios à razão de 6% ao ano, vedando o cálculo de juros compostos, *verbis*: "Art. 15-A. No caso de imissão prévia na posse, na desapropriação por necessidade ou utilidade pública e interesse social, inclusive para fins de reforma agrária, havendo divergências entre o preço ofertado em juízo e o valor do bem, fixado na sentença, expressos em termos reais, incidirão *juros compensatórios de até seis por cento ao ano* sobre o valor da diferença eventualmente apurada, a contar da imissão na posse, *vedado o cálculo de juros compostos*.

§ 1º Os juros compensatórios destinam-se, apenas, a compensar a perda de renda comprovadamente sofrida pelo proprietário.

---

[252] Ver Súmula nº 23 do STF.

[253] Súmulas 164, 618 do STF e 12, 69 do STJ.

Manual de
DIREITO ADMINISTRATIVO

321

§ 2º Não serão devidos juros compensatórios quando o imóvel possuir graus de utilização da terra e de eficiência na exploração iguais a zero.

§ 3º O disposto no *caput* deste artigo aplica-se também as ações ordinárias de indenização por apossamento administrativo ou desapropriação indireta, bem assim às ações que visem indenização por restrições decorrentes de atos do Poder Público, em especial aqueles destinados à proteção ambiental, incidindo os juros sobre o valor fixado na sentença.

§ 4º Nas ações referidas no parágrafo anterior, não será o Poder Público onerado por juros compensatórios relativos a período anterior à aquisição da propriedade ou posse titulada pelo autor da ação."

Também o art. 1º da MP nº 1.997-37, de 11.4.2000, hoje MP nº 2.027, e suas reedições, determina nova redação ao Decreto-Lei 3.365/41, acrescentando um art. 15-B, que determina uma nova incidência dos juros moratórios de modo distinto do que até então era construção pretoriana,[254] *in verbis*: "Art. 15-B. Nas ações a que se refere o artigo anterior, os juros moratórios destinam-se a recompor a perda decorrente do atraso no efetivo pagamento da indenização fixada na decisão final de mérito, e somente serão devidos à razão de até seis por cento ao ano, a partir de 1º de janeiro do exercício seguinte àquele em que o pagamento deveria ser feito, nos termos do art. 100 da Constituição."

A mesma MP nº 1.997-37, de 11.4.2000, hoje MP nº 2.027, e suas reedições, determina nova redação aos §§ 1º, 3º e 4º do art. 27 do Decreto-Lei 3.365/41, estabelecendo limites à discricionariedade judicial na fixação da correção monetária e dos honorários advocatícios, *in verbis*: "§ 1º A sentença que fixar o valor da indenização quando este for superior ao preço oferecido condenará o desapropriante a pagar honorários do advogado, que serão fixados entre meio e cinco por cento do valor da diferença, observado o disposto no § 4º do art. 20 do Código de Processo Civil, não podendo os honorários ultrapassar R$ 151.000,00 (cento e cinqüenta e um mil reais).

§ 3º O disposto no § 1º deste artigo se aplica:

I - ao procedimento contraditório especial, de rito sumário, para o processo de desapropriação de imóvel rural, por interesse social, para fins de reforma agrária;

II - às ações de indenização por apossamento administrativo ou desapropriação indireta.

---

[254] Súmula 70 do STJ.

§ 4º O valor a que se refere o § 1º será atualizado, a partir de maio de 2000, no dia 1º de janeiro de cada ano, com base na variação acumulada do Índice de Preços ao Consumidor Amplo - IPCA do respectivo período."

Na desapropriação por necessidade ou utilidade pública e na por interesse social, a indenização será em dinheiro (arts. 5º, XXIV, e 182, § 3º, da CF). Na desapropriação por interesse social para fins de reforma agrária (art. 184 da CF), a prévia indenização será em Títulos da Dívida Agrária, com cláusula de preservação do valor real, resgatáveis no prazo de até 20 anos, a partir do segundo ano de sua emissão, observadas as regras da legislação específica.[255] As benfeitorias úteis e necessárias do imóvel desapropriado para fins de reforma agrária devem ser indenizadas em dinheiro. Na desapropriação por interesse social para fins de reforma urbana (art. 182, § 4º, III, da CF), a prévia indenização será em Títulos da Dívida Pública, cuja emissão deve ser previamente aprovada pelo Senado, com prazo de resgate de até 10 anos, em parcelas anuais, iguais e sucessivas, assegurados o valor real da indenização e os juros legais (6% ao ano).

14.2.2.6. Retrocessão

A retrocessão é o instituto através do qual o objeto desapropriado, por não ter alcançado sua finalidade pública, retorna para o domínio do sujeito passivo da desapropriação ou gera o direito de perdas e danos. Assim, a natureza do instituto é dúplice, tanto de direito real como obrigacional.[256] Desse modo, a previsão do art. 1.150 do CC e do art. 35 do Dec.-Lei 3.365 garantem o direito de perdas e danos para o ex-proprietário que foi desapropriado em razão do interesse público o qual não foi atingindo. Agora, não podemos esquecer que o ato desapropriatório, como todo ato administrativo, deve atingir um fim público sob pena de nulidade, logo reconhecida a nulidade da desapropriação o seu objeto deve retornar ao domínio de origem. Portanto, mesmo não havendo mais a regra expressa da retrocessão (art. 2º, § 4º, da Lei nº 1.021, de 28 de agosto de 1903), a nossa jurisprudência majoritária[257] reconhece essa dupla natureza, bem como a identificação de que a Administração Pública pode mudar o objetivo da desapropriação desde que permaneça no campo do interesse e finalidade pública, respeitadas as regras específicas de cada modalidade (Necessidade ou Utilidade Pública, Inte-

---

[255] Ver a redação determinada pela MP nº 1.997-37, de 11.4.2000, hoje MP nº 2.027.

[256] MAGALHÃES, Roberto Barcellos de. *Teoria e prática da desapropriação no direito brasileiro.* Rio de Janeiro, José Konfino, 1968, p. 276-283.

[257] RTJ do STF 80/139; Re 64.559-SP RTJ do STF 57/46.

resse Social, para fins de Reforma Agrária e para fins de Reforma Urbana). O exercício do direito de retrocessão extingue-se no prazo de cinco anos no que se refere ao retorno do bem, pois implica a anulação do ato administrativo, incidindo na espécie a prescrição do art. 21 da Lei nº 4.717, de 29.6.1965, c/c a decadência do art. 54 da Lei nº 9.784, de 29.1.1999. Antes dessa última lei, poderia ainda se entender aplicável a prescrição geral dos direitos reais prevista no art. 177 do CC. Quanto ao direito de perdas e danos, sempre foi aplicável a prescrição de cinco anos do Decreto nº 20.910/32, posição essa reforçada pelo parágrafo único do art. 10 do Decreto-Lei nº 3.365/41, introduzido pela primeira vez pela MP nº 1.997-37, de 11.4.2000, hoje MP nº 2.027. Destaque-se que o termo *a quo* do prazo para exercício do direito de retrocessão é o da data da consumação do desvio ou da perda da finalidade pública.

Por fim, saliente-se que há entendimentos doutrinários e jurisprudenciais,[258] indicando apenas a natureza de direito real ou somente obrigacional da retrocessão com as respectivas conseqüências aqui estudadas.

14.2.2.7. Síntese

Desapropriação enquanto uma forma de intervenção do Estado na propriedade privada é a que atinge a faculdade de dispor da coisa segundo sua vontade, implicando na transferência compulsória, mediante indenização, para satisfazer a interesse público (seja por necessidade pública, utilidade pública ou interesse social, afetando o caráter perpétuo e irrevogável da propriedade, sendo um procedimento pelo qual apenas discute-se o valor do objeto a ser expropriado.

14.2.3. Servidão Administrativa

14.2.3.1. Conceito e Fundamento

Na concepção de Hely Lopes Meirelles:[259] "Servidão administrativa ou pública é ônus real de uso imposto pela Administração à propriedade particular para assegurar a realização e conservação de obras e serviços públicos ou de utilidade pública, mediante indenização dos prejuízos efetivamente suportados pelo proprietário". Assim, como assinala Evaristo Silveira Jr., o autor grifa três características: um "*ônus real* incidente sobre *bem particular*, com finalidade de permitir uma *utilização pública*". Essas, portanto, as admitidas pelo poder Público no atinente às servidões.

---

[258] Ver a síntese apresentada por DI PIETRO (1998), p. 154.

[259] Ob. cit., 508.

Seu *fundamento* genérico-constitucional é o art. 170, III - função social da propriedade. Seu fundamento legal é o art. 40 da Lei das Desapropriações. São exemplos a passagem de fios elétricos, telefônicos e telegráficos e de dutos (aquedutos, gasoduto) por propriedade particular ou pública.

14.2.3.2. Dessemelhanças (Institutos Afins)

As servidões não se confundem com as *civis* de direito privado, nem com as *limitações administrativas* de direito público, muito menos com as *desapropriações*. A *servidão civil* é direito real de um prédio particular sobre outro, com finalidade de serventia *uti singuli*. A *administrativa* é ônus real do Poder Público sobre uma propriedade particular específica (serventia pública - *publicae utilitatis*). De outra parte, a *limitação administrativa* é uma restrição pessoal, geral e gratuita, imposta pelo Poder Público ao exercício de direitos individuais, em benefício da coletividade. E a *servidão administrativa* é um ônus real de uso, imposto especificamente pela Administração a determinados imóveis particulares, na realização de obras e serviços público.

Exemplificando: a restrição à edificação além de certa altura é uma "limitação administrativa" ao direito de construir; a obrigação de suportar a passagem de fios de energia elétrica sobre determinada propriedade privada - como serviço público, é uma "servidão administrativa", onerando diretamente os imóveis particulares com uma serventia pública. Por outro lado, a "limitação administrativa" impõe uma obrigação de "não fazer". A "servidão administrativa" impõe um ônus de "suportar que se faça". Aquela incide sobre o "proprietário" (obrigação pessoal); esta incide sobre a "propriedade" (ônus real).

Por sua vez, não se confunde com a "desapropriação", pois esta retira a propriedade do particular e aquela conserva a propriedade, mas lhe impõe ônus de suportar o uso público. A "desapropriação" despoja o proprietário do domínio e, por isso, há indenização, enquanto na "servidão administrativa" a propriedade é mantida, podendo ser indenizado o *prejuízo* se houver, e não a propriedade. Se o uso público acarretar *dano* à propriedade serviente, indeniza-se este dano. Senão, nada há a indenizar. Portanto, na desapropriação indeniza-se sempre; na servidão administrativa, nem sempre.[260]

Hely Lopes Meirelles fornece *caso* bem concreto: para se instalar uma estação de tratamento de água em terreno particular há neces-

---

[260] MEIRELLES, ob. cit., p. 509.

sidade de desapropriação da área a ser ocupada com esse equipamento público, mas para passagem de aqueduto subterrâneo pela mesma propriedade pode não haver necessidade de desapropriação, bastando a instituição da servidão administrativa. Só haverá indenização dos danos que a construção do aqueduto causar, momentaneamente, à propriedade. Idêntica situação com a passagem de fios elétricos ou telefônicos, etc.

14.2.3.3. Instituição

É feita por acordo ou por sentença judicial. Precede sempre de *ato declaratório da servidão*, à semelhança do decreto de utilidade pública para desapropriação (Decreto-Lei nº 3.365/45). Hely Lopes Meirelles entende que como "todo ônus real, a *servidão administrativa* só se efetiva com o registro competente, para conhecimento e validade *erga omnes*, o que é confirmado pelo art. 168, I, *f*, da Lei de Registros Públicos".[261]

É, ainda, de ser mencionado, embora sucintamente. As servidões de aqueduto, assim como para realização de obras hidráulicas, transporte e distribuição de energia elétrica, o Código de Águas (Decreto nº 24.643, de 10.7.34) disciplina o processo. Na exploração das riquezas minerais em geral e para o petróleo, o Código de Mineração e o de Petróleo, complementados pela Lei nº 2.004, 3.10.53, admitem a servidão administrativa paralelamente à desapropriação. Por fim, deve-se mencionar a servidão das faixas marginais das águas públicas internas - rios e lagos - denominadas de *terrenos reservados* (Código de Águas, arts. 11, 12 e 14)

14.2.3.4. Indenização

É feita em correspondência com o *prejuízo* causado ao imóvel. Não há fundamento algum para o estabelecimento de percentual sobre o valor do bem serviente. Se não houver prejuízo, não há o que ser indenizado. Porém, se houver inutilização total da propriedade, a servidão transforma-se em desapropriação indireta, portanto, com indenização total da propriedade.

14.2.3.5. Síntese

Servidão Administrativa implica a instituição de direito real de natureza pública, impondo a obrigação de o proprietário suportar um ônus parcial sobre o imóvel em benefício de um serviço público

---

[261] MEIRELLES, ob. cit., p. 510.

ou de um bem afetado ao serviço público. Assim, restringe o direito de propriedade quanto a sua exclusividade, pois transferem a outrem as faculdades de uso e gozo, podendo apenas afetar o caráter absoluto quando implica uma obrigação de não fazer, só que sempre de forma perpétua. Dois elementos: a coisa serviente e a coisa dominante, a primeira prestando utilidade à segunda Em regra, quando determinada por lei não gera direito de indenização, somente se o dano for anormal e especial (por atos lícitos). Quando decorre de contrato ou judicial, a regra é haver indenização. (CC, 695, 696, 704 a 707; Dec.-Lei nº 3.365/41, art. 40; LRP, art. 168, I, f; STF 415).[262]

14.2.4. Ocupação Provisória (Temporária)

14.2.4.1. Noção

É a utilização transitória, remunerada ou gratuita, de bens particulares pelo Poder Público, para a execução de obras, serviços ou atividades públicas ou de interesse público (art. 5º XXV, CF).

14.2.4.2. Fundamento

É a necessidade de local para depósito de equipamentos e materiais destinados à realização de obras e serviços públicos nas vizinhanças da propriedade particular (canteiro de obras) ou para acampamento de peões ou instalações administrativas, mas sempre de forma precária. Fundamento *político*, que prestigia as entidades políticas (União, Estados, Distrito Federal e Municípios). Pode ser *transferida* a concessionários e empreiteiros, desde que autorizados pela administração, na ocupação de terrenos baldios ou propriedades inexploradas, nas proximidades de obras e serviços públicos. Porém, não admite demolições ou alterações prejudiciais à propriedade particular utilizada. Admite, apenas, seu uso momentâneo, inofensivo e compatível com natureza e a destinação do bem.[263]

14.2.4.3. Amparo Legal

A ocupação temporária e coativa de terrenos não-edificados é prevista, mediante remuneração, no art. 36 do Decreto-Lei nº 3.365/41 (Desapropriação). Nada mais é do que um *arrendamento forçado*. A Administração interessada deverá expedir a ordem competente, fixando desde logo a justa indenização.

---

[262] Ver exemplos em DI PIETRO, p. 129.

[263] MEIRELLES, ob. cit., p. 513 e 514.

Manual de
DIREITO ADMINISTRATIVO

Foi estendida aos imóveis necessários à pesquisa e a lavra de petróleo (Decreto-Lei nº 1.864/81) e de minérios nucleares (Decreto-Lei nº 1.865/81). De outra parte, a Lei nº 8.666/93 - Estatuto Jurídico das Licitações e Contratos Administrativos -, no capítulo pertinente à rescisão de contrato de obra pública, admite e regula a *ocupação temporária* do local, instalações, equipamentos, material e pessoal do construtor inadimplente - art. 80, II.

14.2.4.4. Síntese

Ocupação Temporária é aquela que se caracteriza pela *utilização transitória*, gratuita ou remunerada, de imóvel de propriedade de particular, para fins de interesse público, afetando a exclusividade do direito de propriedade, mas de forma temporária, não implicando a perda da propriedade. É passível de indenização.

14.2.5. Requisição Administrativa

14.2.5.1. Noção

É a *utilização coativa* de bens ou serviços particulares pelo Poder Público por ato de execução imediata e direta da autoridade requisitante e indenização ulterior, para atendimento de necessidades coletivas urgentes e transitórias.

14.2.5.2. Fundamento

Encontra-se no art. 5º, XXV, da CF - autoriza o "uso da propriedade particular, na iminência de perigo público, pelas autoridades competentes" (civis e militares).

14.2.5.3. Civis e Militares

A requisição, embora de origem bélica, tornou-se instrumento civil ou administrativo, como meio de intervenção na propriedade particular. Persistem a *civil* e a *militar*, com conceituação jurídica idêntica e mesmo fundamento, porém objetivos diversos. A "civil" visa a evitar danos à vida, à saúde e aos bens da coletividade. A "militar" objetiva o resguardo da segurança interna e a manutenção da soberania nacional.

Cabíveis em tempo de paz e sem regulamentação, desde que apresente situação de *perigo público iminente*, tais como inundação, incêndio, sonegação de gêneros de primeira necessidade, conflito armado, comoção intestina (art. 22, III, CF).

14.2.5.4. Bens e Serviços

Pode abranger móveis, imóveis e serviços. Coisas móveis e fungíveis - assemelha-se à desapropriação, mas não se confunde, pois a indenização é *a posteriori*, e sua execução é direta da Administração, independentemente de intervenção judicial na imissão de posse. A de imóvel tem por objetivo sua *ocupação temporária*, mas pode visar à destruição total ou parcial, debelando perigo, como nos casos de incêndio e inundação (*estado de necessidade*).

14.2.5.5. Competência

A civil e administrativa, em tempo de paz, é instrumento de intervenção no domínio econômico, porém de competência exclusiva da União (Lei Delegada nº 4, 26.9.62; Regulamentada pelo Decreto nº 51.644-A, de 26.11.62). Sobre bens e serviços essenciais ao abastecimento da população é facultada pelo Decreto-Lei nº 2, de 14.1.66 (Regulamento Decreto 57.844, de 18.2.66). Sendo que tais medidas cabem à SUNAB, por exemplo, na existência de "perigo público iminente" decorrente de sonegação de gêneros de primeira necessidade (leite, carne, etc.) que comprometem a subsistência da população, pondo em risco a saúde e a vida.

A Lei nº 6.439, de 1.9.77, autoriza requisições, a cargo de entidade de Previdência e Assistência Social (art. 25), no caso de calamidade pública, etc. As civis e militares, em tempo de guerra, reguladas pelo Decreto-Lei nº 4.812, de 8.10.42, pelos próprios Ministros e Comandos Militares e Ministro da Justiça, extensível ao Presidente, Interventores e Governadores de Estado.

14.2.5.6. Síntese

Requisição Administrativa é a utilização de bens ou serviços particulares pela Administração para atender necessidades coletivas em tempo de guerra ou de perigo público iminente. É passível de indenização.

14.2.6. Limitação Administrativa

14.2.6.1. Noção

Afirma Diógenes Gasparini[264] que é *forma suave* de intervenção na propriedade. Sendo conceituada como "toda imposição do Estado de caráter geral, que condicione direitos dominiais na propriedade, independentemente de qualquer indenização".

---

[264] Ob. cit., p. 422.

No entender de Hely Lopes Meirelles,[265] seu conceito não tem sido convenientemente difundido pela doutrina, que ora *confundem* com restrições de vizinhança, ora com servidão predial, ora com servidão pública e até mesmo com a desapropriação. Por isso, fixa conceito em que sejam apreciados os caracteres distintivos, qual seja: "é toda imposição geral, gratuita, unilateral e de ordem pública condicionadora do exercício de direitos ou de atividades particulares às exigências de bem-estar social".

14.2.6.2. Natureza Jurídica

São preceitos de ordem pública. Derivam, normalmente, do direito de polícia da Administração e se exteriorizam em imposições unilaterais e imperativas, sob a tríplice modalidade *positiva* (fazer), *negativa* (não fazer) ou *permissiva* (deixar fazer).

Assim, no primeiro caso, o particular fica obrigado a realizar o que a Administração lhe impõe (p. ex. - calçamento com pedra basáltica). No segundo, deve abster-se do que lhe é vedado (construir além do limite permitido). Por fim, no terceiro, deve permitir algo em sua propriedade (...).

As limitações administrativas hão de corresponder às justas exigências do interesse público, sem produzir um aniquilamento total da propriedade ou das atividades reguladas. Não são absolutas e nem arbitrárias. Seus limites estão nos direitos individuais constitucionalmente assegurados. Legalmente constituídas, são legítimas quando representam razoáveis medidas de condicionamento do uso da propriedade, em benefício do bem-estar social (art. 170, III, CF). Não podem impedir a utilização da coisa segundo sua destinação.

14.2.6.3. Indenização

A inexistência de indenização é da índole das limitações administrativas. Portanto, elas hão de ser gerais - dirigidas a propriedades indeterminadas, mas determináveis na sua aplicação. Em situações particulares conflitantes com o interesse público, a solução buscada será na servidão administrativa ou na desapropriação, mediante justa indenização. Nunca na limitação administrativa cuja característica fundamental é a gratuidade e a generalidade da medida.

14.2.6.4. Previsão pelo Ordenamento Jurídico

Na defesa do interesses coletivos é que atua o Poder Público, coartando direitos individuais e condicionando o uso da proprieda-

---

[265] Ob. cit., p. 515.

de privada pela regulamentação de atividades particulares que afetam a comunidade. Há de policiar tudo que possa refletir no bem-estar geral. Em decorrência, são editadas normas genéricas de conduta (*leis*) ou baixa provimentos específicos de atuação administrativa (*decretos, regulamentos, provimentos de urgência,* etc.).

Incidem sobre a propriedade imóvel, condicionando seu uso ao bem-estar da coletividade. Através de tais limitações, o Estado Moderno tenta transformar a *propriedade-direito* na *propriedade-função*, pelas imposições urbanísticas, sanitárias, de segurança e outras. Essas limitações podem ser expressas em lei ou regulamento de qualquer das três entidades estatais, pois se trata de matéria de Direito Público.

Serão decorrentes de lei, as limitações que versarem as denominadas *reservas da lei.* Por regulamento (*decreto*) podem ser impostas quando consistirem em especificações de matéria já constante de lei genérica, qual seja, da alçada de regulamento autônomo.

14.2.6.5. Fonte de Direito Subjetivo

Embora sejam *imposições* de ordem pública, podem gerar "obrigações e direitos subjetivos" entre os vizinhos, que se interessarem na observância das exigências. Esse aspecto tem provocado profundas divergências nos Tribunais.

Ora, o que não deve ser olvidado é que, no *direito de construir,* por expressa disposição do Código Civil, as normas de vizinhança são *complementadas* pelas limitações administrativas ordenadoras da construção e asseguradoras da funcionalidade urbana. Realidade essa percebida e exposta por Raphael Bielsa ao estudar as relações de interpenetração do direito privado e do direito público.

Seria *suficiente* a leitura do art. 572 do CC - no levantamento de construções com obediência a regulamento administrativo. Ou em outros dispositivos, como na guarda de distâncias "fixada nas posturas municipais e nos regulamentos de higiene" (art. 578). Por fim, na questão da observância de distâncias nos tapumes (art. 588, § 2º). Constituem-se em autêntica delegação da lei civil às disposições administrativas. Diante do que, passam a surgir para os proprietários vizinhos direitos subjetivos à observância das limitações por parte dos que controem. Normalmente, constituem-se em obrigações de não-fazer.

As limitações *podem atingir* não só a propriedade imóvel e seu uso como quaisquer outros bens e atividades que tenham complicações com o bem-estar social, tais como: a ordem pública, os bons costumes, segurança, saúde, sossego e higiene da cidade, até mesmo da estética urbana. Freqüentes, também, limitações na exploração das riquezas naturais - jazidas, florestas, fauna - e na utilização das coisas públicas ou de interesse histórico ou artístico nacional, dignas de proteção estatal.

14.2.6.6. Institutos Afins (Dessemelhanças)

Inicialmente, é de ser mencionado que as limitações administrativas distinguem-se das "restrições de vizinhança". Pois estas são estabelecidas em leis civis para proteção da propriedade particular em si mesma (arts. 554 e 558, CC). As limitações são editadas em normas de ordem pública - leis e regulamentos - em benefício do bem-estar social (CF, arts. 5º, XXIII e 170, III). Ambas incidentes sobre o mesmo objeto - propriedade privada - mas com finalidades diversas. A primeira é *uti singuli*; a segunda, *uti universi*.

Não há como se confundir com a "servidão predial". Esta é direito real sobre coisa alheia (CC, art. 674, II). Ônus que grava o prédio particular em benefício de outro ou outros, mediante convenção ou usucapião. O Poder Público é estranho a sua constituição.

De igual forma, não se confunde com "servidão administrativa" ou "pública". A limitação administrativa é restrição geral e gratuitamente imposta. A servidão é um ônus especial imposto a determinada propriedade e mediante indenização do Poder Público, na execução de algum serviço público. A exemplificação de Hely Lopes Meirelles[266] é esclarecedora: "recuo dos edifícios" é tipicamente uma limitação administrativa, no entanto o atravessamento de um terreno com "aqueduto" para abastecimento de uma cidade é caracteristicamente uma servidão administrativa.

Finalmente, quanto à "desapropriação" tem-se que nesta há "transferência da propriedade individual" para o domínio do expropriante, com integral indenização. Na limitação administrativa há, apenas, uma "restrição ao uso da propriedade" que é imposta genericamente a todos os proprietários, sem qualquer indenização.

Hely Lopes Meirelles (ob. cit., p. 521), mais uma vez, exemplifica: "o recuo de alguns metros das construções em terrenos urbanos e a proibição de desmatamento de parte da área florestada em cada propriedade rural. Porém, se o impedimento de construção ou de desmatamento atingir a maior parte da propriedade ou sua totalidade, deixará de existir limitação para transformar-se em "interdição" de uso da propriedade. Fica, assim, o Poder Público na obrigação de "indenizar", pois, houve o aniquilamento do direito dominial e a

---

[266] Ob. cit., p. 521.

332

supressão do valor econômico do bem. Uma vez que ninguém adquire terras ou matas que não possam ser utilizadas economicamente, dentro de sua destinação normal, é de ser indenizado o prejuízo causado. Essa regra deflui do princípio da "solidariedade social"- só é legítimo o ônus suportado por "todos, em favor de todos", sem exceções no Direito pátrio ou em legislações estrangeiras.

14.2.6.7. Síntese

Em resumo, as *Limitações Administrativas* são aquelas que impõem *obrigações de caráter geral* a proprietários indeterminados em benefício do interesse geral, afetando o caráter absoluto do direito de propriedade, mas não a exclusividade. Obrigações negativas ou positivas, por exemplo, adoção de medidas técnicas para construção de imóveis, visando a sua segurança e mesmo à salubridade pública, as que restringem a altura dos edifícios, por motivos de estética ou de segurança, obrigações de adotar medidas de segurança contra incêndio ou medidas impostas por autoridades sanitárias, ou demolição de um prédio que ameaça ruína. Assim, não dão direito à indenização.

14.2.7. Tombamento

É uma *limitação parcial e perpétua* ao direito de propriedade em benefício do interesse coletivo, incidindo sobre bem público ou privado determinado, afetando o caráter absoluto da propriedade, visando à proteção do patrimônio histórico e artístico nacional (CF, arts. 23, III, 24, 30, IX e 216 e § 1º). Em regra, não gera direito à indenização, pois não afeta a exclusividade do direito. Também é visto como um *procedimento*, nos termos do Decreto-Lei nº 25, de 30.11.1937.

Esse procedimento é dito voluntário quando o proprietário privado requer o tombamento ou contra ele não se opõe. Chama-se de tombamento compulsório quando o proprietário privado se recusar à inscrição da coisa (arts. 6º ao 9º). O bem privado pode sofrer o tombamento provisório ou o definitivo (art. 10). O tombamento provisório se dá com a notificação do proprietário para este anuir ao ato de tombamento ou impugná-lo no prazo de 15 dias. O tombamento definitivo dá-se com a inscrição do bem em um dos Livros do Tombo (art. 4º). Para surtir efeitos contra terceiros, como no caso do direito de preferência (art. 22), deve haver a transcrição do tombamento no registro público, seja averbando na matrícula em caso de imóvel, seja através do registro de títulos e documentos no caso de bem móvel.

Manual de
DIREITO ADMINISTRATIVO

333

14.3. ATUAÇÃO NO DOMÍNIO ECONÔMICO

14.3.1. Restrição Constitucional

Analisa Hely Lopes Meirelles - verifica-se que a Constituição de 1988 *restringe* a possibilidade de interferência do Estado na ordem econômica. Não se fala mais de *intervenção*, mas de *atuação*. Observa-se no art. 173: "Ressalvados os casos previstos nesta Constituição, a exploração direta de atividade econômica pelo Estado só será permitida quando necessária ao imperativo da segurança nacional ou a relevante interesse coletivo, conforme definido em lei".

Sendo que, no § 4º do art. 173, previsto está que "a lei reprimirá o abuso do poder econômico que vise à dominação dos mercados, à eliminação da concorrência e ao aumento arbitrário dos lucros".

Assim, mantida a orientação anterior, fica assegurada à iniciativa privada a preferência na exploração da atividade econômica. E, nos termos do art. 174, ficam atribuídas ao Estado as funções de *fiscalização, incentivo e planejamento*.

14.3.2. Atuação Supletiva

Portanto, deduz-se do exposto supra que, só é admissível a "atuação supletiva do Estado" na atividade econômica, não mais a interventiva, que se vinha praticando com tanta freqüência e ilegalidade antes da edição da atual carta (Hely Lopes Meirelles, ob. cit., p. 522/3).

Argumenta: "Atuar é interferir na iniciativa privada. Por isso mesmo, a atuação estatal só se justifica como exceção à liberdade individual, nos casos expressamente permitidos pela Constituição e na forma que a lei estabelecer".

"O modo de atuação pode variar segundo o objeto, o motivo e o interesse público a amparar. Tal interferência pode ir desde a repressão a abuso do poder econômico até as medidas mais atenuadas de controle do abastecimento e de tabelamento de preços, sem excluir outras formas que o Poder Público julgar adequadas em cada caso particular. O essencial é que as medidas interventivas estejam previstas em lei e sejam executadas pela União ou por seus delegados legalmente autorizados". Passaremos a analisar sucintamente os Meios Interventivos mais usados.

14.3.3. Monopólio

14.3.3.1. Noção

É a *exclusividade* de domínio, exploração ou utilização de determinado bem, serviço ou atividade. Sua característica é a privatividade de algum direito ou de alguma atividade para alguém. O estatal é a reserva para o Poder Público de determinado setor do domínio econômico. Se, por acaso, a exclusividade for sobre todo o domínio econômico, não haverá de ser monopólio, mas estatização da economia privada, como nos regimes socialistas.

14.3.3.2. Sentido Econômico

Monopólio *significa* "controle da produção e de preços" na acepção mais ampla. Poder de atuar com exclusividade no mercado, como único vendedor. É a exclusão da concorrência e a imposição do preços pela vontade unilateral do vendedor único (Hely Lopes Meirelles, ob. cit., p. 523) Ou, na expressão de Diógenes Gasparini "é a abolição da concorrência" (ob. cit., p. 432).

14.3.3.3. Normas Constitucionais

Em *termos jurídicos*, "é a supressão de uma atividade do regime da livre iniciativa, imposta pelo Estado em benefício do interesse coletivo". A Constituição Federal, a propósito, estabelece que "constituem monopólio da União..." (Incisos de I a V do art. 177). Além do que, cabem ser referidas as constantes do art. 21, VII, X, XI e XII.

Portanto, *só haverá* monopólio das atividades expressamente previstas na Constituição. "Monopolizado pela União um bem ou uma atividade do domínio econômico, nada impede que ela confira o 'privilégio 'de sua exploração a autarquias, a fundações públicas, a entidades paraestatais, a concessionários ou a permissionários que satisfaçam as exigências do interesse público. O monopólio não se confunde com o privilégio. 'Monopólio é a detenção exclusiva do bem ou da atividade por uma só pessoa; 'privilégio' é a delegação do direito de exploração do bem ou da atividade monopolizada a um ou alguns interessados. Só pode dar 'privilégio' quem tem o 'monopólio'. O monopólio é sempre exclusivo e excludente dos demais interessados; o privilégio pode ser exclusivo ou não" (Hely Lopes Meirelles, ob. cit., p.524).

14.3.4. Repressão ao Abuso do Poder Econômico

14.3.4.1. Noção

Como todo domínio, gera poder para seus detentores. Esse "poder econômico" haverá de ser utilizado para assegurar a todos a existência digna, conforme os ditames da justiça social (art. 170 CF). Quando o "uso" se transforma em "abuso", a Constituição impõe sua repressão (§ 4º do art. 173).

Manual de
DIREITO ADMINISTRATIVO

14.3.4.2. Modalidades de Abuso

Pode assumir variadas modalidades. Visa sempre ao açambarcamento dos mercados, à elimínação da concorrência e ao aumento arbitrário dos lucros, através de excessivos e injustificáveis aumentos de preços.

Hely Lopes Meirelles aponta que as "formas usuais de dominação dos mercados são os 'trustes e cartéis'. O 'truste' é a imposição das grandes empresas sobre os concorrentes menores, visando a afastá-los do mercado ou obrigá-los a concordar com a política de preços do maior vendedor; o 'cartel' é a composição voluntária dos rivais sobre certos aspectos do negócio comum".

"Mas essas duas formas básicas de abuso do poder econômico, através de união de empresas, podem assumir outras nuanças de grupismo, tais como as 'entes de igualização ou de preço' (forma de cartéis), o *comptoir* (cartel de venda), a 'união de interesses' (garantia de dividendos ou repartição de lucros), o *konzerne* (base de racionalização técnica), o 'consórcio' (união financeira simples), o *stines* (falso truste) e até mesmo a *holding* (controle de sociedades menores por uma super-sociedade) e a 'multinacional', que exerce a *holding* em caráter internacional" (p. 525).

14.3.4.4. Legislação Atinente

Diante da realidade e da recomendação constitucional, foi promulgada a Lei nº 8.884, de 11.6.94 - alterada pela Lei nº 9.470, de 10.7.97 - a qual indica quatro modalidades mais expressivas de abuso a ser combatidas e independentemente de culpa dos agentes: I - limitar, falsear ou de qualquer forma prejudicar a livre concorrência ou a livre iniciativa; II - dominar mercado relevante de bens ou serviços; III - aumentar arbitrariamente os lucros; IV - exercer de forma abusiva a posição dominante (art. 20). A seguir, a lei discrimina as condutas das hipóteses e comina as penas aplicáveis (multa à empresa ao administrador até a cisão da sociedade, etc.).

A mesma Lei transformou o CADE (Conselho Administrativo de Defesa Econômica) em autarquia e estabeleceu o "processo administrativo" para a apuração dessas infrações (arts. 30 a 53), além do "processo judicial" de execução das decisões do CADE, podendo, inclusive, ser determinada a intervenção na empresa infratora (arts. 60 a 78). Foi introduzida, ainda, a "ordem econômica" como categoria jurídica a ser protegida pelo Código do Consumidor (Lei nº 8.078/90), na Lei de Ação Civil Pública (Lei nº 7.347/85) e no Código de Processo Civil, possibilitando a prisão preventiva de empresários como "garantia da ordem econômica"(art. 86).

14.3.5. Controle do Abastecimento

14.3.5.1. Noção

Entende-se como o conjunto de medidas destinadas a manter no mercado consumidor matéria-prima, produtos ou serviços em quantidade necessária às exigências de seu consumo. Essas constituem atos de "intervenção no domínio econômico" e, assim sendo, de competência originária da União.

14.3.5.2. Leis Delegadas

A Lei Delegada nº 4, de 26.9.62 (alterada pelo Decreto-Lei nº 422, de 20.1.69) - cuida dos produtos e serviços necessários ao consumo ou uso do povo em geral (controle).

Já a Lei Delegada nº 5, de 29.9.62, cria a SUNAB (Superintendência Nacional de Abastecimento), autarquia federal, com amplas atribuições de intervenção no domínio econômico. Porém, "as atribuições relativas à política nacional de abastecimento" foram transferidas para o Conselho Monetário Nacional (Decreto nº 65.769, de 2.9.69) e, posteriormente, para os ministros do Planejamento, da Fazenda, dos Transportes e da Agricultura (Lei nº 6.045, de 15.5.74). Essa política é exercida em conjunto, sob a coordenação do Ministério da Agricultura e integram o Conselho Nacional de Abastecimento (CONAB - Decreto nº 74.158, de 6.6.74).

No entanto, a Medida Provisória nº 1.576, de 5.6.97, autorizou a extinção da SUNAB - realizada pelo Decreto nº 2.280, de 24.9.97 - transferindo seus direitos e obrigações ao Ministério da Fazenda (ob. cit., p. 527).

14.3.6. Controle (ou Tabelamento) de Preços

14.3.6.1. Noções

Conforme nos aponta Hely Lopes Meirelles (ob. cit., p. 527): "Preço é a restituição pecuniária do valor do bem, do serviço ou da atividade que se compra ou se utiliza mediante remuneração". Pode ser "privado"- todo aquele que se estabelece em livre concorrência; são próprios e característicos da livre empresa. "Semiprivado" - é o que a Administração Pública interfere na sua formação, embora admita influências do mercado; resultam da conjugação dos interesses públicos e privados. "Públicos"- que a Administração fixa definitiva e unilateralmente, sem levar em consideração qualquer variação da oferta e da procura; são as "tarifas" - fixadas exclusivamente pelo Poder Público para os bens e serviços próprios ou delegados.

14.3.6.2. Competência

A intervenção no domínio econômico só poderá ser no dos "preços privados" O "tabelamento de preços" é função privativa da União. Aos Estados e Municípios não remanesce qualquer parcela desse poder de intervenção na economia privada.

No desempenho de suas atribuições relacionadas com a manutenção dos preços e das tarifas no nível desejado pelo Governo Federal, cumpre a esses órgãos a deliberação de regras pertinentes ao eventual controle, ou, mesmo, tabelamento de preços. No entanto, suas deliberações não são auto-executáveis, devendo ser solicitada às autoridades administrativas ou judiciárias a execução cabível, inclusive das medidas previstas na Lei Delegada nº 4/62 (Intervenção no domínio econômico) e na Lei nº 4.137/562 (Repressão ao abuso do poder econômico).

14.3.7. Criação de Empresas Paraestatais

É outra forma de atuação do Estado no domínio econômico. Instituição de "empresas paraestatais", tais como as empresas públicas e as sociedades de economia mista, a serem criadas por "lei específica" (art. 27, I, CF). Quando se fizerem necessárias "aos imperativos da segurança nacional ou a relevante interesse coletivo" conforme art. 173, CF.

Entende Hely Lopes Meirelles (p. 528) que "só se justificam quando suas congênere particulares forem insuficientes para atender à demanda do mercado em obras, produtos ou serviços, pois o Poder Público não pode nem deve competir com as atividades da indústria ou do comércio".

14.3.8. Fiscalização

Nos termos do art. 174 da Constituição, o Estado - como agente normativo e regulador da atividade econômica - "exercerá, na forma da lei, as funções de fiscalização, incentivo e planejamento ...". Assim, no entender de Diógenes Gasparini (ob. cit., p. 433) "a fiscalização do exercício da atividade econômica torna-se meio de intervenção".

De outra parte, cabe-lhe "licenciar as atividades cujo exercício seja desejado pelo particular, acompanhar o desenvolvimento da atividade licenciada, aplicar sanções sempre que haja infração às normas de sua regular exploração. Em suma, é o exercício da função de polícia administrativa nesse campo da atividade humana."

Essa fiscalização não poderia "ir além de tais aspectos e atingir os econômicos (quantidade de produção, obrigatoriedade de produzir certo bem)", haja vista a liberdade de iniciativa garantida constitucionalmente (art. 170).

No atinente ao "incentivo", embora haja a compreensão de que os entes federados devam incentivar determinada atividade econômica, que se revele insuficiente no atendimento do mercado ou não explore tecnologia desejada pelo interesse público, tais como a redução de alíquotas tributárias ou mesmo isenções. O artigo 171 da Constituição, que servia de fundamento para outras concessões e privilégios, foi revogado do texto pela EC nº 6/95.

14.3.9. Planejamento

Igualmente, entende Diogenes Gasparini (ob. cit., p. 433) que a "Constituição erigiu o planejamento como instrumento de intervenção do Estado no domínio econômico (art. 174)".

E, cita Hely Lopes Meirelles: "Planejamento é o estudo e estabelecimento das diretrizes e metas que deverão orientar a ação governamental, através de um plano geral de governo, de programas globais, setoriais e regionais de duração plurianual, do orçamento-programa anual e da programação financeira de desembolso, que são seus instrumentos básicos".

Capítulo 15

A Responsabilidade Extracontratual do Estado por Atos Administrativos

15.1. NOÇÃO

Intitula-se por "responsabilidade patrimonial extracontratual do Estado, a obrigação que lhe incumbe de reparar economicamente os danos causados a terceiros e que lhe sejam imputáveis em decorrência de comportamentos comissivos e omissivos, materiais ou jurídicos."[267]

As funções estatais produzem danos mais intensos que os suscetíveis de serem causados pelos privados, e as condições em que são ocasionados também são distintas. Isso se deve ao fato de o Estado não se poder furtar das obrigações que assume, sob pena de ofender a ordem jurídica. Ele dispõe do monopólio da força de forma organizada, sendo ele próprio que dita os termos de sua presença na sociedade, sendo o Estado que estabelece o teor e a intensidade de seu relacionamento com os membros do corpo social.

Os danos causados pelo Estado em missões que causam benefício a toda sociedade devem ser repartidos de forma equânime. Não é justo que apenas alguns arquem com os prejuízos suscitados, por ocasião de atividades exercidas em proveito de todos. Desse modo, temos como requisitos básicos do dever de indenizar a ação ou omissão, o dano e o nexo de causalidade.

A responsabilidade do Estado sofreu uma constante evolução para ampliar a proteção aos particulares. Essa evolução pode ser dividida em três ou quatro fases. Para autores como Hely Lopes Meirelles[268] e José de Aguiar Dias[269] foram três as fases por que passou a responsabilidade civil do Poder Público: da irresponsabili-

---

[267] MELLO, Celso Antônio Bandeira de. *Elementos de Direito Administrativo*. São Paulo, Revista dos Tribunais, 1980, p. 252.

[268] MEIRELLES, Hely Lopes. *Direito Administrativo Brasileiro*. São Paulo, Revista dos Tribunais, 1989. Idem, *Direito Municipal Brasileiro*. São Paulo, Malheiros, 1993.

[269] AGUIAR DIAS, José de. *Da Responsabilidade Civil*, v. II. Rio de Janeiro, Forense, 1994.

dade absoluta da Administração, responsabilidade civilística e por fim para a fase da responsabilidade pública.

Para o Min. Velloso haveria quatro fases na medida em que a citada terceira fase seria dividida em duas, passando a terceira fase a ser caracterizada como aquela com base na idéia da falta do serviço dos franceses, na qual se deu a publicização da culpa e, finalmente, a quarta fase seria a da responsabilidade objetiva, em que pouco importa a culpa, exigindo-se, apenas o fato do nexo causal entre o dano e o ato do agente.[270]

Bielsa,[271] em sua obra, demonstra a evolução do instituto pelo critério do direito de ação:

1) sem ação;

2) ação contra o ato ilegal do funcionário público;

2.1) ação contra o ato ilegal do funcionário público e contra o Estado por solidariedade, tendo este direito de regresso contra aquele;

3) ação, por ato do Poder Público, direta contra o Estado.

Duez[272] revela um esquema da evolução do instituto mais preciso, a saber:

1º Fase - Irresponsabilidade do Estado, mas responsabilização do funcionário;

2º Fase - Plano do Direito Privado;

3º Fase - Plano do Direito Público.

Destaca-se que o exame da responsabilidade do estado por seus atos jurisdicionais e legislativos não faz parte do presente estudo, devido a sua peculiaridade.[273] Assim, passaremos ao exame das diferentes Teorias que caracterizam as distintas fases citadas.

15.2. A IRRESPONSABILIDADE DO ESTADO

15.2.1. No Direito Comparado

A fase da irresponsabilidade nasce da noção absolutista onde seria próprio da soberania impor-se a todos sem compensação, o que dá bem a medida das fórmulas da irresponsabilidade civil do Estado *The King can do no wrong* (o rei não erra), *quod principi piacuit habet*

---

[270] VELLOSO, Carlos Mário da Silva. "Responsabilidade Civil do Estado", in *Revista Jurídica* 161, março de 1991, p. 139 a 140.

[271] BIELSA, R. *Derecho Administrativo*. Buenos Aires, Depalma, 1957.

[272] DUEZ, Paul. *La Responsabilité de la Puissance Publique*. Paris, Dalloz, 1926.

[273] ALCÂNTARA, Maria Emília Mendes. *Responsabilidade do Estado por Atos Legislativos e Jurisdicionais*. São Paulo, Revista dos Tribunais, 1988.

legis vigorem (o que agradou ao príncipe tem força de lei) e *l'État c'est moi* (O Estado sou eu).

Para Yussef Cahali, a teoria da irresponsabilidade absoluta da Administração Pública firma-se em três postulados:[274]

1) na soberania do Estado, que por natureza irredutível proíbe ou nega sua igualdade ao súdito em qualquer nível de relação; a responsabilidade do soberano perante o súdito é impossível de ser reconhecida, pois envolveria uma contradição nos termos da equação;

2) segue-se que representando o Estado soberano o Direito organizado não pode aquele aparecer como violador desse mesmo direito;

3) daí, e como corolário, os atos contrários à lei praticados pelos funcionários jamais podem ser considerados atos do Estado, devendo ser atribuídos pessoalmente àqueles, como praticados não em representação do ente público, mas *nomine proprio*.

Essa fase, no âmbito do direito comparado, foi logo superada, pois representava uma negação do Direito, que o próprio Estado deveria tutelar. Nada justificava a irresponsabilidade do Estado quando de sua atuação falha e de seus representantes, eram causados danos aos particulares.[275]

15.2.2. No Direito Brasileiro

No Brasil independente jamais se pôs em dúvida que as pessoas jurídicas do direito público, nomeadamente o Estado, sem embargo da maior soma de *poder e privilégios* que caibam institucionalmente a cada uma delas, se acham sujeitas às leis civis ou ao direito comum quanto aos efeitos das suas relações com as pessoas do direito privado; sendo, ao contrário, doutrina corrente que os litígios em que as mesmas figuram ativa ou passivamente devem ser, em regra, decididos pelos tribunais judiciários e na forma dos processos ordinários.

O artigo 179, inciso 29, da primeira Constituição brasileira, outorgada em 1824,[276] previa tão-somente a responsabilidade pessoal dos empregados públicos pelos abusos e omissões.

---

[274] CAHALI, Yussef Said. *Responsabilidade Civil do Estado*. São Paulo, Malheiros, 1995.

[275] ALESSI, Renato. *La Responsabilità della Pubblica Amministrazione*. Milão, Giuffrè, 1939, 43 a 53.

[276] BARRETO, Carlos Eduardo (organização, revisão e índices). *Constituições do Brasil*, v. I. São Paulo, Saraiva, 1971.

Já a Constituição Republicana de 1891, em seu artigo 82, fez a mesma previsão que a do Império, porém utilizando-se de uma redação tecnicamente mais apropriada na medida em que se utilizou dos termos "funcionários públicos" no lugar de "empregados públicos", "cargos" ao invés de "funções", "indulgência ou negligência" em relação aos subalternos em substituição a "por não fazerem efetivamente responsáveis aos seus subalternos".[277].

Pimenta Bueno,[278] em sua análise da Constituição do Império, restringiu-se a visualizar a norma expressa e literalmente prevista, não aludindo à responsabilidade do Estado. Porém, outros textos legislativos infraconstitucionais e a jurisprudência desde a independência abilitaram o instituto da responsabilidade extracontratual do Estado no âmbito do Direito Privado.

Ruy Barbosa, tendo de referir-se à presente questão exprimiu-se desta sorte, já sob a égide da primeira Constituição da República, mas referindo-se sobre a experiência jurídica brasileira desde a independência: "Na jurisprudência brasileira nunca logrou entrada a teoria da irresponsabilidade da Administração pelos atos dos seus empregados. Apesar de profundamente repassada na influência do direito romano, a nossa evolução jurídica, modificada pelo concurso dos elementos liberais que intervieram sempre na educação do pensamento nacional, não deixou penetrar no espírito dos nossos tribunais essa revivescência democrática dos privilégios regalistas. Sempre se professou nos nossos cursos, e nos nossos auditórios se proclamou sempre a noção da imputabilidade das pessoas morais pela culpa contratual ou aquiliana dos seus representantes."[279]

E mais adiante o grande mestre fixa os fundamentos e o enquadramento privatista da responsabilidade extracontratual do Estado: "Pelo dano causado ao direito de particulares não hesitaram jamais as justiças brasileiras em responsabilizar municipalidades, províncias, estados, o govêrno do império, o da república, tendo por idéia inconcussa a de que, no ministro, no presidente, no governador, no prefeito, em todos os que administram, ou servem a uma função administrativa, conta a administração pública verdadeiros prepostos, cuja entidade, pelo princípio da representação, desaparece na do preponente."[280]

---

[277] Idem, ob. cit.

[278] BUENO, José Antônio Pimenta. *Direito público brasileiro e análise da Constituição do Império*, Brasília, Senado Federal, 1978.

[279] BARBOSA, Ruy. *A Culpa Civil das Administrações Públicas*, Rio de janeiro.

[280] Idem, ibidem.

15.3. RESPONSABILIDADE CIVILISTA DO ESTADO

15.3.1. Fundamentação Subjetiva no Direito Civil

A doutrina civilista representa um primeiro e importante passo na busca da responsabilização dos atos estatais e que, ainda hoje, não pode ser desprezada, vistos os inúmeros pontos de contato da responsabilidade estatal com a responsabilidade do direito privado.[281] Ela surgiu na França com separação dos *atos de império, atos essenciais* para a existência do Poder Público, e atos *de gestão*, não essenciais, mas que se realizam para satisfazer necessidades sociais de progresso, bem-estar, cultura, etc.

No primeiro caso, age o Estado no exercício de sua soberania e os atos mesmo danosos para os súditos serão insuscetíveis de gerar direito à reparação. No caso dos atos *jus gestionis* equipara-se o Estado ao particular, podendo a responsabilidade ser reconhecida nas mesmas condições de uma empresa particular, como no caso de culpa de funcionário ou preposto, quando a indenização seria devida. Assentava-se, pois, na teoria subjetiva do direito civil, pois somente quando o agente agisse com culpa seria possível responsabilizá-lo.

Essa divisão em atos de gestão e atos de império revelava-se, muitas vezes, cerebrina e autoritária, nada justificando a irresponsabilidade estatal quando de sua atuação falha ou de seus representantes decorressem prejuízos aos particulares. Na virada do século, era consagrada em nossa literatura jurídica a doutrina que distingue os atos da administração pública em atos de império e atos de gestão. Contudo, esta doutrina, apesar de reconhecida, não foi recebida pela jurisprudência da época como critério decisivo dos seus arrestos.

Note-se que Amaro Cavalcanti[282] lista os privilégios conferidos ao Poder Público pela ordem jurídica, sem implicar o afastamento

---

[281] COUTO E SILVA, Clóvis do. O Dever de Indenizar, *in Revista de Jurisprudência do Tribunal de Justiça do Estado do Rio Grande do Sul*, v. 06, 1967. CRETELLA JR., José. *O Estado e A Obrigação de Indenizar*. São Paulo, Saraiva, 1980. DI PIETRO, Maria Sylvia Zanella. *Direito Administrativo*. São Paulo, Atlas, 1994. FIGUEIREDO, Lúcia Valle. *Curso de Direito Administrativo*. São Paulo, Malheiros, 1995. GASPARINI, Diógenes. *Curso de Direito Administrativo*. São Paulo, Saraiva, 1992. MOREIRA NETO, Diogo de Figueiredo. *Curso de Direito Administrativo*. Rio de Janeiro, Forense, 1992.

[282] CAVALCANTI, Amaro. *Responsabilidade Civil do Estado*, t. II. Rio de Janeiro, Borsoi, 1956, p. 604 - 605. Observe-se ao preciosismo das notas do autor:
"96 Nos referimos, de preferência, ao Estado, já por ser a pessoa de direito público, que tem maiores regalias e privilégios, e já por constituir ele o objeto especial do presente trabalho."
"96a Lei nº 242, de 29 novembro 1841; Ordem nº 6 e Inst. de 12 janeiro 1842; Dec. de 14 de julho 1846, inserido na Ordem nº 78 de 8 agosto 1846; Dec. nº 3.084, de 5 novembro 1898, parte 1ª, arts. 57, 58 seg.; Lei nº 85 de 1892, arts. 32 - 33, etc."
"96b Const. do Imp. art. 15, § 15; Instr. da Dir. Geral do Contencioso de 10 abril 1851, art. 14, etc.; Consol. das leis civis, art. 586, §§ 1.0 e 2.0 e notas ibi; Lei nº 85, de 1892, art. 41."

da responsabilização do Estado, aplicando-se as regras do direito comum, ou seja, da indenização civil: "Os principais privilégios reconhecidos à pessoa do Estado pela lei brasileira se podem resumir nos seguintes: 1) Ter juízo *privativo* para todas as causas, em que for autor ou réu, assistente ou opoente; 2) Não serem os seus bens sujeitos a penhora; 3) Gozar do benefício de *restituição*, o qual, aliás, é comum aos menores e a outras pessoas incapazes; e 4) Usar do processo executivo para a cobrança de suas dívidas ativas; 5) Gozar da prescrição das suas dívidas passivas em prazo relativamente curto (cinco anos), e, ao contrário, do alongamento do referido prazo contra os seus devedores (quarenta anos); 6) Serem processados e julgados administrativamente: a) os casos de prescrição das suas dívidas; b) os litígios concernentes ao cumprimento, interpretação, validade, rescisão e efeito das fianças, e bem assim os contratos celebrados com a administração pública tendo, por objeto, rendas, obras ou serviços públicos a cargo da mesma administração.

O primeiro dos privilégios enumerados não significa que a Fazenda Nacional ou o Estado esteja fora da sanção do direito comum. Além de haver outras pessoas, que têm igualmente juízo privativo para as suas causas, tais por exemplo, os militares em matéria criminal (Reg. de 1 de junho de 1678, § 49; Cód. Proc. Crim., art. 171, § 1º; lei de 3 de dezembro de 1841, art. 109). "

15.3.2. O Reconhecimento pela Jurisprudência

A jurisprudência nacional da virada do século XIX (dezenove) para o século XX (vinte), arrolada por Amaro Cavalcanti em sua festejada obra, podemos sintetizar da seguinte forma:[283]
1) Danos provenientes das leis e atos do Governo:
    1.1) indevida demissão ou aposentadoria de funcionários públicos;[284]
    1.2) indevida arrecadação de impostos, taxas e multas;[285]
    1.3) desapropriação direta ou indiretamente feita.[286]

"[96c] Ord. liv. 3º, tít. 41, § 4º. Cf SOUSA BANDEIRA, *Novo Manual do Procurador dos Feitos*, § 77, etc."

"[96d] Dec. nº 736, de 20 novembro 1850, art. 79; Dec. nº 9.885, de 29 fevereiro 1888; Dec. do Gov. Provisório, nº 360, de 26 abril 1890. Cf. SOUSA BANDEIRA, loc. cit., § 85, etc."

"[96e] Dec. cit. nº 736, de 1850, art. 80; Dec. nº 857, de 12 dezembro 1851."

"[96f] Dec. nº 2.343, de 29 janeiro 1859, art. 1º , §§ 1º , 2º e 3º , etc."

[283] CAVALCANTI, Amaro. *Responsabilidade Civil do Estado*, t. II, atualizado por José de Aguiar Dias. Rio de Janeiro, Borsoi, 1956.

[284] STF, em 19.9.1895.

[285] STF, em 6.3.1897.

[286] STF, em 23.8.1893.

2) Danos provenientes de medidas policiais:
2.1) medidas de segurança propriamente dita;[287]
2.2) medidas de polícia sanitária.[288]

3) Danos provenientes dos atos de guerra:
3.1) apreensão de alimentos para provisão das forças legais;[289]
3.2) apreensão ou destruição de navios pelas forças legais;[290]
3.3) apreensão de armas permitidas no comércio para uso das forças legais.[291]

4) Danos provenientes de outras relações extracontratuais, como:
4.1) pelo prejuízo e danificação causados à propriedade particular na execução de obras e serviços públicos, inclusive pela utilização de águas e terrenos privados;[292]
4.2) pela indevida proibição de funcionamento feita a empresa;[293]
4.3) pela venda de bilhetes de estrada de ferro do Estado para pontos, onde o destinatário não podia chegar em vista da suspensão do tráfego nesta zona, circunstância não ignorada pelo empregado que vendeu;[294]
4.4) pela indevida apreensão de mercadorias a pretexto de contrabando com juros da mora, mas não por outros danos resultantes,[295] ou pelo extravio da mercadoria nas alfândegas.[296]

5) Danos provenientes de relações contratuais:
5.1) a responsabilidade do funcionário público pelos atos que pratica em nome do Estado jamais pode excluir a do mesmo Estado com relação a terceiros, sendo assim responsável a Fazenda Pública pelos contratos em que figura como parte devidamente representada;[297]

---

[287] STF, em 21.7.1897.

[288] Dec. legislativo nº 1.151, 5.1.1904, art. 1º, § 3º, f, I e II; Dec. nº 5.156, 8.3.1904, arts. 17, 123 e 175.

[289] STF, em 29.4.1896.

[290] STF, em 20.4.1897.

[291] STF, em 28.8.1897.

[292] STF, em 23.8.1893, 19.5.1897, 10.9.1898.

[293] STF, em 12.12.1898, 27.7.1898.

[294] STF, em 18.12.1899.

[295] STF, em 2.12.1901.

[296] STF, em 11.11.1903.

[297] STF, em 9.9.1893.

5.2) o Estado responde pelos danos causados a outra parte contratante decorrentes do ato do Governo que declarou a rescisão ou a caducidade do contrato,[298] mesmo em contratos nulos[299] ou com condição resolutiva expressa;[300]

5.3) o Estado responde pelo não-cumprimento ou infração de cláusulas ou condições contratuais, seja pela errônea interpretação ou culpa,[301] tal como pela indevida proibição de venda e de circulação de bilhetes de loterias de S/A que possuía contrato com Governo Federal;[302]

5.4) responsabilidade Civil do Estado por danos causados por terceiros ou sublocatários em prédio alugado pelo governo.[303]

15.4. RESPONSABILIDADE PUBLICISTA DO ESTADO

A mudança de paradigma do âmbito do direito privado para o direito público do tema da responsabilidade do Estado foi tão marcante no direito comparado[304] que não tardou para ser reconhecida na jurisprudência pátria, antes mesmo de qualquer alteração do texto constitucional brasileiro. Assim, identifica-se na espécie, historicamente, uma evolução normativa inicial independente da evolução da fonte primária do nosso direito, a lei, no caso, ainda de nível constitucional. Para ilustrar, reproduzimos passagem de julgado do Supremo Tribunal Federal, cujo acórdão é datado de 3 de janeiro de 1946: "A tendência não só doutrinária como jurisprudencial em situar o problema da responsabilidade civil do Estado no campo do Direito Público, fora do conceito civilista da culpa".[305]

---

[298] STF, em 5.12.1896, 15.5.1897, 21.7.1897, 15 e 25 .6.1898, 15.10.1898, 19.12.1898, 16.9.1899, 30.11.1901.

[299] STF, em 16.9.1899.

[300] STF, em 19.12.1898, 30.11.1901.

[301] STF, em 20.3.1897, 17.11.1897, 13.12.1899.

[302] STF, em 6.3.1897.

[303] STF, em 17.11.1897.

[304] ALESSI, Renato. *La Responsabilità della Pubblica Amministrazione*. Milão, Giuffrè, 1939. BIELSA, R. *Derecho Administrativo*. Buenos Aires, Depalma, 1957. BULLRICH, Rodolfo. *La Responsabilidad del Estado*. Buenos Aires, J. Menéndez, 1920. CAMMAROTA, Antonio. *Responsabilidad Extracontractual*. Buenos Aires, Depalma, 1947. CHAPUS, René. *Responsabilité Publique et Responsabilité Privée*. Paris, Librairie Genérale de Droit et de Jurisprudence, 1957. DUEZ, Paul. *La Responsabilité de la Puissance Publique*. Paris, Dalloz, 1926. FORSTHOFF, Ernst. *Tratado de Derecho Administrativo*. Madri, *Instituto de Estudios Politicos*, 1958.

[305] STF, RE, Rel. Aníbal Freire, 3.1.46, RDA 10/141.

Nota-se que apesar da referência do enquadramento publicista, ainda denominava-se de resposabilidade "civil", o que não mais se justificava já na época. O equívoco permanece ainda nos dias de hoje, mais por desconhecimento do que por apego à denominação dita consagrada.

Assim, observe-se trecho de acórdão recente que reafirma o novo paradigma, enquanto tema de Direito Constitucional,[306] com o emprego mais adequado da denominação do instituto: "A Responsabilidade Objetiva do Estado é tema de Direito Constitucional. O art. 15 do CC é repetição mitigada do art. 37, 6 , da CF. Acórdão que versa sobre este tema deve ser enfrentado por recurso extraordinário".[307]

O novo paradigma, em que pese ser assumidamente adotado pelos Tribunais brasileiros não implicou ainda o seu completo entendimento, seja pelos julgadores, seja pela doutrina.

15.4.1. Responsabilidade Subjetiva Publicista

15.4.1.1. Fundamento no Direito Público

A fase da culpa administrativa é criação da jurisprudência do Conselho de Estado francês no conhecido caso Anguett.[308] Em 1911, Anguett, cidadão francês, foi postar uma carta na repartição dos Correios. Enquanto o fazia, a agência encerrou o expediente e cerrou suas portas. Anguett, então, teve que se retirar pela sala dos carteiros, com os quais teve um incidente e foi por eles empurrado para fora da sala. Nessa operação, Anguett tropeçou num ressalto que havia no piso e fraturou a perna.

A corte estabeleceu a existência de falta do serviço público, demonstrando o seu malfuncionamento e apontando as faltas anônimas que o revelam. Verificou-se que alguém, para apressar a hora do fechamento, adiantou o relógio da repartição, coisa que não po-

---

[306] BASTOS, Celso Ribeiro e MARTINS, Ives Gandra. *Comentários à Constituição do Brasil*, v. 3 , t. III. São Paulo, Saraiva, 1992. CANOTILHO, J. J. Gomes. *Direito Constitucional*. Coimbra, Almedina, 1993. CAMPOS, Francisco Luiz da Silva. *Direito Constitucional*, v.I. Rio de Janeiro, Freitas Bastos, 1956. FERREIRA, Wolgran Junqueira. *Comentários à Constituição de 1988*. São Paulo, Julex, 1989. FERREIRA, Pinto. *Curso de Direito Constitucional*. São Paulo, Saraiva, 1991. FERREIRA FILHO, Manoel Gonçalves. *Comentários à Constituição Brasileira*. São Paulo, Saraiva, 1983. MELLO, Celso Antônio Bandeira de. *Elementos de Direito Administrativo*. São Paulo, Revista dos Tribunais, 1980. MELLO, Oswaldo Aranha Bandeira de. *Teoria das Constituições Rígidas*. São Paulo, Bushatsky, 1980. MIRANDA, Jorge. *Manual de Direito Constitucional*. Coimbra, Coimbra Ed., 1981. MIRANDA, Pontes de. *Comentários à Constituição de 1967 com a emenda de 1969*, t. III. São Paulo, Revista dos Tribunais, 1970. SILVA, José Afonso da. *Curso de Direito Constitucional Positivo*, São Paulo, Revista dos Tribunais, 1991.

[307] STJ, Resp., Rel. Gomes de Barros, 17.11.93, *in* RSTJ 55/132.

[308] CHAPUS, René. *Droit Administratif Géneral*, v. 1. Paris, Montchrestien, 1993.

deria suceder em serviço bem organizado. Assinalou a existência de um ressalto na porta, causa imediata do acidente. Ora, numa agência materialmente bem aparelhada, tal defeito não deveria se apresentar. Portanto, havia falta do serviço sem indagar quem teria adiantado o relógio, quem ordenara o estabelecimento do ressalto ou quem o tolerava. O Conselho do Estado fixava, então, que, não obstante a responsabilidade pessoal dos agentes autores da violência contra a vítima, o acidente deveria ser imputado ao malfuncionamento do serviço público.[309]

Segundo Paul Duez,[310] a responsabilidade do serviço público é uma responsabilidade primária, pois: a) a responsabilidade do Poder Público não decorre da relação preponente-preposto, ou patrão-empregado; b) a falta do serviço público não depende da falta do agente, mas do funcionamento defeituoso do serviço, do qual decorre o dano; c) o que dá lugar à responsabilidade é a falta, não o fato de serviço, sendo essa distinção útil, no sentido de que a teoria não pode ser assimilada à doutrina do risco; d) deve ser observado o caráter de imperfeição do serviço para ensejar a responsabilidade.

Essa teoria representou uma transição para a teoria da responsabilidade objetiva. Já aqui não se indaga da culpa subjetiva do agente administrativo, mas perquirir-se a falta objetiva do serviço em si mesmo como fato gerador da obrigação de indenizar o dano causado a terceiro.

Wald, analisando a jurisprudência do STF, afirma que este transplantou para o Direito brasileiro a teoria da *faute du service*. A culpa do serviço caracteriza-se pela ineficiência, pelo malfuncionamento ou pelo funcionamento tardio da administração, que ensejam a responsabilidade. Em tais casos, não há motivo para examinar a culpa do agente, bastando que se reconheça a deficiência no funcionamento do serviço público, caracterizando a chamada culpa ou falta anônima.[311]

Para Caio Tácito,[312] a noção da culpa administrativa, fundada na falta impessoal de serviço, é a fórmula transacional entre os deveres da boa administração e a estabilidade do patrimônio individual, fórmula que se inspira no princípio da repartição dos encargos públicos e/ou da igualdade dos indivíduos diante das cargas públicas. Note-se que, por um lado, essa etapa da evolução do instituto

---

[309] AGUIAR DIAS, José de. *Da Responsabilidade Civil*, v. II. Rio de Janeiro. Forense, 1994.

[310] DUEZ, Paul. *La Responsabilité de la Puissance Publique*. Paris, Dalloz, 1926.

[311] WALD, Arnold. "Os Fundamentos da Responsabilidade Civil do Estado", *in Revista AJURIS*, v. 58, 1993.

[312] TÁCITO, Caio. "Tendências atuais sobre a responsabilidade civil do Estado", *in Revista de Direito Administrativo* nº 55, p. 271.

seria uma transição entre a responsabilidade subjetiva para objetiva, por outro lado, trata-se de um marco na quebra do paradigma civilista do tema, passando o seu fundamento da órbita privatista para o campo do direito público.

15.4.1.2. A Jurisprudência da Culpa no Direito Público

a) Omissão do Serviço Público

a.1) "(...) É o que já se chamou de inércia da Administração na execução de serviços públicos que visam a segurança da população e dos usuários (...) Nesses casos, a responsabilidade se aproxima da culpa, pela omissão em tomar as providências exigidas para segurança do serviço (...) A administração pública responde civilmente pela inércia em atender a uma situação que exigia a sua presença para evitar a ocorrência danosa".[313]

a.2) "(...) Comprovada a omissão da Municipalidade, justifica-se plenamente a procedência da ação indenizatória contra este movida".[314]

b) Culpa do Serviço Público (ação ou omissão)

b.1) "Responsabilidade objetiva do Município provado o nexo de causa e efeito, pela explosão em pedreira de sua propriedade, que vitimou um menor a 500m de distância. Ocorrência também de responsabilidade subjetiva, em virtude de culpa da Administração pública.".[315]

b.2) "A responsabilidade por falta de serviço, falha do serviço ou culpa do serviço é subjetiva, porque baseada na culpa (ou dolo). Caracterizará sempre responsabilidade por comportamento ilícito quando o Estado, devendo atuar segundo certos critérios ou padrões, não o faz, ou atua de modo insuficiente. O Estado tanto pode responder pelo dano causado em razão da responsabilidade objetiva consagrada no art. 37, 6, da Constituição da República (se a atividade da qual decorreu o gravame foi lícita) como pela teoria subjetiva da culpa (se a atividade foi ilícita ou em virtude de *faute du service*)".[316]

b.3) "Improcede a ação de indenização contra o Município por ato ilícito se não demonstrada a culpa da administração por negligência, imprudência ou imperícia".[317]

---

[313] STF, Responsabilidade do Estado, Rel. Temístocles Cavalcanti, 29.5.68, *Revista de Direito Administrativo* nº 97, p. 177.

[314] TJSP, Ap., Rel. Nélson Hanada, 26.2.86, RT 609/91.

[315] TJRS, Ap., Rel Galeno Lacerda, RT 575/227.

[316] TJSP, Ap., Rel. TJSP, Ap., Rel. Renan Lotufo, 21.12.93, RJTJESP 156/90.

[317] TJSP, Ap., Rel. Jorge Tannus, 2.8.84, RT 589/72.

b.4) Preso em saída temporária autorizada pela autoridade judicial sem vigilância direta - "O fato ocorreu em decorrência do ensejo criado pela LEP, (...) O dever ressarcitório somente ocorrerá quando o prejuízo acontecer por ação antijurídica da Administração, inexistente no caso".[318]

c) Exame da Ilicitude

c.1) "Responsabilidade Civil do Estado - Incidente com policiais - Vítima que, alvejada por tiros desferidos por policiais, e ainda espancada, veio a falecer - Circunstâncias do caso considerado que não autorizam admitir que os policiais agiram em legítima defesa, no estrito cumprimento do dever e no exercício regular de direito - Ação de indenização procedente".[319]

c.2) "Alegada e não provada força maior. Apurado que vários outros acidentes se verificaram no mesmo local e época, resta demonstrada a desídia da Municipalidade geradora de responsabilidade civil por morte de motociclista acidentado em via pública mal conservada. Sendo certo, porém, que o óbito se deu por traumatismo craniano, de se reconhecer a culpa concorrente da vítima se trafegava sem o obrigatório capacete".[320]

c.3) "Provada a culpa da Administração e inexistente comprovação da culpa concorrente da vítima no acidente de trânsito, caracteriza-se a Responsabilidade Civil do Estado, justificadora do pagamento de indenização (...) não se aplica a hipótese a teoria do risco administrativo, devendo, em conseqüência, ser provada a culpa da Administração".[321]

d) Exame Implícito da Ilicitude (Enquadramento equivocado como se não houve a necessidade de demonstrar a falha do serviço que está presente)

d.1) "Indenização - Fazenda Pública - Responsabilidade civil - Morte da vítima baleada por policial, em perseguição - Culpa concorrente não caracterizada - Responsabilidade objetiva do Estado pelo emprego de armas de fogo em poder de seus agentes".[322]

d.2) "(...) na ação de reparação de danos decorrentes de acidente com veículos, a responsabilidade civil ao Estado assenta no risco administrativo e independe de prova de culpa (art. 107 da CF), bastando ao lesado, para obter a indenização, demonstre o nexo causal

---

[318] TJMG, Ap., Rel. Lúcio Urbano, 28.11.91, IOB 3/6540.

[319] TJRS, Ap., 29.10.80, RJTJRS 86/404.

[320] TJSP, Ap., Rel. José Osório, 21.11.90, RT 667/95.

[321] 1º TACSP, Ap., Rel. Maurício Vidigal, 14.6.89, RT 645/113.

[322] TJSP, Ap., Rel. Evaristo dos Santos, 23.11.90, RJTESP 132/155.

Manual de
DIREITO ADMINISTRATIVO

entre fato e dano. (...) não é necessária a prova de culpa do funcionário causador do dano. Tal prova é, na verdade, ônus da Administração: cabe-lhe demonstrar se a vítima concorreu com culpa ou dolo para o evento, ou se essa culpa é total".[323]

e) Movimentos Multitudinários[324]

e.1) "Sem prova da culpa não responde o Estado por prejuízos causados por levantes populares"[325] ou após a CF/46: "Não provada a ausência de culpa, quer por ter ocorrido negligência, quer por mau aparelhamento do serviço, responde o Estado pelos danos causados a particulares em conseqüência de movimento popular"[326]

e.2) "Indiscutível o nexo de causa e efeito entre os danos sofridos pelo veículo apelado e os tumultos ocorridos, em que participaram agricultores sem-terra e soldados da Brigada Militar. Elementos configuradores do fato constitutivo gerador da responsabilidade civil, com base na teoria do risco administrativo".[327]

15.4.2. Responsabilidade Objetiva Publicista

15.4.2.1. Fundamentos da Responsabilidade sem Culpa

Aqui temos que dar relevância para duas teorias. Uma é a teoria do risco,[328] que deve ser aplicada apenas para aquelas atividades do Poder Público consideradas perigosas por sua própria natureza. Assim, estamos considerando não um eventual perigo ou risco que possa haver em determinadas situações, mas sim de uma espécie determinada de atividades da Administração Pública que a sociedade, diante de sua complexidade atual, exige que o Estado desempenhe apesar de implicar permanentemente um potencial risco ou perigo para a própria sociedade. Assim, o dano sofrido pelo indivíduo, em razão de uma atividade perigosa, deve ser visualizado como conseqüência do funcionamento da Administração Pública que por si só põe em risco a sociedade, não importando se esse funcionamento foi bom ou mau. Importa, sim, a relação de causalidade entre o dano e o ato do agente público.

---

[323] STF, RE, Rel. Carlos Madeira, 30.6.88, *in* STOCO, Rui. *Responsabilidade Civil e sua Interpretação Jurisprudencial*. São Paulo, Revista dos Tribunais, 1995.

[324] STERMAM, Sônia. *Responsabilidade do Estado - Movimentos Multitudinários*. São Paulo, Revista dos Tribunais, 1992.

[325] STF, RDA 2/603; em 11.1.45 7/115; em 3.5.45 5/155.

[326] STF, RE, Rel. Orozimbo Nonato, 25.4.58, RF 180/129; em 1959, RDA 55/261; em 1960, RT 313/644; em 1966, RDA 85/210; em 1968 RDA 97/177.

[327] TJRS, Rel. Tupinambá Nascimento, 26.11.91, RJTJRS 153/425.

[328] CIRNE LIMA, Ruy. *Princípios de Direito Administrativo*. São Paulo, Revista dos Tribunais, 1982, p. 203 e 204.

Já Georges Vedel e Pierre Devolvé[329] ensinam que o dano causado pela administração ao particular é uma espécie de encargo público que não deve recair sobre uma só pessoa, mas que deve ser repartido por todos, o que se faz pela indenização da vítima, cujo ônus definitivo, por via do imposto, cabe aos contribuintes. Assim, mesmo os atos lícitos[330] praticados pela Administração Pública podem gerar o dever de indenizar do Estado, quando o dano causado possui duas características específicas, ou seja, a anormalidade e a especialidade do dano.[331] Anormal é o dano que extrapola os incômodos normais da vida societária, sendo portanto causador de um prejuízo de maior intensidade. Especial é o dano que atinge a singularidade de uma pessoa, sendo portanto um prejuízo dirigido a uma individualidade. Logo, em razão da atividade da Administração nesta hipótese ser legal, de acordo com o direito, não será qualquer dano gerado que deverá ser indenizado.

Para uma melhor exposição deste ponto, cumpre relatar a posição do STF ao examinar a responsabilidade do Estado e do empreiteiro, no caso de dano por este causado na realização de obra pública. O Min. Moreira Alves decidiu que, no caso, ocorria uma responsabilidade solidária da pessoa jurídica de direito privado e da pessoa jurídica de direito público. Esclarece o Ministro, à luz da doutrina francesa, que em tais casos, há três partícipes distintos: a administração pública, o concessionário e o empreiteiro, sendo as no tocante à questão de sobre qual deles recai a responsabilidade pelos danos causados a terceiros, são no sentido de responsabilizar exclusivamente a administração pública, ou subsidiariamente, nos casos em que o responsável principal for o concessionário. Mas, note-se que o terceiro prejudicado não está obrigado a acionar o empreiteiro em qualquer hipótese.

Outra hipótese é a que a obra pública é realizada pela própria administração por intermédio de empreiteiro. Nesse caso, não importa que haja ou não a utilização de empreiteiros, o responsável pelo dano, em face de terceiro, é sempre a administração. Nesse exemplo, destacamos as seguintes situações. Se a obra pública foi instalada equivocadamente, ou por alguma outra razão houve falha na sua realização, qualquer dano daí gerado deverá ser indenizado

---

[329] VEDEL, Georges e DEVOLVÉ, Pierre. *Droit Administratif*, v. 2. Paris, PUF, 1992.

[330] CANOTILHO, J. J. Gomes. *O Problema da Responsabilidade do Estado por Actos Lícitos*. Coimbra, Almedina, 1974.

[331] COUTO E SILVA, Almiro do. "A Responsabilidade Extracontratual do Estado no Direito Brasileiro". Porto Alegre, *in RDA* v. 202, p. 19-41, out./dez. 1995. Do mesmo autor: "Responsabilidade do Estado e Problemas Jurídicos Resultantes do Planejamento", *in Revista de Direito Público*, v. 63, 1982, p. 28; "Problemas Jurídicos do Planejamento", *in Revista de Direito Administrativo*, v. 170, 1987, p. 1.

pela teoria da culpa pública. Por outro lado, não havendo nenhuma atividade faltosa da administração na citada obra pública, somente o dano anormal e especial dela decorrente deverá ser indenizado. Pelo art. 37, § 6º, da CF, além dos Entes da Administração Direta e Indireta, também as pessoas jurídicas de direito privado que não integrem a Administração Pública, mas sejam prestadoras de serviço público (concessionárias ou permissionárias).

15.4.2.2. A Jurisprudência da Responsabilidade sem Culpa

a) Nexo Causal

a.1) "A Responsabilidade do Estado, embora objetiva por força do disposto no art. 107 da EC 1/69 (e, atualmente, no § 6º do art. 37 da Carta Magna), não dispensa obviamente, o requisito também objetivo, do nexo de causalidade entre ação ou omissão atribuída a seus agentes e o dano causado a terceiros".[332]

a.2) "Ocorrendo culpa exclusiva da vítima que sofreu o dano, deixa de existir o imprescindível nexo causal justificador da atribuição da responsabilidade objetiva do Estado".[333]

a.3) "Não exclui a responsabilidade objetiva da Administração o fato do funcionário, ao causar o dano, estar exercendo abusivamente suas atribuições".[334]

b) Atividades Perigosas. Aqui trata-se do fundamento pelo Risco, sendo caso das atividades perigosas que o Estado deve assumir. Destaca-se que parte da jurisprudência enquadra, sem distinção, como Culpa do Serviço. Também enquadra-se nessa tipologia a guarda pelo Estado de coisas (explosivos) ou pessoas (presidiários) perigosas. Nestes casos, afasta-se a responsabilidade do Estado somente comprovando-se a culpa exclusiva da vítima.

b.1) O dano decorre diretamente de fato em que o risco é assumido pelo Estado ou no qual há presunção de sua falha objetiva - culpa presumida;[335] responsabilidade do Estado afastável pela não-configuração do nexo causal, conforme a teoria do dano direto e imediato ou da interrupção do nexo causal.[336]

b.2) "Se o indivíduo estava sob a proteção do Estado, quando recolhido à prisão, daí resulta que a responsabilidade por sua morte, causada por outros presos, deve ser debitada ao Estado".[337]

---

[332] STF, Responsabilidade do Estado, Rel. Moreira Alves, 12.5.92, RT 688/231.

[333] STF, Responsabilidade do Estado, Rel. Moreira Alves, 25.5.93, JTJ-LEX 145/274.

[334] TFR, Ap. 78.515, DJU. 3.3.83, p. 1884; RT 512/104.

[335] TJMG, Rel. Godinho, 31.3.92, RT 692/145.

[336] STF, Rel. Moreira Alves, 12.5.92, RT 688/230.

[337] STF, 19.11.76, RTJ 85/923.

c) Atos Lícitos. Na responsabilidade por atos lícitos, agregam-se, como características, a anormalidade e a especialidade do dano.

c.1) "A responsabilidade pela obra pública tem caráter objetivo, como deflui do art. 107 da CF".[338]

c.2) " Indenização - Responsabilidade Civil do Estado - Obras do Metrô - Queda do movimento de pacientes em hospital particular durante o período trienal das obras - Irrelevância de que o dano tenha origem em atividades lícitas - Verba devida - Ação procedente - Recurso provido (...) Atividades lícitas do Estado. Dever de indenizar - Não exclui a responsabilidade, que é objetiva, o tratar-se de dano oriundo de atividades lícitas. Há obrigação de restituir, porque, embora lícito o ato, é anormal e especial o dano, à medida que transcende os limites dos incômodos naturais da vida societária e onera uma só pessoa, na singularidade de sua condição funcional (hospital). A responsabilidade do Estado abrange tanto os danos provenientes de atividades lícitas quanto os de atividades ilícitas, não havendo porque cindir e apartar de seu campo de abrangência os danos provenientes de atividade lícitas".[339]

15.5. FUNDAMENTO ÚNICO DO DEVER DE INDENIZAR DO ESTADO

Apresentamos um panorama dos fundamentos e das hipóteses de ocorrência da responsabilidade subjetiva e objetiva do Estado por atos administrativos ao longo da evolução do instituto na jurisprudência brasileira. Constatamos, assim, que, desde os primórdios da jurisdição brasileira, há o reconhecimento da responsabilização extracontratual do Estado sob a fundamentação do direito civil, em que pese a ausência de texto legal expresso.

Da mesma forma, demonstramos a mudança de paradigma efetuada pela jurisprudência brasileira no enquadramento da disciplina normativa da responsabilidade do Estado. Tal construção operou-se na década de quarenta, amparada no direito comparado e antecipando as alterações do texto constitucional. A idéia base que consolidou o paradigma publicista de responsabilidade do Estado foi obra da jurisprudência do Conselho de Estado francês consubstanciada na expressão da *faute du service*, que representa a culpa pública, a culpa anônima decorrente da falta ou falha do serviço público.

---

[338] TJ São Paulo, Ap., Rel. César de Moraes, 23.9.80, RT 549/107; e STF , Rel. Néri da Silveira, 18.8.87, JSTF 127/195.

[339] TJSP, Ap., 28.8.90, RJTJESP 129/170.

Manual de
DIREITO ADMINISTRATIVO

A par dessa responsabilidade composta por um elemento subjetivo, também analisamos a incidência da responsabilidade do Estado despida de qualquer vinculação subjetiva. Assim, diante de atividades perigosas do estado causadoras de danos, bem como de danos anormais e especiais decorrentes de atividades lícitas do Poder Público, estaremos presentes à responsabilização objetiva do Estado.

Cabe encerrarmos esse estudo com a constatação no sentido de que a grande contribuição da Constituição de 1988 para o tema foi o tratamento normativo unitário para responsabilidade do Estado, seja por atos ilícitos ou lícitos. Nesse sentido, a doutrina brasileira dominante[340] aponta como único fundamento para o atual dever de indenizar do Estado Brasileiro a decorrente da Teoria do Risco Administrativo. Assim, o exame aqui desenvolvido não é frontalmente contraditório a esse entendimento, pois o risco administrativo significa que o Estado não pode ser tido como segurador universal, logo nem todas as situações podem gerar o dever de indenizar pelo risco integral. Acrescente-se a isso que nossa jurisdição tem aceito, ao lado da responsabilidade objetiva, hipóteses de responsabilização onde é exigida a demonstração da culpa pública do serviço.

Por fim, destaque-se que a parte final do § 6º do art. 37, ao prever o direito de regresso do Ente Público ou privado prestador de serviço público contra o seu agente que causou o dano, se dá por fundamento na responsabilidade civil subjetiva através da prova do dolo ou culpa de direito privado, estando fora do alcance das teorias aqui estudadas.

---

[340] MEIRELLES, ob. cit.

Capítulo 16

O Controle da Administração Pública

16.1. DEFINIÇÃO

A Administração Pública (Governo Federal, Estadual e Municipal) pratica continuamente *atos de poder*, através do Executivo e órgãos paralelos, bem como pelo Congresso Nacional (Senado e Câmara Federal), Assembléias Legislativas e Câmaras Municipais, poderes esses que legislam. De igual forma, pode-se afirmar a mesma ocorrência no âmbito do Poder Judiciário.

Essa atuação acarreta intensa aquisição, extinção, modificação e constituição de *situações jurídicas*, que envolvem direitos coletivos e individuais, com manifesta interferência subjetiva na vida de cada cidadão. Assim, a atividade pública ou *ação administrativa pública* tem que se pautar pela rigorosa obediência aos direitos subjetivos (*liberdades públicas regulamentadas*). Ou seja, exige-se a conformação da atividade administrativa à *legalidade*: desempenho de funções nos estritos limites traçados pela norma.

É a expressão do princípio da legalidade que inspira e traduz a *diretriz* da atividade pública, como proclama a Constituição Federal em seu artigo 37: a responsabilidade pública derivada do dever de cumprir a legalidade e de manter-se sempre no campo do direito, cujos limites são continuamente fixados pelas norma, seja em decorrência de regras ou princípios de direito público.

Em assim sendo, é imperioso que haja um *controle* dos atos de governo que incluam práticas de variadas *modalidades* (atos políticos, administrativos, resoluções, decretos, leis e normas de todo gênero) para a fiel existência do Estado de Direito e respeito aos direitos individuais. Esse controle é indispensável, desde que permita a *correção* dos desvios de legalidade, através de mecanismos de variada natureza, provindos de origens diversas e concorrentes para o mesmo fim: respeito às liberdades públicas e cumprimento pelo Governo dos deveres e obrigações determinadas constitucionalmente. Na esfera municipal, a matéria reveste-se de interesse singular, pois, sendo administração de caráter local, a interferência na vida dos cidadãos fica sempre mais próxima e doméstica.

16.2. MECANISMOS DE CONTROLE

O controle da administração pública nos três níveis de Governo, em sentido amplo, incluindo-se os atos de administração dos Três Poderes (Executivo, Legislativo e Judiciário), podem ser *classificados* como originários de 4 fontes diversas: 1ª) auto-controle ou controle administrativo (controle interno); 2ª) controle legislativo (externo); 3ª) controle jurisdicional; 4ª) controle popular.

A 1ª espécie é exercida pelo *próprio poder* internamente, objetivando manter a regularidade do serviço público e a consecução dos objetivos inspiradores da atividades públicas. As demais espécies têm caráter externo. A *Legislativa*, exercida pelo Congresso Nacional (Senado, Câmara Federal), Assembléias Legislativas e Câmaras de Vereadores, em relação aos entes centralizados e descentralizados do Poder Executivo (Administração Direta e Indireta), é a função fiscalizadora. A *Jurisdicional*, que promana do Poder Judiciário - tutor permanente dos direitos subjetivos e coletivos - sempre que haja violação e provocação. A *Popular*, que provém do "povo", através de instrumentos confiados e garantidos pela Constituição, para acompanhamento e interferência na ação governamental, objetiva preservar a legalidade e o interesse público.

16.3. CONTROLE ADMINISTRATIVO

O controle administrativo ou interno (*Súmula 473* do STF), como visto, é exercido pelo próprio Poder Público. No caso do Executivo, em relação aos seus órgãos da Administração Direta e seus entes desdobrados (Administração Indireta). O Legislativo, também, nos três níveis de Governo, tangentemente aos seus órgãos e serviços que integram a Administração Direta. De igual forma, no atinente ao Judiciário. Os *responsáveis*, como todos os agentes, devem submeter-se às exigências de regularidade do serviço, com estrito respeito à legalidade, moralidade, eficiência, enfim a todos os princípios que direcionam a atividade da administração pública. Em sua órbita interna, cada um dos Poderes exerce o poder-dever que se denomina administrativamente como *autotutela*: fiscalizando e corrigindo os desvios encontrados, quer por ato de ofício, quer por provocação de interessados.

358

O Supremo Tribunal Federal já consolidou sua orientação na Súmula nº 473: "a Administração pode anular seus próprios atos quando eivados de vícios que os tornem ilegais, porque deles não se originam direitos; ou revogá-los por motivo de conveniência e oportunidade, respeitados os direitos adquiridos e, ressalvados, em todos os casos, a apreciação judicial".

Anular o que contiver eiva de nulidade ou renovar o que se apresente inconveniente ou inoportuno diante do interesse administrativo ou comunitário. Para tanto, os instrumentos de Controle Interno podem ser distinguidos do seguinte modo: a) por órgãos próprios, através de ato de ofício; b) por imposição de lei (atos complexos); c) pelos mesmos órgãos, atendendo a provocação do interessado.

16.3.1. De Ofício

Tem-se uma atividade dos organismos superiores da Administração fiscalizando diuturnamente o desempenho e conduta dos serviços e servidores. É uma atividade *correcional*, diante da responsabilidade dos agentes que detenham autoridade para o mister: a- por *delegação* dos dirigentes políticos (Prefeito, Presidente ou Mesa da Câmara); b- por *derivação* legal (Diretores de Departamento, Chefes de Serviços, Dirigentes de autarquias e entes descentralizados, etc.).

Esse exercício de ofício pode ser executado por uma Corregedoria Administrativa. O Poder Público deve criar funções isoladas ou conjuntas, porém coordenadas, de corregedoria administrativa, instituindo obrigações a órgãos e servidores. Criação de uma Corregedoria Administrativa que permita o acompanhamento contínuo da atividade desenvolvida pelos setores da Administração, seja ela federal, estadual ou municipal. Assim, os atos detectados como irregularidades ou contrários ao interesse público podem ser corrigidos.

16.3.2. Por Imposição de Lei

Outras vezes, o controle interno é exercido por imposição de lei, como por exemplo nos *atos administrativos complexos* que para seu aperfeiçoamento exigem o concurso de autoridade responsável, através da homologação ou ato similar. Numa licitação, por exemplo, será necessária a homologação de seu julgamento para aperfeiçoar a *adjudicação* ao proponente vencedor.

De igual forma, a aprovação em concurso público exige a homologação da autoridade competente. A *homologação* exige a perquirição da regularidade e conveniência do ato para que possa produzir os seus efeitos jurídicos.

Manual de
DIREITO ADMINISTRATIVO

16.3.3. Por Provocação

No concernente à provocação de terceiros, é de se levar em conta os *instrumentos* colocados à disposição para sua viabilização: a - recursos administrativos; b - representações; c - reclamações. Todos eles encontram fundamento no direito de representação e de petição.

16.3.3.1. O Recurso Administrativo

É o instrumento colocado à disposição dos administrados para ensejar o exame de um ato no âmbito do próprio Poder em qual foi editado. É sempre cabível, pouco importando se a lei (federal, estadual ou municipal) preveja ou não a sua figura. É que a sua raiz é constitucional, fundamentada no direito de defesa e no direito de petição na garantia de direito ou contra ilegalidade ou abuso de poder (art. 5º, XXXIV e LV, da CF).

Destacamos as seguintes peculiaridades importantes de modo sintético:

a) Se houver previsão legal (Lei ou Código Administrativo ou Estatutos) deverão se submeter ao *procedimento* previsto, mormente, quanto aos prazos e competências; se não houver previsão, deverão ser dirigidos ao Chefe do Poder respectivo (Prefeito, Presidente da Câmara ou por delegação concedida).

b) Normalmente, provocado por terceiro. Porém, pode sê-lo por ato de ofício de certos agentes ou órgãos administrativos - *recurso de ofício*: decisão prolatada é submetida a reexame obrigatório por outra autoridade superior. Há necessidade de previsão legal.

c) *Produção de efeitos*. Imediatos, com a suspensão do ato impugnado, se houver previsão legal, ou, meramente devolutivo, não sobrestamento dos efeitos e implica a devolução da matéria à autoridade superior.

d) Se houver previsão legal de prazo para a proposição, deve ser observado face à *preclusão administrativa*.

e) *Coisa julgada administrativa*: decisão (com ou sem recurso) se fizer definitiva, obsta nova discussão e deliberação a respeito, salvo casos especiais expressamente previstos, como nas revisões e reabilitações de cunho disciplinar. No entanto, porém, subsiste a via jurisdicional para a solução final.

f) *Recurso hierárquico*: dirigido a uma autoridade superior, face a ato praticado por agente a ela subalterno, diz-se ter natureza "hierárquica". É classificado como próprio e impróprio. *Próprio* - ofertado à mesma instância administrativa a que pertence o autor do ato impugnado. *Impróprio* - dirigido à instância diversa daquela onde o ato foi praticado. Exemplo: recurso contra deliberação de uma autarquia encaminhado ao Chefe do Executivo.

g) Pode, também, ser encaminhado a *órgãos colegiados*, especialmente constituídos para o julgamento. Por exemplo: Conselhos ou Juntas Julgadoras de Impostos e Taxas ou Tribunal Administrativo (Estado = TARF - Secretaria da Fazenda).

16.3.3.2. Petição Constitucional

A CF/88 previu, expressamente, no capítulo dos direitos fundamentais, o direito de petição aos Poderes Públicos em defesa de direitos ou contra ilegalidade ou abuso de poder. Instrumentaliza-se através de representações e de reclamações.

Representação. É um direito de cidadania, pelo qual alguém pode denunciar a existência de fatos ou condutas irregulares, ilegais ou danosas na órbita administrativa. Ofertadas de maneira formal, por petição escrita. Pode ser feita oralmente perante a autoridade competente, que poderá mandar tomá-la *a termo* (Secretaria ou órgão equivalente). Se procedente, a autoridade responsável deverá diligenciar e tomar as providências que o caso exigir, face ao princípio da legalidade e moralidade que balizam a atividade da Administração. Eventualmente, diante de omissão mais grave, ditada por interesse ou sentimento pessoal, poderá configurar crime de prevaricação previsto no art. 319 CP.

Reclamação. É a manifestação expressa e formal contra atos que ferem interesses individuais ou mesmo coletivos. Subsume-se a prazos rígidos, não sendo conhecida se apresentada a destempo. Diferencia-se da representação na medida em que veicula a inconformidade diante da *lesão de direitos* e se constitui meio de defesa de situações jurídicas de natureza pessoal. A representação visa à denúncia de fatos e práticas irregulares.

16.3.3.3. Pedido de Reconsideração

Solicitação no sentido de que a mesma autoridade responsável pela edição de um ato o torne sem efeito. É dirigido à própria autoridade que deliberou, visando a sua reforma do decisório. Não tem caráter de recurso e não interfere nos prazos processuais.

16.4. CONTROLE LEGISLATIVO

16.4.1. Preliminares

O Poderes que compõem o modelo constitucional brasileiro são soberanos, independentes e harmônicos entre si, como proclama a

Carta Federal em seu art. 2º. Em verdade, os Poderes, embora independentes, também, em nome da harmonia, guardam uma interdependência recíproca justamente para que possam manter o *equilíbrio*, sem abusos ou excessos, como inspira a teoria conhecida como "freios e contrapesos" (*cheks and balances*) do Direito Americano (Montesquieu). Os Poderes não são estanques, mas se completam.

No caso do Legislativo, a sua função não exaure na discussão e votação das leis (Processo Legislativo). Vai muito além, pois lhe cumpre, também, inúmeras atividades em defesa dos interesses (federais, estaduais ou municipais). Entre os quais sobreleva a fiscalização do Poder Executivo e de seus consectários, como de resto de toda a coisa pública.

16.4.2. Função Fiscalizadora

Tomando-se, por exemplo, o Município já que essa função se exerce também em níveis estadual e federal (Constituição Federal, art. 49, incisos V e X e Estadual, art. 53, incisos XIV, XIX e XX), a Câmara Municipal exerce a função fiscalizadora como mecanismo de controle externo, que deve ser previsto na Lei Orgânica própria, como preceitua a CF/88, artigo 29, inciso IX.

Entendo, no entanto, como dispõe Michel Temer (*Elementos de Direito Constitucional*, Malheiros Ed., 12ª, 1996) que o procedimento de fiscalização (*processo*) deva ser estabelecido por Lei.

Os meios de controle incluem a aprovação exigida para certas condutas, a apreciação das contas municipais, os pedidos de informações, as CPI (ou Especiais de Sindicância ou Inquérito), inclusive para processar e julgar o Prefeito e Vereadores por crime de responsabilidade (infrações político-administrativas), a convocação de autoridade executivas para a prestação de informações e o debate parlamentar.

16.4.3. Mecanismos de Controle

Contas Municipais. É dever do Prefeito e da Mesa da Câmara prestar contas anualmente, a teor do mandamento constante do art. 35, II, da Constituição Federal, essas contas abrangem a de todos os administradores aos quais são cometidas responsabilidades pela curatela do dinheiro público. Todos prestam contas, mas a responsabilidade maior é dos agentes políticos, titulares dos poderes municipais. Assim, o complexo representado pelos gastos públicos, investimentos, receitas, que se traduzem na execução orçamentária, é que constitui as contas apresentadas, acompanhada por um relatório das atividades que a elas correspondem. A não-prestação de contas enseja conseqüências graves, entre as quais a responsabilidade política dos agentes obrigados a tal e, até mesmo, a intervenção do Estado no Município. Como já foi analisado no capítulo precedente, as contas são julgadas pela Câmara Municipal, contando com o parecer prévio do Tribunal de Contas Estadual, salvo no caso exclusivo do Município de São Paulo que possui Tribunal de Contas Municipal.

Pedidos de informação. Os pedidos de informação constituem expediente de rotina das Casas Legislativas para a obtenção de dados oficiais que permitam aquilatar a regularidade da conduta política ou administrativa. Ao Regimento Interno de cada Câmara Municipal compete dispor sobre eles, nada impedindo que a Lei Orgânica Municipal também lhes faça referência. Pode-se exigir a forma de requerimento a ser votado pelo Plenário ou até mesmo prescindir da deliberação da Câmara, fazendo-se o seu encaminhamento por ofício do Presidente. Tudo depende da forma como dispuser o Regimento.

Comissões especiais de inquérito. As Comissões Especiais de Inquérito são constituídas mediante deliberação oficial do Plenário, consoante o Regimento e a Lei Orgânica para a apuração de fatos que representem irregularidades, ilícitos ou mesmo condutas criminosas. Devem ter um Presidente e um Relator, cumprindo a fixação de um prazo para a apresentação do relatório, após a investigação, que poderá incluir diligências de toda espécie, assim consideradas necessárias, entre as quais a inquirição de incriminados e testemunhas. O relatório final deve sempre ser votado pela Câmara para que se torne manifestação oficial da Edilidade. As Comissões de Inquérito podem dar prazo à formação de Comissões Processantes, as quais, contudo, podem ser constituídas independentemente daquelas. As Comissões Processantes pressupõem uma denúncia formal recebida, contra determinado agente político, Prefeito, Vice-Prefeito, Vereador, ou membro da Mesa da Câmara ou a apuração de fato ilícito. Cumprirá averiguar e julgar os responsáveis sendo que aos acusados será assegurado o devido processo legal, com os seus consectários de igualdade, ampla defesa e contraditório, que implicam a participação do increpado na instrução processual, com direito de propor provas, reperguntar testemunhas e exercer plenamente o direito de contestação. Terminada a fase instrutória, haverá o julgamento feito pela Câmara, conhecido como *impeachment*, ou seja, o impedimento ou cassação do culpado. A decisão da Câmara, em seu mérito, não estará sujeita à revisão pelo Poder Judiciário. Em havendo falta de justa causa, desvio de poder ou desrespeito à forma processual ou aos direitos constitucionais do acusado, poderá haver correção jurisdicional, em nome do princípio da legalidade.

Convocação de autoridades. A Lei Orgânica poderá prever a convocação de autoridades para explicações aos Vereadores sobre matérias específicas. Tal como os Secretários e outros funcionários com responsabilidade setorial, o próprio Prefeito poderá ser chamado a prestar depoimento. É claro que essa convocação deverá estar expressamente prevista na Lei Orgânica e no Regimento Interno da Câmara, devendo ser previamente aprovada pelo Plenário para que possa ser oficializada. Constitui um meio hábil de acompanhamento e fiscalização da administração.

Manifestação verbal. Por derradeiro, a Câmara Municipal também exerce controle através da manifestação verbal de seus membros, nos pronunciamentos em Plenário. Nos expedientes legislativos, consoante previsão regimental, há sempre um tempo reservado para a palavra dos Vereadores que se inscrevem para abordar temas de interesse geral do Município. Nessas manifestações é que, em nome da representatividade popular, se fazem denúncias, se exigem explicações e se cobram soluções. Tudo isso constitui, também, obra de fiscalização.

16.5. CONTROLE JURISDICIONAL

16.5.1. Preliminares

Como já foi dito, a Administração Pública está jungida, conforme art. 37 da CF, aos princípios da legalidade, impessoalidade, moralidade, publicidade e eficiência, dentre outros implícitos. Assim, a conduta dos administradores, governantes e servidores há que se pautar por rigorosa obediência às regras básicas e éticas, sob pena de nulidade ou anulação de seus atos. Nessa conduta política e administrativa, os agentes praticam uma série de atos administrativos, que são classificados sob várias óticas (critérios). No caso, merecem destaque singular os atos *vinculados e discricionários.*

16.5.2. Atos Vinculados e Discricionários

Vinculados são os atos que devem ser praticados com rigorosa obediência à conduta imposta por LEI. Há um padrão ao qual se submetem inteiramente, sem liberdade de opção ao administrador. *Discricionários,* contrariamente, admitem certa elasticidade, mormente no que toca à conveniência, à oportunidade e ao conteúdo, embora com aspectos vinculados como competência, forma e finalidade.

Todos esses atos podem ser objeto de controle jurisdicional. Os vinculados, quando praticados ao arrepio da norma, sujeitam-se à invalidação pelo Poder Judiciário, e os discricionários, como têm alguns aspectos regrados, permitem igualmente o controle (agente incompetente, forma não prevista, desvio de finalidade ou defeito de motivação), bem como em razão da necessidade de atendimento a todos os princípios.

16.5.3. Direitos Individuais (lesão ou ameaça de)

O pressuposto para a tutela jurisdicional é que tenha havido uma lesão ou ameaça de lesão a direito subjetivo. O titular do direito poderá ajuizar a ação cabível para a correção do desvio, obtendo a reparação de seu direito e reconstituindo a legalidade.

16.5.4. Direitos Coletivos ou Difusos

Se a lesão não for a um interesse de natureza individual, mas ao próprio bem comum, à moralidade ou a direitos coletivos ou difusos, poderá ser feita por qualquer cidadão, através da Ação Popular (art. 5º, LXXII, CF), ou ação civil pública (interesses difusos) ou mandado de segurança coletivo (interesses individuais). Nos dois últimos casos, a legitimidade para a ação pertencerá a determinados órgãos, entidades ou associações previstas em lei ou ao Ministério Público (Promotor de Justiça).

16.6. CONTROLE POPULAR

16.6.1. Preliminares

É o exercido pelo próprio povo nos termos do que foi institucionalizado pela CF/88 a partir de seu art. 1º, parágrafo único. Qualquer cidadão é parte legítima para fiscalizar e denunciar irregularidades e ilicitudes administrativas.

16.6.2. Direito de Petição e de Informações

É assegurado o direito de petição em defesa de direitos e contra ilegalidade ou abuso de poder. Igualmente, o direito de receber dos órgãos públicos informações de interesse particular ou coletivo, respondidas no prazo da lei e sob pena de responsabilidade.

16.6.3. Denúncias ao Tribunal de Contas e ao Ministério Público

O cidadão, o próprio ente público, o partido político, a organização não-governamental e o sindicato são partes legítimas para, na forma da lei, *denunciarem* irregularidades ou ilegalidades perante o Tribunal de Contas, em matéria contábil, financeira e orçamentária, objetivando a realização de auditoria e apuração respectiva.

Igualmente, qualquer do povo, o próprio ente público, partido político, organização não-governamental e sindicato poderão dirigir-se através de *notitia criminis* ou representação diretamente ao Ministério Público (Promotor de Justiça da respectiva Comarca quanto à matéria de competência da Justiça Estadual, ou Procurador da República da respectiva circunscrição judiciária quanto à matéria de competência da Justiça Federal), instituição guardião dos interesses públicos e da Sociedade, eventuais abusos ou irregularidades administrativas, de ordem civil ou penal em qualquer campo, desencadeando a apuração.

16.6.4. Ação Popular

Como se sabe, é outro instrumento posto à disposição dos cidadãos para invalidar atos lesivos ao *patrimônio público* (Federal, Estadual e Municipal), à moralidade, ao meio ambiente e ao patrimônio histórico-cultural. O autor, salvo má-fé, ficará isento de custas judiciais e ônus da sucumbência.

16.6.5. Tribuna Popular

Existe, também, a experiência inaugurada por algumas Câmaras Municipais, permitindo aos munícipes utilizar a tribuna, sob condições regimentais específicas e sobre assuntos de interesse local e ligados à fiscalização da coisa pública.

16.6.6. Perspectiva

Esse controle em nível popular tradicionalmente foi exercido de maneira ocasional e às vezes até inusitada. Na maioria das vezes, restringiu-se a ações populares de iniciativa inspirada por agentes políticos. Todavia, registra notável evolução, em razão do formidável avanço permitido pela Constituição de 1988, haja vista a inclusão de novos mecanismos para que o cidadão participe cada vez mais, eficazmente, do controle da coisa pública em geral como colorário do Estado Democrático de Direito.

Assim, passamos a ter autorizadas por nossa Constituição novas experiências de gestão da *Res Publica*, sobretudo com o chamado orçamento participativo que na verdade não se restringe apenas à questão de maior transparência e controle direto da população sobre a elaboração da peça orçamentária, incluindo-se aí a participação direta da cidadania, de modo voluntário, nas Conferências e Conselhos setoriais e regionais que traçam as diretrizes a serem seguidas pelo Governo em cada pasta, bem como através de comissões de fiscalização da execução de obras e serviços públicos.

16.7. DA FISCALIZAÇÃO CONTÁBIL, FINANCEIRA E ORÇAMENTÁRIA

16.7.1. Noção

É conferida em termos amplos ao Congresso Nacional (Assembléias Legislativas e Câmaras de Vereadores), mas se refere à *prestação de contas* de todo aquele que administra bens, valores ou dinheiros públicos. É uma decorrência natural da Administração como atividade exercida em relação a interesses coletivos. Não é a natureza do órgão nem da pessoa. É a origem pública do bem administrado ou do dinheiro gerido que obriga o gestor do dever de comprovar seu zelo e bom emprego (ver art. 70 CF).

Toda a administração pública fica sujeita à *fiscalização hierárquica* (controle), porém a Administração Financeira e Orçamentária submete-se a maiores rigores de acompanhamento. A CF/88 determina o Controle Interno pelo Executivo (Poderes - art. 74), e o Controle Externo pelo Congresso Nacional com o "auxílio" do Tribunal de Contas (arts. 70 a 75 - Ver art. 71). Em nível Estadual e Municipal, ver art. 75. No âmbito Municipal, ver art. 31.

Além dessas normas constitucionais, a Lei Federal nº 4.320, de 17.03.64, que dispõe sobre a elaboração e o controle dos orçamentos e balanços da União, dos Estados, dos Municípios e do Distrito Federal. A referida Lei, nos arts. 76 a 81, respectivamente, trata do Controle Interno (fundamento nos arts. 70 e 75, CF), logo inserido na modalidade de controle administrativo e do Controle Externo que no caso está inserido no controle legislativo.

16.7.2. Modalidades

Controle interno. Objetiva a criação de condições indispensáveis à eficácia do controle externo e visa a assegurar a regularidade da realização da receita e da despesa, possibilitando o acompanhamento da execução do orçamento, dos programas de trabalho e a avaliação dos respectivos resultados. É, na sua plenitude, um *controle da legalidade*, conveniência, oportunidade e eficiência.

Controle externo. Visa a comprovar a probidade da Administração e a regularidade da guarda e do emprego dos bens, valores e dinhei-

Manual de
DIREITO ADMINISTRATIVO

367

ro públicos, assim como a fiel execução do orçamento. É, por excelência, um *controle político* da legalidade, contábil e financeira, o primeiro aspecto a cargo do legislativo; o segundo, do Tribunal de Contas.

16.7.3. No âmbito do Estado do Rio Grande do Sul

A Constituição Estadual, também em seu art. 70, estabelece a fiscalização contábil, financeira, operacional e patrimonial do Estado. Já no art. 71 é estabelecido controle externo do Tribunal de Contas em relação aos Municípios. No art. 76, é instituída a Contadoria e Aditoria-Geral do Estado (CAGE) como órgão de controle interno, sendo regulada pelo Decreto nº 33.635, 14.10.90 (altera Decretos nºs 29.525/80 e 32.148/85), o qual dispõe sobre a eficácia do Sistema de Controle Interno de que trata o art. 76, CE/89.

16.8. PRESCRITIBILIDADE ADMINISTRATIVA

A prescritibilidade significa a passagem do tempo por um determinado período que implica a aquisição ou a perda de um direito. No primeiro caso, temos a hipótese da Prescrição Aquisitiva, e no segundo, da Prescrição Extintiva.[341] Importa aqui o estudo da Prescritibilidade Extintiva, que pode ser a perda do próprio direito, quando teremos os casos de Decadência, ou a perda da pretensão de exercício desse direito e conseqüentemente do direito de ação, quando teremos a Prescrição propriamente dita.[342] Trata-se, assim, do exaurimento do prazo previsto para prática de algum ato, seja por iniciativa do interessado particular, seja por agente público ou pela própria Administração. Por exemplo, funcionário punido por um superior (Secretário de Estado ou dirigente de autarquia), deixa fluir, silente, o prazo para recorrer da decisão. Vencido o prazo, o recurso não pode ser conhecido. Na hipótese de lançamento de impostos por homologação. Vencido o prazo de 5 anos, a Administração não mais poderá se pronunciar. Fica homologado o lançamento.

O Decreto nº 20.910, de 06 de janeiro de 1932, que possui força de lei, prevê que o particular para exercer sua pretensão de cobrança de créditos contra a Administração prescreve em cinco anos. É a chamada prescrição qüinqüenária.

---

[341] CIRNE LIMA, Ruy. *Princípios de Direito Administrativo*. São Paulo, Revista dos Tribunais, 1982, p. 97-102.

[342] AMORIM FILHO, Agnello. "Critério científico para distinguir a prescrição da decadência e para identificar as ações imprescritíveis", *in Revista Forense* v. 193, ano 58, jan-fev-mar/1961, p. 30-49.

O reconhecimento da prescritibilidade para a pretensão da Administração Pública anular os seus atos com repercussão em relação a outra parte ou terceiros é decorrência da aplicação do Princípio da Segurança Jurídica, que é um dos sustentáculos do Estado de Direito. Saliente-se que na conformação mais recente do Estado Democrático de Direito a necessidade de obter maior estabilidade para as relações jurídicas faz com que o Princípio da Segurança Jurídica seja ampliado para preservar, em determinadas situações, mesmo aquelas relações geradas com vício de nulidade, pela incidência, dentre outros, da boa-fé ou da proteção da confiança.[343] Desse modo, somente o entendimento de que o mesmo prazo de prescrição de cinco anos deve corresponder tanto para o interesse dos administrados como da Administração.[344] Diante disso, pela análise do art. 21 da Lei da Ação popular que estabelece o prazo qüinqüenal para o exercício da pretensão anulatória dos atos lesivos da Administração, Almiro do Couto e Silva conclui que esse mesmo prazo deve ser obedecido internamente pelo Controle da Administração. O autor sustenta também a necessidade de que a lei que viesse a regular o processo administrativo estabelecesse esse prazo como decadencial. Tal estudo foi concretizado como direito positivo pela Lei Federal nº 9.784 , de 29 de janeiro de 1999, em seu art. 54. Assim, o direito da Administração de anular os atos administrativos de que decorram efeitos favoráveis para os destinatários decai em cinco anos, contados da data em que foram praticados, salvo comprovada má-fé. No caso de efeitos patrimoniais contínuos, o prazo de decadência contar-se-á da percepção do primeiro pagamento. Considera-se exercício do direito de anular qualquer medida de autoridade administrativa que importe impugnação à validade do ato.

16.9. DOS CRIMES DE RESPONSABILIDADE - AGENTES POLÍTICOS

Aquele que exerce *função política* responde por seus atos. Nos regimes Democráticos não existe governante irresponsável. É responsável perante o povo, pois o agente público está cuidando da *res pública*. A CF/88 alude a crimes de responsabilidade e a crimes comus.

---

[343] "Prescrição Qüinqüenária da Pretensão Anulatória da Administração Pública com relação a seus atos administrativos", *in Revista de Direito Administrativo*, v. 204, 1996, p. 21-31.

[344] FIGUEIREDO, Lúcia Valle. *Curso de Direito Administrativo*. São Paulo, Malheiros, 1995, p. 152.

O que são? *Comuns*: são crimes definidos na lei penal e cometíveis por qualquer pessoa. *Responsabilidades*: são aqueles capitulados no art. 85, CF/88, e praticáveis por pessoas investidas em certas funções.

Passaremos a analisar, no âmbito das três esferas federativas, quais as pessoas passíveis de responsabilidade política.

16.9.1. No âmbito Federal

São passíveis de responsabilização: a) Presidente da República (arts. 85 e 52, I); b) Os Ministros de Estado, nos crimes conexos com aqueles praticados pelo Presidente (art. 52, I); c) Os Ministros do STF (art. 52, II); d) O Procurador-Geral da República (art. 52, II); e) O Advogado-Geral da União (art. 52, II).

A enumeração contida no artigo 85 da CF é *exemplificativa*, pois o Presidente poderá ser responsabilizado por todos os atos atentatórios à CF. O parágrafo único do mencionado artigo expressa que esses crimes serão definidos em *lei especial*, que estabelecerá as normas de processo e julgamento. Há o entendimento que esta lei poderá, inclusive, elencar outros crimes. O art. 86 e parágrafos, bem como o art. 52, I, e seu parágrafo único, fixam normas sobre a *tramitação inaugural* envolvendo a Câmara dos Deputados e o Senado Federal. Atualmente, ainda continua em vigor a Lei Federal nº 1.079/50, respeitadas as figuras típicas e os objetos materiais circunscritos nos incisos do art. 85.

16.9.2. No âmbito Estadual

A Constituição do Rio Grande do Sul de 1989 disciplina a matéria nos seus artigos 53, incisos V a VII, 83, 84,[345] 88 e 95, inciso XI. Assim, compete à Assembléia Legislativa julgar os crimes de responsabilidade envolvendo o Governador e o Vice-Governador do Estado. Também compete à Assembléia julgar os crimes de responsabilidades praticados pelo Procurador-Geral do Estado, pelo Procurador-Geral de Justiça e pelo Defensor Público-Geral, bem como os crimes de responsabilidade dos Secretários de Estado conexos com os do Governador ou do Vice. Já ao Tribunal de Justiça compete julgar os crimes de responsabilidade praticados pelos Secretários de Estado quando não conexos com os do Governador ou do Vice, pelos Deputados Estaduais, pelos Juízes Estaduais, pelos membros do Ministério Público e pelos Prefeitos Municipais.

---

[345] Ver ADIn 1027.

16.9.3. No âmbito Municipal

Como é sabido, o exercício de mandato eletivo de Prefeito, bem como o de representante popular na Câmara Municipal, exercido pelos Vereadores, pode acarretar a responsabilidade do mandatário sob *tríplice* aspecto: Penal, Civil e Político-Administrativo. As cominações são suscetíveis de se *cumularem*, pela independência que, entre si, apresentam.

16.9.4. Fundamento legal

A responsabilidade *penal* decorre da prática de alguma infração comum prevista no Código Penal ou de crimes de responsabilidade previstos no Decreto-Lei nº 201/67. A responsabilidade civil, também da competência do Poder Judiciário, decorre de algum dano civil que segue as normas previstas para os demais cidadãos (arts. 159 e 1599 do CC). A responsabilidade política-administrativa ocorre em razão de infração prevista nos arts. 4º e 7º do Decreto-Lei nº 201/67 e da competência da Câmara Municipal.O Decreto-Lei nº 201/67 objetivou definir crimes de responsabilidade e infrações político-administrativas, responsabilizando as autoridades (agentes políticos) municipais.

16.10. O CONTROLE DA CONSTITUCIONALIDADE

16.10.1. Preliminares

A CF/88, a lei fundamental representando a estrutura jurídica do próprio Estado (como Nação), deve ser acatada por todas as outras normas de que se postam hierarquicamente inferiores. Emerge, assim, o *princípio* que a doutrina denomina de *supremacia constitucional*, do qual surge o Controle da Constitucionalidade ou sistema de controle da constitucionalidade das leis.

O controle da constitucionalidade, doutrinariamente, pode ser classificado de dois modos: 1 - de acordo com o *momento* em que é feito; 2 - em consideração ao *órgão* que o pratica. Sob o primeiro aspecto, pode ser: controle preventivo e controle repressivo. Sob o segundo aspecto, classifica-se em: controle político e controle jurisdicional.

16.10.2. Controle Político

É representado pelo *veto* (Executivo) e pela atuação das comissões permanentes das Casas Legislativas (Constituição e Justiça), exercendo uma função de guarda e vigilância sobre as inconstitucionalidades, no Brasil, preventivamente por ato político: Veto por inconstitucionalidade (Executivo); e Rejeição face à inconstitucionalidade (Legislativo).

16.10.3. Controle Jurisdicional

É o exercido pelo Judiciário, pelo árbitro soberano e definitivo da constitucionalidade de todas as normas. Responsabilidade histórica, com raízes no Direito Constitucional americano, na questão *Marbury x Madison*. É considerado o meio mais eficaz, diante do caráter de definitividade. Portanto, em nível local, como no âmbito federal e estadual, o controle da constitucionalidade pelo Judiciário brasileiro sempre é cumprido repressivamente.

16.10.4. Instrumentos

No atinente ao controle jurisdicional das normas jurídicas, existem diversos instrumentos.

16.10.4.1. *Caso* in concreto *na via difusa*

O controle por esta via pode-se dar através de qualquer ação apta para tutela do direito violado pela norma constitucional. No caso, o Juiz pode declarar a inconstitucionalidade *incidenter tantum*, ou seja, de modo incidental e nos limites subjetivos e objetivos da referida lide. A decisão será restrita às partes da ação proposta. No caso de Ação Civil Pública, os efeitos da decisão atingem a todos (*erga omnes*) no âmbito da circunscrição judiciária da qual faz parte o órgão jurisdicional prolator. O uso da ação civil pública não pode substituir a via da ação direta.

A abrangência dos efeitos obtidos por esta via podem ser ampliados, nos casos que o Supremo Tribunal Federal declarou a inconstitucionalidade da lei por decisão definitiva de mérito. Isso se dá através da apreciação do Senado Federal que realiza um outro juízo de natureza política sobre a questão para decidir a atribuição de efeitos *erga omnes*, no todo ou em parte, da lei inconstitucional pela chamada "suspensão da execução da lei", nos termos do art. 52, X, da CF.[346]

16.10.4.2. *Ação Direta*

É o meio de controle posto à disposição pela CF/88 para eliminar atos do poder público, especialmente normas, contrários à Carta

---

[346] A constituição estadual pode prever a competência da Assembléia Legislativa para a suspensão, no todo ou em parte, da execução da lei estadual ou municipal declarada inconstitucional por violar a norma constitucional estadual por decisão definitiva de mérito do Tribunal de Justiça. Ver art. 53, XIII, da CE/RS.

Magna, cujo exame compete ser realizado diretamente por nossa Corte Maior, com definitividade, pois é o Supremo Tribunal Federal que é o guardião da Constituição da República. Há 4 instrumentos: a) *interventiva*; b) *direta de inconstitucionalidade*; c) *declaratória de constitucionalidade*; d) *argüição de descumprimento fundamental*.

Ação *direta interventiva* tem fundamento, para intervenção da União no Estado-Membro, no art. 34, VII, c/c art. 36, III, ambos da CF e, para intervenção do Estado-Membro no Município, no art. 35, IV, da CF (art. 15, IV, da CE/RS). Esse mecanismo realiza o controle de qualquer tipo de ato do Poder Público e visa à intervenção com forma de sanção por violação de princípio constitucional sensível. Desse modo, sua decisão para fins de intervenção possui efeito *ex nunc* e *inter partes*, ou seja, produz efeito somente a partir da decisão e entre os Entes Federados em litígio. A iniciativa do pedido cabe, exclusivamente, ao Ministério Público (CF, 129, IV), através de petição do Procurador-Geral da Justiça ao Tribunal de Justiça do Estado, na forma regimental (art. 95, XII, *c*). O decreto interventivo, tanto federal como estadual, poderá restringir-se à suspensão do ato impugnado. Caso contrário, o ato interventivo dependerá de aprovação pelo Poder Legislativo respectivo (Congresso Nacional ou Assembléia Legislativa), no prazo de 24 horas, e o Interventor nomeado pelo Chefe do Executivo correspondente (Presidente ou Governador) assumirá administrativamente o Estado-Membro ou Município até que cessem os motivos (as autoridades afastadas retornarão, salvo impedimento legal), nos termos dos §§ 1º a 4º do art. 36 da CF.

Ação Direta de inconstitucionalidade[347] (ADIn - art. 102, I, *a*, e art. 103 da CF) chama-se de genérica, pois realiza o exame em tese da questão constitucional, objetivando a *declaração* de inconstitucionalidade de ato normativo federal ou estadual com a sua conseqüente retirada do sistema jurídico, produzindo a decisão efeitos desde a origem da norma jurídica (*ex tunc*), como regra geral, projetando para todos (*erga omnes*). Essa ação direta pode ser proposta em face da Omissão Inconstitucional. Via reservada a provocar a *atividade legislativa* necessária para que determinado direito constitucional possa ser fruído. No caso de omissão de norma regulamentadora que torne inviável o exercício dos direitos e liberdades constitucionais e das prerrogativas inerentes à nacionalidade, à soberania e à cidadania, pode-se ajuizar o *Mandado de Injunção*, cujos efeitos são restritos

---

[347] Nos termos do art. 125, § 2º, da CF, a constituição estadual pode instituir no âmbito do seu ordenamento jurídico uma ação direta de inconstitucionalidade contra ato normativo estadual ou municipal que viola a norma constitucional estadual, cabendo ao Procurador-Geral do Estado a defesa do texto impugnado. Ver na CE/RS o art. 95, XII, *d*, §§ 2º e 4º.

Manual de
DIREITO ADMINISTRATIVO

às partes na relação processual. A ação de inconstitucionalidade por omissão e o mandado de injunção, na posição atual de nosso ordenamento, visam a *certificar a omissão constitucional, cientificando* o Poder Legislativo de sua inércia e para que implemente a atividade faltante. No caso de órgão administrativo, pela ação direta, é fixado o prazo de trinta dias para ser suprida a omissão inconstitucional (art. 103, § 2º, da CF). Seja por ação ou omissão, a ADIn julgada improcedente implica a declaração de constitucionalidade.

Outra demanda direta e genérica é a ação declaratória de constitucionalidade (ADC - art. 102, I, *a*, e § 2º, da CF) que deve ser entendida como o instrumento inverso da ADIn, logo visa a certificar a constitucionalidade de ato normativo federal, produzindo efeitos *erga omnes, ex tunc* e vinculante, sendo este último dirigido apenas aos demais órgãos do Poder Judiciário e ao Poder Executivo e que permite, em caso de desrespeito, a interposição de reclamação diretamente ao STF. No caso de improcedência da ADIn, implica a declaração de inconstitucionalidade.

A Lei Federal nº 9.868/99 regulamenta o processo e julgamento da ADIn e da ADC e em seu art. 27 prevê a possibilidade de o STF, através de maioria de 2/3 e tendo em vista razões de segurança jurídica ou de excepcional interesse social, restringir os efeitos retroativos (*ex tunc*) da declaração de inconstitucionalidade obtida seja por uma ou outra ação para ser prospectivo (*ex nunc*) ou pró-futuro, ou seja, a partir de uma data a ser fixada pela sentença. Essa lei também prevê o efeito vinculante da decisão do STF independente do instrumento utilizado.

A argüição de descumprimento de preceito fundamental previsto no § 1º do art. 102 da CF veio a ser regulamentado pela Lei Federal nº 9.882/99. Esse instrumento serve para realizar o controle de constitucionalidade de qualquer ato do Poder Público, inclusive atos municipais e matéria envolvendo o direito anterior à vigente constituição, desde que, em todas essas hipóteses, não haja outra via eficaz para sanar a lesividade do ato. Julgada a ação, far-se-á comunicação às autoridades ou órgãos responsáveis pela prática dos atos questionados, fixando-se as condições e o modo de interpretação e aplicação do preceito fundamental. Além dos efeitos *erga omnes* e *ex tunc*, produz também o efeito vinculante, que nos termos da lei regulamentadora, é dirigido para todos os demais Poderes, inclusive o Legislativo. O STF, por essa ação, também pode restringir os efeitos da declaração de inconstitucionalidade através da maioria de 2/3, tendo em vista razões de segurança jurídica ou de excepcional interesse social.

Bibliografia

AGUIAR DIAS, José de. *Da Responsabilidade Civil*, v. II. Rio de Janeiro: Forense, 1994.

ALCÂNTARA, Maria Emília Mendes. *Responsabilidade do Estado por Atos Legislativos e Jurisdicionais*. São Paulo: Revista dos Tribunais, 1988.

ALEXY, Robert. *Teoria de los Derechos Fundamentales*. Madri: Centro de Estudios Constitucionales, 1993.

AMORIM FILHO, Agnello. *Critério científico para distinguir a prescrição da decadência e para identificar as ações imprescritíveis*, *in* Revista Forense v. 193, ano 58, jan-fev-mar/1961, p. 30-49.

ARISTÓTELES. Tópicos, trad. Leonel Vallandro e Gerd Bornheim *in* Os Pensadores. São Paulo: Abril Cultural, 1978.

BARBOSA, Rui. A Culpa Civil do Estado (1898), *in* Obras Completas, v. 25. Rio de Janeiro: Fundação Casa de Rui Barbosa, 1948.

BARRETO, Carlos Eduardo (organização, revisão e índices). Constituições do Brasil, v. I e v. II. São Paulo: Saraiva, 1971.

BARROS JR, Carlos Schmidt de. *Introdução ao Direito Administrativo*, 1954.

BASTOS, Celso Ribeiro e MARTINS, Ives Gandra. *Comentários à Constituição do Brasil*, v. 3º , t. III, e v. 4º , t. II. São Paulo: Saraiva, 1992 e 1997, respectivamente.

BOBBIO, Norberto. *Teoria della scienza giuridica*. Torino, G. Giapichelli, 1950.

———. *Dalla Struttura alla Funzione - Nuovi studi di teoria del diritto*. Milano: Edizioni di Comunità, 1977.

BONAVIDES, Paulo. *Curso de Direito Constitucional*. São Paulo: Malheiros, 1997.

———. *Do Estado Liberal ao Estado Social*, 6. ed. São Paulo: Malheiros, 1996.

BUENO, José Antônio Pimeta. *Direito público brasileiro e análise da Constituição do Império*, Brasília: Senado Federal, 1978.

BULLRICH, Rodolfo. *La Responsabilidad del Estado*. Buenos Aires: J. Menéndez, 1920. (347.51 - B938r)

CAHALI, Yussef Said. *Responsabilidade Civil do Estado*. São Paulo: Malheiros, 1995.

CAMMAROTA, Antonio. *Responsabilidad Extracontractual*. Buenos Aires: Depalma, 1947. [caps. III, C; XIII] (347.51 - C184r)

CANARIS, Claus-Wilhelm. *Pensamento Sistemático e Conceito de Sistema na Ciência do Direito*, trad António Menezes Cordeiro. Lisboa: Fundação Calouste Gulbenkian, 1989.

CANOTILHO, J. J. Gomes. *Direito Constitucional*. Coimbra: Almedina, 1993.

——. *O Problema da Responsabilidade do Estado por Actos Lícitos*. Coimbra: Almedina, 1974.

CAMPOS, Francisco Luiz da Silva. *Direito Constitucional*, v. I. Rio de Janeiro: Freitas Bastos, 1956.

CARVALHO FILHO, José dos Santos. *Manual de Direito Administrativo*. Rio de Janeiro: Lumen Juris, 1999.

CAVALCANTI, Amaro. *Responsabilidade Civil do Estado*, t. I e II, atualizados por José de Aguiar Dias. Rio de Janeiro: Borsoi, 1956.

CHAPUS, René. *Responsabilité Publique et Responsabilité Privée*. Paris: Librairie Générale de Droit et de Jurisprudence, 1957. (347.51 - C468r)

——. *Droit administratif général*, Tome 1 e 2, 5ᵉ édition. Paris: Montchrestien, 1990.

CIRNE LIMA, Ruy. *Princípios de Direito Administrativo*. São Paulo: Revista dos Tribunais, 1982.

CORREIA, José Manuel Sérvulo. *Legalidade e Autonomia Contratual nos Contratos Administrativos*. Coimbra: Almedina, 1987.

COUTO E SILVA, Almiro do. Responsabilidade do Estado e Problemas Jurídicos Resultantes do Planejamento, *in Revista de Direito Público*, v. 73 (63), 1985(2), p. 84-94 (28).

——. (Os Princípios da Legalidade) Princípios da Administração Pública e da Segurança Jurídica no Estado de Direito Contemporâneo, *in Revista de Direito Público*, v. 84, 1987, p. 46-63.

——. Problemas Jurídicos do Planejamento, *in Revista de Direito Administrativo*, v. 170, 1987, pp. 1-17.

——. Poder Discricionário no Direito Administrativo Brasileiro, *in Revista de Direito Administrativo*, v. 179, 199, p. 57 e segs.

—— A Responsabilidade Extracontratual do Estado no Direito Brasileiro, *in Revista de Direito Administrativo*, v. 202, 1995, p. 19-41.

——. Parecer apresentado ao Sr. Prefeito do Município de Porto Alegre Tarso Genro, *in Revista da Procuradoria-Geral do Município de Porto Alegre*, v. 8, n. 9, agosto de 1996, p. 61-84.

——. Prescrição Qüinqüenária da Pretensão Anulatória da Administração Pública com relação a seus atos administrativos, *in Revista de Direito Administrativo*, v. 204, 1996, p. 21-31.

——. Atos de autoridade e Mandado de Segurança, *in Revista da Faculdade de Direito de Porto Alegre*, v. 11, 1996, pp. 127.

——. Os indivíduos e o Estado na realização de tarefas públicas, *in Revista de Direito Administrativo*, v. 209, 1997, p. 43-70.

——. Responsabilidade pré-negocial e culpa *in contrahendo* no Direito Administrativo Brasileiro, *in Revista de Direito Administrativo*, v. 170, 1999, pp. 163-171.

COUTO E SILVA, Clóvis do. O Dever de Indenizar, *in Revista de Jurisprudência do Tribunal de Justiça do Estado do Rio Grande do Sul*, v. 06, 1967.

CRETELLA JR., José. *O Estado e A Obrigação de Indenizar*. São Paulo: Saraiva, 1980.

——. *Curso de Direito Administrativo*. Rio de Janeiro: Forense, 1991.

DALLARI, Dalmo de Abreu. *Elementos de Teoria Geral do Estado*. São Paulo: Saraiva, 1989.

DAVID, René. *Os Grandes Sistemas do Direito Contemporâneo*. São Paulo: Martins Fontes, 1993.

DI PIETRO, Maria Sylvia Zanella. *Direito Administrativo*. São Paulo: Atlas, 1998.

——. *Discricionariedade Administrativa na Constituição de 1988*. São Paulo: Atlas, 1991.

DINIZ, Maria Helena. *Tratado Teórico e Prático dos Contratos*, vol. I. São Paulo: Saraiva, 1993.

DINIZ, Paulo de Matos Ferreira. *Coletânea de Administração Pública*, "Tudo sobre a Reforma Administratriva e Mudanças Constitucionais" - Brasília Jurídica, 1998.

DROMI, Roberto. *Derecho Administrativo*. Buenos Aires: Ediciones Ciudad Argentina, 1997.

DWORKIN, Ronald. *Taking Rights Seriously*. Cambridge: Harvard University Press, 1977.

ENTERRÍA, Eduardo García de; FERNÁNDEZ, Tomás-Ramón. *Curso de Direito Administrativo*. São Paulo: RT, 1991.

FAGUNDES, Seabra. Responsabilidade do Estado - Indenização por retardada decisão administrativa, *in Revista de Direito Público* v. 57, p. 7.

FERNANDES, Jorge Ulisses Jacoby. *Contratação Direta sem licitação*. Brasília: Brasília Jurídica, 1997.

FERREIRA, Pinto. *Curso de Direito Constitucional*. São Paulo: Saraiva, 1991.

FERREIRA, Sérgio de Andréa. *O Direito de propriedade e as Limitações e Ingerências Administrativas*. São Paulo: RT, 1980.

——. *Direito Administrativo Didático*. Rio de Janeiro: Forense, 1985.

FERREIRA FILHO, Manoel Gonçalves. *Comentários à Constituição Brasileira*. São Paulo: Saraiva, 1983.

——. O Estado de Direito, o Judiciário e a Nova Constituição. *Revista Direito Administrativo*, São Paulo, v. 160, p. 63-76, abr-jun 1985.

FIGUEIREDO, Lúcia Valle. *Curso de Direito Administrativo*. São Paulo: Malheiros, 1995.

——. *Extinção do Contrato Administrativo*. Biblioteca de Estudos de Direito Administrativo, ERT, 1986.

—— Estado de Direito e Devido Processo Legal, *in Revista de Direito Administrativo*, v. 209, 1997, p. 7-18.

FORSTHOFF, Ernest. *Stato di Diritto in Transformazione*. Milano: Giuffrè, 1973.

——. *Tratado de Derecho Administrativo*. Madri: Instituto de Estudios Políticos, 1958.

FREITAS, Juarez. *Estudos de Direito Administrativo*. São Paulo: Malheiros, 1997.

GASPARINI, Diógenes. *Curso de Direito Administrativo*. São Paulo, Saraiva, 1992.

GRAU, Eros Roberto. *A Ordem Econômica na Constituição de 1988: interpretação e crítica*. São Paulo: RT, 1991.

HARGER, Marcelo. Reflexões iniciais sobre o Princípio da Eficiência, *in Revista de Direito Administrativo*, v. 217, 1999, p. 151-161.

HART, Herbert L. A. *O Conceito de Direito*. Trad. de A. Ribeiro Mendes. Lisboa: Fundação Calouste Gulbenkian, 1986.

GORDILHO, Agustín A. La garantía de defensa como principio de eficacia en el procedimiento administrativo, *in Revista de Direito Público*, v. 10, p. 16.

LANDI, Guido, POTENZA, Giuseppe e ITALIA, Vittorio. *Manuale di Diritto Amministrativo*. Milão: Giuffrè, 1999.

LARENZ, Karl. *Metodologia da Ciência do Direito*. Trad. de José Lamego. Lisboa: Fundação Calouste Gulbenkian, 1989.

LOPES, Maurício Antônio Ribeiro. *Comentários à Reforma Administrativa* (EC 18/19), RT, 1ª ed . e 2ª tiragem, 1998.

LOSANO, Mario. *Sistema e Struttura nel diritto*, vol. primo. Torino: G. Giappichelli, 1968.

LUHMANN, Niklas. *Soziale Systeme*, Frankfurt: Suhrkamp, 1984.

——. *L'unité du systéme juridique*, *in Archives de Philosophie du Droit*, vol. 31, p. 163 a 188.

LUZ, Egberto Maia. *Direito Administrativo Disciplinar (Teoria e Prática)*, 2ª ed. São Paulo: RT, 1992.

MACEDO, Sílvio. Sistema, *in Enciclopédia Saraiva do Direito*, v. 69. São Paulo: Saraiva, 1982, p. 191 a 194.

MARQUES, J. Luiz. O Socialismo. Porto Alegre: Editora da Universidade/UFRGS, 1991.

MANDEL, Ernest. *Introdução ao Marxismo*. Tradução de Mariano Soares. Porto Alegre: Movimento, 1982.

MATURANA, Humberto; VARELA, Francisco. *De Máquinas y Seres Vivos*. Santiago: Universitária, 1973.

——. *Autopoietic Systems*. Illinois: Urbana, 1975.

MEDAUAR, Odete. *Direito Administrativo Moderno*. São Paulo: RT, 1999.

MEIRELLES, Hely Lopes. *Direito Administrativo Brasileiro*. São Paulo: RT, 1989.

——. *Direito Municipal Brasileiro*. São Paulo: Malheiros, 1993.

MELLO, Celso Antônio Bandeira de. *Elementos de Direito Administrativo*. São Paulo: RT, 1980.

——. *Curso de Direito Administrativo*. São Paulo: Malheiros, 1993.

——. Discricionariedade: Fundamentos, Natureza e Limites, *in RDA* 122/6, RJ, 1975.

——. *Discricionariedade e Controle Jurisdicional*. São Paulo: Malheiros, 1993.

MELLO, Oswaldo Aranha Bandeira de. *Teoria das Constituições Rígidas*. São Paulo: Bushatsky, 1980.

——. *Princípios Gerais do Direito Administrativo*, t. I. Rio de Janeiro: Forense, 1979.

MENEZES CORDEIRO, António Manuel da Rocha e. *Introdução à edição portuguesa de Pensamento Sistemático e Conceito de Sistema na Ciência do Direito de Claus-Wilhelm Canaris*. Lisboa: Fundação Calouste Gulbenkian, 1989.

MIRANDA, Jorge. *Manual de Direito Constitucional*, Coimbra: Coimbra Ed., 1981.

MIRANDA, Pontes de. *Comentários à Constituição de 1967 com a emenda de 1969*, t. III. São Paulo: Revista dos Tribunais, 1970.

MOREIRA NETO, Diogo de Figueiredo. *Curso de Direito Administrativo*. Rio de Janeiro: Forense, 1997.

MUKAI, Toshio. *Licitações*. Rio de Janeiro: Forense Universitária, 1994.

NOVAIS, Reis. *O Estado de Direito*. Coimbra: Coimbra, 1987(8).

OHLWEILER, Leonel. *Direito Administrativo em perspectiva*. Porto Alegre: Livraria do Advogado Editora, 2000.

OSÓRIO, Fábio Medina. *Improbidade Administrativa*. Porto Alegre: Síntese, 1998.

PAYRE, Jean-Paul. Pouvoirs Discrétionnaires et Compétences Liées du Président de la République, *in Revue du Droit Public*, p. 1613-44, 1982

PICARD, Étienne. Le Pouvoir Discrétionnaire en Droit Administratif Français, *in Reveu Internationale de Droit Comparé, n. special*, 11/307, 1989.

PLÁCIDO E SILVA. *Vocabulário Jurídico*. Rio de Janeiro: Forense, 1982, III/382.

PEREIRA, Caio Mario da Silva. *Instituições de Direito Civil*, vol III. São Paulo: Forense, 1994.

PEREIRA, Cláudia Fernanda de Oliveira. *Reforma Administrartiva*, Brasília, 2. ed. Revista e ampliada, 1998.

PONDÉ, Lafayette. *Estudos de Direito Administrativo*. Belo Horizonte: Del Rey, 1995.

PUIG, Manuel Rebollo. *El enriquecimento injusto de la Administración Publica*. Madri: Marcial Pons, 1995, p. 245-265.

RAIMUNDI, Loreni João. *Regime Disciplinar: Sindicância e Processo Administrativo Disciplinar*, publicação da AFERGS, 1994.

RAISER, Ludwig. *O futuro do direito privado*. Trad. de Lucinda Maria Ragugnetti, *in Rev. da PGE/RS*, n. 25, Porto Alegre, 1979.

REALE, Miguel. *O direito como experiência*. São Paulo: Saraiva, 1992.

RIBEIRO, Fávila. *Direito Eleitoral*. Rio de Janeiro: Forense, 1986.

RIVERO, Jean. *Droit Administratif*. 7e Édition, Paris: Dalloz, 1975.

SALDANHA, Nelson. Historiografia Jurídica e Concepção do Direito, *in Estudos Universitários*, UFPE, Recife, v.. 15, n. 1-2, 1975.

———. Sistema Jurídico, *in Enciclopédia Saraiva do Direito*, v. 69. São Paulo: Saraiva, 1982, p. 238 a 243

———. *O Problema da História na Ciência Jurídica Contemporânea*. Porto Alegre: Osvaldo Vergara, 1978.

SAVY, Robert. *Direito Público Económico*. Lisboa: Editorial Notícias, 1977.

SENADO FEDERAL. *Constituição Brasileira e Constituições Estrangeiras*, v. I. DF, Sub-secretaria de Edições Técnicas, 1987.

SILVA, José Afonso da. *Curso de Direito Constitucional Positivo*. São Paulo: Revista dos Tribunais, 1991.

STERMAM, Sônia. *Responsabilidade do Estado - Movimentos Multitudinários*. São Paulo: Revista dos Tribunais, 1992.

STRECK, Lenio Luiz. *Súmulas no Direito Brasileiro: Eficácia, Poder e Função*. 2. ed. Porto Alegre: Livraria do Advogado, 1998.

———. *Hermenêutica Jurídica e(m) Crise*. 2. ed. Porto Alegre: Livraria do Advogado, 2000.

TÁCITO, Caio. *O Abuso de Poder Administrativo no Brasil*. DASP, 1959.

———. Contratos Administrativos, *in Boletim de Licitações e Contratos*, jan./89, p. 1.

TELLES, Antonio A. Queiroz. *Tombamento e seu regime jurídico*. São Paulo: RT. 1992.

TEUBNER, Gunther. *O direito como sistema autopoiético*. Lisboa: Fundação Calouste Gulbenkian, 1993.

VIEHWEG, Theodor. *Topica y jurisprudencia*. Trad. de Luis Diez-Picazo. Madrid: Taurus, 1964.

———. *Topica y filosofia del derecho*. Trad. de Jorge M. Seña. Barcelona: Gedisa, 1991.

WALD, Arnold. Os Fundamentos da Responsabilidade Civil do Estado, *in Revista AJURIS*, v. 58, 1993.

———. *Curso de Direito Civil Brasileiro - Obrigações e Contratos*. São Paulo: RT, 1992.

WIEACKER, Franz. *História do Direito Privado Moderno*. Trad. de António Manuel Botelho Hespanha. Lisboa: Fundação Calouste Gulbenkian, 1980.

WOLFF, Hans Julius. *Introduccion Historica al Derecho Romano*. Porto: Santiago de Compostela, 1953.

———; BACHOFF, Otto. *Verwaltungsrecht*. München: C. H. Beck, v. I, 1974, v. II, 1976.

ZANOBINE. *Corso di diritto amministrativo*. 8. ed. Milão, 1958.

livraria DO ADVOGADO editora

O maior acervo de livros jurídicos nacionais e importados

Rua Riachuelo 1338
Fone/fax: **0800-51-7522**
90010-273 Porto Alegre RS
E-mail: info@doadvogado.com.br
Internet: www.doadvogado.com.br

Entre para o nosso *mailing-list*

e mantenha-se atualizado com as novidades editoriais na área jurídica

Remetendo o cupom abaixo pelo correio ou fax, periodicamente lhe será enviado gratuitamente material de divulgação das publicações jurídicas mais recentes.

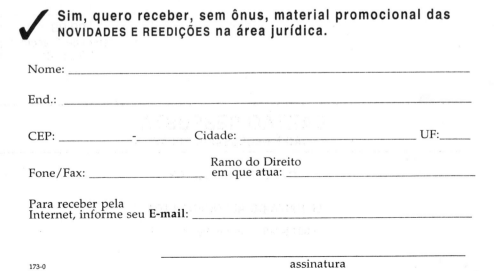

✓ Sim, quero receber, sem ônus, material promocional das NOVIDADES E REEDIÇÕES na área jurídica.

Nome: _____

End.: _____

CEP: _____-_____ Cidade: _____ UF:_____

Fone/Fax: _____ Ramo do Direito em que atua: _____

Para receber pela Internet, informe seu **E-mail**: _____

173-0

_____
assinatura

Visite nossa livraria na internet

www.doadvogado.com.br

ou ligue grátis
0800-51-7522

DR-RS
Centro de Triagem
ISR 247/81

CARTÃO RESPOSTA
NÃO É NECESSÁRIO SELAR

O SELO SERÁ PAGO POR

LIVRARIA DO ADVOGADO LTDA.

90012-999   Porto Alegre   RS